地理新课程教学论

张孝存 王高建 编著

西北工业大学出版社

西 安

【内容简介】 本书基于我国中学地理课程改革和地理核心素养落实的大背景，从新时期中学地理教师必备的教学素养达成出发，将中学地理教学过程进行项目化学习分解，以理论探讨、方法说明与训练以及案例分析等方式，系统阐明中学地理教学论发展、地理新课程与教材分析、地理学习、地理教学方法、地理教学设计、地理课堂教学与教学方案设计、地理教学技能、地理实践活动教学、地理教学评价和地理教师专业发展等问题。本书贯穿新课程理念，突出教学设计和教学技能，注重教学理论和教学实践结合，各章内容围绕中学地理教学活动要素展开，以便更好地培养读者地理教学实践能力。本书从学生的学习需求出发，理念新颖、内容丰富、重点突出、结构严谨、实用性强、信息量大，有利于学生学习目标的实现。

本书可作为我国师范类高校地理科学专业教师教育教材，也可用作中学地理教师日常教学的工具书及其专业发展的研修教材。

图书在版编目（CIP）数据

地理新课程教学论／张孝存，王高建编著． —西安：西北工业大学出版社，2022.11
ISBN 978-7-5612-8519-0

Ⅰ.①地… Ⅱ.①张… ②王… Ⅲ.①中学地理课-教学研究 Ⅳ.①G633.552

中国版本图书馆 CIP 数据核字（2022）第 214069 号

DILI XINKECHENG JIAOXUELUN
地理新课程教学论
张孝存　王高建　编著

责任编辑：隋秀娟　马婷婷	**策划编辑**：胡西洁
责任校对：隋秀娟	**装帧设计**：李　飞

出版发行：西北工业大学出版社
通信地址：西安市友谊西路 127 号　　　邮编：710072
电　　话：（029）88491757，88493844
网　　址：www.nwpup.com
印 刷 者：西安五星印刷有限公司
开　　本：787 mm×1 092 mm　　　1/16
印　　张：18.75
字　　数：445 千字
版　　次：2022 年 11 月第 1 版　　2022 年 11 月第 1 次印刷
书　　号：ISBN 978-7-5612-8519-0
定　　价：68.00 元

如有印装问题请与出版社联系调换

前　言

地理教学论是我国高等师范院校地理科学专业的一门专业主干课，其主要介绍课程教学活动，揭示地理教学规律，指导地理教学实践，承担着培养中学地理教师的重要使命。笔者深感我国基础教育新课程改革和中学地理核心素养落实给师范生培养带来的巨大挑战，立足中学地理新课程标准的实行对中学地理教师素养的要求，借鉴前辈地理教学研究的诸多成果，编撰了本书，以期为培养学习视野开阔、教育理念先进、教学技能优良、人格品质健全的地理教师尽自己绵薄之力。

力求创新。本书以生为本，秉持成就人的教育理念，渗透学习对学生生活有用、对终身发展有用的地理追求；在传承传统教学经验的同时，及时反映中学地理课程改革成果，突出引介地理核心素养、案例教学法、问题解决教学法、探究式学习和小组合作学习及导学方案等内容，体现地理教育教学的时代特色；针对当前师范生须考取教师资格证的新形势，在地理教师专业发展部分新增教师资格考试要求和地理学科知识与能力部分考试真题，以便学生提前着手准备。

注重实用。将地理教学论学习定位于理论与实践并重，注重学习内容项目化，理论阐述、方法解析与案例引入相结合，理论结合实践，便于学生学习，也便于教师教学。从教学过程环节设计入手培养能力，注重各项教学实践技能的训练，力图帮助在岗中学地理教师日常教学。

体系完整。博采国内外地理课程与教学论著作之长，结合自己多年教学经验，确立本书的框架结构。章节内容涉及中学地理教学的八大要素，分析其内涵、本质及内在联系，覆盖中学地理教学过程的主要环节，以增强学生教学实践训练的理性自觉。

项目化教学安排。从项目化教学的角度出发，将中学地理教师的岗位任务和其从事的地理教学过程分解为理论阐述、项目设计、技能训练和教学评价，分头进行学习和训练，以提高学生学习效率。

本书不仅可作为我国师范类高校地理科学专业教师教育教材，也可用作中学地理教师日常教学的工具书及其专业发展的研修教材。

由于水平有限，书中难免有疏漏和不妥之处，敬请广大读者批评、指正。

编著者

2021年10月31日

目　录

第一章　绪论 …………………………………………………………………………… 001
　　第一节　地理教学论的研究对象 ……………………………………………… 001
　　第二节　地理教学论的学科性质和理论基础 ………………………………… 006
　　第三节　地理教学论的研究任务、研究方法和研究过程 …………………… 008
第二章　地理课程与教材分析 ………………………………………………………… 017
　　第一节　国外中学地理课程改革趋势 ………………………………………… 017
　　第二节　我国中学地理新课程 ………………………………………………… 020
　　第三节　地理教材分析 ………………………………………………………… 033
　　第四节　地理教材运用 ………………………………………………………… 038
第三章　地理学习 ……………………………………………………………………… 042
　　第一节　地理学习概述 ………………………………………………………… 042
　　第二节　地理学习方式 ………………………………………………………… 053
　　第三节　学习理论与地理学习策略 …………………………………………… 061
第四章　地理教学方法 ………………………………………………………………… 069
　　第一节　地理教学模式 ………………………………………………………… 069
　　第二节　地理教学方法 ………………………………………………………… 076
　　第三节　地理教学方法选择 …………………………………………………… 100
第五章　地理教学设计 ………………………………………………………………… 104
　　第一节　地理教学设计概述 …………………………………………………… 104
　　第二节　地理教学目标设计 …………………………………………………… 110

第三节　地理教学媒体设计 …………………………………………… 124

　　第四节　地理教学过程设计 …………………………………………… 128

第六章　地理课堂教学与教学方案的设计 ………………………………… 147

　　第一节　中学地理课堂教学 …………………………………………… 147

　　第二节　地理教学方案 ………………………………………………… 149

　　第三节　说课 …………………………………………………………… 166

　　第四节　地理课堂教学实施 …………………………………………… 178

　　第五节　地理课堂教学艺术 …………………………………………… 182

第七章　地理教学技能 ……………………………………………………… 189

　　第一节　地理教学组织技能 …………………………………………… 189

　　第二节　地理教学导入技能 …………………………………………… 197

　　第三节　地理教学语言技能 …………………………………………… 201

　　第四节　地理教学讲解技能 …………………………………………… 209

　　第五节　地理教学提问技能 …………………………………………… 214

　　第六节　地理教学板书技能 …………………………………………… 218

　　第七节　地理教学总结技能 …………………………………………… 224

第八章　地理实践活动教学 ………………………………………………… 230

　　第一节　地理实践活动概述 …………………………………………… 230

　　第二节　地理实践活动的类型和实施 ………………………………… 234

第九章　地理教学评价 ……………………………………………………… 250

　　第一节　新课改下的地理教学评价 …………………………………… 250

　　第二节　地理学习评价 ………………………………………………… 255

　　第三节　地理教师评价 ………………………………………………… 265

第十章　地理教师的专业发展 ……………………………………………… 272

　　第一节　地理教师的素养 ……………………………………………… 272

　　第二节　地理教师资格考试和获取 …………………………………… 280

　　第三节　地理教师的专业发展 ………………………………………… 286

参考文献 ……………………………………………………………………… 293

第一章 绪 论

第一节 地理教学论的研究对象

一、地理教育的发展演变

（一）国际地理教育的发展演变

现代地理教学开始于欧洲新航路开辟后商业贸易的需要，17世纪中叶出现了捷克教育家夸美纽斯所倡导的单独设科的地理教育。夸美纽斯是现代地理教学的创始人，他在《大教学论》中，不仅首次对现代教学进行了理论设计，主张采用班级教学制度，而且论证了设置地理课程的意义，并提出地理是学生必修的20门课程之一。17世纪中叶到19世纪中叶，从夸美纽斯创立班级授课制并首次设置地理课程开始，学校地理教育逐步形成，但此时地理教学内容主要是地理事物和现象的描述，以及无计划的、缺乏理论指导的碎片化地理知识的传授。

19世纪中叶到20世纪40年代，地理教学内容发展为解释地理现象，形成了以自然地理为基础，以区域地理为中心的教材体系，为近代地理教育的形成时期。

20世纪40年代以后，地理教育以现代地理学新发展为基础，以现代教育科学理论为指导，对地理教育的目的、内容、体系和方法等进行不断探索尝试，出现多元发展的局面，形成现代地理教育的发展时期。

（二）我国地理教育的发展演变

我国地理教学起源很早。1840年以前，我国民间私塾的教材《千字文》和《幼学》中均涵盖一些简单的地理知识，但学校单独设科的地理教育历史较晚。我国现代地理教学主要是从外国引进的，经历了外国传教士办的学校、中国人办的新式学堂、清政府办的新式学校。

1839年美国传教士在澳门开办的马礼逊学堂实为一所小学，单独开设地文课程，这是我国现代中小学地理教育的发端。随后兴办的教会学校越来越多，一般都把地理作为教学科目，小学、中学都开设。受洋学堂的影响，到19世纪末，中国人自办的新式学堂多单独设置地理课程。

1904年清政府实施癸卯学制，全面兴办现代学校，中小学由此开始普遍开设地理课程。新中国建立前，政府颁布的中学地理课程标准有17个，包括初级中学地理课程标准和高级中学地理课程标准。这一时期中小学学制为14年，其中初级小学5年，高级小学4年，中学5年，每年都开设地理课，但一共仅有24课时。初级小学教授本乡地理，教材由各地小学堂自编；高级小学教授本国地理和外国地理，教材有多种；中学除教授本国地理和外国地理外，还有地文学，教材也有多种。

20世纪初期，我国基础教育主要学习和借鉴德国赫尔巴特的教学体系，采用班级教学、分科教学、教师讲授等现代教学方式，形成了以学生在课堂学习书本知识为主的班级教学模式。当时我国学校教育也受到美国杜威实用主义教育思想的影响，尝试和实践新的活动教学模式，风行设计教学方法和进行教育测量等。

北洋政府时期，中小学学制减为11年。初级小学4年，未设置单独的地理课程，而是把基本的地理常识编入了国语教科书；高级小学和中学各年级均开设地理课程，高级小学3年制，第一、二年教授中国地理要略，第三年教授外国地理概略；中学4年，教授内容分别为地理概要、本国地理、外国地理、自然地理概要和人文地理概要。本国地理内容详细，外国地理内容简略，安排合理。

民国时期，效仿美国实行中小学12年学制，初级小学4年，高级小学2年，初级中学3年，高级中学3年。1923年的课程纲要规定：初级小学设社会科，包括公民、历史、地理等内容；高级小学单设地理课程，每周2学时；初级中学地理为必修课，只开设2年，每周2课时；高级中学未设地理必修课。这一时期受实用主义教育思想的影响，小学地理内容以人文地理为主，教授居民衣、食、住、行与气候、生产等的关系。初中地理有两种教材，一种注重整个人类生活，打破中外地理界限；另一种讲述中国地理分论，打破省界，开创了自然区域的教授。教材关注人地关系，科学性增强，但受美国地理学思想影响，存在环境决定论的错误倾向。教学方式方面，重视教学方法设计和学生自学。1932年，初级小学常识课程包含地理、历史与自然，为混编教材，地理占一定比例；高级小学地理课纳入社会课中，教材有时混编，有时分科。中学阶段地理课程课时增加，初级中学地理开设年限由2年变为3年，高级中学开设地理必修课。中国地理学家竺可桢、胡焕庸等积极参与地理教育，引进新的地理教育思想和地理研究成果，增加了地理教材的科学性和地理性，探索教学方法，推进了中国地理教育。

新中国成立后，先后颁布了17个中学地理教学大纲和课程标准。新中国成立初期，借鉴苏联，采用凯洛夫教学体系，强化了班级教学制度，强调科学性与思想性统一，教师主导和学生主体相结合，重视知识与技能掌握。小学五、六年级学习地球和中国地理、世界地理；初中3年学习自然地理、世界地理和中国地理；高中地理开设2年，学习外国经济地理和中国经济地理，地理课时较多，对地理教学比较重视，推进了我国中学地理教学的正规化和科学化。片面学习苏联，长期割裂自然地理和人文地理也带来了负面影响。

1958—1976年，学校教育片面强调缩短学制，减少课程门类，减少课时。中学地理课程仅开2年，初一开设中国地理，每周3学时；初二学习世界地理，每周2课时，无统一课程教学大纲，各省自编教材。后来又改为初一学习中国地理，每周3课时；高一学习世界地理，每周3课时。"文化大革命"期间，全国没有统一学制和教学计划及教材，地理教学也处于可有可无的地位。

1976年我国中小学恢复12年学制。1978年初中地理教学恢复，初一开设中国地理，每周3课时；初二开设世界地理，每周2课时。1981年小学和高中重设地理课，小学设在五年级，每周2课时，内容主要是中国地理；高中设在高二，每周2课时，内容主要是人与地理环境；后来高中又在高一开设地理必修课，每周3课时，在高三开设地理选修课。1986年我国颁布义务教育法，随即制定九年义务教育初中地理教学大纲，于1993年开始在全国推行义务教育阶段地理新教材。2000年颁布了修订的高中地理教学大纲，2001年在全国实施，完成了从初中到高中、从课程教学大纲到教材整体建设，我国地理教学走上正轨。

我国推进新一轮课程改革，主要借鉴西方新的教学理论和模式，大力推行建构主义等教学理论。我国新一轮的中学地理课程标准制定于2000年起步，编写的初高中地理新教材经分区实验使用，于2010年开始在全国实施。

从我国地理教学的演变过程来看，随着国际和我国教育理论、实践的发展，地理教学不但需要借鉴学习，反思传统，更需要根据教学发展趋势自主创新。

二、地理教学论的发展演变

地理教学论是研究地理教学活动，揭示地理教学的本质和规律并服务于地理教学实践的学科[①]。地理教学论作为一门学科，在我国经历了漫长的发展历程。

我国学校单独设科的地理教育始于1839年澳门马礼逊学堂开设的地文课程。1903年清政府废除科举兴办新式学校，规定经、文、农、商等科应设置地理课程，这是我国近代最早普遍设置的中小学地理课程。与此同时，师范学堂开设《地理教授法》课程，这是我国最早设置的地理教学论课程。

1919年我国杰出教育家陶行知先生提出"教学做合一"的教育思想，强调"教的法子要根据学的法子"，主张用"教学法"取代"教授法"，这是教学思想的一大进步[②]。1925年政府规定将教学法课程作为师范院校的必修课。随着地理教学研究的不断深入，关于地理教学法的著述明显增多，其中影响较大的有竺可桢的《地理教学法之商榷》、褚绍唐的《中学地理教学法述要》及《地理学习法》、葛绥成的《地理教学法》、刘虎如的《小学地理科教学法》等。竺可桢先生在《地理教学法之商榷》一文中主张地理教学一要使学生能以世界眼光，推论时事；二要陶冶学生情操，使其能以科学眼光观察事物，其目的在于培养健全的国民。但是这一时期地理教学内容以地理事象描述为主，教学方法主要采用注入式。受时代限制，地理教学研究内容主要是地理教授法

---

① 李家清. 新理念地理教学论[M]. 2版. 北京：北京大学出版社，2013.
② 白文新，袁书琪. 地理教学论[M]. 西安：陕西师范大学出版社，2003.

或地理教学法，内容比较单薄，视野比较狭小。

1949年新中国成立后，引进了许多苏联的地理教学法著作，如库拉佐夫的《地理教学法》、毕比克的《中学世界地理教学法》、包洛文金的《自然地理教学法》、鲍格达诺娃的《小学地理教学法》等等，对我国中小学地理教育产生了巨大影响。但这一时期地理教学研究重教轻学，重知识传授，轻能力培养，对课程、教材以及教学原理的探索不足。

20世纪70年代末到80年代，改革开放后，随着我国教育事业的发展，地理教学法研究日渐繁荣，各种版本的地理教学法著作相继出现。其中影响较大的有褚绍唐等编著的《地理教学法》、喻成炳等编著的《地理教学法》、褚亚平等编著的《中学地理教学法》、曹琦主编的《中学地理教学法》等等。这一时期出现过地理教材教法的地理教学论著作，后又回归到地理教学法，内容侧重教师课堂施教，对学生的学研究较少，对教会学生学的方法不够重视。

20世纪80年代末至90年代初，褚亚平教授倡导创立"地理教育学"课程，并主笔撰写了《地理教育学》专著，此书的研究对象是地理学科教育系统，涉及地理教育的所有要素和全过程，出现诸多版本，著作起点高、观点新、理论性强，转向学校地理教育原理以及实现最佳地理教育效益的能动因素的研究，对推进我国地理教学论的研究起了很大作用。

《地理教育学》从地理学科育人之道着眼，侧重于对受教育者思想和业务素质的培养，其地理学科教学实践活动的具体操作性功能不足，适合作为地理教育研究生和中小学地理教师继续教育高级理论课程教材。地理教学法关注教学活动的实践应用，但在理论上的升华尚显不足。鉴于此，1992年原国家教委师范司召集全国文理学科教学论课程研讨会，会议达成各师范专业开设教学论课程的共识。高师地理科学专业诞生了理论与实践并重的"地理教学论"课程，出版的教材主要有陈澄主编的《地理教学论》，杨新编著的《地理教学论》，卞鸿翔、李晴主编的《地理教学论》，这些著作构建了地理教学论新体系，在地理教育理论和地理教学实践两方面进行了深入研究。

2001年以来，要求引导学生学会学习、学会生存、学会做人的基础教育课程改革逐步深入，为地理教学论研究带来许多新的命题。新出版的地理教学论著作主要有陈澄主编的《新编地理教学论》，王民主编的《地理新课程教学论》，白文新、袁书琪编著的《地理教学论》，袁孝亭编著的《地理课程与教学论》，李家清主编的《新理念地理教学论》等。这些著作既探讨了基础教育地理新课改的理念和内容，也解读了传统的地理教学理论，传承了成熟的地理教学实践经验，标志着我国地理教学论研究进入一个与全球共舞的新时期。

我国地理教学论课程经历了地理教授法—地理教学法—地理教学法与地理教材教法并行—地理教育学—地理教学论的发展演变过程。

三、地理教学论的研究对象

学科的研究对象是指该门学科所研究的客观事物、现象和规律。"科学研究的区分，就是根据科学对象所具有的特殊的矛盾性。因此，对于某一现象的领域所特有的某一种矛盾的研究，就构成某一门科学的对象"[①]。地理学是研究人类赖以生存和发展的地理环境，以及人类活动与地理环境关系的一门科学[②]。教育学是研究人类教育现象及其一般规律的科学[4]。地理教学论形成和发展的根本原因在于它的研究对象具有不同于其他学科的特殊矛盾性。地理教学论就是要解决教师的教和学生的学之间存在的矛盾，即地理基础教育"教什么""为什么教""怎样教"和学生"如何学"之间的矛盾，这一矛盾是推动地理教学不断发展的动力。地理教学论是地理教育学的核心组成部分之一，是对地理教学法的进一步深化和发展，与二者的研究对象有所不同。地理教学论的研究对象可以概括为地理教学系统，即地理教学过程各要素相互作用的本质和规律。

四、地理教学系统及其构成要素

教学系统是由人、条件和教学过程三个要素组成的，它们相互作用，完成统一的教学目的。地理教学系统是以师生间的相互作用为前提，由学生、教师、地理课程、地理教学目标、教学方法、教学评价和教学环境等多要素组成的复合系统。其构成要素的特点如下所述：

（1）学生是地理教学对象，更是地理教学系统的主体和地理教学活动的根本因素。学生是学习的主体，地理教学活动是为学生而开展的，没有学生，地理教学系统也就不存在。教师的教学活动是为了引导学生以地理的眼光和思维认识世界，教师的主要责任在于引导学生。学生作为认识主体，是整个地理教学系统中最活跃、最具生命力的要素。学生的身心健康水平、个性发展、地理知识技能水平、能力和情感态度、价值观提升等是评价地理教学质量高低的标准。

（2）地理教师是教学活动的负责人，在教学系统中发挥着主导作用，学生的学习活动一般在教师的指导下进行。教师的教是为学生的学服务的，但又起着主导作用，教师决定教学认识的方向、内容和途径等。教师的教学观念、教学态度、教学能力、地理专业水平和个性修养等直接影响着教学效果。

（3）地理课程是地理教学过程中最实质的因素，主要规定"教什么""为什么教"等问题。具体表现为地理课程标准、地理教材（地理教科书、地图册和音像教材）等。

（4）地理教学目标是地理教学过程的基本因素，是地理教学活动预期所要实现的目的和任务，是地理教学活动前的设计和要求。包括知识与技能目标、能力目标、情感态度和价值观目标。

（5）地理教学方法是地理教学过程比较活跃的因素，是师生为完成教学任务而采取的教学方式和途径。地理教学方法的选择主要依据地理教学目标、教学内容、学生特点、教师素养和教学条件等。地理教师需在地理教学实践中熟悉常用地理教学方法，不断改革，创造新的地理教学方法，推动地理教育的发展。

---

① 毛泽东选集：第一卷[M]. 北京：人民出版社，1965.
② 教育大辞典[M]. 上海：上海教育出版社，1997.

（6）地理教学媒体是指存储和传递地理教学信息的媒介，是地理教学活动的重要因素之一。随着教育技术的不断革新，新的教学媒体不断涌现。计算机多媒体的使用，增强了地理教学过程的情景性、互动性和生成性。现在面临的主要问题是如何将传统教学媒体优势与现代教学媒体优势有机结合。

（7）地理教学评价是地理教学活动中不可或缺的因素，它具有反馈、调控和优化教学的作用。包括对教学成果、效率、教学水平的评价，也包括对教师教学质量和学生学习质量的过程性和多元性的评价。

（8）地理教学环境是地理教学活动的空间环境，包括校内外的自然、人文环境。分为有形的环境如教室、地理园及地理实验室等，无形的环境如校风、班风、师生关系、学生间的关系、课堂气氛等。

地理教学系统八个要素的特点、地位和作用虽有差异，但它们在地理教学活动中是相互影响、相互渗透、相互制约的。地理教师只有统筹兼顾各个因素的作用，才能实现地理教学过程的最优化。因此，地理教学论的研究要分析地理教学各要素特点和相互作用的方式，揭示地理教学的本质和规律，指导地理教学实践。

第二节　地理教学论的学科性质和理论基础

一、地理教学论的学科性质

地理教学论的学科性质是指其在科学体系中的类属。早期从事地理教学和研究的人员多是地理科学专业出身，多认为地理教学和研究属于地理科学的分支。地理教学论以学生全面发展为目标，从地理教育的角度，研究地理教学过程的现象和规律。研究教育现象和规律的科学均应归属于教育科学。尽管运用教育学理论和方法对地理教学现象进行的研究要涉及地理学的内容，但从学科研究对象的性质来看，地理教学论应归属于教育科学，是教育科学体系中教育学的下位学科课程与教学论的分支学科之一。

地理教学论既要研究地理教学过程各要素相互作用的本质，揭示地理教学规律，形成地理教学理论，具有理论学科的特点；又要为地理教学实践提供指导，接受教学实践检验，在实践中不断发展完善，具有应用学科性质的特点。因此，地理教学论既是理论学科，又是应用学科，具有理论和实践并重的学科性质。

二、地理教学论的理论基础

地理教学论研究地理教学的现象和规律，涉及的理论基础广泛。限于篇幅，本节仅讨论与其关系密切的教育学、心理学、哲学和地理学。

（一）教育学基础

教育学是研究教育现象及其规律的科学，揭示各学科教育的普遍规律。而地理教学论研究地理教学活动和规律，地理教学论在学科门类上隶属于教育科学，它们之间是一般与特殊的关系。现代教育学所揭示的教育一般规律和基本原理是地理教学论最重要的理论基础，教育学理论的发展促进地理教学论的发展。教育学的课程论、教学论、学习论、评价论等一般理论对建立地理教学论体系有重要的指导作用。实际上，地理课程的设置、地理教材的编写和地理教学过程的设计，必须遵循教育的基本规律，都离不开教育学的指导。教育学的研究方法，也为地理教学论的研究所借鉴和应用；教育学的词汇和工作语言也为地理教学论的叙述提供基础和材料；教育学的研究成果也会被地理教学论所吸收。

当然，地理教学论在具体实践研究中所揭示的地理教育教学规律、形成的地理课程与教学理论也为教育学提供了理论素材，在一定程度上促进教育学发展。

（二）心理学基础

研究心理现象、揭示心理活动规律的心理学，与研究教育现象和规律的教育学有着天然的联系。作为教育学分支的地理教学论，其研究地理教学现象和规律，离不开心理学，因为地理教学活动每一要素的分析都离不开心理学的理论指导。它有助于地理教学论研究进一步深化，从研究教师的"教"到研究学生的"学"，心理学与认识论可以提供很多理论指导。如：研究认识过程与教学、学生学习的心理过程与规律；地理课程目标体系和教学内容体系的制定必须依据心理学所提供的分析框架；地理教师的心理学素养以及教学方法运用是否符合心理学规律，也是能否提高地理教学质量的关键；如何培养学生的智力、观察力、想象能力、思维能力以及创新能力，如何营造教学环境，以及如何利用评价机制促进地理教学，也需要心理学的指导；对情感、态度的研究，对价值观形成的研究，这一切都与心理科学有密切关系。

同时，地理教学论研究的实践成果为心理学提供理论素材，对丰富和发展心理学理论起到积极作用。

（三）哲学基础

以辩证唯物论为基础，从对立统一的观点、理论联系实际的观点、具体问题具体分析的观点出发对于分析研究地理教学是十分重要的。地理教学过程存在教和学两个方面，它们相互依存、相互作用，是对立统一的辩证关系，促进矛盾的分解转化离不开哲学的思想。

马克思主义的认识论认为，人的认识始于感觉经验，感性认识是理性认识的基础，理性认识依赖于感性认识；理性认识揭示事物和现象的本质，感性认识有待于上升到理性认识。实践是认识之源，认识接受实践检验，但又能指导实践。地理教学从引导学生观察地理事象开始，在学生形成丰富地理感性知识的基础上，引导学生运用综合分析、抽象概括，上升到理性知识，再通过学生实践活动运用所学的地理知识，发展学生的认知能力。因此，马克思主义认识论为地理教学实践提供了哲学基础和根本方法。

（四）地理学基础

地理教育的主要目的是培养现代公民必备的地理素养，地理教育目的的确定，必须依据地理科学的基础理论，地理教育的基本内容必须取材于地理科学。因此，地理科学是地理教学论最基本，也是最重要的科学基础，学习和研究地理教学论，必须掌握地理专业知识和理论，以及地理方法论。地理教学论的地理科学基础主要表现在以下四个方面：

（1）地理教学目的的确定必须以地理学理论为依据。地理学以人类赖以生存和发展的地理环境，以及人地关系为研究对象。学校地理教学的目的，要求学生能够正确认识人地关系，树立正确的人地观、资源观、环境观和可持续发展观念，形成文明的生活与生产方式。引导学生关注我国改革开放和现代化建设中的重大地理问题以及全球问题，弘扬科学精神和人文精神，培养创新意识和实践能力，增强社会责任感。这些要求的落实，必须依赖于地理学各分支学科的范畴和理论。

（2）地理课程设置、地理教材编写、教学内容的选择和地理教学原则的制定等问题，要体现地理科学的特点。地理教学内容选择，无论区域地理，还是自然地理和人文地理的知识都要符合地理科学的范畴。地理学科的教学内容应符合社会以及学生身心发展的需要，包括地理科学中公认的基本事实、基本概念、基本原理，以及最新成果。

（3）在地理教学实践中，教师要充分运用地理学的研究方法指导教学实践。地理图表方法、综合分析方法、比较法和野外考察方法等，对指导开展有效的地理教学实践具有重要作用。

（4）地理教师必须具备充分的地理科学专业的基础知识和基本理论，熟悉地理科学的新成就、新进展，这样才能更好地开展地理教学实践。

第三节　地理教学论的研究任务、研究方法和研究过程

一、地理教学论的研究任务

（一）研究地理课程的目的和功能

研究地理教育的目的，就是要阐明地理学科的性质，阐明符合时代需求的地理教学的地位和功能。新课改下的地理课程目的和功能研究，需要说明地理知识与技能、过程与方法、情感态度与价值观以及地理核心素养的基本内涵，反映新课改提出的当代地理教育的基本目标和基本理念，发挥对地理教学实践的导向功能。

（二）研究地理教学的内容

地理教学论通过对我国地理课程发展演变的研究，以及与国际地理教育的比较，阐

释地理科学发展的时代特点，结合学生身心发展和社会需要，为学校地理课程的设置、地理课程标准的制定、地理课程内容与形式的选择提供理论依据。研究地理教材的编写，进行地理教材的跟踪比较研究，为地理教材编写与质量提升提供指导。

（三）研究地理教学的过程与方法

研究地理教学过程系统因素的内在联系，揭示地理教学规律，指导地理教学实践。研究地理教师的心理学素养、创新教学理念的形成、教学策略的选择和教学方法的运用是否符合心理学的规律。学生是地理教学系统中的核心因素，研究在新课改下，如何针对学生地理学习的心理特点，开展学生自主学习、合作学习、探究学习和接受性学习及其有机融合；优化地理学习过程，减轻学业负担的心理学研究；研学旅行、社会调查等地理实践教学研究；等等。

研究地理教学方法和地理教学组织形式特征、功能和分类，以及适用条件和场合，探求地理教学方法的优化组合，创新地理教学方法和形式。通过研究地理教学方法与技能，包括媒体的选择与运用、创新教学的方法和技术、有效的教学模式和教学方法，为选择提供科学依据。

（四）研究地理课程资源的开发与利用及地理教学环境的作用

地理教学论要以地理课程标准为依据，研究地理课程资源的开发与实践；研究落实基础教育改革，倡导国家课程、地方课程和校本课程；研究三级课程资源的开发利用与整合；研究如何创设良好的地理教学环境，探索校外乡土地理教学资源的合理开发利用。

（五）研究地理教学评价

研究地理教学评价主体、主要方式及特点，探索地理教学评价改革的路径，为地理教学实践提供有效的评价指标体系和方法。

（六）研究地理教师的成长与发展

研究地理教师的成长与发展，主要是探讨地理教师有效成长与发展的途径和策略，研究地理新课程与教师成长及教学行为变化，研究新课程地理教师角色调适能力、课堂教学能力、探究教学能力的成长与实践，研究新课改下地理教师专业化发展途径等。

二、地理教学论的研究方法

地理教师在进行地理教学研究时，需要运用的研究方法主要有观察法、调查法、实验法、经验总结法、文献法等。

（一）观察法

观察法是地理教学研究活动最基本的方法，特点是简便易行、结果可靠。它是指研究者有目的、有计划地通过感官感知地理教学活动中处于常态下的对象,并通过分析来认识其特点的研究方法。观察法主要是发现地理教学现象和收集信息,一般无法探究问题的原因。常见的方式有两种:一是学生学习过程的观察,二是地理教学过程的观察。地理教育研究中,可通过公开课、研究课、观摩课、参观活动等形式进行观察。

观察前须制订观察计划,做好充分准备。对观察的对象,应先作一定的了解。然后根据研究任务和研究对象的特点,明确观察的目的、内容和重点,制订观察方案,确定观察的次数、时间,准备必要用具等,并要考虑如何使被观察对象尽量保持常态。

观察过程中,既要严格按照观察计划进行,也应根据实际情况随机应变。应特别注意观察有代表性的动态和极端性的动态。观察时要集中注意力、排除干扰、记录重点,尽可能借助录音、摄像设备作详细记录,避免事后的回忆和补记。

观察完成后,要及时整理材料,分类统计、汇总加工,重点剖析典型材料,对反映特殊情况的材料也要作一定的分析,最后写出全面、详尽的观察报告。

(二)调查法

调查法是指围绕课题的目的,通过访问、座谈、问卷调查和测试等方式,获取被研究对象的客观资料,并对其进行综合分析的研究方法。调查法通常也需在自然状态下进行。常见的调查方式有问卷调查、采访调查、测试调查、座谈调查等,其中问卷调查因具有涉及面广、方法简便、经济有效等特点而被普遍采用。

问卷调查一般有设计问卷、发放调查、回收反馈、分析研究四步。设计适合被调查对象回答并紧扣课题的问卷,多用选择题和填空题,尽量少用问答题,问题要简单明了、言简意赅,控制题量。问卷的发放要注意数量的恰当,问卷发放的人选,一般应选择熟知调查课题的对象或者被研究者本身。问卷收回要统计回收率,可及时适当补发问卷。将回收的问卷进行整理、分类,统计并分析被调查者对所有问题的观点和态度,综合分析出反映研究课题的有关结论。在分析、总结时必须保证研究结论的客观性。

采访调查是对某一地理教学问题所持观点的调查。它与被调查者进行直接接触,具有灵活机动的特点。其一般步骤为采访准备(问题、器材)、访谈(回答问题、资料记录)、分析研究(资料分析、整理)三步。

测试调查主要用于地理教学评价及社会对地理教育认识等方面的研究。其主要形式有日常性测试(学生平时成绩等)和专门性测试(地理素质测试等)。应注意对测试的结果剔除偶然性和误差,以便获得可靠的信息,得出正确的结论。

座谈调查是对地理教学研究中要探讨的问题开座谈会。其步骤为确定座谈主题、设计程序、开展座谈和总结分析。

(三)实验法

实验法是指根据地理教学研究的目的,将地理教学活动在某一特定教学条件(自变量)变化的情况下,与未改变该条件的对比组进行对比实验,并通过分析实验数据确定地理教学现象之间相关性的一种研究方法。实验法最有效的研究领域是对新地理教学技术手段、方法或教材等的使用效率、价值的研究方面。其一般的步骤为：制订实验计划（实验的目的、任务、时间、实验的方法措施、实验阶段的划分、人力物力的准备等）、设置实验载体（确定实验学校、班级的数量）、进行对比实验（反馈信息的收集、统计与评价）、分析研究得出结论（比较分析、推理研究）。

最常用的方法是设置实验班和对照班（或称实验组和对照组），通过对照和比较，来分析影响地理教学活动的有关因素。在确定实验班和对照班时应注意实验班与对照班学生的学习水平必须基本相同。

在实验过程中要做详尽的记录，实验的各个关键阶段都要做相应的测试，要积累足够说明问题的实验数据，力求排除偶然因素的作用，慎重地得出结论。

（四）经验总结法

经验总结法是指在自然状态下，依据地理教学实践所提供的事实材料，通过综合分析和概括，探索地理教学本质和规律的一种研究方法。经验总结法的基本程序：一是确定研究课题和总结对象。根据总结的目的、任务选择有代表性的研究对象。二是制订经验总结方案。主要包括总结目的、任务、内容、实施计划、保证条件及成果的形式等。三是广泛收集地理教学经验资料，包括该问题的研究动态、有关教育理论及研究对象的情况等。地理教学经验总结必须具有大量事实，避免偶然性。四是分析经验材料，提炼与概括，获取初步结论。对收集的大量地理教学经验或教学材料，进行分析、综合、提炼，实现理性化，抽象概括问题的本质和规律，使其上升为地理教学理论。五是组织论证，检验成果。

经验总结法在中学地理教学界应用广泛，应注意地理教学经验的去伪存真，注意经验收集的广泛性，注意辩证地收集成功的经验或失败的教训，注意理论上的提炼和升华。

（五）文献法

文献法是指通过文献（包括各种图书期刊资料、档案材料、音像资料、网络资源等）的查阅、整理、分析，获得地理教学问题本质属性的一种研究方法。运用文献法，首先，要根据地理教学研究课题确定文献资料搜集的范围，广泛搜集相关资料；其次，鉴别资料，查阅的资料最好是第一手材料，若是第二手材料，必须鉴别资料，精读经典重点文献；再次，分析研究整理的材料；最后，得出结论，撰写成果。文献法可分为文献资料比较研究、文献资料演绎推理研究、文献资料整理研究等。

三、地理教学论的研究过程

（一）地理教学研究的基本程序

地理教学研究是针对地理教学理论与实践中出现的一些教学问题进行研究，注重经验总结和理论探索，具有比较固定的程序（见图1-1、图1-2）。

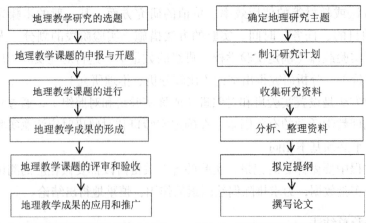

图1-1 地理教学课题研究的基本程序　　图1-2 地理教学研究论文的基本程序

研究程序是整个研究工作进行的基本步骤。地理教学研究包括地理教学课题研究、地理教学论文撰写、地理教学研究著作（或教材）编写等三个方面，它们的研究程序大同小异。以地理教学课题研究为例，分为以下程序。

1. 课题选择

选择研究课题是进行教学研究的第一步，它直接关系研究工作能否完成和研究成果有无价值的问题。为此，研究者选择课题时，一定要认真、慎重。首先，要注意课题的目的性。所选择课题要有一个明确的目标，或者可解决地理教学中某一现实性问题，或者可就地理教学中某一理论性问题进行深入探讨。其次，要注意课题的新颖性。新颖的课题往往能引起人们的兴趣，也具有科学价值。教师要有问题意识，从地理教学场景中挖掘新颖课题，在看似没有问题的地方发现问题；也可从文献阅读中、地理学科教育发展中、从社会发展需求中和国际地理教学发展中发现和选取研究课题。最后，课题的可能性。选择研究课题时，要根据研究者个人的可能条件，从实际出发来考虑包括个人的时间、能力、能取得的资料、设备等条件，从地理教学的疑难中寻找研究课题。

2. 课题设计

（1）课题名称要体现出该课题研究的目的、问题、方法和类型。要求简明贴切、清晰，一般采用陈述句型表述，一般不超过20个字。

（2）课题的提出主要包括四个方面的内容：第一是研究的原因，要求对课题所依赖的时代背景进行阐述，并说明根据时代的要求本课题试图解决的主要问题；第二是本课题的先进性，说明本课题的研究切合国内外相关课题研究的现状和发展趋势；第三是本课题研究的实践意义与理论价值，主要说明该项目研究有什么作用；第四是本课题研究的理论依据。

（3）文献综述是梳理过去有关的研究，找出其矛盾或不足之处，为本课题的深入研究提供基础。其重点是对国内外研究动态的把握，包括国内外相关课题研究的现状和发展趋势，以及本课题与国内外相关课题研究的联系与区别。这部分主要收集相关的研究，分析和总结出这些研究主要观点是什么，取得了哪些成果，研究的进展和发展趋势，尚未解决的问题以及解决这些问题的意义；在此基础上，要对已有的研究做概括和评价，从而为自己的选题确立创意。

（4）研究的内容是对课题题目的分解和具体化，即要解决哪些具体问题。关键是要紧扣题目中的核心成分展开，比较容易的办法是将题目的核心要素分解为若干子要素，也可以对这些子要素进一步分解。对研究问题的分解越细致，研究起来就越有条理。

（5）研究的重点难点——拟解决的关键问题。一般一项课题涉及多个问题，抓住研究问题的主要矛盾和矛盾的主要方面，才能集中精力取得预期的成果。课题研究的重点难点问题可以概括为几个关键问题。一般来说，拟解决的关键问题不能超过3个。

（6）研究方法和技术路线。研究方法是解决研究问题所采用的手段和方式。理论研究一般采用文献法和思辨方法，应用研究一般采用实验方法，调查研究一般采用观察法、问卷调查和访谈法。应根据课题的类型、研究内容选取合适的方法。技术路线一般是指研究的准备、启动、进行、取得成果的过程，是利用选择的方法对所研究的内容按怎样的时间顺序进行研究，也就是要解决怎样做的问题。技术线路要求合理可行、符合科研规律，一般采用流程图的方式表述。

（7）预期成果是在研究之前预先考虑到的课题的最终研究成果，包括成果的形式、数量、应用以及应用的对象和范围等。一项研究课题的成果的形式有学术论文、研究报告、专著、文献资料汇编、研究工作总结、研究工具（如调查问卷、测量表）、教学软件、教学光盘、研究档案、提案与建议等。

（8）课题的组织与管理主要说明以下问题：第一，说明是独立研究还是集体研究；第二，课题研究的组织形式，说明是集体研究式、总分协作式还是纵向分层式研究；第三，研究周期，主要说明研究工作需要的时间、分为几个阶段、每个阶段的具体时间安排；第四，研究分工及职责；第五，研究过程管理，主要针对课题负责人而言，说明保证课题顺利进行的措施；最后是经费的核算与管理。

3.课题申报

（1）课题论证，就是对所申报的课题进行必要性和可行性的充分论证，有条件的可以组织专家会议或请专家对课题设想做评审。

（2）课题申报，是在完成课题论证后进行的，需要填写课题申请书。课题申请书一般表现为表格的形式，主要内容包括课题名称和类型、要解决的科学问题、课题研究的意义、国内外研究进展、研究内容、研究方法和技术线路、进度安排、经费预算、已有的研究基础、项目组人员构成及分工等。详见课题设计部分。

（二）地理教学研究论文的撰写

1.地理教学论文的特征和类型

（1）地理教学论文的特征。地理教学科研论文是地理教学科研成果最常见的表现形式。地理教学研究论文最基本的特征是学术性、实践性和完整性。

学术性就是要以事实为依据，结论必须是科学的、正确的。

实践性是指有鲜明的论点、严密的论证和充足的事实材料，引用科学概念准确，数据处理方法与结果正确，其最终的意义在于经得起实践的检验，又能指导地理教育实践。

完整性是指论文有严格、完整的论述层次结构，严密的论述逻辑，清晰肯定的论点，充足有力的论据，准确、科学的结论。地理教学研究论文的结构应前后统一，不求华丽，而追求思路清晰，框架合理。

（2）地理教学论文的类型。按照其内容，可分为基础理论研究论文、应用研究论文、教学技术研究论文等几种。按论文的论述方法，又可分为以理论论述为主的科研论文，以推理论证为主的科研论文，以实验、实证为主的科研论文和文献资料类的科研论文。

2.地理教学论文的结构

地理教学研究论文的完整结构一般包括论文题目、作者、摘要、关键词、导言、论述、后记、参考文献等几项。可根据实际情况适当有所变化。

（1）论文题目就是简明扼要地阐明论文的研究内容，字数一般不超过20字。无副标题的论文的题目可以直接概括论文的内容，体现研究方法及结论。若有副标题可以进一步说明研究情况。题目中最好不要出现标点符号。

（2）作者主要内容包括作者的姓名、工作单位、联系方式，以方便交流与合作。有的论文是课题组或者几个人共同完成的，在列举作者的姓名时，应按照承担任务的重要程度，分别列出第一作者、第二作者，等等。

（3）摘要是对论文的研究目的、研究内容、研究方法以及研究结论等核心内容的准确提炼。内容包括研究目的、意义，研究内容，所用资料和方法。摘要有中文和外文摘要两种。中文摘要一般限制在300～500字左右，放置在论文作者署名单位后。外文摘要放置在中文关键词下面，有时也放在论文的结尾部分。

（4）关键词可以采用词或词组的形式对论文做出最精练的概括，它一般由3～5个词或词组组成，表明论文研究主题所属的学科、论文研究的内容、所用的研究方法以及论文的创新点等。一般情况下，一部分关键词可从论文的题目中提炼。

（5）引言也称为前言，属于论文正文的第一部分，其作用是引入论述。引言的内容主要包括开展该项研究的原因、意义以及该项研究的国内外研究进展状况、目前还存在哪些问题等。

（6）论述是科研论文的主体部分，基本单元是论点和论据。论述一般又可分为三个部分：第一是本论部分，本论是对论文所要论述的问题的总的论说，它先将整篇论文所要论述的问题以及要得出的结论作一个较为详尽的论说，作为分论的铺垫；第二是分论部分，分论是对总论点的各个问题、各个方面进行论述，分论只对某一部分内容进行论述，针对性很强，是相对独立的；第三是结论部分，结论是对整个论述的结果的概括，该部分要求论述准确、客观和简洁。

（7）参考文献是将论文所引用和借鉴的文章、书籍、网站等资料呈现。每一条参考文献应列出作者姓名、文献的题目、期刊来源、出版社、出版时间、期刊的卷期、文献所在的页码等。

3.地理教学论文的写作

地理教学科研论文的撰写一般包括确定主题、拟定提纲、整理资料、完成初稿和修改完善等过程[①]。

（1）确定主题。地理科研论文的主题一般体现为论文的题目，是对整篇论文的内容进行的高度概括。论文的题目一般是在论文写作前，根据成果的主要内容来确定，也可以在论文的初稿完成后对其进行修改。

（2）拟定提纲。提纲是整篇论文的骨架。提纲的拟定一般是由大到小、由粗到细，先确定一级提纲，再确定二级、三级提纲。提纲越详细，对后续写作的完成越有利。有时还需要把引用的数据、例子、资料、摘引等内容的索引附上以便查找。论文提纲拟定不可能一蹴而就，而是贯穿整个研究工作的全过程。

（3）整理资料。可以从实际中取得第一手资料，也可运用资料分析法进行收集。在准备好资料的基础上，要对所获得的资料进行仔细的分析、整理、选择、综合，以达到去伪存真、去粗取精、分类归纳的目的。同时，还应进一步对资料进行深入的研究，得出科学结论。

（4）完成初稿和修改完善。准备工作完成后，根据论文提纲撰写论文初稿，并修改完善。在论述过程中应当注意要立论明确、论证充分、逻辑清晰，注意图表资料的恰当运用，注意学术论文撰写规范，引用务必注明出处。同时，论文应条理清楚、结构严谨、言简意赅、朴素通顺。

4.地理教学论文的修改

（1）论文修改的内容和范围。

包括主题在内的思想观点的修改，即审视文章的中心论点是否正确、集中、鲜明、深刻，是否具有创新性，文题是否相符，若干从属论点与中心论点是否一致，某些提法是否全面、准确，对初稿的题目进行斟酌、推敲和改动。

材料使用的修改，主要指对论文引用的材料增加、删减或调整。对选用材料的基本要求一是必要，二是真实，三是合适。

结构的修改，调整结构，要求理顺思想，检查论文中心是否突出，层次是否清楚，段落划分是否合适，开头、结尾、过渡照应如何，全文是否构成一个完整的严密的整体。

语言的修改，一是表达清楚而简练，用最少的文字说明尽可能多的问题；二是文字表达的准确性；三是语言的可读性，语言改得鲜明、流畅、生动、明快、清晰和具体。

（2）论文修改的方式有"冷处理"和"热处理"两种。"冷处理"是指初稿完成后，放置一段时间，再重新审视修改内容，这对于论文全局性修改有好处。"热处理"是指初稿完成后立即进行修改，对完善、补充和拓展论文很有帮助。

[①] 陈澄.地理教学论[M].上海：上海教育出版社，1999.

思考与实践题

1. 设计一份高中地理探究式教学开展情况的学生调查问卷。问卷应包括学生基本情况，学生对探究式教学的理解，开展主题、频次、内容深度、学生参与率和满意度等，改进意见和建议。问卷设计简洁明了，问题数量控制在15个左右。
2. 讨论地理教学活动的主要因素有哪些。试分析教学过程中师生互动如何高质量实现。
3. 尝试评价一篇地理教学研究论文，说明作者是如何论述研究主题的。

第二章 地理课程与教材分析

课程就是教学科目、教学内容、学习经验以及有计划的教学活动。地理课程就是地理课业及其进程，具体表现为地理课程标准和地理教材（地理教科书、地图册和音像教材等）[①]，是地理教学活动中最实质性的因素，它规定学校地理教什么。地理课程发展受多种因素的影响，如地理课程受学生身心发展特征制约；地理学不断发展，取材于地理学的地理课程随之发展；社会经济文化发展以及资源环境问题解决需求促使地理课程改革。地理课程在基础教育中的独特功能主要表现在帮助学生掌握现代公民必备的地理素养，增强学生的地理生存能力和学习能力；关注人口、资源、环境和区域发展等基本问题，以利于学生正确认识人地关系，形成可持续发展观念、健康的情感态度和价值观等。

第一节 国外中学地理课程改革趋势

现代中学地理课程开始于第二次世界大战之后，并经历了20世纪60年代和20世纪90年代以来两次大的改革浪潮。20世纪90年代以来，世界范围内掀起的新一轮地理教育改革以地理课程改革为中心。世界各国纷纷推出了地理课程改革的新理念、新方案。地理课程改革成为地理教育改革的先导。

一、地理课程地位提升，设置类型多样

近年来，国际中学地理课程改革使课程在基础教育中的地位明显提升，其特点是地理课程一般作为必修课程，课程设置多样化，开课年限长，课时较多。如英国地理课时约占中学课时总量的10%（高中另增加选修地理课时），俄罗斯初中、高中地理每周共11课时，法国初中、高中地理每周共12课时，日本高中地理总课时量为210节，除地理作为限定性选修课外，还开设社会见习、地理见习、地学见习等地理活动课程。

除地理外，还有地球科学、环境科学、地球和宇宙科学、经济地理、全球地理、世

---

① 陈澄.地理教学论[M].上海：上海教育出版社，1999.

界经济和社会地理、天文学、地质学等。在法国除了为普通学生设置地理课程外，高中阶段还分别为旅游方向、音乐舞蹈方向、科技方向的学生设置了专门的地理课程。

二、地理课程目标全面，重视能力培养

进入20世纪90年代，国际地理课程改革的特点之一是在高中地理课程目标上更加关注学生的全面发展。德国、英国等国家把高中地理教育与环境教育紧密结合，渗透生态保护、环境伦理与道德、环境素养等观念，拓展了地理教育的领域，满足了社会对地理教育的要求。澳大利亚要求地理教育应该培养学生基本的地理素养，以承担未来的生活角色。美国认为，高中地理学习可以使学生掌握有关的世界地理知识，在全球经济竞争、环境保护、文化交流以及分析国际事务方面具有地理的视角和能力。

高度重视培养学生的地理技能和能力是国际地理课程改革的另一特点。英国《国家地理课程标准》把地理技能、区域地理、自然地理、人文地理和环境地理作为高中地理教育的五大目标，并将地理技能列为五大目标之首，其中特别强调地图运用和野外技能两个方面。美国《国家地理课程标准》要求学生地理学习过程应遵循五个步骤，即提出地理问题、收集地理资料、组织地理资料、分析地理资料和回答地理问题，以加强地理技能和能力培养。

由于各国国情不同，地理课程要求存在一定差别。如在高中地理知识目标中，美国要求掌握地理基本概念，理解自然环境与技术、社会之间的内在联系及其在空间的表现，了解世界地理知识、人文地理知识；日本则要求系统掌握现代世界地理知识。在对地理技能及能力培养目标方面，日本强调收集、整理和图形化处理地理资料的技能，培养学生从区域出发分析世界地理现象、地理问题的能力，形成基本地理观点，掌握基本地理思维方式；美国强调提出和解决地理问题的能力。在地理情感态度与价值观的目标方面，日本要求关心世界地理问题和地理现象；美国要求形成正确评价人地关系的价值观，具备地理素质而对社会有责任感，树立世界各国人民各种文化并存的观念。

三、课程组织以区域学习或专题学习为基本结构

各国地理课程内容组织基本可划分为三种结构类型：一是区域学习结构，二是专题学习结构，三是区域学习和专题学习相结合的学习结构。法国主要采用的是区域学习结构，从初中到高中的地理课程设计为"世界地理—非洲、亚洲、美洲地理—欧洲地理—法国地理—欧洲地理—世界地理"的学习顺序，体现循环上升、不断发展的特点。美国各州较为普遍的初中地理课程以地球、世界地理和美国地理等区域地理内容为主；高中地理课程有"地球和宇宙科学""环境科学""经济地理"等内容，具有专题学习的特征。英国初中地理课程主要讲授区域地理，高中地理课程主要讲授系统地理。加拿大、德国等国家则采用区域学习与专题学习相互结合的结构形式[①]。

---

① 李家清.新理念地理教学论[M].2版.北京：北京大学出版社，2013.

四、地理课程内容以人地关系为主线，以可持续发展为核心

人口、资源、环境和区域发展等问题是世界各国高中地理课程的基本内容，突出人地关系，以可持续发展为核心成为世界各国的共识。英国《国家地理课程标准》列出五大目标，涉及人口、资源和环境等多方面的人地关系问题。日本、德国、法国等国家的地理课程有关人口、资源、环境问题等人地关系方面的内容都有较大比重。俄罗斯、澳大利亚开设的课程重在培养学生树立可持续发展观念。

五、地理课程教学中倡导探究式学习

为了保证课程目标的实现，世界各国都在积极进行课堂教学改革。倡导探究式教学（包括研究性学习），注重学生能力培养，已成为国际地理教学重要趋势。

1.英国地理课程的探究式教学

英国的开放式教学主要是进行探究式学习。要求学生在教学过程中联系生活实际，开展社区和问卷调查等活动，培养学生解决实际问题的能力。英国《国家地理课程》中明确要求14岁的学生要能够利用原始资料和二手资料，使用信息技术，基于地图和图表、统计资料和影响，选择信息并描述形态和关系，实地素描、绘制剖面图和简单的轮廓图；要求学生在每个学期选择1个或2个研究课题独立或合作完成。

2.日本地理课程的研究性学习

研究性学习在日本被称为综合学习。设立综合学习的目的是为了培养学生的自主性、创造性以及解决问题的能力。学校有综合学习的自主权，让学生根据自己的兴趣选择学习内容，所选内容可包括自然体验、社会体验、观察、实验、体验学习、调查、情报收集、环境教育、福利及健康教育等方面。学生开展综合学习的方式是多样的，可以进行分组学习，也可以邀请本校教师或校外专家担任指导老师。日本十分注意对综合性学习的方法指导。综合学习要求重视对学习过程的评价，主要评价学生是否对所学内容感兴趣及关心的程度。评价的方式可采取写报告、发表作品、参加讨论等形式。综合学习的评价结果不记入学生学习记录簿。

3.美国地理课程的探究式教学

美国地理教师在课堂中所用的教学方法是多种多样的，如图像系统教学法、实验媒体教学法、计算机多媒体教学法和案例研究教学法等。案例研究教学方法的运用较为普遍，案例研究就是一种探究式教学方法，一般是针对一个较为典型的地理问题进行研究，如选定一个区域进行实地调查或通过互联网获取区域信息，通过模拟的游戏对某种地理过程进行重现等。

六、减少教学内容主题，增加单元教学时间

国外课程标准的特点之一就是主题少，但每个主题安排的教学时间充裕。这样方便教师组织以学生为主体的实践活动，使学生将自己学到的地理知识和技能与现实生活紧密结合，真正锻炼学生发现地理问题、分析和解决地理问题的能力。

第二节 我国中学地理新课程

一、地理新课程改革的背景

（一）适应知识经济时代的新要求

21世纪是知识经济的时代，知识经济的特征决定了培养和开发人才的创新能力及掌握应用知识、信息的能力教育的紧迫性，对人才培养提出了新的要求。知识经济时代要求地理教育教会学生获取知识信息的本领，培养学生独立自主的分析能力、创造能力和学习能力。知识经济对地理教育的要求，必然反映到学校地理课程中来。学校地理课程要适应并全面反映未来社会对人的素质等各方面的要求，这就需要对基础地理教育地理课程中适应时代发展要求的内容进行改革，以使地理课程与知识经济社会的发展相协调、相适应。

（二）适应国际基础地理教育改革的方向

20世纪80年代以来，由于全球性人口、资源、环境与发展等问题日渐突出，人们开始认识到地理科学在解决这些困难和问题方面具有其他学科不可替代的作用，从而意识到公民急需接受高水准的地理教育，提高地理素养，以应对这些困难和挑战。1992年《地理教育国际宪章》（简称《宪章》）的颁布更推动了国际基础地理教育的改革与发展，《宪章》规定了国际地理教育的标准与指导路线，标志着国际地理教育正步入一个新的时期，世界教育理念发生深刻变化。美国国家地理标准的制定以"面向生活的地理"为口号；国际地理大会提出"国际理解"的倡议；德国提倡人类的互相谅解与和平意识教育；建立在"地球太空船"理念之上的"环境意识"是地理教育发展的重要理念，强调人类应对生态环境负责，协调人地关系，进而发展成为"可持续发展"的理念。各国地理教育改革的特色，为我国地理课程改革提供了可资借鉴之处，形成了我国地理课程改革背景之一。

（三）我国地理素质教育改革的推动

20世纪90年代我国基础教育提出素质教育改革，由于多种原因，改革成效并不明显。地理素质教育改革存在许多需要改进的问题：

（1）地理课程目标缺乏完整性。偏重于认知能力的发展，对于学生的创造精神、实践能力关注不够，容易造成学生知识面窄、缺乏个性，创新能力和实践能力缺乏等片面发展现象，不能适应培养未来公民必备的地理素养的目标要求。

（2）地理内容缺乏时代性，未能适应时代要求。课程内容不同程度地存在着学科中心、知识本位，与学生的生活实际联系不够，表述方式上趣味性和可读性差，教师难教，学生难学，严重影响学生的全面发展。

此外，在课程体系、评价机制、评价手段等方面也存在诸多问题。改革地理课程是适应21世纪地理教育发展的需要。

二、地理新课程的目标

2001年我国正式启动了地理基础教育课程改革。教育部于2003年颁布了《普通高中地理课程标准（实验）》，于2011年颁布了《义务教育地理课程标准（2011年版）》，提出了地理新课程目标，制定了地理课程新体系。地理新课程进入全国推广阶段。

（一）地理新课程的目标

地理课程目标属于学科课程目标，地理新课程目标是指地理课程对学生而言在地理基础知识与基本技能，过程与科学方法，情感、态度与价值观等方面期望达到的程度或水平。我国《义务教育地理课程标准（2011年版）》规定义务教育地理课程的总目标为掌握基础地理知识，获得基本的地理技能和方法，了解环境与发展问题，增强爱国主义情感，初步形成全球意识和可持续发展观念。我国《普通高中地理课程标准（实验）》规定高中地理课程总目标为学生初步掌握地理基本知识和基本原理；获得地理基本技能，发展地理思维能力，初步掌握学习和探究地理问题的基本方法和技术手段，增强爱国主义情感，树立科学的人口观、资源观、环境观和可持续发展观念。

地理课程标准是国家对基础教育地理课程的总体设计与基本规范，体现了国家对不同学段的学生在地理知识与技能、过程与方法、情感态度与价值观等方面的基本要求；它从整体上规定了地理课程的性质、目标、内容框架，并提出了地理教学和评价的实施建议。它是教材编写、地理教学、地理评价与地理考试命题的依据。课程标准的基本价值取向是培养合格的公民，内容选取从社会的需要和学生的发展出发，紧密联系学生生活实际和社会实践。

地理课程目标分为总目标和具体目标，总目标是宏观、综合、粗泛的目标，为了进一步明晰这一目标，地理课程标准又从知识与技能、过程与方法、情感态度与价值观三个维度进行了细化，这三个维度在实施过程中是一个有机的整体，不能机械、教条地加以分割。

（二）地理学科核心素养

2014年教育部提出要明确学生应具备的适应终身发展和社会发展的核心素养（学生的必备品格和关键能力）。我国《普通高中地理课程标准（2017版）》将地理学科核心素养界定为地理学科育人价值的集中体现，是学生通过地理学科学习而逐步形成的正确价值观念、必备品格和关键能力。具有地理学科核心素养的人应当能用地理视角观察和欣赏世界，能用地理思维分析和解决地理问题，能用地理语言表达和交流学习成果。该课程标准确定了人地协调观、综合思维、区域认知和地理实践力四个地理学科核心素养。

1.人地协调观

人地协调观是人们对人地关系秉持的正确价值观，是指人们在看待人的生存活动、生产活动、社会活动与自然环境之间的相互联系、相互作用和相互影响时，应秉持和谐发展的基本态度和观念。要求学生能正确阐明地对人的影响和人对地的影响，体现人与地相互协调的观念。具体包括人口观、资源观、环境观和可持续发展观等。

教学中注意选择典型案例帮助学生体验理解人地关系矛盾的内涵（本质和根源），培养学生人地协调观时，需要关照地对人的影响、人对地的影响和人地关系相互协调三个基本维度。

2.综合思维

综合思维是指在分析的基础上，将地理事象的各个部分、因素或特点等联系起来，从整体上认识地理事象的思维方法，即综合分析地理问题的思维方式和能力。地理学的综合性特点要求学习者重视以综合分析问题的思维方式来认识地理环境。

培养中学生综合思维，让学生懂得地理综合是建立在地理分析的基础上，学生养成的综合思维素养包括要素综合、区域综合和动态综合三个方面。要素综合强调的是地理要素之间相互影响的关系；动态综合强调的是把某一时段分析的结果置于整个时间发展序列中进行动态综合，研究地理事象的前后承袭、演替关系和时间变化节律；区域综合是指对特定区域内的诸多要素、方面等进行综合分析或评价。培养学生区域综合的思维，至少需要掌握两点：第一，对区域地理特征的综合把握；第二，对区域发展的条件、效果等方面的综合分析、评价。

3.区域认知

区域认知是一种认识地球表面复杂多样性的策略和思维方式，是探寻地理事象的潜在空间秩序、规律的能力。

培养学生的区域认知素养，要善于创造情境和机会培养学生从区域的视角认识地理现象的意识与习惯，让学生体会"划区"是认识区域的重要方法，引导学生正确采用认识区域的方法与工具，正确解释和评析区域开发利用决策的得失。

4.地理实践力

《普通高中地理课程标准（2017版）》认为地理实践力是人们在考察、调查和实验等地理实践活动中所具备的意志品质和行动能力。包括如下内容：能够用观察、调查等方法收集和处理地理信息，具有发现问题、探索问题的兴趣；能够与他人合作设计地理实践活动的方案，独立思考并选择适当的地理工具；能够实施活动方案，主动从体验和反思中学习，实事求是，有克服困难的勇气和方法。

学生地理实践力培养强调学生地理考察、实验、调查这三种地理操作技能训练，学会选择和熟练使用合适的地理工具，强调学生知与行的转化能力训练，学生能综合运用所学知识，面对真实问题，设计评价实践方案，加以实施。

综合思维、人地协调观、区域认知强调的是思维品质，而地理实践力是一种意志品质和行动能力，地理学科这四个核心素养是相互联系的有机整体。

三、地理新课程的基本理念

（一）初中地理课程的基本理念

义务教育地理课程标准依据社会需求、学科特点和学生认知规律，将重点放在学生身上，体现学生主体，贯穿人本教学，将着眼点置于与学生生活联系密切的地理知识，传达地理思想，培养学生地理学习兴趣、地理实践能力和探究意识。

1.课程内容理念

（1）学习对生活有用的地理。地理科学有丰富的生活价值，有利于学生认识地理在现实社会生活中的重要作用，有利于学生参加各类地理实践活动，有利于学生在地理学习中不断增进对地理科学的爱好，重塑地理科学在社会生活中的重要形象，从而使学生产生学习地理的内在需要，使学生积极主动地投入到地理学习中去。地理课程培养学生发现生活中的地理知识，发现分析地理问题，从地理视角认识生活、进行生活活动，提高生活品味，如了解和关心家乡发展，学习选择常用地图，养成日常用图的习惯。

（2）学习对终身发展有用的地理。地理科学有丰富的科学价值、社会价值和文化价值，能影响学生的生命历程，促进学生的终身学习和未来发展，这是时代发展的要求，也是以学生发展为本的教育理念的充分体现。地理课程负有促进学生终身发展及生命价值实现的责任，地理课程的一大目标就是让学生学习富有生长性的地理知识，获得地理自学能力。新课程的核心理念是为了每一位学生的发展，地理课程要以人的发展为出发点和归宿，地理课程在能力发展方面，要致力于使学生形成从地方、区域乃至全球视野看待世界各种事象的意识，形成特殊的地理思维品质、地理思辨能力和创新素质，培养对今日和未来世界负责的公民，为学生的终身发展奠定坚实的基础。

2.课程方式理念

构建开放的地理课程。课程方式的新理念反映在课程建设形式和学生学习方式的改变。新课程从学生的现实体验出发，让学生了解地理学习的功能和价值。地理科学的开放性要求中学地理课程具有一定的开放性。新课改构建开放式地理课程，要求地理课程要充分重视课程资源的开发利用，形成学校与社会、家庭密切联系，教育资源共享的开放性课程，从而不断拓宽地理学习空间，满足学生多样化的学习需求。开放性地理课程主要表现在课程内容的开放性、课程目标的开放性、课程形态的开放性、课程实施的开放性以及课程资源的开放性等方面。开放性地理课程有利于拓展学生的知识视野，培养学生的创新意识，促进学生的个性发展。

3.课程评价理念

新课程提倡评价主体多元化，评价方式多样化，过程性评价与结果性评价并重。评价注重知识与技能，过程与方法，情感态度和价值观全面发展，教学并重。

（二）高中地理课程的基本理念

1.课程内容理念

高中地理课程的内容理念是培养现代公民必备的地理素养。地理素养是指在地理学习过程中形成的地理知识、地理技能、地理能力、地理观念、地理情感等。地理知识素养是指现代公民必须学习和掌握的现代地理科学的基本知识，在地理素养中处于基础地位，是其他相关地理素养形成的基本载体。地理技能素养是进行地理思考的必要工具与技术，是了解地理环境特征和变化过程的特有方法。地理能力素养主要指用图能力、地理信息能力、地理思维能力和实践能力等。地理观念包括人口观、资源观、环境观和可持续发展观等。地理情感是地理素养的重要组成部分，是维持地理思维活动、影响地理判断能力、支配地理活动的精神支柱，它表现在学习兴趣、文化情操、审美情趣等方面。地理教育在帮助学生获得必要的地理知识和地理技能，形成必要的地理能力和地理观念之外，还要对学生进行热爱生命、和平和责任教育，使学生提高对生活环境的理解与欣赏。

要求设计具有时代性与基础性的高中地理课程，提供公民必备的地理知识，增强学生的地理学习能力和生存能力。在初中地理的基础上，继续提供未来公民必备的地理知识与技能。内容的选择一方面要重视基本的地理过程和地理规律，注重基础性；另一方面应重视学科和社会研究的新进展，体现时代性。

2.课程方式理念

高中地理课程的建设理念是满足不同学生的地理学习需要。侧重生活的地理，对应的是具有生存需要的学生和注重应用与操作的地理学习，地理和人们的日常生活密切相关，地理学习有利于增强生活能力，更大程度地满足生活需要。侧重文化的地理，对应的是具有素质要求的学生和强调常识与技能的地理学习，主要侧重于学生文化素养的提高。地理文化素养主要反映在必备的地理知识、一般的地理技能以及正确的地理情感态度价值观。侧重科学的地理，对应的是具有探索意向的学生和倾向学科发展的地理学习。培养一部分学生从事地理科研的兴趣和能力，也是地理课程必须承担的历史重任。

为了满足学生不同的地理学习需求，应建立富有多样性、选择性的高中地理课程。要求在新的地理课程体系当中，加强选择性课程的开发、设置与实施，使学校地理课程真正从划一化走向弹性化，使学生真正拥有更多的进行自主学习和发展的权利和机会。地理新课程的三门必修课程和七门选修课程均属于国家课程，这些课程体现了基础性，也体现了多样性与选择性。为了给学生更多的选择余地，在此基础上，还可以根据当地经济、社会、文化发展的特点和学生不同地理学习的需求，进一步开发配合高中地理教育的"地方"课程和"校本"课程。同时，可以利用高中"综合实践活动"课程的时间与空间，开展地理与相关学科互相配合的研究性学习活动。

高中地理课程的学习理念重视学生对地理问题的探究，倡导自主学习、合作学习、探究学习和开展实践活动等方式。培养学生收集和处理信息的能力、获取新知识的能力、分析和解决问题的能力以及交流与合作的能力。还强调开展地理观测、地理考察、地理实验、地理调查和地理专题研究等实践活动。这样既可提高地理学习对学生的吸引力，又能培养学生的实践能力，更能在发现问题和解决问题的实践过程中激发学生的潜能和创造力，有利于学生素质的全面提高。

3.课程评价理念

课程评价注重地理学习评价的"三结合"，即形成性评价与终结性评价相结合、定性评价与定量评价相结合、反思性评价与鼓励性评价相结合。高中地理课程与初中地理课程基本一致，限于篇幅，此处不再说明。

4.课程技术理念

高中地理课程的技术理念是强调信息技术在地理学习中的应用。地理课程突出时代性很重要的一个方面就是要关注现代信息技术对地理课程的影响，包括在地理课程内容选择、地理教学方法运用和地理教学评价中，都要充分考虑现代信息技术的应用。地理课程十分适合使用计算机技术及网络方法辅助教学，要充分利用计算机多媒体技术及网络资源，获取丰富有效的网络资源，建设地理教室，培养学生的地理信息素养、促进地理教师角色的转变，为学生提供个性化的学习环境。

四、地理新课程的基本结构

新地理课程标准从学生的全面发展和终身学习需要出发，从地理教育需要出发，明确规定重视知识与技能、过程与方法、情感态度价值观的统一。新课标与旧大纲相比，结构发生了很大变化（见表2-1），了解这种变化是理解新课程结构的重要保证。课程结构是指课程体系的构成要素、构成部分之间的内在联系，它体现为一定的课程组织形式。既包括依据什么目标组织什么内容的问题，也包括以何种形式来组织的问题[①]。

表2-1 高中地理课程标准与教学大纲结构比较

	课程标准	教学大纲
前言	1.课程性质 2.课程的基本理念 3.课程设计思路	
课程目标	1.知识与技能 2.过程与方法 3.情感、态度与价值观	教学目的
内容标准	1.必修课程 2.选修课程	课程安排 教学目标和教学要求
实施建议	1.教学建议 2.评价建议 3.教科书编写建议 4.课程资源的利用与开发建议	教学中应注意的问题 考试与评估 教学设备和设施 高中地理研究性课题

2000年地理教学大纲包括教学目的、课程安排、教学目标和教学要求、高中地理研究性学习课题、教学中应注意的问题、教学评价、教学设备和设施七个部分内容。2003年课程标准则由前言、课程目标、内容标准和实施建议四个部分组成。教学大纲各部分之间层次模糊，联系松散，难评估，指导针对性不强，不便于使用，重知识、轻能力，重结果、轻过程；而课程标准则形式新颖，层次清晰，其内涵组成分为课程理念和设计思路、需要达到的课程目标、需要学习的课程内容、完成课程目标措施建议四个部分。这种体系结构符合学生的认知规律，既有利于师生对课程结构理解和把握，也有利于对课标精神和内容的明确和运用。

---

① 袁振国.当代教育学[M].北京：教育科学出版社，2004.

（一）初中地理新课程基本结构

1.初中地理课程内容的特点

《义务教育地理课程标准（2011年版）》（简称《标准》）构建了初中地理课程的总体框架。《标准》本着"全面推进素质教育，着眼于学生的全面发展和终身发展"这一出发点，强调变革"学科中心"下的地方志式的课程结构，努力创设一种以区域地理和乡土地理为学习载体的地理课程，培养学生的地理实践能力和探究意识，激发学生地理学习兴趣和爱国主义情感，帮助确立正确的地理观念。《标准》共有"标准"100条，"活动建议"24个，"说明"7项（见表2-2）。

表2-2 初中地理课程标准的课程内容

	标准/条	活动建议/个	说明/项
地球与地图	11	5	/
世界地理	43	9	3
中国地理	40	8	3
乡土地理	6	2	1
合计	100	24	7

与以往的初中地理课程相比，新课程在内容方面主要有以下特点：

（1）课程内容以区域地理为主。把区域地理作为初中阶段学生地理学习的主要内容，符合初中学生的年龄特点、认知水平和生活实际，7～9年级学生通过3～6年级科学、社会等综合性课程的学习，已对宇宙与地球、世界地理、中国地理等方面的知识有了初步了解。教学内容追求鲜活，内容形式丰富多彩，突出活动，乡土地理学习贴近学生生活，便于联系实际，激发学习兴趣。初中区域地理的学习，也为学生进入高中阶段进一步学习地理知识及走向社会奠定基础。

（2）简化内容，增加课程弹性。旧的地理课程过于强调学科知识的完整性，致使初中地理课程内容十分繁杂，不利于地理课程的教学。新课程以学生的发展为中心，淡化学科体系，加强了课程的灵活性与选择性，增加了课程弹性，为教学提供必要的自主空间。主要表现在对四大部分内容的讲授顺序不作硬性规定，地理要素的学习采用不同的呈现方式，对区域的划分和选择留有自主空间等。教师不再是"教课本"而是"使用课本教"。

（3）重视创新精神的培养。新课程重视学生创新精神的培养，首先是爱护和培养学生的学习兴趣，一方面精简了陈旧内容，另一个方面将一些贴近生活反映当今世界热点问题的内容引进教材。其次是鼓励探究，重视营造宽松的学习环境，提倡建立多元化的评价方式，激励学生创新。在实践能力培养方面，新课程提倡把乡土地理作为综合性学习的载体，学生可以通过收集身边的资料，运用掌握的地理知识和技能，开展以环境与发展问题为中心的探究性实践活动。

2.初中地理课程的基本结构

《标准》规定：7—9年级地理课程分为地球与地图、世界地理、中国地理和乡土地理四大部分。其基本结构如图2-1所示。

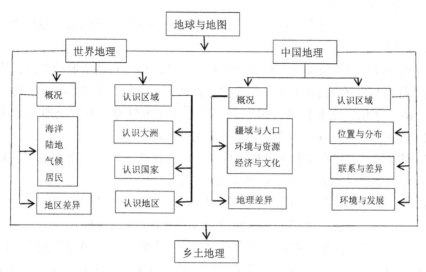

图2-1 初中地理课程内容基本结构

（1）地球与地图。本部分包括地球与地球仪、地图两个专题。

1）地球与地球仪。专题要求学生在小学学习的基础上，认识地球与地球仪的有关知识（地球的形状、大小和运动，以及地球仪的使用）。在教学方面的要求主要包括通过学习人类对地球形状的认识过程，激发学生学习地球知识的兴趣；通过日常观察和实验，使学生认识地球的运动及对人类的影响等。

2）地图。专题要求学生通过对地图知识的学习（方向、距离、高度、地形类型和电子地图使用等），掌握有关的地理知识，知道日常生活中常用地图的用途，并学会运用有关的地图。

（2）世界地理。本部分包括海洋与陆地、气候、居民、地区发展差异、认识区域五个专题。

1）海洋与陆地。主要介绍地球上海洋与陆地的变迁及海陆分布，要求学生通过地图和相关数据，认识地球上海洋与陆地的分布状况。该专题通过对地球表面的不断运动与变化的介绍，使学生认识海陆分布是漫长地质演化的结果，培养正确认识海陆变迁的科学态度；通过对板块学说知识的介绍，培养学生的科学兴趣与方法。

2）气候。主要让学生认识天气、气候及其对人类生产、生活的影响，了解世界上主要的气候类型及造成全球气候差异的主要因素。

3）居民。主要介绍世界人口、人种、语言、宗教和聚落的知识，充实人文地理内容，培养学生学习人文地理的兴趣。

4）地区发展差异。主要通过对世界上发达国家与发展中国家差别的介绍，使学生明白加强国际合作的重要性，关注国际关系。

5）认识区域。要求学生通过对世界部分大洲、地区、国家的学习，认识所学区域主要的自然地理与人文地理特征，初步掌握区域地理学习的一般方法。

（3）中国地理。本部分包含疆域与人口、自然环境与自然资源、经济与文化、地理差异、认识区域五个专题。

1）疆域与人口。它是中国地理的基础知识，主要介绍我国的疆域和行政区划、人口和民族等问题。

2）自然环境与自然资源。主要通过对我国自然环境与自然资源的介绍，使学生了解我国自然环境与自然资源的特点，培养学生合理利用与节约自然资源的意识。

3）经济与文化。主要包括我国农业、工业的分布概况，我国交通运输的大致格局，我国丰富多样的地方文化及对旅游业的影响等问题。

4）地理差异。主要介绍我国的四大地理区域，即北方地区、南方地区、西北地区和青藏地区，了解四大地区的自然地理方面的差异。

5）认识区域。通过部分不同尺度区域的学习，要求学生认识所学区域主要的自然地理与人文地理特征，进一步掌握区域地理学习的一般方法与过程。

（4）乡土地理。这是初中地理课程必学的一个专题。乡土地理帮助学生认识学校所在地区的生活环境，引导学生理论联系实际，培养学生实践能力，树立可持续发展的观念，增强爱国、爱家乡的情感。

通过乡土地理体验式学习，学生学会分析、评价家乡的自然环境、生活环境、生态环境等，并有意识地将所学知识运用于日常生活当中，做到学以致用；懂得如何解决家乡在生态环境、资源利用、自然灾害等方面存在的问题，知道家乡的主要自然灾害与自然资源类型，知道合理利用资源、保护生态环境的重要性；了解家乡的人口变动情况，树立正确的人口观；通过乡土地理的学习，培养热爱家乡的深厚感情。

（二）高中地理课程基本结构

1.高中地理课程内容的特点

高中地理课程的设计以可持续发展为指导思想，整体上谋求基础性、时代性、选择性的和谐统一，注重地理观念和地理视角，反映地理的应用价值，突出学生地理素养的培养。普通高中教育是在义务教育基础上进一步提高国民素质的基础教育，因此，它具有很强的基础性，为未来公民提供必备的地理基础知识，培养学生基本的地理学习能力和生存能力，关注人口、资源、环境和区域发展等基本问题；除此之外，还反映当前地理科学的时代特点和发展趋势，渗透地理科学研究的新成果、新方法、新技术，体现学科的时代性；从学生的发展需要和学生的接受水平出发，高中课程注意内容的选择性，让学生自己来选择感兴趣的课程内容，满足学生探索自然奥秘、认识社会生活环境、掌握现代地理科学技术方法等各种不同的地理学习需要，真正达到提高学生素质的目的。

2.高中地理课程的基本结构

普通高中地理课程标准确定高中地理课程由必修课程与选修课程组成，共有"标准"156条，"活动建议"79个，"说明"3项（见表2-3）。高中地理必修课程共由"地理1""地理2""地理3"三个模块组成，涵盖了现代地理科学的基本内容，体现了自然地理、人文地理和区域地理的联系与融合。保证了其结构的相对完整和教学内容的新颖、充实，使课程具有较强的基础性和时代性。高中地理选修课程由"宇宙与地球""海洋地理""自然灾害与防治""旅游地理""城乡规划""环境保护""地理信息技术应用"七个模块组成。选修模块涉及地理科学的理论、应用、技术各个层面，关注社会生产生活与地理密切相关的领域，突出地理科学的学科特点与应用价值，便于开阔学生的视野，进一步提高学生的科学精神与人文素养。

表2-3 高中地理课程标准的内容标准

			标准/条	活动建议/个	说明/项
内容标准	必修课程	地理1	18	12	/
		地理2	16	9	/
		地理3	13	8	1
		合计	47	29	1
	选修课程	宇宙与地球	13	9	1
		海洋地理	18	6	/
		旅游地理	13	8	/
		城乡规划	15	8	/
		自然灾害与防治	14	7	/
		环境保护	18	6	/
		地理信息技术应用	18	6	/
		合计	109	50	2
		总计	156	79	3

（1）高中地理必修课程。

1）"地理1"。作为整个高中地理课程的理论基础，地理1主要阐述自然地理的基本原理、基本规律和基本过程。本模块严格遵循"以人地关系为主线"的课程设计思路，天文部分侧重于宇宙环境对地球的影响；自然环境部分关注物质循环和能量交换及其地理意义；"地理2"以人文地理为主，"地理3"以区域为载体。三个模块是递进关系，按顺序学习，模块间既相互独立，又相互联系，构成一个整体。

"地理1"与选修课程的关系非常密切，在高中地理选修课程七个模块之中侧重于自然地理内容的"宇宙与地球""海洋地理""自然灾害""环境保护"等模块的学习，都涉及自然地理的基本原理、基本规律和基本过程。偏重于人文地理的模块如"旅游地理"和"城乡规划"，也需要通过自然地理知识的学习来加深对所学知识从地理角度的理解；即使"地理信息技术应用"模块，也需要有自然地理的基础。学习"地理1"有利于以上模块的学习。

本模块包括四个部分内容：第一部分"宇宙中的地球"主要使学生了解地球的宇宙环境及其对地球的影响，形成科学的宇宙观；第二部分"自然环境中的物质运动和能量交换"主要使学生认识地球的运动特点及其地理意义；第三部分"自然环境的整体性和差异性"主要使学生了解自然环境的组成，形成自然环境是人类赖以生存与发展的基础的观念;第四部分"自然环境对人类活动的影响"主要使学生了解自然环境对人类活动的影响,具体内容见图2-2。

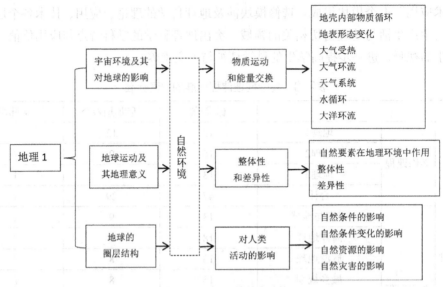

图2-2 地理1的基本结构

2)"地理2"。"地理2"主要侧重人文地理,主要说明人类活动对地理环境的影响。"地理1"为"地理2"的学习提供了基础,学生要掌握人文地理的思想和方法,特别是要正确认识人地关系,应该有自然地理学习做基础。"地理3"是在"地理1"和"地理2"学习基础上的综合和提升;同时,"地理3"的学习也在一定程度上巩固和应用"地理2"的学习成果,因此"地理2"承担着承上启下的作用。

高中地理选修课程中的两个模块"旅游地理""城乡规划"与人文地理有直接关系。这两大模块的学习均需要用到相关的人文地理基本原理、基本规律和基本过程。人文地理对其他模块的学习也有极大的促进作用。

本模块包括三个部分内容。第一部分"人口与城市"主要使学生掌握人口和城市问题的数据搜集和整理方法,关注人口的时空变化。第二部分"生产活动与地域联系"主要使学生初步掌握生产活动与地域联系问题的实地调查方法,关注城市化的发展和后果。第三部分"人类与地理环境的协调发展"主要让学生正确地认识人地关系,养成可持续发展的意识,具体内容见表2-4。

表2-4 "地理2"的基本结构

地理2		
人口与城市	生产活动与地域联系	人类与地理环境的协调发展
一、人口增长	一、农业区位因素	一、人地关系思想的历史演变
二、人口迁移	二、工业区位因素	
三、人口合理容量	三、生产活动对地理环境的影响	二、人类面临的主要环境问题
四、城市结构		
五、城市化	四、地域联系	三、可持续发展的内涵与途径
六、地域文化对人口或城市的影响	五、交通运输	

3)"地理3"。"地理3"主要阐述一定区域内如何协调人地关系、实现区域的可持续发展的问题。是学生基本了解地理环境的组成、地理环境对人类活动的影响及人地环境协调发展的基本途径和基本原理等基础知识之后，结合"区域的发展"的内容，让学生把所学的基本原理和方法与实践结合起来，进一步了解应用地理原理实现区域的可持续发展的方法。从"地理1""地理2"到"地理3"依次递进，是一个理论应用于实践的过程，是培养学生"学以致用"的过程。

"地理3"以区域为研究对象和载体，紧扣可持续发展这一主题，介绍区域同人类的关系、区域的开发整治等，提供了将地理基本原理应用于实践的基本方法。"地理3"的学习也为学生学习选修模块海洋地理、城乡规划、环境保护等相关内容打下了基础。地理信息技术是地理科学的基础组成部分，是地理科学发展的研究手段和关键技术，"地理3"中"地理信息技术"的学习可以为"地理1"和"地理2"以及选修模块的学习提供有关技术和理论的支持。

本模块包括三个部分内容。第一部分"区域地理环境与人类活动"目的是使学生能够以某区域为例，比较不同发展阶段地理环境对人类生产和生活方式的影响，并能举例说明产业转移和资源跨区域调配对区域地理环境的影响，关注区域差异和区际联系。第二部分"区域可持续发展"主要使学生关注区域特征及其可持续发展。第三部分"地理信息技术的应用"主要使学生了解地理信息技术在地理科学研究、社会生产实践中的应用，关注地理信息技术的发展与应，具体内容见表2-5。

表2-5 地理3的基本结构

地理3		
区域地理环境与人类活动	区域可持续发展	地理信息技术的应用
一、区域含义	一、区域环境与发展	一、遥感（RS）技术应用
二、自然环境、人类活动的区域差异	二、流域开发地理条件	二、全球定位系统（GPS）应用
三、区域地理环境影响	三、农业持续发展方法、途径	三、地理信息系统（GIS）功能
四、产业转移和资源跨区域调配对区域地理环境的影响	四、区域能源、矿产合理开发	四、数字地球
	五、区域工业化、城市化	

必修课程的三个模块，涵盖了现代地理学的基本内容，体现了自然地理、人文地理和区域地理的联系与融合，并注意结构的相对统一和教学内容的新颖、充实，使课程具有较强的基础性和时代性。

（2）高中地理选修课程。

1）选修1 "宇宙与地球"。作为高中地理选修课程的一个模块，"宇宙与地球"注重于从地理科学的角度，探讨宇宙环境对地球的影响，地球在太阳系中特定的位置与地球环境形成和发展的关系。本模块主要使学生在更宏观的层面上了解地球的宇宙环境及地球自身的演化进程、地表基本形态的特点和成因。本模块包含许多与物理、化学、生物等学科联系紧密的内容，如"宇宙大爆炸"假说、月相与潮汐、生物演化简史等。

通过学习，可以拓展学生的知识视野，增强学生的学习兴趣，培养学生唯物辩证观，有利于引导学生关注学科联系，培养学生综合贯通的学习能力。

本模块包括宇宙、太阳系和地月系、地球的演化、地表形态的变化四个部分内容，采用从远及近，由大至小的顺序进行讲述。

2）选修2 "海洋地理"。海洋对全球地理环境的形成与发展具有重大的影响，而且是人类生存与发展的"第二空间"，不仅蕴藏有丰富的能矿资源，而且还是广阔的空间资源，对经济社会的发展意义重大。选修模块"海洋地理"的设置，其目的是使学生在"地理1"了解洋流分布及其影响的基础上，进一步了解海洋环境特点和资源状况，使学生了解有关海洋的基础知识，了解我国海洋基本地理国情，认识海洋对人类生存与发展的意义，增强海洋意识。

本模块包括海洋和海岸带、海洋开发、海洋环境问题与保护、海洋权益四个部分内容。

3）选修3 "旅游地理"。旅游地理与其他地理课程的许多内容有联系。"旅游地理"与必修课程中的内容如人口迁移、交通运输、区域可持续发展等内容有很强的内在联系；与选修课程"自然灾害与防治""海洋地理""环境保护"等模块内容也有一定的内在联系，"旅游地理"与"城乡规划"都属于人文地理分支，二者内容互为补充。

本模块包括旅游资源、旅游资源评价、旅游规划与旅游活动设计、旅游与区域发展四个部分内容，很好地体现高中地理课程的综合性和地域性。有利于促进学生关注人口、资源、环境和区域发展等问题，正确认识人地关系，形成可持续发展观念；对于培养学生地理学习兴趣，锻炼野外实践能力和探索精神，养成健康的体魄，也有重要作用。

4）选修4 "城乡规划"。"城乡规划"是高中地理选修课程的重要组成部分，也是地理必修课程中城乡规划内容的拓展延续。"城乡规划"选修模块具有综合性强、区域性突出、实用性强等特点。开设"城乡规划"选修模块，对于普及城乡规划基础知识，加强高中生城乡规划意识，使其今后更科学地认识城乡规划，参与国家的经济社会建设具有重要的意义。

本模块包括城乡发展、城乡分布、城乡规划和城乡建设与生活环境四个部分内容，它们之间存在循序渐进的有机联系。

5）选修5 "自然灾害与防治"。如何应对自然灾害的挑战仍然是困扰人类的一大难题。认识自然灾害的发生原因、发生机制、发展过程、分布规律，对于预防自然灾害，减少自然灾害的损害程度，对人类社会可持续发展具有重要意义。因此，选修5"自然灾害与防治"在高中地理课程中占有重要地位，既是地理1内容的拓展与延伸，又与选修6"环境保护"有密切联系，本模块具有较强的实践性与应用性，学习本模块将有助于学生掌握自然灾害的基本知识，了解我国主要的自然灾害概况，理解自然灾害与环境的关系，树立防灾减灾意识等。

本模块包括主要自然灾害的类型与分布、我国主要的自然灾害、自然灾害与环境和防灾与减灾四个部分。

6)选修6 "环境保护"。本模块关注人们生产生活与地理密切相关的领域,突显地理学的学科特点与应用价值,有利于开阔学生视野,提高学生的科学精神和人文素养。本模块是培养学生环境观和资源观的重要依托,是地理学对于解决当代人口、资源、环境和发展等问题具有重要作用的具体体现。本模块与义务教育阶段的地理课程,高中必修课程、选修课程的各个模块都有紧密联系。

本模块包括环境与环境问题、资源问题与资源利用、生态环境问题与生态保护、环境污染与防治、环境管理等五个部分内容。

7)选修7 "地理信息技术应用"。地理信息技术是地理科学新的分支学科,是地理科学的关键技术。地理信息技术科学体系主要由地理信息系统(GIS)、遥感(RS)、全球定位系统(GPS)三个方面的核心技术组成。GIS、RS、GPS技术又以计算机科学、通信技术、遥测与卫星定位,以及系统论等信息技术和理论为支撑,属于地理科学与信息科学的交叉学科。地理信息技术作为地理科学发展的重要内容,在高中阶段,将其纳入地理课程体系,设置地理信息技术课程,有利于普及地理信息技术基础知识,对学生进行地理信息技术教育,有利于提高学生的地理信息素养。

本模块包括地理信息技术的发展、地图与遥感、全球定位系统、地理信息系统、3S技术的综合应用等五个部分内容。

第三节 地理教材分析

一、地理教材分析概述

地理教材是课程标准的具体化,是学生进行地理学习最重要的学习资源,是教师组织教学活动最重要的媒体。它含有显性的知识结构与隐性的情感态度、价值观结构和能力结构,主体由课文系统、图像系统、活动系统(作业系统)组成,也包括配套的地图册和音像资料。

地理教材分析就是地理教材结构分析。通过教材结构分析可以认识教材特点,明确教材功能,有效运用教材,实现教学目标。地理教材分析一般分为整体分析、具体分析两个层面。地理教材的整体分析,主要是进行地理教材的发展背景和内、外部联系分析,帮助教师在较高的水平层次上总揽全局,为教师把握教学方向提供指导。地理教材的具体分析是以教材的章、节为对象的进一步分析深化,为师生使用教材提供较为具体的、针对性的教学指导。整体分析为具体分析提供依据,具体分析是对整体分析的深化,具体分析是教材分析的重点。地理教材的整体分析在本章第二节我国地理新课程部分多有渗透,本节主要讲述地理教材的具体分析。

地理课程标准分析是地理教师进行地理教材分析的依据。课程标准是我国中小学课程开发、教材编写、教学设计、教学实施与评价的根本依据。它体现了"国家对不同阶段的学生在知识与技能、过程与方法、情感态度与价值观等方面的基本要求,规定各门课程的性质、目标、内容框架，提出教学和评价建议"。分析地理课程标准，首先，通读地理课程标准，领悟"课程性质""基本理念"与"课程目标"；其次，重点分析解构"课程内容"的具体陈述；再次，参考"实施建议"，设计具体教学活动的思路和评价方法；最后，教师教学之余应对课程标准有进一步的思考。

二、地理教材的具体分析

（一）分析步骤

地理教材分析一般分为四步。

（1）通读全套教材。从教学内容与学科课程体系之关系、与所教学段该门课程之关系的角度分析教学内容的地位，在整体上建立对地理知识框架的总体认识，掌握该教材与其他学段教材的前后关系和该单元的来龙去脉，明确其中各个部分教材内容与整体的关系。

（2）纵览式阅读教材的全部内容，重点阅读当前所要教学的单元。明确单元知识点之间的联系，建立知识层级联系的图解模型，以确定教学内容的逻辑关系和重难点。绘制层级关系图共需3步：第一步是梳理知识的层级联系。最常用的办法是摘录同一级别的标题，构成同一层级，形成知识体系的基本框架。第二步是分解小标题下的知识块，直到不能再分的最低的一级知识单元。第三步是用括号或线段将这些包含关系连接起来。绘制中，文字表述要尽可能简明，只需列出关键字。一般用不同字体或方框形状表示不同层级。

（3）细读所要教学的课时内容，理解所有的知识点。应该配合教学参考书，了解这节课在该单元课程和整部教科书中的地位和作用，联系前后相关课程内容。明确与之前课程的联系，便于复习已学知识，将已学知识作为进阶平台，了解其与之后课程的联系能够为未学知识建立铺垫，打好基础。

（4）根据内容规划好课时计划。课时安排要明确到1课时或2课时。一般来讲教材上的一课与教学中的一个课时吻合。需要分解到几个课时完成的教学内容，就要求教师恰当选择其分割点。

（二）分析的内容

地理教材具体分析包括知识与技能结构、过程与方法、情感态度价值观、教材的重难点和表述结构分析。

1. 地理教材的知识与技能分析

以初中地理为例，初中地理课程标准对知识与技能的要求如下：

（1）掌握地球的基本知识，学会运用地球仪的基本技能。掌握阅读和使用地图和地理图表的基本技能，初步学会简单的地理观测、调查统计以及运用其他手段获取地理信息等的基本技能。

（2）能初步说明地形、气候等自然地理要素在地理环境形成中的作用，以及对人类活动的影响，初步认识人口、经济和文化发展的区域差异，以及发展变化的基本规律和趋势。

（3）学习家乡、中国和世界的地理概貌，了解中国与世界的联系。初步学会根据一个国家或一个地区的地理信息，归纳其地理特征。

（4）了解人类所面临的人口、资源、环境和发展等重大问题，初步认识环境与人类活动的相互关系。

分析教材的地理知识结构，先要明确教学单元中的教材中包含哪些教学知识点。地理教材的知识结构分析的一般方法是：第一，将该节内容划分为若干教学因子（教材中的框题）；第二，分析各教学因子的相互联系方式；第三，分析知识点之间的联系。

2. 地理教材的过程与方法分析

地理教材的过程与方法分析，着重讨论学生的学习能力。

地理学习能力主要包括地理认知能力和地理实践能力两大类型。其中：地理认知能力包括地理观察能力、地理记忆能力、地理思维能力、地理想象能力；地理实践能力包括一般地理实践能力、地理信息加工能力和地理研究能力。

地理教材对学生学习能力的培养包括以下四个方面：

第一，地理教材中地理规律性知识的学习，有利于学生多种地理能力的培养。一方面，学习地理规律性知识有助于发展地理思维能力。教材从发展学生智能着眼，阐述地理环境，以及人地关系的规律性知识，与发展学生智力、培养能力相辅相成。另一方面，掌握地理规律性知识，有助于学生培养解决问题的能力，学会知识迁移。例如，运用正确的资源观、人口观、环境观和可持续发展观，可以去认识人口、资源、环境、社会相互协调发展问题，寻找解决问题的途径与方法。

第二，地理教材中学科前沿的学习，有利于学生创造性思维能力的培养。新地理课程中介绍了一些新学说、新动向、新的研究成果，同时介绍了学术界对某些重要问题的不同观点、看法，这些都有利于培养学生的探索精神和创新思维。

第三，地理教材中图像系统的学习，有利于学生地理思维能力的培养。教材将抽象的理性知识建立在直观的感性知识基础上，增加了大量形象的插图、统计图表、景观图片，还用了许多模式图代替文字叙述。这有利于培养学生的观察能力、想象能力，有利于形象思维上升到抽象思维。

第四，地理教材中的活动、阅读、案例、问题研究等内容的学习，有利于培养学生的读图技能、运用地理资料判断和解释地理现象的认识能力、地理定量计算技能以及地理观察和调查等实践能力，提高学生解决实际问题的能力。

3. 地理教材的情感态度与价值观分析

地理教育中情感态度与价值观主要涵盖以下内容：①爱家乡、爱祖国的情操；②求真务实的科学精神；③浓厚的地理学习兴趣；④正确的全球意识与可持续发展观；⑤强烈的社会责任感；⑥科学的环境观与资源观；⑦一定的价值判断能力；⑧高尚的地理审美情趣。

从地理教材微观角度分析，教材的每一章节，甚至每一课时内容中，都蕴含了情感态度与价值观教育因素。例如，在"生产活动中的地域联系"一节中，情感、态度与价值观的内涵可以这样分析：①学习交通运输时，学生联系家乡交通的高速发展，为家乡的成就感到自豪，形成热爱家乡的情感；②通过分析交通线路的有关数据，训练学生严谨求真的科学态度；③学习聚落和商业时，了解到家乡、国家的巨大变化，增强学生关心家乡、关心国家的情感。

4. 地理教材的重点难点分析

（1）重点是教材内容中与教学目标关系密切的、主要的、关键性部分，是教师必须着重指导、学生必须牢固掌握的部分。确定教材重点的方法主要有以下四种：

1）要明确重点的相对性。重点内容是相对的，既有课程重点、模块重点，又有章节重点、课时重点等。如课时重点，相对全章节或全模块乃至整个课程而言，就不一定是重点。

2）根据教材的主次确定重点。首先清楚教材的内在联系，再根据各章节教材的地位和教学目的，往往在教材中占主体地位的，是学习其他知识的基础，就属于重点。

3）根据教材的难易程度确定重点。一般说来，难而深的基本原理大多数是教材的重点内容。如最基本、最核心的概念性、原理性、成因性和规律性知识。

4）根据学生的已知或未知情况确定重点。有时从局部分析，某问题是某节的重点，但如果这个问题前面已学过，就不能再作为新授课的重点了。有时候，重点内容不易确定，需要教师在实践中，深度钻研教材，全面衡量，仔细考虑，做出正确的判断。

（2）地理教材内容的难点主要根据教师的经验、课程文本资料以及学生学习和作业情况确定。一般教材难点具有以下五个特点：

1）抽象性强，无法直接感知。一些概念和原理内容深奥，难以理解，因而成为难点，如大气的温室效应、黄赤交角等。

2）综合性强，难于理解把握。地理事象之间具有相互影响、相互制约的复杂关系，地理知识具有多因、多果、多层次的复杂关系，需要综合起来系统分析。如不同气候类型的特点、成因和分布规律。

3）空间性强，难以想象理解。有些地理知识涉及动态空间，空间性复杂，难以具体理解。如三圈环流、谷风形成等。

4）分散性大，难以系统掌握。同一地理事象有多种属性和复杂结构，形成多样的地理概念，出现在不同的章节或不同的知识体系中，难以形成系统的整体的认识，加大了地理教学的难度。

5）容易混淆，记忆难度大。有些地理现象原理并不复杂，但过于相似，容易混淆，形成地理教学难点。如日界线的东边是西十二区，西边是东十二区，因此日界线的西边比东边早一天，其它时区则是东早西晚；又如热带雨林和热带季雨林的环境与气候特点。

分析重点和难点时，应明确两者间的关系。一般说来，重点大多数是难点，但也有些难点并不是重点。对于既是重点又是难点的内容，教学时应不断巩固，透彻讲解；对于非重点的难点，解决疑难即可。

5. 地理教材的表述结构分析

地理教材表述是指地理教材内容的呈现形式。地理教材的表述结构分析通过对教材内容呈现方式与教学活动之间的关系分析，明确教材中不同呈现方式的差异性，以利于在教学过程中充分发挥教材的多种功能。地理新教材的呈现方式可分为叙述性课文和活动性课文。尤其是活动性课文，对于地理教师转变教学观念具有促进作用。

（1）叙述性课文分析。叙述性课文主要叙述地理概念、地理规律、地理原理等地理理性知识，是以地理程序性知识为主的课文。"说理"是叙述性课文的主要特点。"说理"主要是论述地理概念、地理规律、地理原理等地理理性知识，其表达符合地理科学术语的规范；"叙事"主要围绕地理概念、地理规律、地理原理等知识进行必要的诠释，帮助学生理解地理理性知识。如叙述性课文"一、地理环境的地域差异"在教材里叙述如下：

地理环境的地域差异，主要表现为地理环境各组成要素及其组合上的差异，这种差异主要取决于不同地域物质、能量分布的不同状况。

不同地域由于所处的纬度位置和海陆位置不同，水热状况及其组合不同，形成了不同的代表性植被和土壤，并在地球上呈带状分布，构成自然带（natural belt）。由于自然植被是自然环境的一面"镜子"，所以自然带往往以植被类型命名。

地理环境的地域差异性有章可循，这个"章"就是所谓地域分异规律。它体现气候、植被、土壤等地理环境要素在空间上的规律，主要包括水平地域分异规律和垂直地域分异规律。

（2）活动性课文分析。活动性课文一般是指以学生参与某种活动的形式来表达教材（学习）内容的课文。活动性课文是新教材的一个突出亮点，对于实现最佳的资源组合、最佳的支架高度，创设迁移应用情景，优化课堂结构，引导和促进学生主动建构，主动发展具有重要作用。如分析垂直地域分异与从赤道到两极的地域分异的关系图、乞力马扎罗山垂直自然带图、非洲自然带图，结合所学知识，分析其形成的原因。

活动性课文与教材中对地理概念、原理和规律等理性知识、程序性知识的叙述表达课文互补，与教材中比较直观、形象的图像系统互补。活动性课文更能联系社会实践，加强课程内容与学生生活及现代社会科技发展的联系，更能贴近学生"生活的地理"，更具开放性。活动课文以学生为中心，注重地理活动过程中的教育价值、强调学生的自主学习和个性养成，着眼于学生的亲身体验，使学生成为学习的真正主人，有利于学生自主参与学习过程。

活动性课文的活动设计按照活动空间范围可设计课内活动与课外活动；按照活动主体组成可设计个体活动与团体活动；按照活动对象的关系可设计有教师指导下的学生活动和学生自主的独立活动，如教师指导的思考活动、实践活动和探究活动等。

地理教材是一定的地理知识、能力、思想与情感等方面内容组成的地理学科教育体系。活动性课文引导学生"用教材"，而不是"读教材、背教材"，注重"做中学"，强调在活动过程中进行地理学习。这对于改变传统地理教学模式，丰富地理教学过程，优化地理教学结构具有重要意义。

第四节　地理教材运用

地理教材的运用是在教材分析的基础上，地理教师和学生围绕教学目标和学生实际进行课程资源的组织和开发，建构起促进学生学习和发展的教学逻辑。地理教学质量与地理教材运用关系非常密切。只有树立新课改倡导的"用"教材的正确观念，才能正确处理地理教学与地理教材的关系。

第一，树立"标准本位"的教材观。地理教材是其编者根据对地理课程标准的理解而编写的适合学生进行地理学习的材料，仅仅是一种重要的地理学习资源。新课程的教材观要求把教材看作是"引导学生认知发展、生活学习、人格建构的一种范例"，在"标准本位"的指导下运用教材，才是地理教学的基本方向。第二，树立"一标多本"的教材观。一个"标准"，多套"教材"，以满足不同地区需要。第三，树立"学生为本"的教材观。教材中运用活动课文的形式设计了许多与学生生活背景有关的题材，教师要引导学生积极参与教学活动亲身体验、探索思考，理解地理过程，使学生真正成为学习主体，满足学生不同的学习需要。如"如何看待农民工现象""从市中心到郊区，你选择住在哪里"等题材。

一、运用地理教材的策略

1.根据课程标准，选择教材内容

（1）明确选择依据。地理课程标准是编写地理教材和中学地理教学活动最根本的依据，要紧扣课标，制定适合学情的教学目标，摆脱教材的束缚。地理教材是对课程标准物化的结果，不同版本的地理教材存在一定的差异。明确选择依据，就是要确立"标准"与教材的对应关系。以人教版必修"地理1"为例：①一节教材对应一条"标准"。如第一章第一节"宇宙中的地球"对应"描述地球所处的宇宙环境，运用资料说明地球是太阳系中一颗既普通又特殊的行星"这条标准。②一节教材对应两条"标准"。如第五章第一节"自然地理环境的整体性"对应"举例说明某自然地理要素在地理环境形成和演变中的作用"和"举例说明地理环境各要素的相互作用，理解地理环境的整体性"。③两节或多节教材对应一条"标准"。如第四章第一节"营造地表形态的力量"、第二节"山岳的形成"、第三节"河流地貌的发育"对应"结合实例，分析造成地表形态变化的内、外力因素"这一标准[①]。

（2）确定选择内容。新课改实行"一标多本"，依据"标准"，结合区情、校情和学生需要进行教学内容选择，是教师运用新地理教材的基本策略。教师应根据教学需

---

① 夏志芳，李家清.基于课程新理念的高中地理教科书编制研究[M].北京：地质出版社，2007.

要,选择内容,利用各种版本教材之的间差异进行互补,丰富教学资源,拓展知识面,提高教学实效。①选择适合的案例材料。湘教版"地形对聚落分布的影响"中有"聚落的概念"和"我国聚落规模和形态的地区分布"的叙述,并用较大篇幅设计案例,如"阅读材料:半坡村落(图文)";"阅读材料:塔里木盆地的绿洲(文图),思考在塔里木盆地中,城镇的空间分布与地形地貌和交通线有什么关系?除地形外,影响聚落分布的因素还有哪些?"如果使用的是人教版教材,在进行"河流地貌对聚落分布的影响"的教学时,教师可以选择和借鉴湘教版的上述材料。如果使用的是湘教版,在运用教材进行"地球表面形态"(第二章第二节)教学时,教师还可以选择和借鉴人教版教材的内力作用、外力作用和岩石圈的物质循环的有关素材。②选择适合探究的内容。湘教版教材中设计的"根据图(山区的聚落、平原的聚落)从地形的角度,分析两种聚落类型形成的主要原因等问题具有一定的探究价值。又如,人教版教材结合有关内容设置的"为什么市区气温比地郊区高?""如何看待农民工现象?"等探究问题,具有生活性、现代性和综合性等特点,有探究学习的价值。

2.依据教学逻辑,梳理教材内容

教学逻辑就是教师根据教材地理知识的内在联系,结合学生地理学习的心理特点,为教与学的需要建立起来的次序,是对地理教材进行梳理,使教材内容提纲化、要点化、脉络化,形成教学次序的过程。例如,"大气受热过程"内容的梳理是,太阳辐射到达地球大气上界—进入大气层—受到大气的反射、散射和吸收作用后的太阳辐射—地表增温,并以长波形式(地面辐射)将热量输送给大气,大气增温—大气以长波辐射(大气逆辐射)作用于地面,对地面产生保温作用。

3.教学案例地方化,教学内容问题化

为了减小教学内容与学生经验之间的距离,教师运用地理教材时需要引入真实、典型的案例;更需实现案例地方化,选择学生熟悉的当地真实案例,最有效地帮助学生学习相应内容。

地理教学内往往是抽象的,尽可能把地理教材抽象的内容具体化,具体化的方式就是情景化和问题化。使用地理教材时,要根据课程标准,尽可能将教学内容具体化、情境化、兴趣化和问题化。设计教学问题时,还要注意由易到难,多角度地发现问题、提出问题和解决问题,验证和应用所学知识。立足学生的生活实践,多角度联系学生生活实际,实现问题设计生活化、多元化、兴趣化和简约化。

4.为了学生发展,拓展教材内容

拓展教材内容是进行课程资源开发的表现。它在策略上可以包括知识内容拓展、能力培养拓展和情意发展拓展三个方面,尽可能做到因"人"制宜,挖掘地理教材;因"时"制宜,更新地理教材内容;因"地"制宜,拓展地理教材。

(1)知识内容拓展。地理教材内容的拓展包括教材材料更新和教材内容的补充等方面。地理教材的运用,要注意更新过时的地理事实材料、地理现象,注意联系鲜活的地理,介绍地理科学研究的热点,体现地理教学过程的现代性。如我国青藏铁路的建成通车、四川汶川地震等。在地理教材运用过程中还必须结合教学内容,联系地方课程和校本课程进行课程拓展。

（2）能力培养拓展。能力取向是新课程改革的重要特点。能力培养拓展是实践课程改革理念的体现。途径主要是结合教材的教学内容，引导学生在联系和解决问题的过程中培养能力。如学习自然环境对人类活动的影响可联系所在城市、学校和所在地区的实际补充地理事实材料，呈现当地的地理问题，让学生在分析和解决当地地理问题的过程中，培养地理能力。

（3）情意发展拓展。地理教材的运用注意利用"教材中介"，进行"人本化"处理，为师生对话、生生对话过程，创设"境域"，调动学生参与学习过程的积极性，实现情意拓展。

如学习人类与地理环境的协调发展等课题时，结合教学进程，展示城市（镇）轮廓图、用地规划布局图，以及反映城市（镇）环境发展变化的相关景观图片，通过讲解、讨论和角色扮演等教学活动方式，不仅能加深学生对城市化特点的理解，而且能通过联系实际，认识家乡的环境与环境问题，使学生懂得协调人类与地理环境发展的重要性及协调的基本途径，树立正确的环境观、人口观。

二、地理课程资源的开发与利用

地理课程资源是指有利于实现地理课程标准和教育目标的所有因素和条件的总和，即广泛蕴藏于学生生活、学校、社会和自然中的所有有利于课程实施的资源。树立开放的教材观，要在运用教材的过程中注意将鲜活的地理事项及时引入地理教学，更替教材中过时的地理事实材料，使地理教学过程贴近社会生活，贴近学生生活实际。充分开发利用地理课程资源，有利于丰富地理教学内容，转变地理学习方式，培养学生联系实际、迁移应用和解决地理问题的能力，促进学生全面发展。

1. 充分利用地理课程资源

教师要结合学校的实际和学生的学习需求，创造性地、个性化地运用教材，鼓励和指导学生组织地理兴趣小组，开展天文、气象、地震等各种丰富多彩的地理观测和观察活动；鼓励和指导学生组织编辑地理小报、墙报、板报，布置地理橱窗；鼓励和指导学生利用学校广播站、校园网传播自编的地理节目，让学生在活动中利用课程资源。教师的阅历和学生的体验本身也是重要的课程资源。在地理课堂教学中充分利用师生自身的经历和体验，丰富地理教学过程和教学内容。

2. 充分利用学校地理课程资源

地理教学所需的挂图、模型、标本、实验器材、图书资料、网络、地理教学实践场所等都是重要的地理课程资源。通过调查，掌握学校地理课程资源的情况，逐步建立地理课程资源库。还应注重地理课程资源的更新，根据需要添置必要的地理教学图书、设备，自主开发各种地理教具、学具及地理教学软件；加强地理教学设施的建设，配置地理专用教室，创建地理实习基地；提倡校际间地理课程资源的共建和共享；优化整合，提高地理课程资源库的质量，开展个性化的运用。

3.积极开发校外地理课程资源

校外地理课程资源是丰富多样的，包括青少年活动中心、地理教育基地、图书馆、科技馆、气象台、天文馆、博物馆、陈列馆、展览馆和主题公园，科研单位、大专院校、政府部门，广播、电视、报刊、网络等信息媒体，等等。学校所在地区的地理要素、地理景观、主要地理事物等也是地理课程资源的重要组成部分，大力开发乡土地理资源，要组织和引导学生走进大自然，参与社会实践，开展参观、调查、考察、旅行等活动，邀请有关人士演讲和座谈。

思考与实践题

1. 比较发达国家和我国目前中学地理课程设置和课时，说明我国中学地理课程设置和课时的特点，并分析原因。
2. 初中地理内容为何以区域地理学习为主，请说出你的看法。
3. 对于区域地理知识的学习，你认为应先学习世界地理，还是中国地理，说出你的理由。
4. 选择初中地理一节教学内容，设计教材内容能力拓展和情意拓展的思路。

课程链接

1. 中国地理课程网 http//www.dilike.net
2. 地理教学网 http//www.dljxw.com
3. 中国基础教育网 http//www.cbe21.com
4. 地理时空 http//www.nhyz.org/yxx

第三章 地理学习

学生作为学习的主体，是地理教学的核心要素，地理教学的过程需要学生的主动参与来推进，地理知识的建构需要学生的积极理解去完成。因此。研究地理学习的学生因素，对于改变地理教学方式，提高地理教学质量，都是至关重要的。

第一节 地理学习概述

中学地理课程的内容是指根据学生年龄特征、心智发展阶段和社会发展需要等要求而精选的。初中学生形象思维能力较强，高中学生抽象思维能力较强，这是学生的共性。但不同年龄阶段的学生在地理学习上存在学习兴趣、学习动机、学习能力、注意力和情绪等方面的差异。男女学生存在学习差异，各有优势。比如，在地理感知方面，男生的视觉空间能力较强，而女生的听觉能力较强。在地理学习注意力方面，男生对事物的指向性大，女生对人文地理的内容比较感兴趣。在记忆力方面，男生理解记忆、抽象记忆较强，而女生的机械记忆、形象记忆较强。在思维力方面，男生的逻辑思维较强，而女生的形象思维力较强，较多依赖于地理表象。而学生这些共性和差异均受其智力因素以及非智力因素影响，因此，分析学生智力因素和非智力因素对地理学习有重要意义。

地理学习过程是学生智力因素和非智力因素相互作用、综合发展的过程，智力因素是学生认知活动的操作系统，而非智力因素为学生认知活动提供动力。

一、智力因素

地理学习中，学生的智力因素一般指观察力、记忆力、想象力、思维力和迁移力。

（一）地理观察力

地理观察力是运用多种感觉器官，对地理事物进行的有意识、有目的的感知活动，包括对地理事物进行视觉、听觉、触觉、嗅觉等方面的感知。观察是思维的窗口，积极有效的观察能为思维提供大量的感性材料，大大拓宽思维的深度和广度。地理观察中还伴随有智力活动的参与，主要是以形象思维为主，进行比较、分析、归纳和概括，形成有关地理事物的鲜明的地理表象和特征。它本质上是一种通过观察有效地获取地理信息的能力。如德国学者魏格纳详细观察了世界地图，发现大西洋两岸的轮廓相似，并从各方面搜集了大量的证据，提出大陆漂移学说。

地理观察能力不会自发地形成，需在地理学习中有意识地培养。地理观察不限于对地理实物的观察，也包括对地理图像，对地理教具、学具的演示过程、对视频展示的图像和过程进行观察。观察能力的培养也是地理学习过程中最基本的智能培养任务。

1.培养良好的观察意识和习惯

观察意识是与问题意识及注意定向有关的一种心理品质，它使学生在发现未知的新事象、不能理解的新的情况及与原有知识相矛盾的问题时，迅速转入有意注意，并进行深入地观察。在地理教学中要做到有意识地培养学生的观察意识。选择学生司空见惯的地理现象，如家乡受到污染或富营养化的河流湖泊、土地利用方式的转变、变化中的聚落或社区环境等景观，让学生观察，从中发掘出新的变化、新的趋势，以及新的问题，等等。让学生感受到，只要善于观察和发现，生活处处皆学问。在开始观察各类图表时，老师只提出激励性的问题，要及时地对学生的各种发现做出鼓励和归纳，在学生比较充分地发表意见之后，最后再概括总结，尽量使学生的每一次观察有收获、有意义。

2.观察方法的培养

针对不同的观察对象和教学目的，观察的方法也会有不同。对于需要整体认识的复杂地理事象，可以按照整体→部分→联系的线索进行观察。如果观察的对象是具体的地理事物，则应重点观察其各方面的特点，而将其所处的环境作为背景。对运动变化缓慢的地理事物如季节的变化、植物的变化等要坚持长期观察。对于同类不同型的地理事物，如五种地形类型、各种自然带的景观则需进行对比观察。还可以采用多种观察相互结合的方法，相互补充，促进观察能力由低级向高级发展。进行观察前应明确观察的目的和观察的程序，提出进行观察记录和总结整理的要求，以保证观察的效果；可以通过讨论交流来规范对观察结果的表达。

3.观察与其他智力活动相结合

对地理事物的观察常常是间接的、部分的，是经过思维的处理才形成了对地理事象的整体认识。例如，在对地理事象相互关系的观察过程中，结合分析、综合、抽象、概括等智力活动，将感知到的形象转化为图示、图解。在观察活动中开展想像和空间智力活动，可以扩展和加深对观察成果的认识。在观察活动中同步开展分析、综合、比较、判断和推理等智力活动，可以使观察成果从感性上升为理性。边观察边记忆，能巩固观察成果，并使成果系统化。

（二）记忆力

记忆是人脑对过去经验中的客观事物的识记、保存、认知和再现，是由记到忆的一种心理过程。它包括短时记忆和长时记忆两种，短时记忆的信息量是极有限的，但人们正是依赖短时记忆，才能把前后接收到的信息连成一个整体，换句话说，有短时记忆，才有长时记忆。记忆力是对所学知识进行识记和再现的能力。记忆力的好坏，可以通过记忆的速度和广度、记忆的持久性和准确性加以检验。在地理学习中，学生要掌握一定数量的地名知识、地理景观、地理数据、地理分布知识、地理现象等地理感性知识，这就需要记忆。如何提高学生的记忆力呢？

阿特金森-希弗林记忆信息加工模式由感觉登记、短时记忆、长时记忆三个部分组成。一般说来，感觉登记的信息仅能保留几分之一秒，短时记忆中的信息可以保持20~30秒。当信息停留在短时记忆中时，长时记忆便"复制"其中的一部分，使其相当永久的保存。

1. 积极开展回忆活动

心理学研究表明，复习次数越多越易识记。记忆的目的是实现再认或再现，回忆就是再现学习成果的方式。实践证明，地理教学中反复单纯识记不如在初步识记后采用回忆识记的记忆效率高。回忆过程调动多种智力因素，补充识记，优化内部联系方式和知识结构。直观、形象材料要比文字材料更容易识记。在地理学习过程中，要充分利用图、像、音等直观信息，充分调动多种感觉器官对大脑进行多方位刺激，从而提高记忆效果。

2. 以意义记忆为主，压缩记忆信息单位数目

意义记忆是在地理学习理解基础上的记忆，是对学习内容实质的记忆。意义记忆的过程也是对学习内容进行思考，以不同的表达形式加以再现，加深理解的过程。以意义记忆为主，并不排斥编口诀、图形拟形等行之有效的机械记忆方法。

大脑一次所能记忆的地理信息的单位数目是有限的。要提高记忆效率，就必须对地理信息进行合理的组合和压缩。在地理教学过程中，要养成编制地理信息组块的习惯，即把一组有内在联系的地理信息整理成内部联系紧密的一个地理信息结构，只要回忆活动涉及结构中的某一个点，就能凭借结构再现其中的所有信息。各种地理知识结构一般就是记忆信息组块，示意图、联系图、表格等也能起到地理信息组块载体的作用。

例如，中国地理教师在教"中国的疆域和邻国"内容时编了下列顺口溜帮助学生记忆：北接俄蒙东邻朝，印不锡尼在西南，西北哈吉塔吉克，隔海相望有六邻，海陆邻国二十一，南邻越缅和老挝，巴阿两国西相连，中亚新邻三个国，日朝菲马文印尼，和平共处好邻居。美国地理教师把五大湖的名称编成一个单词"我们的家园"（HOMES），即 Huron lake（休伦湖）、Ontario lake（安大略湖）、Michigan lake（密歇根湖）、Erie lake（伊利湖）、Superior lake（苏必利尔湖）。H-O-M-E-S，每一个字母代表一个大湖，帮助学生记忆。

3. 广泛开展联想

地理学科综合性强，教学内容之间联系丰富。广泛开展联想是教学中培养记忆能力的优势所在。相似联想用于记忆相似的地理教学内容。例如，从多雨的乞拉朋齐联想到多雨的火烧寮。接近联想用于记忆非类似但有某方面相接近的地理教学内容。例如，从自流盆地构造联想到储油盆地构造。相反联想用于记忆相反的教学内容。例如，从"中高周低"的亚洲地势联想到"周高中低"的北美洲地势。对比联想用于区分易混淆的地

理教学内容。例如，从空间概念的"时区"联想时间概念的"区时"。关系联想用于记忆有因果关系的地理教学内容。例如，从大气环流联想到洋流。特色联想用于记忆各有特色的地理教学内容。例如，从中国西北的"干"联想到中国青藏高原的"冷"等。

（三）地理思维力

思维能力是所有智能的核心，思维力的强弱是一个人智力高低的重要标志，也是地理教学过程中能力培养的核心。地理思维是在地理学习过程中，通过思维活动来认识事物的本质和规律性，并运用思维来预见和推导事物的发展过程，用以指导自己的实践活动，可以分为形象思维与抽象思维。

1. 地理形象思维

地理形象思维主要是在观察形成的表象的基础上展开联想和想像，形成对地理事象外部形象和运动过程等的整体的感性认识，是抽象思维的基础。地理形象思维的培养主要是结合直观学习的过程，在形成地理事象表象的基础上，引导学生进行联想和想像。如学习欧洲西部温带海洋性气候时，可引导学生将欧洲大陆轮廓表象、地形表象、北大西洋暖流表象等综合起来，进行联想和想像，就可以形成对于这一问题的整体认识和该气候下自然带景观的表象。随着形象思维的发展，学生可以逐步摆脱对地理直接观察的依赖，而凭借头脑中的表象对地理事物及其运动做出正确的描述和判断。

2. 地理抽象思维

地理事象之间以及人地之间关系的复杂性，决定了地理学习中抽象思维活动的复杂性，地理抽象思维力包括地理判断能力、推理能力、综合分析能力等。

（1）地理判断能力的培养。中学地理学科的判断主要是依据地理概念分辨地理特征、辨别地理事物的属性或地理关系的是非。在地理教学中，很多情况下都是在已有知识、概念的基础上，利用判断推出新的认识。如对南部沿海地区气候特征中高温的认识思路是：南部沿海地区比长江中下游地区位置更南→纬度更低→接受太阳辐射更多，冬季受冷空气影响更小→更高温。这一思路就是由若干个"小步子"的判断直接连接而成。随着思维能力的发展，"小步子"可以逐渐加大。

在属性判断方面，要准确把握作为判断依据的地理概念的含义。如有的学生说："新加坡华人占76%，270万人口中有180万是华人，连新加坡的总理和内阁资政都是我们中国人。"将华人的概念混淆为中国人。地理概念的选用不恰当。领土与国土，土地资源与耕地资源等概念也经常被混用，造成判断失误。

在关系判断方面，要正确把握地理概念之间的关系。如"因为高纬度地区的正午太阳高度比低纬度地区的正午太阳高度小，所以高纬度地区的气温一定比低纬度地区的气温低"这一错误判断，就是因为学生没有考虑云量、日照时数、地形等因素的影响，对地理概念的关系判断过于简单化。

在地理教学中可有意识地引用地理概念的属性，分析地理概念之间的关系，借以判断案例，例如"气温变化趋暖的原因是臭氧层受到破坏"，"黄河是我国第二大河"，等等。当学生认识到错误所在和造成错误的原因时，他们的地理判断能力就会大大提高。

（2）地理推理能力的培养。在地理学习中，推理能力是建立在判断能力基础之上，由已知判断推导出新的判断的思维能力。运用推理思维必须遵循其特定的规定性，否则就会造成错误的结果。因此，推理能力的培养是地理思维能力培养的一个重要方面。

1）养成总结、归纳的习惯。归纳推理是从个别到一般的思维方法，即从许多同类的个别事物中概括出一般原理和规律的思维方法。在地理学习中，会学到各种类型的大量个别地理事物，应引导学生养成总结归纳的习惯，将它们分类整理、总结归纳，提取共性，上升为一般规律和一般知识结构。不但便于掌握学习内容，而且可以抓住本质，深化认识。进行地理归纳时，要注意求同存异，在归纳出一般性之后，要留意各地区各部门地理事物的个别特征。还应注意地理学习中的归纳多是不完全归纳。

2）运用演绎学习新内容。演绎推理是从一般到个别的思维方法，即运用一般原理推导出个别事物应具有的性质和特点。总体而言，中学地理课程教学内容采取演绎编排方式，如初中地理先总论，后分区，先世界、后中国，这样有利于在学习地理分论时演绎地理总论的规律性内容，在中国地理教学时演绎世界地理的一般性内容。既可通过实际运用更好地掌握理论，又可以大大提高地理学习的效率。演绎时要十分注意大、小前提符合地理科学性，例如：

大前提：一般南北纬30~40°的大陆西岸都出现地中海气候。

小前提：某地区位于30~40°的大陆西岸。

结论：该地区属于地中海式气候。

气候、洋流等许多受地理规律和原理制约的地理事象，一般都可以运用演绎推理的方法去学习。运用演绎推理时要注意，许多地理事象除了有其共性之外，还有其特性，而这些特性常常是不能够演绎出来的，所以要避免演绎过程中认识上的泛化。

（3）分析综合能力的培养。分析和综合是地理教学过程中常见的思维过程。它是全面认识地理事象及其相互联系，形成完整概念、整体特征和掌握地理原理的逻辑思维方法，对培养学生的思维能力具有重要作用。

分析就是把事物和现象的整体分割成若干部分进行研究和认识的一种思维方法。对比较复杂的地理事象，必须把它们分解成若干部分，从不同侧面加以剖析，才能真正认识地理事象的本质属性、特征、规律和成因。分析地理事象，必须遵循一定的规则，即地理科学方法论。例如，要分析某一地区的气候特征，必须从它的形成因素即纬度因素、海陆因素、地形因素、洋流因素及其之间的相互关系进行分析。通过分析，对地理事象的各组成部分和形成因素得到比较深刻的认识，但要认识地理事象的整体，还必须把分析的结果进行综合。综合就是把对地理事象分析的结果联系起来，形成对该地理事象的整体认识的思维方法。

分析综合要渗透在学习过程和教学方法的运用中，要引导学生进行复杂的分析综合思维，培养学生分析综合能力，更需要注重学习过程和方法的设计，重视创设问题情境激发兴趣动机、进行启发引导。引导分析综合的思维过程，让学生自己得出结论。但学生得出的结论可能各不相同,或者有多种的表述方式,对此还应对各种结论进行比较、概括,力求综合得出最简明扼要的结论。特别是对地理特征的综合,要注意从整体上把握其特色。如中国气候特征为气候复杂多样和季风气候显著,着重气候类型的多少和气候成因中的主要因素。因此,地理分析综合能力的培养,既要注重分析思维的过程和程序,又要注重综合得出简明扼要的、高度概括的结论,还要让学生感受到通过复杂的分析综合得到简明扼要成果的成就感。

(四)地理想象力

想象力是指根据已有的知识和经验,创造性地形成新事物形象的能力。在学习地理知识时,空间想象力非常重要,许多地方需要借助于想象力,这是获取地理知识的重要方法,也是地理学科发展的重要源泉。空间想象力是指"人对头脑中所形成的空间表象进行加工、改组,从而创立新思想、新形象的能力",是"人们对客观事物的空间形式进行观察、分析和抽象思维的能力"。这种能力的特点是在头脑中构成研究对象的空间形状和简明的结构,并作相应的思考。

在具体的学习过程中,学生的空间想象力是有差异的,这些差异主要由其联想能力、观察力及想象力的差异造成,会影响到学生对信息的提取、加工和迁移,从而影响地理知识的学习。联想能力的差异,影响学生对信息的提取。所谓联想是学生在头脑中把一事物与另一事物联系起来,从而将对一事物的思想或表象推移到另一事物上的认识形式和思维方法。比如通过观察我国地形模型,在脑海中形成我国地势西高东低,各大地形区大致分布状况的具体形象。观察力的差异,影响学生对信息的分析加工。学生的观察力是导致其空间想象力产生差异的一个重要因素。因为空间想象力是现实中已有模型或符号在头脑中的建构的水平,所以要正确建构这些模型和符号,需要较强的观察力。想象力的差异,直接影响到学生对信息的迁移。

(五)迁移力

教育心理学认为迁移是指一种学习对另一种学习的影响。迁移包括知识的迁移、思维方法的迁移和学习态度的迁移。所谓地理知识的迁移,就是一种地理知识对另一种地理知识的影响。如,学生常会将解决这个问题的思维方法运用于解决类似的问题,这是思维方法的迁移;在学习某一地理内容时获得的成功愉悦的心理对进一步学习产生影响,这是地理学习态度的迁移。迁移力是将所学得的概念、原理、技能技巧、技术方法以及态度等改变后运用于新环境的能力,包含对新情境的感知和处理能力、旧知识与新情境的链接能力、对新问题的认知和解决能力等层次。

在地理学习中,学生的迁移方法存在很多差异。比如,有的学生就事论事,思维狭窄,不能实现知识的有效迁移。在学习中过于重视对知识个体(案例、图表)的孤立、机械性记忆和理解,在新的问题和情境面前往往表现出手足无措,或是对知识点的生搬硬套。有的学生类比推理能力差,影响了正迁移力的形成。如等高线、等温线、等压线等概念,虽地理意义各不相同,但却含有共同的要素;都是地图上数值相同的点的连线，这些"线"构成的地图能反映不同地区的地理事物和现象在强度和程度上的差异。在学生学习了等高线之后，利用思维的连动性，将等温线、等压线、等潜水位线等所有等值线联系起来，进行类比学习。

二、非智力因素

地理学习过程不仅是智力活动过程，同时也是情感、意志、动机和兴趣等非智力因素协同发展的过程。良好的非智力因素可以促进智力的发展，而智力活动的成功反过来又可以加强非智力因素的发展。

（一）学习兴趣和学习动机

1.学习兴趣

"兴趣是最好的老师"，兴趣培养历来是中外有影响的教育家极力倡导的。地理学习兴趣是学生对地理学习活动或地理事物现象的一种力求认识或趋近的倾向。凡是对有兴趣的事物，人们总是想办法去认识它、接近它、获得它，并对它产生愉快的情绪体验。地理学习兴趣从内部驱使学生进行主动的学习和探究，形成最有效的学习状态。培养学生地理学习的兴趣，不但是地理学习的重要保证，而且是现代地理教学的目的之一。

地理知识中千姿百态、千变万化的自然景观和社会现象常常能吸引学生的原始兴趣，这是地理学科教学必须充分重视和发掘的先天优势。地理学习兴趣可以分为地理直接兴趣、地理间接兴趣和地理相关兴趣。直接指向地理学科的知识、技能和观念的兴趣是地理学习的直接兴趣；由地理学习过程中教材、教法、教师、结果等因素引起的兴趣称为地理学习的间接兴趣；而对于地理学科相关领域的知识发生的兴趣属于地理学习的相关兴趣。一般情况下，这三种兴趣状态往往是有机融合交互作用的。对地理教师来说，一要转变观念，真正以学生为中心，将培养学生的地理学习兴趣作为教学的"首要目的"；二要培养和激发学生对地理学习的直接兴趣、也要爱护和引导他们的间接兴趣，并且要设法通过中间步骤，把原有的与地理学科的相关兴趣与目前的地理学习领域联系起来；三要努力改变教学方法，变革学习方式，创造生动活泼、充满乐趣的学习过程。

不同年龄的学生对地理知识内容的兴趣也有一定的差异。比如，初中学生以直接兴趣为主，往往对那些"新、奇、乐"的材料感兴趣；高中学生随着知识的丰富、视野的开阔，对社会重大问题、热点问题及其地理背景表现出极大的兴趣。因此，地理学习兴趣的培养要顺应学生年龄发展特征，发掘地理知识和社会问题中的"兴趣点"，充分调动学生学习的兴趣，促使学生形成对地理学习持久、稳定的兴趣。

2.学习动机

地理学习动机是指直接推动学生进行地理学习的内部动力，是激励和引发学生进行地理学习的一种需要，能引发学生学习地理的热情与积极性，是地理学习过程中一个非常活跃的因素。它能使学生以积极进取的态度参与地理学习活动，维持学生的学习兴趣；能使学生排除干扰，把注意力集中于地理学习。地理教师在学生刚接触地理学科或开始新的地理课题的学习时，都能通过激发学生的地理学习动机来展开教学过程，并采用恰当的方法或手段，维持或不断强化学生的地理学习动机。

地理学习动机是驱动学生学习地理以满足其学习需要的动因或力量。只有充分激发了学生地理学习动机，才能引发学生对地理学习的愿望、好奇心、兴趣和求知欲，才能构建充满生命力的地理课堂教学体系，才能使学生从"要我学"的被动局面中解脱出来，转向"我要学""我会学"，甚至达到"我爱学""我乐学"的境界。地理学习动机可以分为外部动机和内部动机。外部动机是在外部客观因素（如家长和老师的期望，对成功的追求等因素）影响下转化而成的。内部动机是由内在的心理因素转化而来，它源自学生本身对地理学习的强烈要求与迫切愿望，被称为内驱力。学生地理课堂学习的内部动机由认知内驱力、自我提高的内驱力以及附属内驱力构成。认知内驱力是学生想理解要掌握的知识、要阐明与解决的问题时所产生的以求知为目标的动机因素，是指向学习任务本身的动机。自我提高的内驱力是学生因自己的胜任能力和工作成就而赢得相应地位的需要。附属内驱力是指学生为了获得教师或家长的赞许与认可而产生的学习动力。

3.地理学习兴趣和动机的培养

（1）兴趣入手激发动机。将培养兴趣作为学习的开始和首要目标，在学习之初，上好绪论课，使学生了解地理，产生学习的愿望和需要。每一节课和每一段教学内容的引入、承转和教学也要精心设计，以巧妙的设疑、强烈的对比、新奇的趣闻及制造认知冲突等引起兴趣、激发动机、引发思考。如讲密度流可以用第二次世界大战中德国潜艇关闭发动机通过直布罗陀海峡的例子引入。

（2）贴近生活联系实际。贴近学生的现实生活，联系生活实际，引导学生展望未来的社会生活，思考可能面临的个人与社会地理问题，使学生认识到地理学科的应用价值，从而产生持久的学习兴趣和动机。

（3）改变地理学习方式。变学生被动接受式学习为主动探究式学习。丰富的活动本身就能吸引学生参与的兴趣，低年级的学生喜欢在"玩中学、动中学、乐中学、兴趣中学"。因此，应通过精心设计，使学习"活动化"，将模拟游戏、角色扮演等多种活动引入学习过程，使地理学习充满乐趣、体验和探究。

（4）开放地理学习过程。社会上有许多地理信息和地理学习资源，从表面上看"地理知识常识化"似乎使地理课本上的知识失去了新奇性。但从学生的发展看，它提高了学生的地理知识基础，教师应该因势利导，引导地理学习向更宽广、更开放的领域拓展，去探究社会热点问题、环境问题、重大人地关系问题等，使学生体验到地理的实际应用价值，从更高层次上激发和强化地理学习的兴趣和动机。

地理教师还可以通过给予任务、明确要求、及时评价等方式，从加强外部动机作用入手，培养学生的地理学习动机。还应注意，学生的兴趣和动机的个性差异和班级之间的差异，注意因势利导、因材施教。

（二）学习习惯

习惯是可以培养的。中学时代是学生养成良好学习习惯的关键时期。因此，在地理教学活动中，教师应该有意识地突出地理学科的特点，逐步培养学生良好的地理学习习惯。在地理学习过程中，良好的学习习惯主要表现在以下几个方面：一是预习的习惯。预习是学生对即将学习的地理课程内容概略了解的过程，能为学生接受新知识做好充分的准备。二是理解的习惯。学习地理知识，只有在对地理知识理解的基础上，知其然，且知其所以然，才能将所学的知识内化为学生本人的知识，为地理知识的应用和解决地理问题打下基础。三是应用的习惯。地理知识有广泛的应用价值。学生的学习贵在学以致用，在应用中加深对地理知识的理解，真正体验生活的地理、有用的地理和鲜活的地理。

（三）情感态度与价值观

情感态度与价值观既是地理学习动机的构成因素，又是地理教学要培养的重要的课程目标。要把"情感态度与价值观"教育与知识教育、探索活动过程紧密结合，教师要坚持正确观念的引导、启发，既要创造条件让学生通过亲身参与实践活动去认识和体验，又要注重创设情境、角色模拟式的认识体验。在地理知识的学习中，了解人口、资源、环境和发展等重大问题时，必须结合教材中和社会生活中的典型、鲜明的事例引导学生通过模拟问题情境，以角色扮演进行身临其境的情感体验。总之，情感态度与价值观的培养要"动之以情，晓之以理，导之以行，持之以恒"，要渗透在地理学习的整个过程中。

三、地理学习的心理过程

地理学习过程是特殊的认识过程，也是心理活动的过程。地理学习的心理过程包括激发动机、感知信息、理解信息、巩固信息、迁移应用五个环节。

（一）激发动机

激发学生的学习动机是引导学生主动学习的前提。所以，在教学中教师要善于引导、激发、培养学生形成稳定的、持久的学习动机，不断激起学生的求知欲望，这样才能使学生主动学习。

1.学以致用，激发内因

高效学习是一个主动的过程，只有激发学生学习的内在动机，才有助于形成主动学习。把学习目的与生活实际联系起来，可以更有成效地培养学生的学习动机。如太阳能热水器应如何摆放？有些学生可能回答：太阳能热水器都是朝南摆放的。教师再问：是不是所有地区的太阳能热水器都朝南呢？学生通过思考后回答：不是，南半球的太阳能热水器应该是朝北摆放的。

2.创设情境，激发兴趣

学生学习的积极性、主动性往往以自己的兴趣为转移，它是促进学生主动学习的重要因素和内在动力。教师要充分利用学生的好奇心创设情境，激发学生的学习兴趣，激发他们主动参与学习的动机。教材中常有一些比较抽象而又重要的内容，教师适当引用一些真实的、生动的、形象的、有趣的材料加以印证，可以深化学生所学知识，也能引起学生学习地理的兴趣。比如，讲地球的运动时用"坐地日行八万里，巡天遥看一千河"；讲气候时用"沾衣欲湿杏花雨，吹面不寒杨柳风"（春），"黄梅时节家家雨，青草池塘处处蛙"（夏），"看万山红遍，层林尽染"（秋），"忽如一夜春风来，千树万树梨花开"（冬）。学习气温随海拔高度变化的内容，可用日本富士山顶白雪皑皑，山麓樱花盛开的图片创设情境，让学生思考为什么会出现这样的景观，激发学生兴趣。

3.及时鼓励，激发热情

及时鼓励是激发学生学习积极性、主动性的有效手段。在不断地及时鼓励中，学生的自尊心和成就感更为强烈，更易产生积极向上的热情。在教学中，教师可以采用多种鼓励措施激发学生的学习热情，及时鼓励，以强化学生的学习。

（二）感知信息

在地理学习的过程中，感觉和知觉关系十分密切，合称为地理感知。地理感知活动是地理学习心理过程的重要环节，是后续学习活动的基础与前提，是形成地理表象的条件。地理感知就是通过各种感觉和知觉，去观察所学地理材料，从而获得地理感性认识的过程，而地理表象就是过去感知过的地理事物和现象的形象在人们头脑中的反映。由此可见，地理表象的形成是以地理感知为基础与前提的，完整的地理表象应该是综合了多次感知的结果，没有感知学习，学生就不可能形成丰富的地理表象，而没有地理表象的积累，更为复杂的认识活动就无法进行，因而难以形成正确的地理概念，难以准确理解地理原理。

感知信息转化为地理表象是地理学习的重要环节，而地理感知是多层次的，一般按感知程度从低到高依次可分为地理语言文字感知、图像教具感知、地理实地感知三个层次。

（三）理解信息

理解地理信息是在教师有计划的导学下，学生充分运用感知获得的大量地理信息，结合已有的知识结构，展开地理思维，通过想象、联想、抽象概括、判断推理、分析综合等思维方式，形成新的认知结构，达到学生地理认知过程的理性认识阶段。理解地理信息是将地理概念、地理规律与理论，同学生感知地理材料形成的表象相结合的过程。只有结合了，才能真正理解地理信息。地理概念、原理、规律和成因只有经过思维过程才能形成。

地理概念的形成有两条途径：一是以感知为基础，通过逻辑思维来实现。地理概念是随着实践经验的积累，在对地理事物和现象进行反复感知和不断地分析、综合、比较、抽象、概括的基础上，概括出某一类地理事象的本质属性与共同特征形成的。这些特征具有相对的稳定性。概念就是一种心理建构，是对多种事例加以分类的组织性观念。二是利用直观教具来形成地理概念。地理概念的形成和掌握受多种因素的影响，其中影响较大的是学生已有的生活经验和教师在地理教学过程中所采用的变式。学生在日常生活中会积累一些生活经验，随着经验的积累，学生在头脑中会形成某种较为稳定的观念，称为前科学概念，这些概念正确与错误混杂，对于学生形成科学概念有一定的影响。若前科学概念与科学概念一致，会促进学生对地理概念的掌握；反之则产生消极作用。在地理教学中，教师提供的多种变式，从不同角度变换、组合各种感性材料，以突出地理事物的本质特征，有助于学生掌握地理概念。

（四）巩固信息

地理知识的巩固，主要依靠记忆来实现。地理记忆是对地理知识进行识记、保持和再现。在地理学习过程中，地理知识的记忆具有机械记忆（地理名称、地理景观、地理分布、地理数据、地理演变等地理感性知识）内容多、理解记忆（地理概念、地理特征、地理成因、地理规律等理性知识）内容复杂、空间记忆（地理事象的空间位置、空间联系）范围广、比较记忆（如气旋与反气旋、冷锋与暖锋、背斜与向斜）内容多等特点。由于地理知识本身的复杂性以及学生个体之间的差异，地理知识的巩固受到很多因素的影响，如学生注意力、内容熟悉度、新奇感、重要性和呈现方式等，教师需综合考虑，多管齐下，帮助学生明确记忆要求，做好铺垫，激发兴趣，优化呈现方式，运用地图，及时复习，知识关联，系统学习，加深理解。

（五）迁移应用

地理学习迁移是指学生在地理学习过程中，过去所学的地理知识、技能、方法与新学习的知识、技能、方法的相互影响。地理学习迁移按效果可分为正迁移和负迁移。正迁移表现为已有地理知识对新知识的学习起促进作用，其效果是积极的。如在学习有关等值线的内容时，学习了等高线的概念，有助于学习等温线、等压线、等降水量线等有关等值线概念。负迁移表现为过去的地理知识对新知识的学习产生干扰、阻碍作用，其效果是消极的。例如，已学习的气旋知识对学习反气旋的干扰。

根据迁移方向分类，地理学习迁移又可分为纵向迁移和横向迁移两种类型。纵向迁移指低水平向高水平学习的迁移。横向迁移就是把学得的内容应用于类似的新情境中去，实质是类比推理。

教师的教要从学生的角度考虑，师生从以下四个方面做起，完成地理学习迁移。

（1）要掌握一定的地理基础知识。迁移现象是否发生，取决于新、旧学习内容之间有无共同因素。各种地理知识之间往往存在许多共同因素，学生掌握的地理基础知识越多，越容易顺利进行迁移。

（2）要努力提高对知识的概括水平。心理学研究表明，对已有知识的概括水平越高就越能揭示新接触的某些同类事物的实质，并把新事物纳入已有的知识系统中去，因而也越能顺利迁移。

（3）要注重定式的作用。定式虽然可以促进学习的迁移，但更多的是造成学习的障碍，往往表现为一种具有负迁移效果的机能固定。学习中，应引导学生从实际出发，分析新知识的具体条件，具体问题具体分析，从而防止形成刻板认识，避免对新学习产生负迁移。

（4）教师要加强学习指导。教师指导必须符合学生的学习心理规律，提供一种良好的学习方法。在地理教学中，教师可指导学生经常运用比较法进行学习。因为运用比较法既有利于实现正迁移又可减少负迁移的影响。

第二节 地理学习方式

学习方式是指学生在完成学习任务过程中的基本行为和认知取向。学习方式不是指具体的学习策略和方法，而是学生在自主性、探究性和合作性方面的基本特征。大量实践表明，学生的学习方式对学习结果具有决定性的影响。本次课程改革最显著的特征就是学习方式转变，主张以弘扬人的主体性为宗旨，以促进人的可持续性发展为目的。

一、自主学习

（一）自主学习的特点

自主学习的核心是在地理学习过程中发挥学生学习的主动性和积极性，充分体现学生的认知主体作用，其着眼点是如何引导学生主动学。自主学习是指在教师的指导下学生主动参与、自主构建、自我发展、自我完善，培养主动学习、学会学习的意识、习惯、能力和方法。它具有以下的特征：学习者参与确定对自己有意义的学习目标；自己制订学习进度，参与设计评价指标；学习者积极发展各种思考策略和学习策略，在解决问题中学习；学习者在学习过程中有情感的投入，有内在动力的支持，能从学习中获得积极的情感体验；学习者在学习过程中对认知活动能够进行自我监控，并做出相应的调适。自主学习从根本上真正消除学生地理学习的依赖性、被动性，改变以往那种以教师为中心，学生跟在教师后面亦步亦趋的被动学习状态，教师要最大可能地创设让学生参与到自主学习中的情境与氛围，要强化通过解决问题来学习的教学思路，要形成以学生为中心的学习局面，要以问题情境、自由讨论和课堂操作作为教学的主线，将面向结果的学习，转变为面向过程的学习，引导学生自主学习，使学生成为真正意义上的学习主人。

（二）自主学习的策略

自主学习应该是贯穿于学生学习活动的全过程之中的。在学习活动之前，学生自己要能够确定学习目标，制订学习计划，做好具体的学习准备；在学习活动之中，能够对学习进展、学习方法做出自我监控、自我反馈和自我调节；在学习活动之后，能够对学习结果进行自我检查、自我总结、自我评价和自我补救。自主学习又是具有内在规定性的，它应该是"建立在学生自我意识发展基础上的"能学"；建立在学生具有内在学习动机基础上的"想学"；建立在学生掌握了一定的学习策略基础上的"会学"；建立在意志努力基础上的"坚持学"。[①]教师主要向学生提供各种教学资源或问题的发现和解决技巧。自主学习主要适合于前后知识紧密衔接的知识教学，模式的基本程序：创建学习条件—创设学习情境—自学过程—相互讨论—教师提炼、归纳—思维拓展，形成能力。

  1.创建学习条件

  教师适时适度的启发、引导、帮助，各种教学手段的适当运用，宽松、民主、平等、和谐的师生关系及学习氛围。

  2.创设情境，激发动机

  创设各种学习情境，让学生在体验中感受学习的快乐，激发学生自主学习的动力。

  3.尝试自学，鼓励探索

  在地理教学中教师要鼓励学生独立探索新知识，最大限度地为学生创造读书思考、动手操作、独立探求新知识的时间与空间，不轻易铺垫、讲解、暗示，让学生自己领悟、发现新知识。在学生自主学习中教师需要及时针对不同的学生给予一定的自学指导，根据发现的具体问题给予学生适当的点拨。

  4.组织讨论，协作学习

  在学生的自主学习中，不同的学生存在不同的问题，教师可组织适当的讨论，充分发挥学习群体的作用，在讨论中通过学生间的交流、合作互学等加深对所学知识的理解和掌握。讨论小组的分组要采用异质同组的方式。

  5.提炼归纳，融会贯通

  经过学生的自学、教师的点拨、学生与学生之间、学生与教师之间的讨论，学生已经初步掌握了知识，但是，知识之间缺乏系统性，教师有必要根据具体情况，进行精讲、提炼归纳，帮助学生形成良好的知识结构，达到融会贯通的目的。

  6.综合练习，形成能力

  地理教师要让学生在进一步的练习中加深对知识的理解，并发展能力，就需要有层次的设计练习题。一是基本性练习，这是大多数学生都能做到的练习；二是变式练习，迁移知识的练习或改变呈现知识的情境等；三是发展性练习，把新知识置于更广阔的运用情境中，目的在于给学生增加更多的新知识，创设呈现和运用新知识的新情境，引起学生新思考，拓展思维，形成能力。

  运用自主学习方式中应注意的问题：自主选择与引导、指导的结合；体验与认知的结合；预设与生成的结合。

---

① 林成策，程菊.走进高中地理教学现场[M].北京：首都师范大学出版社，2008.

案例3-1：高中地理选修5 自然灾害与防治——地震灾害的自主学习

1.创设学习情境

以大家所熟悉的日本神户大地震为案例（创设实际情境），向学生提出一系列问题（创设问题情境）：日本神户为什么会发生大地震？属于什么类型的地震？还有哪些地方可能发生地震？我国哪些地方会发生地震？

2.尝试自学，鼓励探索

要求学生在看教材、案例的同时，带着问题逐一解决。还要求学生从新的角度，或反向等不同途径来进行思维，大胆地想象各种问题是否有其他答案，提供学生的思考余地。

3.组织讨论，协作学习

让学生开展小组讨论：一旦地震发生时，你们准备如何避灾、逃生？

4.提炼归纳，融会贯通

教师结合学生自主学习的实际情况，对地震的特点、规律、监测、防灾等进行知识逻辑联系的归纳拓展。

二、合作学习

（一）合作学习的组成要素和特点

合作学习是指学生在教师的引导下以小组或团体形式完成共同的任务，有明确的责任分工的互助性学习。它包括以下要素：积极承担共同任务中的个人责任；进行有效的沟通，建立并维护小组成员之间的相互信任，有效地解决组内冲突；对于各自完成的任务进行小组加工；对共同活动的成效进行评估，寻求提高其有效性的途径。合作学习具有小组合作分工学习、讨论学习、交流学习的特征。合作学习既有助于培养学生的合作精神、团队意识和集体的观念，又有助于培养学生的竞争意识和竞争能力；合作学习还有助于因材施教，可以弥补一个教师难以面向有差异的众多学生的教学的不足，从而真正实现每个学生都得到发展的目标。在合作学习中由于学习者的积极参与，高密度的交互作用，教学过程远远不只是一个认知的过程，同时还是一个交往与审美的过程。合作学习可以帮助学生通过共同工作来实践其社会技能，在合作式的小组学习活动中可以培养学生的领导意识、社会技能和民主价值观。

（二）合作学习基本模式

合作学习模式的基本程序由引入揭示、合作探究、实践应用等三个阶段的教学活动组成。

（1）引入揭示阶段：创设问题情境，明确合作目标。教师创设问题情境激发学生自主参与的欲望，学生进入情境产生学习的兴趣和需要。

（2）合作探究阶段：互动探讨，合作发现。学生独立思考、小组合作、组际交流、全班总结，教师组织、参与、指导、调控、促进互动、多向交流、质疑解难。

（3）实践应用阶段：学生互帮互助、研究策略、求同存异、独立运用，教师组织学生进行基本练习、独立性练习、发展性练习，对组内或组间学习情况进行鼓励性评价。

案例3-2　高中地理必修——"农业区位选择"小组调查的合作学习[①]

1.明确学习目标、提出调查问题

根据本地区农业生产条件及农业类型的相对差异性，确定五个村组让学生调查，调查的主要内容有：

该村农业生产类型及其影响因素，农业类型选择是否合理。

2.异质分组

为了便于学生合作调查研究，使组内学生个性及学习品质形成差异、特长互补，每组约6~8人，组内选举一名组长，做好组内的协调工作，学生按自身的特长分工负责，如绘画和空间思维力较强的学生负责绘图及处理资料，人际交往能力强的学生可以外出调查、走访农户，写作能力强的学生写调查报告，其他同学搜集相关的文献资料，组内学生既分工又协作，保证小组顺利完成任务。

3.制订调查计划

小组根据调查的任务，确定出调查的时间安排、方法、步骤和实施策略，以书面的形式报教师审阅修改，制订出切实可行的调查计划。

4.调查的实施过程

（1）学生实际考察，客观地在该村的简图上标出主要的农业结构类型。

（2）查阅当地乡土地理资料，了解当地的气候、水文、地形、土壤等自然条件，了解农业市场、农业政策及交通状况。

（3）走访农户，向农民了解选择某种农业生产的原因。

（4）将搜集到的信息数据进行分类整理，归纳出本地区农业区位选择的原因，结合课本知识，分析其合理性，提出农业产业结构调整的建议。在实施过程中，学生既分工负责，遇到难题时又要合作"会诊"，同时，可积极寻求父母及其他社会成员的帮助。教师对调查过程要密切关注，必要时引导、帮助学生完成任务。

5.调查报告

小组以文字、表格、图表等不同方式，做出调查报告，然后全班抽出5~6人汇总各小组的成果，形成班级的调查报告。

6.知识的构建

在小组调查的基础上，学生对农业区位选择的影响因素已具有一定的经

---

① 徐哲，白文新．基于建构主义理论的地理合作学习模式[J]．陕西师范大学学报（自然科学版），2005，33（6）：293-295．

验，再结合课本知识及教师引导、点拨，将经验性的认识"同化"和"顺应"，对农业区位的选择形成规律性知识，完成对知识的意义建构。

7.评价

将自评、互评、师评相结合，对小组合作调查的各个环节及意义的构建过程进行客观公正的评价，对小组每位成员的贡献给予肯定，对它们的团队意识、合作精神给予表扬，同时，还要让学生认识到集体的智慧、合作的力量是强大的。

（三）合作学习需注意的问题

需要考虑内容是否适合合作学习，如何激发学生合作的积极性。问题设计是合作学习的关键，问题一定要在学生的最近发展区之内，引起学生的思考与讨论，在讨论中把问题一步步引向深入，从而增强学生的学习自信。设计合作研讨问题时要基于学生生活和知识基础，注意梯度，循序渐进；同时教师以问题为中心，围绕问题的发现、提出、分析和解决来组织教学活动，并能在活动中激发学生逐步形成强烈而又稳定的问题意识，始终保持怀疑、困惑和探究的心态。

三、探究学习

探究是学生围绕一定的问题、文本、资料等课程资源，在教师的帮助指导下，自主寻求、自主构建答案、意义、信息或理解的活动或过程。以解决问题为重点，以充分调动学生的主动性、积极性为前提，以发展学生思维力和创造力，教会学生怎样学习为目的的认知与实践过程。探究式学习的过程实质是提出问题、分析与解决问题的过程。就地理学科而言，强调探究学习是实现地理学习方式转变的突破口，是培养学生的创新精神和地理实践能力的重要途径。

（一）地理探究式学习的培养目标

第一，发展学生的能力，包括发现问题和提出问题的能力，主动获取地理信息和处理地理信息的能力，制订计划的能力和解决问题的能力，交流与合作能力以及地理实践能力。教师引导学生自主、独立地发现问题、实验、调查、搜集与处理信息、表达与交流等探索活动，促成学生能力的发展。

第二，培养学生主动积极、科学严谨、不折不挠的科学态度和精神。

第三，培养学生的问题意识、信息意识、研究意识、群体意识和创新意识。

第四，促使学生获得关于社会的、自然的、生活的综合知识，而不仅仅是地理学科知识。通过探究来学习地理，可以使学生把地理知识的学习与科学方法的训练结合起来，将所学知识用于解决新的问题；可以使学生对地理与社会生产、生活的关系，地理科学的性质等问题有切身的认识和体验。

第五，更重要的是发展学生思维。在这一过程中，教师要引导学生的积极参与、培养学生的思维力和创造力。

第六，促进学生养成人文精神。促进学生情感与态度的发展，培养学生的人文精神。

（二）地理探究式学习的特点

1. 实践性与问题性

探究式学习有更强的实践性和问题性，要求所有学生都参与学习过程，把学生视为"小科学家"，让他们通过一系列的探索活动去发现结论，而不是将现成的结论直接告诉学生。具体表现为：学习内容具有明显的问题性质，教师通过课前精心准备的材料和设计的问题组织教学活动的开展。

2. 平等性和合作性

探究式学习中，每位学生都有机会取得成功，学习的成果是学生合作的结果。同时，教师与学生的关系是平等的，教师是学生的朋友、伙伴。因此，探究式学习是一个合作的过程，而不是竞争和对立的过程。

3. 鼓励创新

在探究式学习中，教师鼓励学生自由想象，提出各种假设和预见，充分尊重他们的思想观点，使学生敢想敢干，富有创新精神。教师在教学中的作用表现为提供问题的背景材料，组织学生讨论和交流，鼓励学生发表不同的意见，并逐步把讨论引向深入。

（三）地理探究式学习的基本步骤

地理探究式学习可以分为提出地理问题、提出假设或猜想、收集地理信息、整理分析地理信息、解释（得出结论）、表达与交流六个步骤。

1. 提出地理问题

"问题"是探究学习的起点和方向。地理课程标准（义务教育、普通高中）中提出"尝试从学习和生活中发现地理问题"。发现、提出对学生有挑战性和吸引力、探究价值高的问题是探究式学习的关键。要让学生发现、提出问题，必须创设问题情境。事先准备好能够产生矛盾和提出问题的事实材料背景，创设问题情境，提供需要探究的领域范围和探究目标。创设问题情境的方式，要考虑教学内容、教学硬件、师生水平等，其目的在于使学生产生兴趣和好奇心，提高学生学习的主动性和积极性，进而使学生在教师的引导下发现、提出问题。

（1）问题起于有疑之处。学生有疑的问题才能引起学生探究的兴趣，激活学生的思维。教师要期望教学的重要结果是学生勇于质疑，大胆提出地理问题，并对地理问题进行评价，看它是否适合探究。

（2）问题难易适度。探究问题与教学内容、学生生活和社会生活的实际密切相关，要符合学生知识和能力的储备特点，提问既要有一定的难度，又必须让学生使用通过探究和从可靠途径获取的地理知识来解答。

（3）问题具有启发性。启发性提问能帮助学生打开思路，发展创造性思维，使学生在掌握知识的同时，发展智力，培养地理能力。

（4）充分利用与开发教学资源。新教材提供了一些探究性的问题，教师在灵活运用现成教学材料的基础上，将一些教学内容加工转化为探究性提问。例如，澳大利亚大陆四周环海，为什么气候却炎热干燥？南极大陆蕴藏丰富的煤炭资源，说明了什么问题？这两个提问符合探究性提问的设计要求，采用这样提问的探究活动将既有趣又有益。也可利用开放的社会资源。

案例3-3　高中地理必修3——经济发达地区的可持续发展的探究问题设计

李守银老家在皖北江淮平原上。20世纪80年代初，李守银一家来到珠江三角洲开始新的生活。一开始，与其他当地农民一样，李守银还从事一些蔗基鱼塘农业生产。但没过几年，附近的基塘农田被一家家工厂所取代，许多农民种起了蔬菜、花卉。1988年，李守银的儿子洗净泥腿放下裤管进入了当地的一家外资箱包厂工作，与他一同进入该厂的还有数百个来自中西部省份的外来务工人员。20世纪90年代，当地开办了几家电子厂，为了获得更高的收入，李守银的儿子经过一段时间的培训后，进了一家电子厂工作，每月收入从800元提高到了2 500元。由于吸引的电子电器类投资不断增加，当地规划建造高新技术产业园，李守银的房子被拆迁。

现在，李守银一家住在附近新建的公寓房中，房价为每平方米8 000多元，是十年前的4倍。

设计探究问题

1.按照珠三角的工业化进程，李守银儿子1988年进了外资箱包厂这一阶段属于珠江三角洲工业化的哪一阶段？

2.为什么这一阶段珠三角发展了箱包厂等劳动密集型产业？

3.为什么这一阶段珠三角能吸引外资？并研究哪一个是最关键的因素？

4.请你尝试分析珠江三角洲社会经济发展迅速过程中产生的突出问题。

5.针对以上问题，珠江三角洲应该采取哪些措施来促进该地区社会经济的可持续发展。

【我的疑问】试试你的身手，你能发现并提出自学中的问题吗？

2.提出假设或猜想

引导学生将已有的经验和知识与问题联系起来，提出假设。学生利用各种文字材料、统计数据、图像、图例、演示、实验等，在教师的引导下把所观察到的各种现象，所感知的资料加以重新组合，使新旧知识互相联系，通过分析综合、抽象概括等思维活动，对所要解决的问题提出自己的看法，形成假设，得出认识上的初步结论。学生提出假设，需要掌握一套利用材料，初步加工处理材料以及解决问题的方法和程式，这些需要在平时学习中接触一定量的问题解决案例，从中加以积累。对于学生探究的成熟的知识内容，真正具有探究性的过程不易设计。因此，对于提出假说，重在过程而不在结果。在实际操作中，要鼓励学生不拘泥于课本，充分发挥想象力，大胆猜测，提出自己独有的见解，教师应进行适当的评述，注重培养学生的发散思维。

3.收集地理信息

收集有关信息是证明或证伪假设或猜想的基础。首先要提出论证设想，制订相应的计划，明确收集信息的范围和要求，以增强有效性、全面性、可靠性等，然后通过各种途径（如网络、书籍、报刊、电视等）、多种方式（如查阅、实验、实地考察、访谈、问卷调查等）收集信息。教师可向学生推荐一些网站、书籍等。

4.整理分析地理信息

对收集到的地理信息进行分析、归纳、概括、综合等，可以训练学生相应的能力、思维，它们对学生地理学习十分重要，对学生科学探究、终身学习、终身发展也非常重要。

在学生整理地理信息之前，教师应让学生适当熟悉相应的统计分析方法等，然后指导学生通过文献综述、地图、各种图表、计算机模拟等手段对地理信息进行分析，要引导学生注意各种地理信息间的联系、差异，力图发现新的、更有价值的地理信息。

5.解释（得出结论）

解释是对假设或猜想的说明，把经过整理分析的地理信息与假说建立联系。说明时要求学生必须忠于事实，摈弃自己的主观认识，客观地进行说明，对与假说矛盾、相反的信息也应进行解释，有利于学生"初步养成求实、求真的科学态度"。

一般情况下，学生探究的是人类早已发现的、成熟的知识内容，在地理教学中更多地体现为"尝试运用已获得的地理概念、地理基本原理，对地理事物进行分析，做出判断"，"运用有关知识和方法，提出看法或解决问题的设想"等。

6.表达与交流

学生通过表达与交流，对结论的认识将更加深入、全面，学会从不同的角度看待问题，学会倾听和尊重他人提出的见解。教师一要创造融洽、开放、民主、轻松氛围，让学生乐于、勇于表达自己的见解，对别人的解释发表不同的看法，促进交流沟通；二要注意把握好交流沟通的广度、深度、学生参与度；三要参与表达与交流[1]。在学生发现、验证、证明的基础上，教师应对证明、争论做出提高性总结，并可利用学习结果反馈的信息进行强化，帮助学生进行知识的迁移和认知结构的转换，引导学生分析整理自己的思路及思考方法，以提高学生思维能力和解决问题的能力。

（四）地理探究式学习的适用范围

地理探究式学习的适用内容包括：确定和评价空间位置，揭示地理事物的空间分布与空间变化规律，揭示地理因果联系，分析和归纳地理过程规律以及预测地理过程等。

以现代认知心理学的广义知识来考察，可以把地理知识分为陈述性知识、程序性知识和策略性知识三类。程序性知识回答"怎么做"的问题。策略性知识回答"为什么"的问题，即地理知识产生和发展过程的知识，策略性知识所处理的对象是个人自身的认

---

[1] 张增堪. 在地理教学中渗透"探究"理念[J].中学地理教学参考，2002，（9）：43-44.

知活动，主要涉及对地理概念、规律、原理的理解和应用。后两类知识单靠教师的讲解很难为学生所掌握，只能通过学习者亲身的参与、探究或实践才能逐渐被体验或内化。因此，这类地理知识更适合通过探究式学习这种方式来学习。通常在地理教学的如下领域运用地理探究式学习。

第三节 学习理论与地理学习策略

学生的学习活动是进行教学活动的依据，对它的分析贯穿教学过程的始终。地理学习指学生在地理教师的组织、引导、启发下，按照地理课程标准的要求，利用学校教育设备及特定的校外地理教育场所，有目的、有计划地获得地理经验、技能、观念的过程[①]。

当代学习理论因对学习问题有各种不同的主张而形成不同的学派，20世纪以来最有影响的是行为主义学习理论、认知主义学习理论和人本主义学习理论。

一、行为主义学习理论与地理学习策略

（一）行为主义学习理论

行为主义学习理论一般把学习看成是刺激与反应之间联结的建立或习惯的形成，为此强调当学习者对特定刺激作出适当反应时，对学习的结果应当进行适当的强化；同时，强调环境对学习的重要作用，重视学习环境的设计与分析。面对一系列有序的刺激项目（学习目标），学生从其所知道的开始，通过刺激—反应—强化的步骤学习，从而获得教学目标所要求学习的知识。这就是著名的行为主义的"联结学习理论"或称"刺激—反应（S-R）学习理论"。

行为主义学习理论中的控制学习环境、重视客观行为强化的观点，以及把知识细分为许多部分，在学习基础上重新合理组织和划分教学过程。根据刺激反映理论和强化理论，斯金纳提出著名的程序教学，对学生的地理学习有一定的启示作用。但行为主义者把学习看成是机械的、被动的过程，没有考虑学习过程中学习者的主观能动性，未涉及学习者的认知结构和学习能力。

（二）基于行为主义的地理学习策略

行为主义学习理论，尤其是斯金纳的反射理论和强化理论对学生的地理学习具有一定的启示作用。在行为主义学习理论指导下的地理学习策略如下：

1.创设情境，营造氛围

创设地理情境是营造良好学习氛围、激发学生学习兴趣的重要手段，地理情境的创

---

① 夏志芳.地理学习论[M].南宁：广西教育出版社，2001.

设应达到：①愉悦性。好的情境能让学生产生愉悦心理，激发学生的学习动机，引导学生主动学习。②现实性。情境最好与学生的生活密切相关，学生在学习时可以汲取自身的生活经验，进行合作交流，从而使学生的学习潜能得到开发，并在学习过程中形成求真、求实的学习态度。③有用性。追求有效知识的学习。

2.及时强化，提高效率

根据斯金纳的观点，学习就在于正确与恰当地对个体进行及时和一贯的积极强化，加强重新出现这种反应的倾向，使之保持较长时间。如果最初学习时给予连续强化，学习的速度会比较快。在学生学习动机较低的情况下，引导学生及时强化就更加重要。外部强化包括及时的肯定、鼓励与纠误、批评与惩罚，而强化的手段主要应以正面表扬为主。在地理学习过程中，要使学生的正确反应得到教师的及时肯定，从而获得对自身学习情况的反馈，同时要让学生经常看到学习的成果，体验成功的喜悦。在地理教学中一定要设计多种问题或活动，从学生那里及时获取信息，从而调整教学。教师教学效果如何，学生知识掌握程度和学习质量如何，只有通过检测反馈环节才能知晓，教师根据学生解答问题和测评结果，可及时获得反馈信息。因此教师要对学生进行及时的评价。

3.在做中学，培养技能

行为主义的学习理论倡导直接经验的学习。通过"在做中学"，一方面可以培养地理技能，另一方面也有利于学生直接经验的积累。地理技能是地理学习的重要组成。地理技能的学习具有较强的操作性特点。训练是掌握技能的基本方法。一般而言，在一定的数量范围内，练习次数愈多，知识与技能愈牢固。比如学生对地理空间概念的掌握，需要多次阅读或填绘地图[①]。地理教学中如绘图、采集标本、制作模型及使用多种观察、观测仪器等活动都包含动作技能学习。地理教师应根据动作技能习得的条件进行有效指导，尤其要给学生提供较多的实际操作机会。

案例3-4　地理学习中情境创设的案例

情境故事化，增强情境的趣味性。通过讲述故事，引导学生把兴趣投射到有关地理问题的认知过程中，激发学生的求知欲。

第二次世界大战时，德国的潜水艇在关闭发动机的情况下，顺利通过了由英军严密把守的直布罗陀海峡，往来于大西洋和地中海之间，躲避了英国军队的袭击，并从背后给予英军守兵很沉重的打击，这是为什么呢？由此引出密度流的特点及成因，化解教学难点。

二、认知主义学习理论与地理学习策略

行为主义学习理论注重学习环境对学习者的影响，认知学派学习理论则更强调学习者的内部因素。认知主义学习理论是当代学习理论中最具影响的学习理论，其中布鲁纳

---

① 李家清. 学习理论与高中地理新教材编写研究[J]. 地理教学，2007（1）：8-11.

的认知发现说、奥苏贝尔的认知同化学习论、皮亚杰的建构主义（认知结构）理论最具代表性。认知学派学习理论的主要思想有：①学习过程是一个学习者主动接受刺激、积极参与和思维的过程；②学习要依靠学习者的主观构造作用，是把新知识同化到学习者原有认知结构中引起原有认知结构的重新构建；③重视学科知识结构与学生认知结构的关系，以学习者原有的知识和认知结构作为教学起点，重视学习者特征的分析；④充分考虑学科内容的知识结构和学生认知结构的协调性，重视学习内容分析，以保证学生对新知识的同化和认知结构的重新构建顺利进行。

（一）认知主义学习理论

1.布鲁纳认知发现说

美国教育心理学家布鲁纳认为：学习是主动形成认知结构的过程，任何学科都可以用适合于学生认知发展水平的形式教给任何年龄阶段的任何儿童，而发现学习是一种最佳的方式。发现学习是让学生独立思考，改组材料，自己发现知识，掌握原理原则。学生不是被动的消极的知识接受者，而是主动的、积极的知识探究者；他认为发现学习可以提高智慧的潜力、激发内在学习动机、学会发现和有助于所学知识的保持。认知发现说的特点是：①学生通过独立发现来获得经验；②重视学习过程；③强调直觉思维在学习上的重要性；④重视学习的内部动机。

2.奥苏贝尔认知同化学习论

美国教育心理学家奥苏贝尔认为学习是从已知到未知的过程，提出了有意义的学习理论、同化理论以及先行组织者学说。

（1）意义学习理论。奥苏贝尔认为有意义学习的实质是符号代表的新知识与学习者认知结构中的有关观念建立起非人为的、实质性的联系。他认为有意义学习的条件是学习材料本身具有逻辑意义，学习者具有同化新知识的有关观念，学习者具有有意义学习的心向，使新旧知识发生相互作用。

（2）同化理论。有意义学习的过程中，新知识与认知结构中原有的有关观念建立了联系，这种有关观念就是新知识在认知结构上的固定点。在有意义学习的过程中，新知识被学习者认知结构中合适的观念所吸收，从而获得了意义；原有的起固定作用的观念（固定点）也发生了变化，从而形成了更为分化的认知结构，这一过程称为同化。同化是有意义学习的心理机制。

（3）先行组织者。奥苏贝尔认为先行组织者是一种促进理解的教学策略。设计先行组织者的目的是为新知识提供观念上的固定点，充当新旧知识联系的桥梁。先行组织者呈现要符合以下要求：组织者的抽象、概括、综合水平要高于学习材料，且与学习材料有关联；组织者要用学生熟悉的语言和观念来呈现；注意唤起学生头脑中与组织者有关的知识经验。

奥苏贝尔的认知同化论认为新知识的学习必须以已有的认知结构为基础。学习新知识的过程是学习者积极主动地从自己已有的认知结构中提取与新知识最有联系的旧知识。他认为，影响学生学习的首要因素是他的先备知识，学习的实质是利用已有的知识对新知识进行理解，使新知识纳入已有的认知结构中，实现同化并形成新认知结构的过程。

3.皮亚杰建构主义理论

建构主义源自关于儿童认知发展的理论，能较好地说明学习如何发生、意义如何建构、概念如何形成，以及理想的学习环境应包含哪些主要因素，等等。

瑞士教育心理学家皮亚杰的建构主义学习理论认为：①学习是由学生自己建构知识的过程。②学习是学生根据自己的经验背景对外部信息进行主动地选择、加工和处理，从而获得自己的意义的过程。外部信息本身没有什么意义，意义是学习者通过新旧知识经验间的反复的、双向的相互作用过程而建构成的。③同化和顺应，是学习者认知结构发生变化的两种途径。同化是认知结构的量变，而顺应则是认知结构的质变。④建构主义认为，学习者的知识是在一定情境下即社会文化背景下，借助其他人（包括教师和学习伙伴）的帮助，利用必要的学习资料，通过意义建构的方式而获得。

"情境""协作""会话"和"意义建构"是学习环境中的四大要素。具体思想是：①在建构主义学习环境下，学习环境中的情境必须有利于学习者对所学内容的意义建构。②协作应该贯穿于整个学习活动过程中。对学习资料的收集与分析、假设的提出与验证、学习进程的自我反馈和学习结果的评价以及意义的最终建构都离不开教师与学生之间，学生与学生之间的协作；交流是协作过程中最基本的方式或环节。③协作学习过程也是会话过程，学习小组成员之间必须通过会话商讨如何完成规定的学习任务，学习者通过会话分享群体的学习成果，同时会话也是达到意义建构的重要手段之一。④"意义建构"是整个学习过程的最终目标。所要建构的意义是指事物的性质、规律以及事物之间的内在联系。建构主义认为，学习者获得知识的多少取决于其根据自身经验去建构有关知识的意义的能力。⑤关于学习方法，建构主义提倡在教师指导下的、以学习者为中心的学习，教师是意义建构的帮助者、促进者，而不是知识的传授者与灌输者。学生是信息加工的主体、是意义的主动建构者，而不是外部刺激的被动接受者和被灌输的对象。

由此可见，认知主义学习理论认为学习是新旧知识经验之间的双向的相互作用过程，也是学习者与学习环境之间互动的过程。总之，认知主义学习理论的核心可以用一句话概括：以学生为中心，强调学生对知识的主动探索、主动发现和对所学知识意义的主动建构。

（二）基于认知主义的地理学习策略

在地理学习过程中，学生会遇到很多概念、原理。对于这些程序性地理知识的学习，认知主义学习理论能发挥非常重要的作用。

1.同化顺应，理解概念

按照奥苏贝尔的同化学习理论，新地理概念的学习，主要取决于其认知结构中已有的概念，意义学习是通过新概念与学生认知结构中已有的相关概念相互作用才得以发生。同化有下位学习、上位学习和并列学习3种基本的形式。下位学习是学生认知结构中已有的概念在概括水平上高于新学习的概念的学习。比如，在学习"南亚季风环流"和"东亚季风环流"两个概念时，可以把它们纳入到"大气环流"这一上位概念中。上位学习是当学生学习一种包摄性较广、可以把一系列原有概念从属其下的新概念的学习。比如自然资源是总概念（上位），而原先已学过生物资源、矿产资源、水资源等从属其下。并列学习是指新的观念与原有认知结构中的观念无上下位关系，它们在有意义学习中可能产生联合意义。如等温线与等压线、绿洲农业与灌溉农业、热带雨林气候与热带草原气候，等等。

当学习者遇到不能同化的新刺激时，便要对原有图式加以修改或重建，以适应新概念。在地理学习过程中，很多概念存在着南北半球之间的对比。比如，南北半球的气旋、反气旋旋转方向（逆时针还是顺时针）、南北半球的季节划分等。当学生分析处于南半球的气旋或反气旋现象时，就不能直接使用北半球的气旋或反气旋的规律，而必须对其加以修改或重建以适应新的情境。实际上，顺应的过程与杜威所讲的"教育是经验的重组或改造的过程"是一致的。通过这种顺应，原来的概念的内涵不断丰富、扩充。

2.扩充经验，吸纳新知

学生的直接经验有助于一些原理性、规律性知识的理解（见表3-1）。直接经验的数量越多、质量越高就越有利于促进学生的学习。由于地理与人类生活和自然关联密切，因此，在日常生活中，学生会在无意中积累一些经验，比如太阳的东升西落、月亮的阴晴圆缺、四季的更替、气候的变化等感性经验。在学校教学中，当发现学生关于某一方面知识的直接经验不足时，地理教师要在条件允许的情况下提前加强学生直接经验的积累。

表3-1 学生从经验到新知案例

学生已有的直接经验	地理事实、原理（新知）
夏季中午影短，冬季影长	正午太阳高度角
太阳未升，天空已白	大气的散射作用
6~7月衣物和食品容易发霉	梅雨
盛夏期间海滨玩耍感觉水温低、沙温高	海陆热力性质差异

著名教育心理学家奥苏贝尔（D.P.Ausbel）在他的著作《教育心理学——认知观点》一书的扉页上写道："假如让我把全部教育心理学仅仅归结为一条原理的话，那么，我将一言以蔽之：影响学习的唯一最重要的因素，就是学习者已经知道了什么。要探明这一点，并应据此进行教学。"

3.总结归纳 形成结构

地理学习的目的是在地理教师引导下，通过教材，将地理科学的知识结构转化为学生的认知结构。认知主义心理学家们所讲的学科结构实际上是学生的认知结构。在地理学习的过程中，教师和学生应深入钻研教材，揭示出教材的知识体系和内在联系，帮助学生形成认知结构。这样可以简化知识，促进理解，而且有利于学生获得新知识，从而强化学生的迁移力。认知结构可以是一个知识点、一节、一章、一本书甚至整个初高中地理教学内容。在学习过程中要让学生去发现知识点与知识点,尤其是概念与概念之间的结构关系。要善于总结、归纳各个知识点之间的关系。按照建构主义学习理论的观点,不同的学生对同一内容的建构、理解是不一样的,因此,在教学中,只有经过学生自我建构之后,这些知识结构才能转化为学生的认知结构。在复习的过程中,可以采取留白的形式帮助学生建构认知结构。

三、人本主义学习理论与地理学习策略

(一)人本主义学习理论

人本主义心理学创始人马斯洛和罗杰斯主张心理学应该把人作为一个整体来研究,而不能将人的心理肢解成几个不能整合的部分。人本主义心理学对人的最基本假设是每个人都有优异的自我实现的潜能。

人本主义学习理论的基本观点包括以下几个方面:①强调人是学习活动的主体,必须重视学习者的意愿、情感、需要、价值观;②人类有一种学习和发展自己潜能的天然倾向,要相信学习者能自己教育自己、发展自我潜能;③强调意义学习,当学习材料对于一个人具有个人意义、能被他理解、符合其目的时,学习效果最好;④学习者整个身心投入的自发学习,学习效果最好;⑤最有用的学习是对学习的学习;⑥强调对完整的人的教育,而不是发展人的某一侧面;⑦学习是人的自我实现,是丰满人物的形成过程;⑧人际关系是有效学习的重要条件,它在学与教的过程中创造了"接受"的气氛。学习应重视学生的情感因素。教师应是"学习的促进者"。

(二)基于人本主义的地理学习策略

人本主义学习理论"强调完整的人的培养""强调有意义的学习""强调师生情感的互动",这些观点突出学生主体的地位、关注学生的生活世界、追求学生个人价值。人本主义学习理论无疑对克服传统教学过于重视社会功能,忽视学生的个性发展等弊病,具有启迪作用和积极意义。在合理处理个性发展和社会发展的基础上,在具体的地理学习中,可以采用如下策略:

1.目标整体取向

在具体地理教学过程中,要体现目标的整体设计取向。课堂教学目标不仅仅是认知,还要促进学生情感体验的形成,感受过程,掌握方法,促进科学价值观的形成。新的课程标准提出了"知识与技能""过程与方法""情感态度与价值观"三个维度目标,其中,"知识与技能"是首要目标,"过程与方法"是关键目标,"情感态度与价值观"是终极目标。在具体地理教学目标的设计过程中,首先要通过多种途径(教材、课标)确定本节内容要掌握哪些具体的知识点和技能,然后思考这些知识点和技能可以通过什么过程和方法去落实,通过这些过程和方法可以培养学生的哪些情感、态度和价值观等。由此可见,"过程与方法"维度是达到整体目标设计取向的关键。在具体教学

目标设计中，三者应同时出现并整合在课时教学目标中，要协同作用，相辅相成。

2.联系学生生活

一般说来，学生感兴趣并认为是有用处、有价值的经验或技能比较容易学习和保持；而那些学习者认为是价值很小或效用不大的经验或技能往往学习起来很困难，也容易遗忘。人本主义学习理论提示教师要尊重学生的学习兴趣和爱好，尊重学生自我实现的需要。在课程内容的安排和设置上要给学生以充分的自由，允许学生根据自己的兴趣和爱好以及自我理想来选择有关学习内容。

在地理学习中，要关注地理内容与学生衣食住行等日常生活之间的联系、阐述其中的地理背景；要密切联系学生的生活实际与经验，阐述地理现象、地理概念、地理特征等知识，使学生感受地理就在身边、地理是鲜活而有趣的；要关注地理内容与生产之间的联系，阐述地理在生产中的应用。只有将地理学习内容与学生的日常生活以及今后的发展紧密联系起来，才是人本主义心理学家罗杰斯所提倡的"有意义学习"。

3.重视情感交流

在学习的氛围上，人本主义学习理论认为，学习是一个情感与认知相结合的整个精神世界的活动，情感和认知是彼此融合在一起的，学习不能脱离学习者的情绪体验而孤立地进行。建立和谐、民主的师生关系形成良好的学习氛围，是学生学习的基础。对学生的过失能理智分析，正确引导，给予宽容和理解，对后进生感化和挽救，对学生群体出现的问题，公正无私的处理，当学生对教师产生抵触情绪时，要心理换位设身处地为学生着想。教师用热爱与尊重学生的行为赢得学生对教师的喜爱、尊重与信任，创造一种宽松和谐、互相尊重的教学氛围。这种良好的师生关系使学生产生最佳的学习心态，形成自信、自强等良好的意志品质，轻松愉快地参与学习。尊重学生不能只表现在口头上，而必须反映在具体行动中，主要表现在以下三个方面：第一，尊重学生的心灵，这是对学生最大的尊重；第二，尊重全体学生；第三，不伤害学生自尊心。

在地理学习中，要注意师生之间情感的互动，要通过情感的反馈，激发学生学习的积极性。教师应把对学生的爱融注到教学中，肯定他们的成功，让学生真切地感到温暖、激励。因此，教师在教学中一定要注意心理因素对学生的影响，在评价中要多用鼓励性的话。

地理教师只有深入了解学生的年龄差异、性别差异等群体差异和智力因素（观察力、记忆力、思维力、想象力、迁移力）、非智力因素（学习兴趣、学习动机、学习习惯）等个体差异，才能贯彻落实地理课程标准，实践"满足学生不同的地理学习需要"的学习理念。自主学习、合作学习和探究学习有利于"改变地理学习方式"，有利于充分发挥学生的主动性、主体性，培养学生的创造能力和实践能力。行为主义学习理论、认知主义学习理论和人本主义学习理论对于三维目标的落实具有指导意义。行为主义学习理论强调对行为的强化，在地理技能的教学中，可以以行为主义学习理论为指导，采取"及时强化""在做中学"等策略；认知主义学习理论重视对知识的自我建构，在地理概念、原理等地理程序性知识的教学中，可以采用认知主义学习理论提出的"同化顺应""从经验到新知"等策略；人本主义学习理论重视整体的人的发展，重视学习对人的生活本身的价值，重视情感在学习中的作用，在地理教学中，可以采取"目标整体取向""联系学生生活""重视情感交流"等策略。在地理教学中合理应用行为主义、认知主义和人本主义学习理论，能起到事半功倍的效果。

思考与实践题

1.设计一份探究式地理学习活动方案并实施。
2.联系实际，谈谈怎样完成地理学习迁移。

第四章 地理教学方法

第一节 地理教学模式

地理教学实践是教师教和学生学的有机统一。教师教什么、如何教直接影响学生学习的兴趣和积极性，影响地理教学的效果。因此，在地理教学实践中，教师必须关注教学内容和教学方法的优化组合，按照有效的教学模式开展教学工作。

一、地理教学模式构建的原则

（一）地理教学模式的概念

地理教学模式一般是指在一定地理教学思想和地理教学理论指导下，用以组织和实施具体教学的相对稳固的地理教学逻辑结构和基本范式。主要包括地理教学思想与理论、教学主题、教学目标、教学程序、保障条件和教学评价六个要素。它是开展各种类型地理教学活动过程的基本框架，为地理教学提供具有一定科学依据的较稳定完整的教学方法体系。

地理教学模式为指导地理教学实践提供了较完备、可操作的实施系统和程序，便于人们理解、掌握和运用，帮助地理教师逐步摆脱经验式教学，为教师设计、组织和实施优化教学过程、优选教学方法提供了方便，对促进和推动地理教学改革具有重要的作用。作为地理教师，必须要掌握足够数量的教学模式，以便适应各种不同的教学情境，逐步形成独具风格的新教学模式。

（二）地理教学模式构建的原则

地理教学过程中，教学模式的选择必须遵循的基本要求。

1. 正确阐述人地关系的原则

地理学是研究人地关系的科学，以环境、自然资源与人类活动为体系，正确阐述人地关系。人类活动离不开地理环境，自然环境为人类的生产、生活提供必不可少的物质条件、能量和生存空间。而人类则通过开发利用自然资源，又在影响和改变环境，环境的改变反过来又对人类社会产生影响。因此，在教学中以环境—资源—人类活动为主线，分析认识人类与环境的物质、能量和信息的相互关系及复杂的因果关系，是辩证认识人地关系的基础，也是认识环境问题与人地关系的条件。地理教学的重要任务就是要以实事求是的科学态度，把地理环境要素之间的相互关系，发展变化的规律及人类活动与环境对立统一的关系体现出来，使学生树立正确的资源观、环境观和可持续发展观。

在中学地理教学中，初中阶段多从区域地理的角度，用事实材料使学生了解不同国家、地区及我国各个地区居民，如何因地制宜，利用当地自然条件发展生产，促进社会进步，及发展过程中出现的环境、资源、人口、生态等问题，使学生认识保护全球生态环境，认识我国国情和基本国策的重要意义。高中则从系统地理知识的角度，以人类为中心，去研讨与人类有密切关系的地理环境、人类活动与地理环境的关系、人类活动的地域联系，以及人类面临的全球性问题和可持续发展问题等，强调发展学生地理思维能力，独立学习地理的能力，正确评价人地关系的判断能力等。

2.地理事实材料与基本原理相结合的原则

地理教学内容是一个地理原理与地理事实紧密结合的知识体系。地理事实包括地理名称、地理分布、地理景观、地理数据和地理演变等，属于感性知识，它们反映地理事物表面特征和外部联系。地理原理包括地理概念、地理特征、地理规律和地理成因等，属于理性知识，是地理事物本质属性和内部联系的反映。

两者有机结合不仅是地理教学过程的本质要求，而且是学生认识特点的反映。在地理教学过程中既要重视地理事实材料对建立地理表象，形成地理概念，验证地理规律和说明地理过程等原理的基础功能，又要重视地理原理对地理事实材料的概括、系统化的主导功能。掌握一定数量的中国地理、世界地理、自然地理及人文地理方面的事实材料，既是学生全面发展的必备条件，也是理解地理原理的必备条件。因此，地理教学必须使学生掌握一定数量的地理感性知识基础。

教师在教地理事实的同时，也要适当揭示其规律和原理，并遵循由事实到原理，由具体到抽象的教学法则，运用直观的方法，培养学生的形象思维，在建立地理观念的基础上，运用逻辑的方法，培养和发展学生的抽象思维，帮助建立地理概念，掌握地理原理，发展学生能力，开拓学生学习地理事实的潜力。

3.知识教育、智能教育和情感态度、价值观教育相结合的原则

地理教学中知识、智能和德育是不可分割的。首先地理知识的学习应与发展学生智力、培养地理技能同步进行。要有目的，有计划地发展学生必要的地理基本技能、分析解决实际问题的能力和情感态度及价值观。地理知识教育，能力培养与情感、态度、价值观教育相互联系，不可偏废。地理教学中必须注意从现行教材中挖掘情感态度、价值观教育内容，寓于知识教育和智能培训之中，使学生在掌握地理知识的前提条件下，全面发展。

4.理论联系实际的原则

地理事物和现象涉及范围广，课本容量有限，仅靠课堂、课本远远不能满足学生的学习需要。这就要求在地理教学中，要联系乡土地理讲解有关原理，组织学生围绕一

定的地理专题进行乡土地理调查研究，通过地理观察、考察收集信息，并对信息进行处理，提出解决问题的对策。这不仅可加深对所学知识的理解，又可拓宽学生的视野，使学生的思维能力、综合分析能力、创新能力得到发展。同时在地理教学中，经常联系日常生活实际，如辨别方位、天气预报、旅游观光、日月食观察等和经济发展与生产实际、社会发展规划、城镇建设规划、工业园区规划、乡村振兴规划、乡村旅游等实例进行理论知识的讲授。这样才能保证学生所学知识与来源的联系，不与实际脱节，在深刻理解、牢固掌握地理知识的同时，灵活运用知识，使学生综合素质与地理实践能力得到发展。

5.重视建立地理空间概念的原则

地理学是研究地理环境空间结构形成发展的科学，从空间看待一切是地理学的根本方式（见表4-1），因此地理教学必须以帮助学生建立地理空间概念为先导，使用各种有效的教学方法，充分反映地理事物所处的位置、范围、各地理事物之间相互联系和地理事物区域特征及差异性等方面特征和规律。

表4-1 地理学的空间思维

	问题1	问题2	问题3	问题4	问题5	问题6
地理从空间看什么	它在哪里	它是什么样子	它为什么在那里	它是什么时候发生的	它产生了什么影响和作用	怎样使它有利于自然环境和人类社会
地理核心概念	地理位置和分布	地理特征和差异	地理因果联系	地理过程	空间相互作用	人与地理环境的关系

任何地理事物空间分布最终都要落实到一定地域，而一定地域总是具有一定的自然、经济、文化等方面的特征，只有正确认识地理事物空间分布的地域性，才能避免对空间分布形成过程发展变化认识上的主观性，才能正确理解"因地制宜"原则的理论依据和实践意义。地理事物空间联系是指同类地理事物与不同类地理事物之间、同一时间不同空间与不同时间同一空间地理事物的联系。对地理事物空间联系的理解，既可使学生懂得人与自然和谐发展的意义，又可使学生树立地理学与社会、自然广泛联系的系统观念，有利于开拓学生思维的广度和深度。地理事物空间变化是由于空间联系引起的，教学中引导学生认识地理事物空间变化，了解变化过程，分析变化原因，关注变化结果，探索不利于变化的控制措施和有利于变化的实现途径，是地理学科本身发展的客观要求。因此，在地理教学中要充分利用地理学科独特的空间思维方式，使学生获得有关地理空间分布、空间联系、空间变化的知识，成为教学中一个重要的基本原则。

6.文表图相结合的原则

地理教材由文字、图表和地图三部分组成，三者对地理教学的作用各不相同。文字表述地理知识，对地理事物进行线性论述，是地理教材的主体部分，构成地理教材的段落与层次。图表对地理环境进行二维描述。地图对地理事物和环境进行区域空间的三维准确记录。因此，地理教学过程中，应将三者结合起来并有效地利用地图，以突出地理学科的特点。

地图是最直观、简明的教科书，地图具有直观一览性、地理方位性、抽象概括性、几何精确性的特点，以及信息传输、信息载负、图形模拟、图形认识等基本功能，是地理教学的重要手段和方法。因此，在各种地理教学模式中，均要尽可能利用地图这一最便捷的表现方法，使学生将所学地理知识巩固在地图上。地理环境往往是宏大的，无法让学生尽收眼底，时间发展的周期性、长期性给学生观察认识地理事物带来困难。地图使学生突破时空观察认识地理事物成为可能，有利于复杂内容展现在有限的地图平面上，形象概括地说明事物间制约联系及规律，使学生观察、认识、想像等思维能力得到发展。

为使学生将地图语言转化为有联系的地理知识，平时在地理教学中应注意培养学生图文转换的能力。要求对学生进行以图写文、以文绘图的训练，训练学生观其图而知其地，知其地而求其理的能力，使学生在分析运用地图时，将地图中不同的地理要素联系起来，树立正确的空间概念。

二、常用的地理教学模式

根据师生在教学活动中的关系可将常用地理教学模式分为讲解-接受地理教学模式、引导-发现地理教学模式、辅导-自学地理教学模式和指导-活动地理教学模式四种类型。

（一）讲解-接受型地理教学模式

讲解-接受地理教学模式以教师为主导，有目的、有计划地组织和实施整个地理教学过程。它比较适合所学地理知识内容复杂，知识之间联系紧密而又不便将知识内容分开的地理学习材料。通过教师讲授传递地理知识，引导学生观察、感知、领会和理解，组织学生练习、巩固和运用所学知识，最后由教师检查或指导学生自我检查学习效果（见图4-1）。这种教学模式最大的特点是可在有限的时间内，使较多的学生迅速有效地接受较完整、系统的地理知识，发挥教师的主导作用，体现了教学作为一种简约的认知过程的特点，是一种最经济、比较传统的教学模式之一。但这种模式由于过分强调教师的主导作用，不利于调动学生地理学习的积极性，也不利于学生能力的全面培养，应与其他模式结合使用。

图4-1　讲解-接受地理教学模式的基本程序

1.组织教学

组织教学是保证地理课堂教学得以正常进行的基本环节。组织教学应贯穿整个课堂教学的始终，其主要任务是使学生明确本节课的教学任务、计划，激发学生的学习兴趣和动机，使学生做好学习的心理准备，在教学活动中随时调节学生的情绪，使学生集中精力学习，以保证教学的顺利进行。组织教学一般包括课前和课中两个阶段。课前组织教学主要是教师检查学生出勤、学习的准备情况，向学生宣布课题，提出学习要求等，一般时间以两三分钟为宜。在课堂教学进行中,只要出现有学生不集中精力听课,教师都应立即采用提问或注视等方式,调整学生的情绪,集中其注意力,保证教学活动的顺利进行。

2.复习旧课

复习旧课包括复习与检查学生对已学内容的掌握情况,其目的在于诊断学生的学习基础,为新的学习提供新旧知识联系的纽带。根据地理教学的需要,检查与复习既可结合进行,亦可侧重其一。复习的内容一般限于前一节课或与本节有关的旧知识,其方式一般多为口头提问或指图作答,亦可让学生填图或做书面小测验,所提问题既要围绕重点或关键部分,又要注意教材新旧内容的联系,使复习起到承上启下的作用。

3.讲解新课

讲解新课是该教学模式的核心环节,是教学过程中占用时间最多的主体部分,一般用时25分钟。从具体的教学活动看,这一环节既包括学生通过观察地理标本、实物、景观图、认识地图及教师讲授等获得感性知识的过程,又包括学生通过分析地理资料,揭示地理本质特征,剖析地理联系,掌握地理规律及原理等获得地理理性知识的过程;既包括训练学生分析地理特征及区域差异形成的地理技能过程,也包括培养学生运用所学知识技能解决实际问题,发展地理能力的过程。因此,教师在实施这一环节时,应根据教学内容并结合学生的实际,精心设计并实施有效的教学方法。通过准确、精练、生动形象的讲解,引导学生积极思考,主动参与教学过程,帮助学生掌握重点、难点和关键部分,使学生在掌握知识和技能的同时,能力和情感态度都得到发展。

4.巩固新课

巩固新课是教学成果的巩固和运用阶段,要求按所学内容、学生的差异,采用不同的形式加以巩固。教师的主要任务是通过引导学生以多样的方式,融会贯通新学习的内容。其常用的方式有教师概括归纳、解答疑惑、举例分析等;学生做练习、学生阅读、师生讨论等。

5.检查反馈

检查反馈的目的在于使学生对所学的内容加深理解,整理思路,掌握和弥补不足。教师可通过提问,看学生是否理解了新课知识,是否能把新知识与原有知识联系起来,以便使学生把具体细节整合为系统的知识体系。如果发现问题,教师应设法及时纠正和补救。

(二)引导-发现地理教学模式

引导-发现地理教学模式是以问题解决为中心,以学生为主体,注意学生的独立认知活动,通过探究来获取知识,着眼于培养创造性的思维能力和意志(见图4-2)。这种地理教学模式适用于地理概念、地理原理、地理规律的教学内容。教学过程是教师先呈现概念、原理的例证,或利用学生先前习得的知识去解决新问题,通过新问题的解决进一步发现新的规则并习得解决问题的策略。

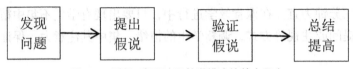

图4-2 引导-发现地理教学模式的基本程序

1.发现问题

教师事先准备好能够产生矛盾和提出问题的事实材料背境，创设问题情境，激发求知欲望。教师只提供要发现的概念或原理的例证，或提出问题并提供某些解题的线索，但不直接告诉例证的共有本质特征，促使学生在这种背景的暗示下自己发现要研究的问题，或者由教师提出要解决的问题。

2.提出假设

学生利用教师和教材所提供的学习材料，如各种文字材料、统计数据、图像、图例、演示、实验等，在教师的引导下把所观察到的各种现象，所感知的各种资料加以重新组合，使新旧知识互相联系，通过分析综合、比较鉴别、抽象概括等思维活动，对所要解决的问题提出自己的看法和形成多种假设，得出认识上的初步结论。学生提出假设，需要掌握一套利用材料，初步加工处理材料以及解决问题的方法和程序，需要在平时学习中接触一定量的问题解决案例，加以积累。

3.验证假设

教师进一步提供典型材料和具体实例，围绕假设方案引导学生剖析、判断和推理，去伪存真，发现联系、概括规律、形成概念、证明结论，或者由学生自己提出事实背景，选择不同的方法描述、分析资料，并在此过程中比较它们各自的优缺点，说明假设方案的正确性。师生之间、学生之间可展开探讨和争论，从理论上和实践上检验其假设，并通过实例验证让学生明确。验证假设可采用理论上的推导、演绎，实例的列举和应用，教师应指导学生掌握验证假设的方法和程序。

4.总结提高

在学生发现、验证的基础上，教师应对证明、争论做出提高性总结，帮助得出正确结论。并可利用反馈的信息进行强化，帮助学生进行知识的迁移和认知结构的转换，引导学生分析整理自己的思路及思考方法，指导学生进一步学习，以提高学生分析和解决问题的能力。

（三）辅导-自学地理教学模式

辅导-自学地理教学模式是以学生自学为主体，学生在教师指导下依据地理教材，先独立自学再讨论交流，并由教师释疑解难，深入探讨，最后练习巩固（见图4-3）。教师职责为启发指导、重点讲解、难点辅导。这一模式有利于激发学生学习的动机，培养学生的主体意识和自学能力与习惯，有利于促进学生独立思考和创造性思维。

图4-3 辅导-自学地理教学模式的基本程序

1.提出要求

指导教师根据教学内容、教学任务及不同学习水平学生的实际情况，明确恰当地规定自学的范围、内容，提出使每个学生都能自学成功的学习要求。

2.独立自学

学生独立自学是这一模式的核心环节。其目的是通过学生独立阅读教材、独立思考、独立练习来获得必要的地理知识，使知识转化为能力。实施这一环节时老师要教给学生自学的方法。同时在学生自学时，教师要巡视、观察、收集学生自学中发现的问题，采用不同的对策进行重点辅导，当学生自学遇到困难时，教师要鼓励学生坚持自学。

3.讨论交流

针对自学后共同存在的问题，组织师生之间、学生之间、同桌之间、小组之间进行讨论，也可发表自己的自学心得，评论别人的发言，相互质疑共同探讨，从而集思广益，提高认识。

4.启发指导

教师在广泛讨论交流的基础上，对学生的疑点、难点及不同的看法，对教学的重点、要点和关键之处，进行有重点的思路、方法、观点的启发和指导，引导学生自己得出正确的结论。

5.练习总结

通过完成多种形式的综合性作业，或各种演示操作，对学习成果进行巩固，对学生学习水平进行检测、评价，完善知识和能力结构，对学生取得的成绩要及时肯定，使学生体会到自学成功的快乐。

（四）指导-活动地理教学模式

指导-活动地理教学模式以学生活动为中心，是教学活动中学生参与最多的一种教学模式。它强调理论与实践联系，学校教学与社会生活联系，课堂教学与课外活动联系。教师先提出总的教学课题作为任务，学生围绕这一课题单独或以小组为单位从校内外获取有关资料，学生在教师的指导下，运用已有知识、经验与能力，在对资料进行筛选、分析的基础上、开展模拟性、尝试性的探索和研究活动，学生得出自己的结论。最后由师生一起对结论进行总结评价（见图4-4）。这一模式的最大特点是充分体现了学生是学习的主人，重视学生的学习活动过程，使学生学会独立学习和研究问题的方法，最大限度地张扬学生的个性，既有利于学生创造性思维能力的培养，又有利于学生动机、情感、意志等非智力素质的形成。

图4-4 指导-活动地理教学模式的基本程序

1. 提出课题

教师只提出总的教学课题作为学习活动的中心任务。引导性的问题应是与学生日常社会生活、社会生产联系密切的地理现实问题，或者是地理开放性的问题，这些问题是以后学习的基础。所提问题必须富含知识、能力及非智力因素，从而引导学生参与学习活动。

2. 设计活动

师生围绕所要研究的课题，设计以小组为单位的多种活动计划，或全班统一的教学活动计划，也可由学生自己来设计，以最大程度发挥学生的参与性。

3. 收集资料

学生围绕课题任务，通过查阅文献资料，或实地调查获取资料，并在教师的指导下对资料进行筛选，确定那些资料适合于回答所要研究的问题，从而为独立研究问题、解决问题奠定基础。

4. 研究课题

在充分掌握信息资料的基础上，学生运用已有的知识、经验和能力，自己寻求研究问题的思路与方法，自己去发现问题的本质和根源，分析问题的症结和关键，提出解决问题的对策和途径。教师的作用是提供学生活动的必要条件和提出建设性的参考建议，帮助学生解决遇到的难题，以与学生平等的身份参与教学活动，共同研讨，共同寻找解决问题的途径。鼓励学生研究自己感兴趣、关心的问题，以便充分张扬学生的个性，发挥学生的聪明才智。

5. 总结评论

教师对不同研究成果、结论做出恰当、中肯的评价，及时肯定他们的成绩和成功，肯定他们的思路、方法、策略。鼓励他们敢于冒险、大胆思维、勇于探索、努力创新的自信心，不放过任何一个思维火花。通过评议促使学生学习进步。

第二节　地理教学方法

教学方法是教学活动诸要素中较为活跃的因素之一，涉及师生互动的双边活动，教学方法应包括教的方法和学的方法，因此，有人认为，"教学方法是指教师在教学过程中为了完成教学任务所采用的工作方式和在教师指导下学生的学习方式"[①]，"教学方法就是教师发出和学生接受学习刺激的程序"[②]，等等。随着现代教学理论和实践的发展，人们对于教学方法的概念有了更加全面的理解和认识。

首先，教学方法必须为实现教学目的，完成教学任务服务。其次，教学方法最主

---

① 上海师范大学-教育学-编写组.教育学[M].北京：人民教育出版社，1979.

② 拉斯卡.四种基本教学方法[J].外国教育，1985（5）:6-9.

要的本质是教学方法的双边性,即教学方法始终包括教师的教法和学生的学法,教学活动是教师和学生的双边活动。再次,教学方法与教学内容之间存在着必然的、本质的联系,教学内容的性质决定了应当采用的教学方法,不同的教学内容应采取不同的教学方法。最后,教学方法是指师生活动的方式、步骤、手段和技术。也就是说,教学方法是教师和学生在教学过程中一系列活动的方式、步骤以及所采用的一切手段和技术的总和。

基于以上认识,地理教学方法是在地理教学过程中,教师和学生为实现地理教学目的,根据特定的地理教学内容而采取的教与学相互作用的一系列活动方式、步骤和手段的总和。

地理教学方法分类体系较多,本章采用结合各种地理教学方法的外部形态和学生认知活动特点进行的分类(见表4-2)。在我国地理教学实践中,教师根据教学内容、教学目标的需要,常常通过地理教学方法的外部表现来控制课堂上教师的教学活动和学生的学习活动。因此,根据地理教学方法的外部形态进行分类,比较符合我国地理教学实际。但这一教学方法体系难以充分体现学生认识活动的特点。而依据学生认识活动的特点对地理教学方法进行分类,能较好地把握地理教学活动中学生学习活动的基本情况,有利于改进和促进学生的自主学习,较好地把握地理教学方法的本质和内部特征。但它又与我国当前的地理教学实际还有差距,难以普及。实际上,地理教学方法的外部形态和学生的认识活动是密切联系的。因此,按照地理教学方法的外部形态,结合学生认识活动的特点进行分类,既考虑当前我国地理教学教师占主导的实际情况,又符合当前教育改革的基本趋势,能体现学生学习认识活动特点;有利于实现学的活动在教的调控之下有序、高效地进行;有利于教师主导作用的发挥和学生积极性的调动;并且该分类系统包容性强,传统的常用地理教学方法和一些新的教学方法均可收纳其中,便于教师选择使用。

表4-2 地理教学方法分类(结合地理教学方法的外部形态和学生认知活动特点)

主要方法类型	具体方法类型	
以语言传递信息为主的方法	讲授法	讲述法
		讲解法
		讲读法
	谈话法	启发式谈话法
		问答式谈话法
	读书指导法	
	板书笔记法	
以直接感知为主的方法	演示法	
	参观法	
以象征符号认知为主的方法	地图法	
	纲要信号法	
以自主探究为主的方法	发现教学法	
	案例教学法	
	问题解决教学法	

续表

主要方法类型	具体方法类型
以实践训练为主的方法	地理调查法
	地理观测法
	地理实验法
以合作交流为主的方法	小组合作学习法
	讨论教学法
	角色扮演法

一、以语言传递信息为主的方法

以语言传递信息为主的教学方法，是指教师和学生通过口头语言或者运用书面语言传授知识、技能，发展智力，进行情感态度价值观教育的教学方法。口头语言和书面语言是人与人之间重要的交流工具，师生之间信息的传递大多是靠语言来实现的。在地理教学过程中，以语言传递信息为主的教学方法主要包括讲授法、谈话法、读书指导法、板书笔记法等。

（一）讲授法

讲授法是教师通过口头语言向学生讲述、讲解、讲读地理知识，发展智力和情感态度价值观的教学方法。在地理教学过程中，经常采用的讲授法主要有讲述法、讲解法、讲读法等。讲授法能充分发挥教师的主导作用，将地理知识在短时间内简捷地传授给学生，激发学生学习地理知识的兴趣，启迪学生的智力。也能够根据学生反馈的信息及时调整讲授内容的深浅度以及讲授的速度、节奏。讲授法还能根据地理教学内容，结合国内外时事以及当地或学校的实情对学生进行情感态度价值观教育。讲授法有较大的灵活性、适应性，既可用于讲授新课，又可用于复习、练习、实习等。课堂内或野外都可运用。

讲授法也有一些明显的缺点。第一，教师讲授得完善，不等于学生理解得完整；第二，教师的讲授不一定全部为学生所领会，也并不等于学生就会应用；第三，过长时间的讲授也不易维持学生的注意。

1.讲述法

讲述法是教师用形象的语言向学生叙述或描述地理事象的方法，一般在叙述地理事物现象、特征和分布时运用。例如，自然地理、人文地理各种现象、景观的描述，区域地理有关地形分布、水系分布、资源分布、生产分布的描述，各地风土人情、城乡景色、地理探险叙述等内容，常运用讲述法进行教学。

教师在运用讲述法时，除了要注意讲述内容的科学性之外，还应注意语言的口语化，讲求语调抑扬顿挫，语言生动有趣、形象、亲切，使学生有身临其境的感觉。可以结合其他教学方法，如结合直观的方法，边指地图边讲述，或边绘黑板略图和示意图边讲述；结合谈话法，用讲述作为引言，然后提出问题，或者边讲述边提问题；等等。

2.讲解法

讲解法是教师运用富于理性的语言向学生说明、解释或论证地理概念和地理规律的方法。讲解法和讲述法的不同在于，讲述法以叙述、描述为主，而讲解法以论述、阐述为主。教师一般在说明各种自然或人文地理事象的形成原因、布局原理、相互联系，或阐述地理区域的综合性和差异性，解释和推导天文、气象气候、水文等一些公式和原理时，常运用讲解法。讲解可以由果追因，也可以由因导果。由于讲解法最能将"理"说清楚，在地理教学中很重要。

教师在运用讲解法时，应注意以下几点：

（1）语言要条理分明、科学准确。讲解时运用的语言要有严格的科学性，措词要准确、精练，不发生歧义，说理要有逻辑性、结构严谨、循序渐进、层层剖析。如讲方位要用东西南北，洋流中的暖流是由较低纬度流向较高纬度，不能说由低纬度流向高纬度。

（2）要注意学生的年龄心理特征。对低年级的学生，讲解要注意深入浅出、通俗易懂。即使对高年级学生，也应避免深奥、繁复的讲解；同时讲解时善于运用启发性语言，引导学生发现、理解和解决问题，做到讲中有导，培养学生思维。

（3）要正确地运用比较法、分析综合法，以及其他逻辑思维方法。例如，讲解关于背斜和向斜的概念，就要从岩层的形态（背斜是褶皱向上拱曲部分，向斜是褶皱向下拗曲部分），从岩层的新老排列顺序、地表形态等方面入手，运用比较法讲清两者之间的差别与联系。

（4）要尽可能地采用直观的方法辅助讲解。运用讲解法时要充分地运用地图及各种地理图表，尤其是采用能揭示地理事物之间联系的各种示意图帮助讲解，使理论形象化、原理具体化、概念简单化，以利学生学习。

3.讲读法

讲读法是将讲述、讲解和朗读结合起来运用的一种方法。在中学低年级阶段的教学中，采用朗读的机会更多一些。一般在以下两种情况下运用讲读法：一种是在教学课本中的重点段落时，采用讲读法，目的在于诠释课本中原文的涵义。教学时教师经常是边朗读边解释，或边朗读边让学生把课文中的重点内容用笔勾划出来，或分析句子的结构特点，讲清有关新、旧地理概念之间的联系。另一种是讲授课本中文字精彩的段落或者可读性很强的内容时，可采用讲读法。

运用讲读法时，除了教师本人讲读以外，也可以请普通话标准、朗读技巧好的学生站起来朗读。在中学低年级还可以分组或组织全班齐声朗读。运用讲读法时，朗读的材料不局限于课本上的内容，教师平时收集的一些含有地理内容的诗词、民歌、解说词、散文、游记、传记、小说、民谚等，都可以用来朗读。

（二）谈话法

谈话法是教师凭借学生已有的地理知识和生活、学习经验，通过问答的方式传授地理知识、启迪智力，发展情感态度价值观的方法。不仅在复习巩固旧知识、检查知识掌握程度时可采用谈话法，而且在传授新知识时也常常采用谈话法。谈话法一般可以分为两种类型，一种是问答式谈话法，另一种是启发式谈话法。问答式谈话法一般在检查学生对已学过的地理知识是否遗忘时运用，教师和学生一问一答，比较简单。启发式谈话法则不同，教师提出的问题要在学生的最近发展区，通常需要学生积极思考，通过创设"问题情境"，使学生处于"智力上的困窘状态"，或把较复杂的问题分解成几个小问题，然后启发、诱导学生一步一步地利用已有的地理知识，寻求问题的正确答案。启发式谈话的提问方式有多种，如递进式、分解式、迂回式、反问式、悬念式、比较式、串联式、扩展式等。

案例4-1 问答式谈话法

在学过地球大气垂直分层后，提问学生大气圈自下而上分为哪五个圈层；复习生态系统知识时，提问生态系统四大组成要素等。

案例4-2 启发式谈话法

有一位教师在教授有关陆地水的内容时，这样运用启发式谈话法：

首先告诉学生，非洲中部有一个乍得湖，它是个内陆湖泊；其次将此湖泊的位置和注入水系作一描述，指导学生观察乍得湖的位置示意图；最后教师提出一个问题，内陆湖一般都是咸水湖，但乍得湖却是一个淡水湖，并且一年之中湖泊面积相差将近一倍，请根据该湖的地理位置以及水源补给特点分析原因。

在学生观察、思考的基础上，教师引导学生联系该湖泊的纬度位置、所处风带气压带、注入水系流域的状况等等，一步一步寻找正确答案。这种启发式谈话法起到了联系多种知识、启迪学生思维的作用。

运用谈话法时应注意以下几点：

（1）把握提问的时机和对象。要针对教学目的、重点、难点以及教材内容的特点设置问题。提问时要面向全班，让全班学生都积极思考问题，然后再指定学生回答。指定对象应兼顾好、中、差不同水平的学生。

（2）教师提问时要有灵活性。要根据学生回答问题时的反馈信息，及时调整提问的角度、范围和深度，使学生能在教师的引导之下顺利找到问题的答案。

（3）问题要明确，深浅度要适当。问题设计必须具体，不能含糊其辞；问题的范围大小和难易度都要适中；问题要避免带有暗示性，以免学生不是在思考问题，而是在猜测；重点的、主要的问题地理性要强，切忌在枝节问题上大做文章；有关的问题应有系统性和连贯性；讨论完一个问题，教师应及时小结。

总之，善问、善导、善结并了解学生基础，精而不多是运用谈话法成功的关键。

谈话法能很好地发挥教学活动中学生的主体作用和教师的主导作用，使学生由被动的知识接受者变为与教师一起进行双边活动的参与者，有利于激发学生思维和语言表达能力的培养，激发学生注意力和兴趣，调动学生学习的积极性。有利于师生之间、学生之间思想、情感的交流，有利于教师及时反馈和照顾不同学生的特点。谈话法也有一些局限性。首先表现在情节生动、文字精彩，需要由教师讲述、讲读的教学内容，就不适合采用谈话法。其次，谈话法相对于讲授法来说教学时间一般要长一些，在有限的教学时间内过多地采用谈话法，有时可能会完不成教学任务。最后，对于初次走上讲台的实习教师或新教师来说，运用谈话法有一定的难度。

（三）读书指导法

读书指导法是教师指导学生通过阅读地理课本和有关参考书（包括课外读物）以获得知识的方法。读书指导法的运用，可以穿插、渗透在平时课堂教学之中，也可以在课堂上集中一段时间做专门辅导，还可以利用课外时间，开展读书指导讲座、组织读书小组，等等。

链接4-1　我国古代的读书方法

我国古人总结的读书要诀："俯而读，仰而思""循序渐进""熟读精思"等。

宋代学人郑樵曾说："为学有要，置图于左，置书于右，索象于图，索理于书。"

指导学生读书，是教学过程中一个不容忽视的重要环节。教师指导学生阅读地理课本时，应要求学生做到以下几点：

（1）通过预习，初步了解课本内容，并带着问题听讲。

（2）能根据课本回答有关问题，对地理概念、地理原理能举一反三；能掌握课本中地理知识内容的框架、结构，分清主要内容和次要内容。

（3）能比较课本内容与教师讲授内容的相同点和不同点。

（4）能将不同章节中同类的地理知识作比较和联想。

（5）能把课本内容和地图册上的内容紧密结合起来，将地理知识"附着"在地图的"骨架"上。

（四）板书、笔记法

板书、笔记法是教师出示教学提纲、教学重点难点，学生记录讲授进程、教学要点的一种书面语言运用方法。读书指导法和板书、笔记法主要是运用文字（书面语言）来传递信息。板书和笔记在地理教学中多是辅助性的，但板书可以展示教师讲授内容的结构、层次，也可以提示教学要点、显示教学进程、突出教学重点，并为学生学做笔记提纲作出示范。笔记对学生提高学习效率极有帮助，它能理清思路、维持注意力、把握重点、有利于比较、方便复习。

板书主要有两种，一种是边讲边写的辅助板书，另一种是显示教学提纲的主板书。

辅助板书主要用来书写地名、数据、重要的地理概念等，一般随着教学进程的继续，需及时地擦去。写辅助板书时，对于地名、地理术语，教师要提醒学生不要写错别字。主板书的种类很多，经常采用的主要有纲目式、表解式、图解式等几种。

编写主板书时要注意：

（1）注重地理知识的科学性和系统性，并与课文的标题、段落密切配合。

（2）板书的文字要简练、准确和规范，字迹要清楚、端正，避免写不规范的简体字和错别字。

（3）要注意标题之间的包容关系，同级标题之间的并列关系。

（4）板书的版面要部位恰当、布局合理美观，板书的篇幅应适当。

（5）纲目式板书的层次要适度，标题一般以2~3级为宜，以免学生感到层次繁复，抓不住要领。

笔记主要指学生上课时的随堂记录。指导学生记好笔记，重点是掌握笔记内容的详与略。对于低年级的学生，笔记主要是随着进程抄写教师的板书提纲。对于高年级学生除了抄写板书提纲外，还可指导学生笔录教师口述的内容，包括学习内容要点、主要事实材料和结论。

二、以直接感知和以象征符号认知为主的教学方法

（一）以直接感知为主的教学方法

以直接感知为主的教学方法，是指教师演示各种地理教具、地理实验和组织课外参观等，使学生利用各种感官直接感知地理事物而获得知识技能和发展情感态度价值观的方法。以直接感知为主的教学方法，主要包括参观法和演示法。特点是具有直观性、形象性和真实性。由于地理知识本身具有一定程度的复杂性、综合性和间接性。以直接感知为主的方法，对于形成学生丰富的地理表象具有极为关键的作用。这就要求地理教师要经常采用各种直观的方法来丰富学生的地理表象知识储备，认识地理事象的本质属性，加深对地理原理的理解。

1.参观法

参观法是教师根据地理教学任务，组织学生到自然界或社会场所，通过对自然地理、人文地理事象的直接观察、研究，从而获得新知识或验证、巩固已学知识的一种教学方法。主要方式是观察和记录。参观法可分为准备性参观、并行性参观和总结性参观三种类型。参观法以大自然、人类社会为教材，能有效地使地理教学与社会实际、生产生活密切联系起来，扩大学生的知识视野，是理论联系实际的重要环节，对学生活化所学知识有重要作用。

运用参观法应注意以下几点：

（1）参观准备。参观前除了要确定参观目的、地点，了解参观的实际情况外，还要拟定好参观的计划。包括参观目的、具体要求、参观对象、进行参观的程序及参观中应注意的事项等。此外，教师要做好必要的参观资料的收集工作，参观前要教给学生观

察的顺序和方法。

（2）参观实施。在参观过程中，教师要引导学生把注意力集中到重点观察的对象和观察事物的主要方面上，启发学生提出需要解决的问题，使学生把感知与理解结合起来，从多方面认识观察对象，并注意收集相关资料，做好参观记录。

（3）参观总结。参观结束后，教师指导学生整理资料、编制图表，写出参观报告或总结。也可通过讨论、谈话等形式，让学生把观察到的现象与书本知识联系起来，真正起到把获得的感性知识上升为系统的理性知识的作用。

2.演示法

演示法是地理教师展示各种实物、直观教具，或通过示范性地理实验，使学生获得地理事象感性知识，以深入理解所要掌握地理知识的教学方法。

地理的直观演示主要有地理实物、标本、模型演示；地图、地理图表、照片、卫片的演示；幻灯、录像、电影的演示；计算机模拟演示和地理实验演示等。这些直观演示手段有的反映地理事象的直观形象，有的体现地理事象的景观和分布特点，有的具有能揭示地理事象内部结构的立体感和动感，有的能再现地理事象发展变化的过程，揭示地理事象之间的相互联系、成因和原理，是学生由具体形象到抽象思维的支柱，对调动学生学习的积极性，培养学生观察力、思维力、动手能力均有独特的作用。

运用演示法应注意的事项：

（1）在明确演示目的的前提下，演示要与教师的讲解和谈话法相结合。一般的方法是先通过演示使学生有一定的感性知识，再加以分析，得出结论；亦可先讲解，然后通过演示证实讲解的结论；有时也可边讲解边演示，边观察边分析小结，最后进行比较归纳。

（2）教具演示要适时、适量。教师根据教学进程在适当的时候展示，并及时撤下，以免学生沉湎于演示中的非关联内容。另外各种教具或实验演示，在数量、时间上要适量，一般每节课的演示不宜过多，并注意演示与学生操作、练习的密切结合。

（3）演示要突出地理事象的主要特征，其内容地理性要强，避免演示的内容过多涉及其他学科的内容。一般应选择教学的重点、难点，以利于重点、难点的突破。

（4）演示要准备充分，目的明确，方法得当，采用有效的演示方式，尽可能使学生运用多种感官去感知地理事象发展变化的过程，使所有的学生都清楚而准确地感知演示对象，增强演示效果，培养学生的观察能力。

（二）以象征符号认知为主的教学方法

以象征符号认知为主的教学方法，是指教师通过地图、地球仪、剖面图、示意图等以象征符号表征的图像，使学生获取地理知识和技能，发展地理能力的方法。用象征符号来表征地理事象，能揭示地理事象空间分布的特征以及地理事象发展变化、相互联系的特点，对于地理教学来说，具有极为特殊的意义。地理学科运用地图是其教学过程中不可缺少的方法。在地理教学过程中，以象征符号认知为主的教学方法主要包括地图法和纲要信号法。以象征符号认知为主的方法必须结合以直接感知为主的方法，并且与以语言传递信息为主的方法紧密配合，做到符号认知和直接感知相结合，图像信息和语言文字相结合，才能取得更佳的教学效果。

1.地图法

地图法是指教师通过地图（包括地球仪）、剖面图和其他示意图，向学生传授地理知识，培养学生读图用图技能，发展学生记忆能力和空间思维能力的教学方法。地图具有直观性、地理方位性、抽象概括性、几何精确性等特点，以及信息传输、信息载负、图形模拟、图形认识等基本功能。因此，地图是地理教学的一种极为重要的手段和方法。地图语言是指由各种象征符号、色彩加上一定量的文字所构成的，表示空间信息的图形视觉语言。这种语言（除文字注记外）几乎是世界通用的。地图与文字相比，最大的特点是形象直观，一目了然。它既能表示地理事象的空间位置和相互关系，反映其质量特征与数量差异，又能表示地理事物在空间和时间上的动态变化。所以，在地理教学中一个重要的任务便是使学生熟练地掌握和运用地图。

地图法主要包括地图挂图的运用以及指导学生阅读地图册两个方面。教师在课堂上运用地图挂图时，应选择好主图和辅图；注意挂图内容要紧扣教材，图幅数量要得当；设计好悬挂挂图的部位；安排好摘示时机，及时地展示和撤换（主图例外）；还要做到指图的规范、正确，指图动作快慢得当，点线面清晰。指导学生阅读地图册时，应教会学生看懂地图上的经纬网坐标，理解各种符号、注记的涵义，掌握比例尺和实地距离之间的换算方法，理解地图上符号代表的地理事象的内在关系和相互联系；并要求学生由看懂地图到熟悉地图，由熟悉地图到能分析、运用地图，逐步做到观其图而知其地，知其地而求其理。

教师在运用地图挂图或指导学生阅读地图册时，都应注意将课本内容和地图紧密结合起来。凡是课文中出现的地名及地理规律、原理，基本上都应在地图中找到其位置，或了解其分布特点。能在地图中直接获取的地理信息，也应尽可能先在地图中获取，然后再在课本和有关参考材料中得到验证。此外，在运用地图法时，可利用地图制作各种剖面图、断层图、过程线图、柱状图、玫瑰图等，以提高学生分析地图的能力，并要求学生也能掌握绘制地图、剖面图的一些简易方法。

2.纲要信号法

纲要信号法是指教师和学生围绕一种被称为"纲要信号"图表的教学辅助工具进行讲授、记忆、复习的教学方法。所谓"纲要信号"图表，就是一种提纲挈领地概括教师所讲内容的图表，它以简单的符号、关键性的语言文字和简洁的示意图等形式，把教科书中大段内容概括成简明的"纲要信号"。

纲要信号法的基本教学程序是提出一个问题，展示一幅图像，解决一个问题。运用"纲要信号"的关键是要设计出简洁明了、准确的"纲要信号"图表。这就要求教师必须把握内容实质，掌握教材的结构、重难点，弄清各知识要点之间的联系，然后运用记忆编码的心理原则，巧妙地编制直观和便于联想的"纲要信号"图表。

案例4-3　纲要信号法解析黄河泛滥的原因

　　黄河泛滥的原因，根源在中游。黄河中游地区，绝大部分为黄土分布区，这里夏季雨水集中，尤其是暴雨冲刷黄土，河床下切很深。特别由于滥垦荒地，使森林草原植被遭毁，造成严重的水土流失，使河水变成滚滚泥流。黄河进入下游以后，河道宽阔，水流缓慢，中游带来的泥沙大量淤积在河床中，河床每年升高，为防止河水溢出，全靠人工筑堤束水，这样年复一年，以致下游河道成为高出两岸平地的"地上河"。在旧中国由于水利失修，每当暴雨，洪水下泻，下游河堤就易决口、改道，泛滥成灾……采用纲要信号法解析黄河泛滥的原因，可设计出图4-5所示的纲要信号图。

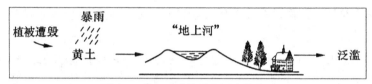

图4-5　黄河泛滥的原因纲要信号图

　　纲要信号法最大的特点，是在处理教材中大段大段需要记忆的内容上有独特之处，它充分依靠了联想和视觉记忆，比较符合现代心理学的记忆规律以及信息论的记忆原理。一方面，纲要信号法把语言运用和图形演示结合起来，通过听觉和视觉神经系统同时接受信息，同时刺激人的大脑两半球进行思维，从而使大脑的功能得到全面发挥。另一方面，学生大脑发育也存在差异，有的学生"数字脑"发达，善于掌握概念，善于逻辑推理，他们结合语言学习效果会更好；有的学生"模拟脑"发达，善于掌握图形，善于空间想象，他们结合图像进行学习的效率更高。

　　这些信号形象、直观，充分利用了形象思维、联想及视觉记忆等人类思维和记忆所具有的特点，因此学习效果明显。由于"纲要信号"图表是教师将教材内容加工后巧妙设计出来的，不仅记忆编码的质量提高，而且编码的时间缩短。此外，纲要信号法有一定的推理、判断，趣味性也较强，有利于学生处于较好认知状态。

　　纲要信号法的局限性主要是在一定程度上阻碍学生发挥学习主动性。此外，如何针对程度不同的学生设计出不同的"纲要信号"图表，对于同一幅图表如何针对不同的学生进行因材施教，还有待于进一步探索。

三、以自主探究为主的方法

（一）发现教学法

1.发现教学法的基本含义

　　发现教学法也叫探索法或研究法，是指教师通过提供适宜于学生进行知识"再发现"的问题情境和教材内容，引导学生积极开展独立的探索、研究和尝试活动，以发现相应的原理或结论，从而培养学生创造能力的方法。20世纪60年代，美国心理学家布鲁纳根据瑞士心理学家皮亚杰的智力结构发展理论提出的新教学方法。发现法要求学生在教师指导下，像科学家发现真理一样，通过自己的探索和学习，发现事物变化的起因和内部联系，从中找出规律，形成概念，并在这个过程中体验发现知识的兴奋感和完成任务的胜利感。可见发现法可使学生专注于科学家在发现知识时是怎样工作的。

案例4-4　发现教学法：芝加哥城市建设选址

在一张美国北方五大湖附近的轮廓地图上，没有地名，只标有河、湖、山脉、平原等自然条件和铁矿、煤矿、铜矿等自然资源。地理教师先向学生介绍一些资源、人口、运输以及食品供应方面的地理知识，而后要求学生对上述地图进行观察和思考，同时鼓励学生开展讨论，在不查阅地理参考资料和详细地图的情况下，讨论研究美国北方大城市芝加哥应该建在何处？铁路应该怎样合理选线？公路应该如何分布？学生经过思考、讨论后，提出了似乎合理的见解，每人都标出了主要城市、铁路、公路等位置，如有的学生从河流与湖泊的角度，提出A地应可建立城市（水运交通说）；有的学生从资源的采掘与利用的角度，认为B地可建立城市（资源矿藏说）；有的学生从粮食的生产与供应的角度，认为C地可建立城市（处于平原中心的粮食供应说），思维异常活跃，气氛十分热烈。最后，当教师用地理资料（地理真实情况）核对，即把标有城市的同样境域的一张地图挂出，对学生所获得的结论验证，明确答案（即被发现的地理知识）是否正确时，大家都雀跃起来，沉浸在发现的快乐之中。

——布鲁纳著，邵瑞珍译.《教育过程》，北京：文化教育出版社，1982.

2.运用发现法的一般步骤

教学中的"发现"是在已有知识、经验基础上的"再发现"，是有目的、有计划地创造情境，引导发现，促进学生开发智力和创造潜能的过程。基本的、典型的学习过程一般分为六个步骤：

（1）提出要求和必须解决的问题，使学生明确发现目的。

（2）学生利用教师提供的材料，对提出问题做出解答和假设，使学生明确思考方向。

（3）创设情境，使学生面临矛盾。只有内心的"矛盾"，才可能引起学生求知探索的动力，所以在提出要求、给出假设后，需要进一步设置情境，激发学生的"矛盾"，形成探求发现的心理状态。

（4）指导学生搜集资料，罗列证据，发现结论，归纳总结。

（5）将发现的结论与事实材料结合，加深理解。学生一旦发现自己的归纳结论与"答案"一致时，会欣喜异常，若出现不一致，教师则应加以指导。

（6）将发现的知识应用于实际。它是发现教学法的升华，也是一个拓展要求。

3.发现法的优点和局限性

发现法的特点在于教师设计适当的问题或某些巧妙的教学安排，在旧知与新知之间架起一座桥梁，让学生自己"过桥"，使他们发现以前未曾认知的知识概念间的类似性、差异性和各种关系法则的正确性，形成对自身能力的自信，由发现问题到分析问题、解决问题，在对新的知识的不断探索思考中前进。

发现法具有突出的优点。第一，学生亲自发现事物间的关系和规律，激发学习的内在动机。第二，学生能掌握发现的思路和方法，养成思考问题的习惯，培养独立发现地理问题、分析地理问题和解决地理问题的能力，培养创新精神。第三，由于学生自己把知识系统化、结构化，形成新的认知结构，就能更好地理解和巩固学习内容。

发现法也有一定局限性。第一，学生的发现主要是再发现，并不是所有问题值得亲自探源究本，并不是所有问题都能设计出一套探索发现的过程供学生学习。第二，发现法的教学过程有一定的随机性，运用发现法教学耗费时间过多，往往很难在有限的时间内完成大量的教学任务。

4.发现教学法的适用范围

（1）地理概念、概念性结论或揭示地理知识间联系。如学习"西北地区"时，要了解该地区降水量从东向西变化的规律，可让学生制作课件，课件中设置自东向西地区植被景观的渐变效果，从草原植被逐渐过渡到荒漠草原，再到荒漠，让学生从植被的变化中发现降水的递变规律。

（2）新旧知识联系密切、新知识相对难度不大。如在学习"等温线"这一概念时，可让学生联系"等高线"来发现学习。另外如等深线、等压线、等降水量线等也都可以应用。

（3）容易混淆的地理知识。通过让学生比较分析，发现异同，得出结论。如学习世界主要气候类型中"热带季风气候"的特征时，学生很容易将其与热带草原气候相混，教师可以指导学生从二者形成的原因（前者受西南季风影响，后者因行星风带移动形成）着手，通过比较分析，发现两者的差异，从而加以区别。

（4）从直观及实物操作入手，通过实践发现问题，得出结论。如学习"等高线地形图"时，可让学生利用泡沫塑料模型操作实践，发现等高线地形图涵义。

5.运用发现法教学的基本要求

（1）创设"发现"情境，培养学生问题意识。学生的探究、发现过程往往围绕着某一问题而展开，因此教师首先要把学生的学习内容巧妙地转化成为"发现"的情境，而这种发现的情境往往是通过设疑、激发困惑、引发心理矛盾而形成。一般而言，发现情境要有目的性、现实性和新颖性。目的性指"发现"情境要针对一定的地理教学目标提出来；现实性指"发现"的难易程度要适合学生的实际智能水平；新颖性指"发现"的设计和表述具有新颖性和生动性。这样的发现情境能给学生心理造成一种探求发现的欲望，产生问题意识和欲求尝试解决的心理状态。

（2）善于引导，讲求实效。尽管发现教学以学生的探究活动为主，但这种探究发现并不会让学生随心所欲，因此发现能否取得实效，教师的引导也很关键。教师的引导能够保证学生进行有意义的探索，避免盲目的猜测和无益的活动。同时，教师的引导也不能太具体，应含而不露，引而不发，给学生以自我选择、判断、联想、创造的思维空间。

（3）确立学生主体地位，营造师生和谐氛围。发现法强调以学生为中心，充分发挥学生的积极性、主动性，让学生按自己的方法自由发现和研究，允许学生有自己的见解。尽管教师在学生发现、探究中可以充当支持者、鼓励者，但教师绝对不能替代学生，"包办"学习。学生的主体地位确立后，需要进一步实现师生关系的民主化。只有在民主的、轻松的、愉快的课堂气氛里，学生才能独立地探索、大胆地发表意见、自行地发现和自由地创造。因此，教师要为学生创设一种自由探究、和睦相处、相互支持的气氛。教师在引导学生进行探究发现时，需因人而异，相机行事，充分挖掘学生的能动性。

（4）精心准备，善于组织。发现法教学过程往往比较随机，教师在教学内容、教材组织、过程把控等方面需要认真精选和处理，以保证教学正常进行。

（二）案例教学法

地理案例教学是教师通过对一个具体的地理教学情境的描述，引导学生对案例进行讨论的一种地理教学方法。案例教学追求的是一种新的学习方式，是一种创新性的教学实践。案例教学法能够为学生提供一种真实的环境，提供进行分析的素材和机会，通过大量案例学习，使学生能够进行更多的技巧的训练，使其在分析问题、进行辩论等技能方面的训练得到加强；使学生学会探索知识形成过程的规律，不断完善知识体系，真正达到培养学生分析能力与批判精神，提高素质的目的。

地理教学中的案例就是指地理教学内容中关键性问题的典型实例。从形式上看，案例主要围绕中心问题展开具体描述，一般不作分析和解释；从内容上看，案例既可以反映某些地理原理与规律，又可为多层面、全方位分析提供可能；从来源上看，案例是对真实地区、事件等的描述，是在广泛吸收原始素材的基础上选编的；从构成上看，案例包含特定的地点、时间、现象等，主要为说明原理、规律，解决实际问题提供足够的背景信息。案例教学可以在课堂内进行，也可以在室外或课外进行。本章主要探讨课堂中的案例教学。案例教学法基本环节为：①呈现地理案例；②分析和讨论地理案例；③总结和评价地理案例。

案例4-5　案例教学法：传统工业区

教学程序设计思路：复习工业区位选择原理，分析鲁尔工业区区位特点、衰落原因、综合整治措施→得出分析传统工业区的方法→呈现辽中南工业区案例→分析辽中南工业区区位、特点及发展滞后原因、整治措施→辽中南案例的总结评价。

【呈现案例】

分析传统工业区案例——鲁尔工业区之后，再呈现类似案例——东北老工业基地的资源材料。

【分析和讨论案例】

将学生分成四组，设置解决主题的四个不同核心问题，让学生使用鲁尔区案例得出的分析传统工业区的方法，展开对辽中南工业区的分析和讨论。

【总结和评价案例】

请几位代表发表自己的看法，教师及时评价、分析、讲解、拓展，最后归纳案例，指出分析案例要从时间（过去、现在、将来）和空间（不同地区）两个视角来认识、理解、应用地理原理，同时指出不能仅由一个案例来理解原理，以免"以偏概全"，因为案例尽管典型但还有局限性的。

1.案例的呈现方式

不同的案例适于不同的展示方式，如分发材料、口头描述、图表展示、实景模拟、多媒体展示等。如在学习"工业的区位选择"时，有位教师就以我国不同时期兴建的鞍钢和宝钢的区位图比较的方式展示案例。根据区位图可以看出，鞍钢和宝钢的区位有一个显著的不同点，即鞍钢附近有钢铁工业所需的原料铁和燃料煤，而宝钢附近没有煤和铁，尤其是铁，需要从遥远的澳大利亚等国运入。案例呈现时机对教学效果有着明显的影响，一般可归纳为以下几种方式：

（1）先案后理型。即先"案"后"理"，出示案例后，让学生熟悉、分析案例，进而讨论、归纳出相关地理原理（见案例4-4）。

（2）先理后案型。即先"理"后"案"，在说明地理规律后出示案例，用以论证、强化和巩固学习成果。这种案例通常起到例举的作用，与例举不同的是，案例中的情景更完整、更丰满、更具体，可以更加充分地论证地理规律，但这种方法常用于学习难度较小的教学内容。

（3）案理同步型。即"案""理"同步，在展示案例过程中分阶段分析、推导其中的原理。这种方法适用于地理原理层次多、教学内容复杂的课堂教学。通常情况下，在逐段分析前需要展示出整个案例让学生通晓。例如，以"德国鲁尔区"为典型案例学习传统工业区。教师先从鲁尔区的区位优势、工业部门间的联系、衰落的原因、整治的措施几方面分析，进而讨论我国的辽中南、京津唐等工业区在发展过程中如何借鉴发达国家成功的经验，避免重蹈覆辙。这样"案""理"同步，将复杂的案例内容分段层层分析，利于学生理清地理知识，学会分析复杂案例的方法。

2.案例分析的一般程序

案例分析的过程实质是将案例的情境与相应的教学内容联系起来，以揭示案例与所学原理之间的联系。在此，教师的作用是启发、引导、组织、调控，以及创设民主和谐的学习氛围，促使学生积极参与，主动交流和展开研讨。学生是分析、研讨案例的主体。案例分析过程所遵循的操作程序大体分为三个阶段。

第一阶段：个人体验。学生尽快进入案例情境，初步理解案例中所揭示的基本事实。引导他们在案例的分析过程中，去思考和寻找其中的因果关系，并将已有的知识和经验与案例所展示的情境进行联系。

第二阶段：小组讨论。对一些相对复杂的案例，需要通过小组讨论的方式，组织学生进行充分的交流。这一过程的作用是给学生提供独立思考、发表见解的机会，并引导学生学会分享成果，体会合作的作用。

第三阶段：指导分析。教师对案例分析的指导方法可归纳为：①对比分析，即通过对同一案例的不同侧面或对不同案例进行比较，找出其中异同点，进而推导出有关规律。②变式分析，即对案例进行分析得出规律后，再通过改变案例中某些要素的方式，引导学生进行再思考、再分析，使学生多侧面、多角度地认识地理事实或理解地理规律。③延伸分析，指在完成基本的教学任务后，根据案例中所蕴涵的丰富信息，进行拓展分析，以充分利用案例情境整合、构建知识，开阔学生的思路和视野。例如，在完成以印度班加罗尔软件园区为例，说明高科技产业崛起的原因以及对经济发展的重要作用的分析后，教师让学生继续讨论其对我国高科技产业发展的借鉴意义。④反证分析，有些地理规律通过正面案例往往难以归纳出来，这时不妨采用反面案例，反证这些原理和规律。

3.案例总结的主要方式

（1）纲要型总结。纲要型总结就是根据学生讨论、归纳的结果，结合教学内容，展示知识网络图表，以引导学生建立知识间的联系，形成完整的知识结构。以德国鲁尔传统工业区的案例教学为例（见图4-6）。

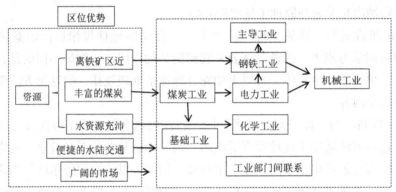

图4-6 德国鲁尔传统工业区的形成纲要图

（2）提高型总结。提高型总结就是对学生已得出的结论进行进一步提炼和提升，使学生进一步升华已掌握的知识。

（3）矫正型总结。对学生分析、推理案例过程中存在的缺憾、错误进行弥补、矫正的总结。

（4）悬念型总结。悬念型总结就是总结过程中有意引出与下一节课有关的问题，不给出结论，而是鼓励学生根据已获得的结论进行再思考，以激发学生进一步学习的兴趣。例如，在以京九铁路为案例，学习影响铁路区位的主要因素后，教师提出下一节课将以上海为例，学习区位因素对交通运输网点布局的影响。

4.案例教学法局限性

第一，需要教师有调控课堂的经验与能力，也需要学生有较广的知识面，具有一定的分析能力。第二，案例教学的时间调控难度大。为保证有效参与案例教学，学生必须预习教学内容，一些实践性强的验证性案例还要求学生针对问题开展社会调查等活动。

第三，案例教学受教学内容的制约。地理教学实践表明，关于"怎么办""为什么"的问题，适合用于案例教学。第四，案例可能产生"过度概括化"的现象。第五，地理案例库源不足，质量欠佳。

（三）问题解决教学法

问题解决教学法是利用系统的步骤，指导学生思考、探索和解决问题，以达到启发学生思维和培养学生解决问题能力和意志品质的一种教学方法。问题解决教学法在调动学生认知积极性，主动探究问题的过程中学习，它的特点是要学生开动脑筋去解决问题，着眼点在"思"。问题解决教学法的实施过程有五个基本步骤。

1.发现问题或疑难

发现问题就是力求让学生的思维过程处于一种主动的状态，使发现问题过程本身就是促成思考的过程。发现问题是问题解决的最困难和最富挑战性的方面。阻碍学生发现问题有两大因素：一是未养成主动寻找问题的习惯。二是不具有与问题相关的知识，对某些问题可能会熟视无睹。因此，教师要启发学生思考，必须设置"困难"的情境，让学生认识到能提出问题就是参与创造，养成良好的质疑习惯。具体有如下几个方面：

（1）抓住矛盾，寻找问题。例如，纬度越高，气温应越低，但为什么北半球一月份气温最低的地方在西伯利亚，而不在北极？在我国新疆的绿洲上，每当农作物干旱缺水时，农民不盼望阴天，却盼望天空万里无云，其原因何在？我国南方降水量大，不利于晒盐，但为什么在台湾和海南岛的西部有盐场分布？……这类问题通过呈现学生学习地理过程中的矛盾，导致学生认知心理上的不平衡并因此产生解决问题的欲望。

（2）在比较中寻找问题。如青藏高原南部同长江中下游地区基本处于同一纬度，但两地气温差异很大，原因是什么呢？

（3）应用假设，提出问题。例如，假如地球不自转，地球上的气压带、风带和三圈环流会怎样变化？这类问题不仅拓宽学生的思路，培养学生思维的广阔性和深刻性，而且可以更好地理解课本知识。

（4）在分析、综合基础上，寻找问题。例如，横断山区的地形、气候、河流和植被等自然要素是怎样相互影响的？这一问题，将逐一分析的单项自然要素串联起来，促使学生多角度、多层次地进行综合考虑，整体认识地理环境各要素的密切联系性。

（5）在评价中寻找问题。在这类问题中，常用的关键词是"请评价""试证明""你认为""你对……有什么看法"等。例如，上海是一个缺乏煤和铁的地区，你对在这里布局宝钢这样的大型钢铁企业有什么看法？通过经常训练，学生对各种地理问题的把握程度和评价力度都会不断提高。

2.确定问题的所在和性质

问题提出后，教师要帮助学生理解问题的要求与条件，收集必要的信息，弄清问题各因素之间的关系。对问题表征得如何，将直接影响到问题解决的难易与快慢。以下几种问题的表征形式可减轻工作记忆的负担，有利于解决问题。

（1）记录。所有的问题最初是在头脑中表征的，如果将其写下来，可以减轻记忆负担。

（2）图示。在解决一些涉及空间关系的问题时，绘制适当的示意图，是对问题进行表征的有力手段。例如，分析黄赤交角及其影响时，绘制太阳直射点移动示意图。

（3）画结构框图。当所要解决的问题相当复杂时，应考虑用结构框图等形式来表征问题。当所给问题的有关信息存在一种自然的层次时，结构框图特别有用。

（4）列表。当问题中给出的信息可被归入不同类别时，可采用列表的形式。例如，请分析宝钢和鞍钢工业布局的区位因素，通过分析说明区位因素的变化对钢铁工业布局产生的影响，它们的布局都合理吗？这一问题见表4-3：

表4-3　宝钢和鞍钢工业布局的区位因素

区位因素 工业基地	原料	市场	交通运输	水源
宝钢				
鞍钢				

3.提出可能的解答或假设

问题确定之后，鼓励学生根据他们的知识和经验，运用推理和观察等方法，去探求解决问题的途径，也就是假设。如果问题复杂，学生感到无从下手，教师就要帮助学生分析问题，并为学生提供参考的有关资料，寻求可能的答案。下面介绍几种解决问题的方法。

第一，目标分解法。有些问题的解决并非一蹴而就，这时往往需要将问题分解为若干个子问题，每个子问题有它的目标（子目标），通过完成每一个子目标来达到问题的最终解决。例如，"为何七月份世界最热的地方是北纬20-30度的沙漠地区？"这一问题可分解为下列三个小问题来分析：高温中心为何不在南半球，也不在赤道，而在北半球？为何出现在北纬20-30度地区？为何最炎热的地方在沙漠地区？这样由大步子化成小步子，由浅入深，促使学生联系地球上的海陆分布、云层对太阳辐射的反射作用、太阳直射点在地表的移动规律以及不同性质的比热大小等知识思考问题，化难为易。

第二，逆向反推法。在解决某些问题时，当从目标出发的解决路径明显少于从初始状态发出的路径时，用逆向反推法比较合适。

第三，类比法。当学生面对某种不熟悉的地理事物或现象时，可以运用类比思维，先将问题与已经学过的另一同类地理事物或现象作比较，然后解答。

第四，"头脑风暴"法。头脑风暴又叫智力激励，它鼓励学生在提出假设时犹如夏天的暴风雨一般来得快，在最短的时间内提出的假设越多越好，不管它们多么离奇古怪，都不要作出批评，然后从中选择合适的方法。

4.选择合理的假设

学生提出假设之后，要用批判的态度来考察这些假设，直至获得对解决当前问题最为合适的方法。在指导学生慎重筛选假设的时候，教师要指导学生分析、比较、综合，以训练学生的思维能力。此外，教师还应该注意以下几点：①学生提出假设之后，教师都要问一个为什么，让学生说出理由。②假设提出之后，最好先由教师把学生所提出的假设依次排列起来，然后指导学生依次讨论。③教师要鼓励学生对自己提出的假设持客观的态度。④教师要用发问、提示难点等方法，引起学生批评假设。⑤在学生思考过程中，要给他们充分的时间，养成不轻易下断论的科学态度。

5.总结评价

对问题解决的总结、评价与反思，是改进问题解决技能的极好机会。问题解决之后一般有两种总结评价：一是对结果的总结评价。对已选择的假设的正确性进行检验，从理论方面或应用的实际情境证明假设是否正确；二是对过程的总结评价。问题解决得怎么样？应当怎样改进问题解决的技能？通过自我总结，改进问题解决的方法。

四、以实践训练为主的方法

地理学一个很重要的特点就是实践性，注重培养学生实践活动的能力，尤其是课外实践活动的能力，使学生通过亲身实践获得对知识的直接感知，获得初步的科学探究的体验，意义重大。这类重在培养学生地理技能技巧或行为规范的教学方法，主要有地理调查法、地理观测法和地理实验法。

（一）地理调查法

地理调查法是指教师指导学生通过地理调查的方式，完成既定学习任务的教学方法。地理调查法是一种重要的实践性地理教学方法，具有综合性的特点。运用地理调查法教学的一般步骤如下：

1.地理调查内容的确定

作为教学过程的地理调查，必须以课程目标为依据，以学生的认知水平和教学条件为基础，来确定所需要调查的项目。例如：①考察当地的主要自然资源，列举合理或不合理的开发利用事例。②调查家乡人口数量、人口变化的基本情况，探究人口变动对当地自然环境及经济发展的影响。③调查当地土地利用状况，分析其与地表形态的关系。④调查当地农业生产情况，判断当地的农业地域类型，并分析其形成的条件及对地理环境的影响。⑤通过调查、访问、查阅资料，找出当地存在的主要环境问题及其原因、危害和治理措施。⑥调查反映当地某一自然灾害发生前兆的"谚语"和各种预防的"土方法"，指出其所依据的科学原理。

2.地理调查的准备工作

地理调查是一项艰苦的学习活动，需要吃苦耐劳的精神和团队合作精神。特别是出于安全的考虑，需要严格的组织纪律作保证。因此，在开展调查前，教师需要对学生做好充分的思想动员工作。

地理考察的常规资料包括考察区域的相关地图、图片、遥感图像、文献和统计资料等；工具包括专用仪器、医药品等。组织准备主要包括小组分工、联系方法、纪律、突发事件处理等。

3.地理调查教学的设计

地理调查教学的设计内容包括：教学目的及学生分析；调查题目的确定及理由；调查的目的及预期效果；调查的内容及已掌握的资料；调查的步骤、程序及组织实施；调查的结论及报告的撰写；教学的总结和反思。

地理调查教学的设计既需要遵循教学设计的一般原则，也需要遵循地理调查的特殊规律。该教学设计中最主要的内容是：①调查目的设计，包括调查的对象和内容；通过调查活动，要使学生了解、认识或理解些什么；要培养学生哪些方面的能力；要使学生的情感态度和价值观方面有哪些提高。②准备设计，包括调查活动前，需要对学生进行哪些方面的指导；考察点或调查部门的选择及联系；组织准备和物质准备。③过程设计，包括调查的具体步骤；调查结果的呈现方式；安全、交通、生活等问题。

4.地理调查的实施

这是整个教学活动的实质性环节，是学生对调查目标进行实地探究、学习的过程。在这一过程中，教师需要对学生进行有针对性的指导，使学生获得应有的收获。

如在野外地形的考察中，教师需要指导学生对地图上所标注的地形、河流、聚落、公路、土地利用类型等调查目标予以确认；对地理事象间的关系和联系予以观察；对所观察到的结果进行规范的记录；对所见到的地理事象及时地解释并启发学生更深入地思考。

在调查结束后，教师需要及时组织学生整理资料、总结结论、撰写调查报告并组织评价。

（二）地理观测法

1.地理观测法的概念

地理观测法是指学生在教师的指导下，通过对室外地理要素或现象进行系统的观察和测量而完成既定学习任务的一种教学方法。由于观测法是学生进行地理认知，建立地理表象，联系实际，形成正确地理观念和地理概念的最重要方法；也可培养学生勤于观察，科学记录，善于进行资料分析和综合，从中得出相应科学结论的能力，有助于形成丰富的想象，理论的概括和创造性思维；也能陶冶学生情操，激发学生学习地理的兴趣。

2.地理观测的内容

（1）太阳高度观测。利用"立竿见影法"测量并记录某地春分、夏至、秋分、冬至时正午太阳高度角的度数及变化的规律，总结出正午太阳高度角的大小与昼夜长短变化及气温高低的关系。

（2）气温和湿度观测。用温度计和湿度计测量一天中在裸地、草地、林地、湖边等不同地表状况下的大气温度和水汽含量，并总结出其变化规律，分析出不同地表状况对气候的影响。

（3）星空观测。定时观察星空，以加深对星座、恒星与行星的认识，对地球自转、公转的认识。如使用望远镜对金、木、土、火等行星与恒星相对位置变化的观测，以及对星体自东向西的视运动、星座的位移观测，理解地球的自转与公转运动。在观测中，教师应让学生带着问题进行思考。

（4）月相观测。组织通过历时一个月的观测，记录下月相"新月—蛾眉月—上弦月—凸月—满月—凸月—下弦月—蛾眉月—新月"的变化过程，再对照教材关于月球本身并无圆缺盈亏的变化，而是由于我们自地球观测月球，产生的日、地、月三者相对运动的视觉效果的结论，从而深刻理解月相图，甚至自己能够绘出月相图。

（5）人地关系及相互作用观测。可以通过城市发展、河水的干枯和污染、地下水过量采集而导致地面沉降，以及交通拥堵、噪声和汽车尾气污染等现象，得出对人地关系的切身感受和结论，可加深学生对"人与自然应协调发展"的理解。

3.地理观测法的步骤

在进行观测教学前，要细致准备，这是影响观察效果的重要因素。教师的准备是指结合教学目标、内容而进行的教学设计，包括观测内容、地点、器材、资料、方法、步骤、预期效果等。学生的准备包括外出观测前应从教师处了解到观测的目的、时间、次数、程序、方法等，初步学会正确使用所需的观测仪器，阅读必要的准备材料等。实施的具体步骤如下：

（1）室外观测。按事先的计划组织，对各自的观测任务进行科学、严谨、高效的观测。

（2）规范记录。按规范，将观测数据客观记录于各类记录单上。

（3）资料整理、分析和汇总。完成室外观测后，还需要进行室内的资料整理、分析和汇总作业，通过数据交流、讨论和总结，得出观测结论。

（4）展示和交流各自的观测结论。

4.观测的基本要求

（1）观察的目的、任务要明确。这是决定观测效果的重要因素之一，在观察任何地理事象之前，都要培养学生明确观测目的、任务的习惯，形成科学的求知态度。

（2）观测计划、步骤的制订要具体。计划是实现观测任务、目的的可靠保证。有序的观测步骤，适当的观测方法，可保持学生观测的积极性，使活动顺利达到所要求的目标。所以，必须要求学生根据教学的目的、任务，严格地按计划、步骤进行观测，并做好记录。

（3）观测要引导学生积极思维。地理观测不只是感觉器官的活动，其中还包含对感知材料的分析比较的积极思维过程。因此，要鼓励学生积极思维，查找事物间的联系，注意分辨相近的事物，搜寻每一个细节，每一点变化，尽量发现问题，并力求给予解答，这是提高学生推理、判断观测能力的重要途径。

（三）地理实验法

1.地理实验法的概念和分类

地理实验法是指学生在教师指导下，通过实验得出结论，从而完成既定学习任务的教学方法。通过实验，可以使学生获得一定的直接经验，使学生受到规范的实验训练，更重要的是使学生认识到在科学研究中，实验是科学结论最为重要的源泉。在地理实验中，基本的实验类型有两种，即地理感知性实验和地理验证性实验。地理感知性实验是指安排于某学习内容之前的实验，目的是使学生通过实验获得对学习内容的初步感知。地理验证性实验是指安排于某学习内容之后的实验，目的是使学生通过实验验证所学原理的正确性。

2.实验教学的基本程序

第一步，明确实验的目的。根据课堂教学的目的、要求和内容确定实验课题，明确实验的目的，即确定实验要说明什么问题，它在教学中起何种作用，是为了引入新课、阐述概念还是为了巩固知识、导出规律。

第二步，设计与选择实验方案。一个实验内容往往可以有不同的实验方法。

选择实验方案的依据主要有①所选课题的实验目的、要求、内容；②实验（硬件）的基本要求；③学校实验设备情况；④学生已有的地理知识、接触过的实验等情况；⑤实验时间和教学所允许的时间。

第三步，局部设计。根据教学目标和所选定的实验方案，逐一分析实验要点，分析学生学习的重点、难点，分析判断学生在操作、观察与思考时可能产生的问题和困难，在此基础上确定教学过程中需重点解决的课题。

第四步，评价。根据实验教学目标，对总体方案进行必要的评价和判断，看其能否达到拟定的实验教学目标。

3.实验教学的基本要求

第一，规范操作。首先要在课前做好实验准备工作，包括实验的设计，设施的安装制作、测试检测等内容，同时要充分考虑教学过程中的条件。其次，要合理安排实验步骤，做到有条不紊，并控制好实验的速度。整个实验过程应按照教学目的和实验目的设计和操作，不违反科学性，实事求是。

第二，突出重点。就是把主要要观察的地理事物和现象放在显著的位置，使全班学生一目了然。与实验无关的物品，不要放在讲台上，以免分散学生注意力。

第三，言语配合。在进行实验时，教师应配合必要的讲解，指导学生对实验的现象进行观察和分析，认识本质和因果联系，从而导出科学的结论。就实验教学的言语配合而言，是边做实验边讲原理，还是实验完毕再讲实验原理，或是实验前就将实验原理交代清楚，应根据具体教学内容和学生基础知识而定。

第四，显现情趣。实验可以充分激发学生的求知欲、好奇心，使学生在操作、观摩和品味中为之动情，并且留下难以忘怀的印象，因而成为提高教学效果的一种有效手段。因此，教师在设计实验时，要根据学生兴趣发展的不同阶段（激发兴趣、产生乐趣、形成志趣），巧妙安排实验内容，并运用生动风趣、浅显易懂的语言，以达到揭示地理事象本质的目的，使学生的认知发展和兴趣发展相统一。

五、以合作交流为主的方法

（一）小组合作学习法

教学活动是一个师生双向交流的过程。在这一过程中，还包括了学生之间的交流与合作。通过交流与合作，能使更多的学生相互学习，取长补短，潜移默化地形成尊重、理解、关心他人的良好品质。小组合作学习是指教学过程的所有环节以小组活动为核心，促进学生在异质小组中彼此互助，共同完成学习任务，并以小组的总体成绩作为评价和奖励依据的教学方法。

1.合作学习小组的建立

合作学习的分组原则是"组内异质、组间同质"，组内异质为互助合作提供了环境，而组间同质则为保证全班各小组间展开公平竞争创造了条件。

建立合作学习小组，先要确定组内人数和小组数目。一般而言，组内人数4~6人为宜。同时，要强调小组成员间的异质性和互补性，要考虑学生的学习能力、家庭背景、性格和心理特点、男女生比例等，以尽量保证每个小组内的学生各具特色，能够形成互补。在小组合作学习中，小组成员需要进行角色分工，以明确各自的责任。每个小组的分工，根据任务、目标的不同，可以有所差别，但几个基本的角色是学习小组所必须具备的，有召集人（小组的实际领导者）、记录员（相当于小组的秘书）、报告员（相当于小组的新闻发言人）。

2.小组合作学习的环节

小组合作学习的环节需要教师在教学设计阶段，根据教学目标、教学内容等进行设计，以制订具体的教学计划。小组合作学习计划的内容，包括学习目标、活动任务、学习材料、组织形式、活动过程、评价标准等。一个最基本的合作学习流程可归纳为：目标呈现→教师讲解→小组活动→组间交流→反馈提高→达标测评。

（1）导学入境，确定合作目标。在开始学习时，这个目标情境大多需要教师来设计和创建，其目的就是有效地激发小组对学习目标的兴趣。随着活动的开始，小组成员会自动地将小组总体任务进行分解。在这一过程中，教师仍然要不露声色地进行积极的引导。

（2）启发引导，教授学习方法。这是教师对学习进行指导的过程。由于活动刚刚开始，因此此时的学习指导还是宏观方面的方法指导。这是从学习目标制定过渡到小组合作学习的必要准备过程，教师重在提出一些问题，讲解一些方法，启发学生思考，引导其顺利进入学习状态。学生则重在开始理解学习任务，进行独立思考，初步感知学习内容，做好活动的心理准备。

（3）开始学习，体验探究和实践。这是小组合作学习的实质性环节，其主要内容包括：组内交流前，每个成员的独立工作；组内交流中的个人发言；组内交流中的群体行为，如讨论、协商、冲突解决；组内成员与教师的交流；组内成员间的协助与合作；形成组内共识。

（4）交流成果，互相学习。各小组发言人代表小组向全班汇报集体讨论的结果，或小组间相互提问等，其实质是全体同学的思想大碰撞。这种交流的形式不限，除口头表述外，还可以采用成果展示等形式。在活动过程中，教师对有创造性的见解应及时表扬，对难点、疑点应进行"画龙点睛"式的点拨和提示，对学生的交流和讨论应给予必要的启发、引导，要随时对各小组展示的结果作出公正的评价，以鼓励工作努力的小组。

（5）组间竞争，反馈提高。通过组间交流，各小组在互相反馈信息后，对自己前段的工作进行更加深入的思考，从而产生修正自己原来的结论的愿望。这一过程实际上是一个在小组独立认知基础上的再创造的过程，对学生认知能力的发展是极其有利的。

（6）达标测评，完成任务。教师通过引导，帮助学生对学习内容进行总结、梳理、巩固，从而对新知识进行科学建构的过程。该阶段的总结评价最好还是以学生的自我总结形式出现，教师可旁敲侧击地进行引导，但在本质上，教师的引导起着决定性的作用。应该遵循"标准参照"原则评价，即只要学生有进步，就应该给予肯定，特别是对水平不是很高，但进步幅度很大的小组，应给予充分的肯定。但同时，也应兼顾"常模参照"原则，对成绩出色的小组给予表扬。

3.小组合作学习的优点和局限性

合作学习活动的优点有两个方面。一方面，合作学习增加了学生之间交流与交往的机会，使学生能够认识到自己的弱点和长处，从而产生心理的相容，体验到与他人建立起和谐关系的乐趣。既满足了每个学生"表现欲"和"归属感"的情感需求，也避免了目前班级授课中学生参与不充分的问题。另一方面，合作学习加强了学生与社会的联系，社会考察、专家访谈、收集资料、公众调查等学习活动，都为学生适应社会生活奠定了初步的基础。

小组合作学习的局限性表现在合作学习中小组内的交流相对小组间的交流要多得多，有时会出现小集体主义倾向，一旦偏激就会不利于组间的交流与合作。有些小组在合作学习过程中，小组活动过程可能比新知识的学习更受到重视。教师要花费大量的时间和精力引导学生学会处理冲突等问题。此外，小组合作学习也难以控制，有时会产生看似热烈，实际混乱的局面。因此，合作学习只能是对集体教学的补充，而不能完全取代集体教学。合作学习需要与传统教学有机结合才具有生命力。

4.开展小组合作学习应注意的问题

许多教师误认为，只要是以小组的形式进行学习，学生自然就会合作，实际上学生在进行小组合作时会出现诸多问题。教师在引导小组合作学习时应注意以下几点：

（1）学习的任务应具有一定的挑战性。小组合作学习的目标应具有合适的难度，应有利于激发学生主动学习的积极性和小组活动的激情，应充分发挥学习共同体的创造性。

（2）处理好集体教学与合作学习的分配比例。合作学习毕竟有一定难度，需要学生投入的精力相对较多，分配时应注意少而精。在地理课堂教学中，既有教师的精讲，又有学生有效的合作，教学效果才会较为理想。

（3）正确认识教师的作用。小组合作学习最大的特点就是学生在学习过程中始终处于主体地位。但是，小组合作学习仍然需要教师在学习活动设计上掌握主导权，根据具体的情况灵活操作，使教学任务得以完成。因此，在小组合作学习中，教师的地位和作用不是削弱了，而是拓展和加强了。

（二）讨论教学法

讨论教学法是指在教学过程中，在教师的指导下通过学生间的相互交流讨论而完成既定教学任务的教学方法。该方法通常是将学生分成若干小组或使全体学生围绕学习问题展开讨论，通过陈述、商讨和争论，分享、批判各自的想法。

地理教学内容中，适合进行讨论的主题很多。如中国计划生育政策正确与否；全球气候变暖和海平面变化；关于秦岭－淮河南北差异的讨论；黄土高原水土流失的原因及主要整治措施的讨论；珠江三角洲外向型经济发展机遇和条件的讨论……

在地理课堂教学中运用讨论教学法时，学生既是信息的接收者，更是信息的发出者。因而讨论教学法能充分调动学生的学习主动性和积极性，改变了学生在课堂教学中的地位。为了证明自己的观点，他们主动地、积极地去准备材料，搜集论据，进行思考。由于讨论的问题都具有一定的难度，学生必须把书本知识和实际问题密切结合，才能解决论题。因此，学生在准备讨论的过程中，运用知识解决问题的能力得到了培养和提高。

讨论教学法要求学生在课前反复阅读教材的基础上，对已有的知识进行分析、加工、推理、论证等一系列思维活动。由于在讨论和争论中遇到的问题大都是事先预想不到的，需要在极短的时间内抓住问题的实质，用已有的知识进行分析、推理、论证，并得出结论，因此，运用讨论教学法能有效地培养和提高学生思维的敏捷性、灵活性和独立性。

由于讨论的过程是学生把自己的观点运用口头语言准确、清楚、全面地表达出来的过程，因此，在阐明自己的观点、质疑对方的观点等一系列活动中，学生的口头表达能力也会得到锻炼和提高。

此外，通过讨论，教师能了解和掌握学生的知识准备程度和认知状况，随时调节教学进程，加强教学的针对性和有效性。学生则能在讨论中听取别人的发言并作比较，取长补短，扩大视野，因而有利于新型师生关系和同学关系的建立。

（三）角色扮演法

角色扮演法是指教师根据教学内容模拟各种真实的工作与生活情境，由学生扮演情境中的各种角色，理解人物的内心世界，以了解社会中的实际问题及其人际关系，并找出具体的解决问题的途径。

学生在角色扮演的活动中扮演各行业不同职责的人，有机会观察各个角色间的关系，并且理解这种活动所提供的观点和问题。例如，讨论"黄土高原水土流失治理"这一问题，学生扮演的角色有政府官员、农民、环保人士、市民等。这些角色的扮演者必须表达他们对于水土流失治理、自身利益保护等问题的看法。在角色扮演前，每一位扮演者应和未参加扮演的学生共同讨论。在地理教学中，角色扮演出现的时间可以在某节课的不同时段或贯穿一节课；角色的扮演方式可以是一个角色由多个学生扮演，也可以是一个学生扮演多种角色。教师在授课时，应根据具体的教学内容恰当地安排角色扮演出现的时间和角色扮演实施的方式。

1.实施基本程序

（1）营造氛围。营造氛围是角色扮演的第一步骤。教师应该制造一种接纳的气氛,将主要的问题做简短的说明,让学习者感受问题的重要性,使其了解学习的目标。教师可以透过实例向学生说明问题,如用影片、电视节目、故事的方式说明,也可以采用问问题的方式使学生思考或预测事件的结果。

(2)选择参与者。教师在营造氛围之后,与学生共同讨论喜欢什么、感觉如何、打算做什么等问题,然后将各种问题情境的角色分配给学生,让学生依据自己的意愿选择想要扮演的角色,或是由教师为学生分配角色。

(3)布置情境。引导学生融入各自的角色,将各种情境做简要说明,或简单布置情境,让学生可以感受到整个事件的真实情境。

(4)安排观众。观众能够主动参与是角色扮演法成功的重要因素,教师应该事先让学生了解表演的重要性,要求观众专心观察同学的表演,并决定观察的重点及分配观察工作,以增加观众的参与感,使整个团体都经历演出的全过程,并在演出后,增加分析讨论角色的环节,提高角色扮演法的趣味性。

(5)表演。表演者要假设角色与情境都是真实的。教师要让表演在进行到以下几种状况时停止:预期的行为清楚呈现、行为技巧表现出来、表演停顿下来、行动表达出观点或是想法。假如表演结束后进行讨论时,教师发现学生对事件或角色不够了解,可以要求再次表演某一幕。

(6)讨论和评鉴。刚开始讨论的主题可能集中在与事件情节的异同或不同角色的表演方式等内容上,但表演的结果和角色动机是更重要的主题。教师可用发问的方式增进观察者对角色扮演的思考。教师在实施教学时,引导学生进行讨论。

(7)分享与结论。使问题情境与真实情境相关联,教师询问学习者有无类似的生活经验或实例,可以鼓励其与大家分享并发表对问题的看法。

2.角色扮演法的优势和局限性

角色扮演法的优势是不仅适合不同程度的学生同时学习,提高学生参与的程度,使学生有从戏剧的参与延伸到真实生活的体会,激发"表演者"和"观众"的兴趣,而且有助于提高个人认知水平,发现自己的才能,发展团队精神,培养良好的情感态度与价值观。不足之处在于比较费时,成效难以评价,学生参与率较低,仅限于少数学生。

第三节 地理教学方法选择

教学实践证明,教学的成败在很大程度上取决于教师是否合理选择了教学方法。"教学有法,教无定法,贵在得法"。地理教学方法种类较多,选择科学的、合适的地理教学方法是取得良好教学成果的关键。选择地理教学方法,就是教师、学生和教材有效地联结起来,发挥作用,从而产生最佳的教学效果。地理教师必须按照教学目标、教学内容的要求,在了解各种教学方法进程、适用范围、优缺点及地理教学不同进程的基础上,精心选择恰当的教学方法,并加以合理组合,才能做到创造性地灵活运用。

一、地理教学方法选择的依据

教师对地理教学方法的选择主要依据以下几个方面：

（一）教学目标

教学目标不仅是确定教学内容、考虑教材配置的主要依据，也是选择地理教学方法的重要依据，教学方法的选择是为实现一定的教学目标而服务的。由于各个章节的教学目标、教学任务不同，要选择不同的教学方法，即选择与教学目标相适应，能更好实现教学目标的教学方法。地理教学目标对地理教学方法的选择起着直接的指向作用。如教学目标是以传授地理新知为主的课题，可选择以语言传递信息与直接感知为主的方法，或以象征符号认知为主的方法等，利于学生树立形象的地理表象；若教学目标是培养学生地理基本技能为主的课题，则宜选用语言传递信息以阐明相关知识要领与实际操作训练为主的方法；如教学目标是发展学生智力为主的课题，则可选用启发式谈话法加讲解或问题解决法等，以利于发展学生思维能力。

（二）教学内容

地理教学内容是制约地理教学方法的重要因素。不同的教学内容应选择相宜的教学方法，实现教学目标。从初中地理到高中地理，其内容涉及自然地理、人文地理、区域地理、乡土地理四大版块。四大版块的研究对象、任务、内容侧重点、目标要求等有一定差别，这就要求教学方法也要有差别。以地理事实为主的教学内容，宜采用讲述为主的方法；以地理基本原理、规律为主的教学内容，宜采用讲解为主的方法；以地理分布为主的教学内容，宜采用以读图为主的方法；完成复习、练习的任务，宜采用复习、练习的方法；乡土地理的内容，宜采用课内外相结合的方法。

（三）学生特征

学生是教学的主体，教学方法的确定必须依据学生年龄心理特征情况，才能取得良好教学效果。心理学研究表明，学生的年龄心理特征决定认知方法。由于不同阶段学生在感知、注意、记忆、思维、学习动机、学习态度、学习兴趣、学习能力等方面的心理特征不同，所以，选择运用的教学方法也应有所不同。初中阶段的学生处于一个半幼稚、半成熟时期，是独立性和依赖性、自觉性和幼稚性错综矛盾的时期，他们的心理特征表现为直接经验少，理解能力弱，习惯于机械记忆，处于由具体思维到抽象思维的逐步过渡阶段。因此，在这一阶段选用教学方法时，应以直观法、讲读法、谈话法为主，充分发展他们的形象思维能力。高中学生的心理特征有所变化，智力发育水平较高，逻辑思维能力增加，故讨论法、探究法、自主学习法成为常用的方法。此外，教师还要根据学生个体差异对所有的地理主题进行差异方法设计。

（四）教师素养

任何一种教学方法的选用，只有适应教师的素养条件，为教师所领会和掌握，才能运用自如和充分发挥作用。作为地理教学活动的组织者、启发者、引导者和控制者，地理教师各有所长，也各有所短。有些教师选用的教学方法虽好，但自己缺少必要的素养条件，勉强使用也不能产生良好的教学效果。教师只有依据自身的素养，扬长避短，将教学方法和教师本人融为一体，使采用的各种教学方法具有自己的特色，才能收到良好的教学效果。例如，有些教师形象思维水平较高，语言表达能力强，可多选用以语言传递信息为主的讲述讲解法、读、议、解、练法等；有些教师动手能力强、善于组织学生活动，则可多开展课堂讨论、教具制作等参与式教学方法。

（五）学校环境和设备条件

教师设计和选择地理教学方法时，必须考虑本学校的设备条件、教室场所、周围环境、经费来源等，要根据学校的具体情况因地制宜，选用条件许可或经过努力可实现的教学方法。学校设备条件是选择教学方法的基础。如果学校条件优越，各类教具、仪器、设备齐全，并建有地理专用教室及地理园，形成多功能的教学平台、采用地理多媒体进行教学。反之，学校设备条件差，只有黑板、粉笔，就会使教学方法的选择受到很大的限制。此外，地理教学方法的选择还受教学时间、课程类型等因素的影响。由于教学进度和时间受到国家规定教学计划、教学大纲的制约，也一定程度上限制了教学方法的选择和运用，那些效果虽好，但费时过多的教学方法，不宜过多使用。课型不同，教学方法选择也应有所不同。

二、地理教学方法的优化与组合

心理学研究表明，单一的刺激容易形成疲劳，如果一节课或一个教学单元只采用一两种教学方法，会使学生情绪低落，注意力分散，加重学习心理负担。尤其是内容多样的地理教学只靠少数几种教学方法容易形成枯燥沉闷的课堂气氛。在地理课堂教学中，可根据不同地理主题和知识属性，进行多种教学方法的选择与组合，突出一两种主要教学方法，并辅以多种方法的交替使用，有利于保持地理学习注意力，减轻学习负担，提高地理学习效率。因此，在实际的地理教学中，只有通过各种教学方法的相互组合、相互补充、相互渗透，才能发挥多种教学方法的优势，弥补各自的缺陷，把学生的听、观察及各种运动知觉吸引到学习活动中来，提高学习质量，取得最佳教学效果。地理教学方法的优化与组合的基本要求有四点。

（一）明确地理教学方法选择的依据

地理教学方法选择的依据，是进行教学方法选择与组合的最基本要求。只有全面掌握选择依据，才能综合考虑、全面权衡，选好教学方法并加以合理组合。总之，优化组合的指导思想应以促进学生发展为目标，以调动学生学习主动性为中心，以多种方法、手段的优化组合为过程。

（二）扩大教学方法的选择范围

地理教学方法的优化与组合，是通过对众多教学方法进行挑选而实现的。可供选择的教学方法越多，就越有利于教师进行最优地选择与组合。为了使可供选择的方法增多，选择范围扩大，教师不仅要不断提高自身素质水平外，还应在平时注意搜集、学习、借鉴、移植各科的教学方法，并结合地理教学进行大胆地创新实践，这是扩大地理教学方法选择范围的重要途径。

（三）深入钻研教材，了解学生特点

教师在选择适当的教学方法进行组合之前，必须潜心研究教材，把握教材的指导思想和体系结构，从教学目的、教材内容及编排特点出发，明确其重点、难点所在，遵循"因材（教材）施教"的原则，根据不同的内容，精心设计每一节课，使教材和教法、学法融为一体。另外，还要根据学生年龄特征和班级差异来选择几种方法组合。一旦触及学生的情绪、意志和精神需求，教学法就会高度有效。对于知识水平及课堂纪律较差的班级，应尽量避免教学过程的单调与枯燥，经常变换不同的教学方法，把学生的有意注意吸引到学习活动中来，培养兴趣，注意教学环境情感因素的激发和创造，以提高教学效果。

（四）进行全方位地比较筛选

在地理教学中，教师面对众多的地理教学方法，要从不同的角度进行全面的比较，以便筛选出最优的教学方法及组合形式。要比较各种可供选择的教学方法的适用范围和条件，根据课堂教学及指导课外活动、实践教学的实际情况，对在既定教学目标、教学内容、师生特点、教学时间条件下的整个教学过程进行精心设计，对每一环节，每一知识点的教学都要事先拟定相应的教学方法。通过不同教学方法设计及教学效果的比较，从中筛选适合本课的最优教学方法。

思考与实践题

1.发现教学法的基本思想是什么？自选一节教材内容，拟定运用发现法进行地理教学的方案。
2.思考一下，怎样才能让学生通过提出问题体验到快乐和喜悦？
3.如果学生在小组讨论后，对讨论结果没有达成共识，教师该怎么处理？
4.选择初中地理教学中的一节课题，进行教学方法的组合设计，并说明理由。

第五章 地理教学设计

第一节 地理教学设计概述

一、地理教学设计

只有有充分的教学准备,才能达到理想的教学效果。地理教学设计是在课堂教学之前所做的教学准备。有学者认为"教学设计是以获得优化的教学效果为目的,以学习理论、教学理论和传播理论为理论基础,运用系统方法分析教学问题确定教学目标、建立解决教学问题的策略方案、试行解决方案、评价试行结果和修改方案的过程。"[①]地理教学设计是运用现代教学设计理论和方法,系统规划地理教学活动的过程。它是以地理新课程理念为内核,以促进学生的有效学习为目的,以解决地理教学问题为宗旨,针对不同的教学情境进行分析,选择不同教学策略和媒体的过程。

(一)地理教学设计的基本特征

1. 地理性

地理学是研究地理环境以及人类活动与地理环境相互关系的科学,它具有综合性和地域性两个显著的特征。因此,地理教学设计,要把探寻地理事物的发展变化规律,以及用可持续发展思想来指导和阐明人和地理环境的关系作为地理教学设计的灵魂,充分体现地理学科的"地理性"。

2. 创新性

随着时代的发展,地理教学目的的调整、地理教学内容的更新、教学设备条件的改善和现代信息技术的应用以及地理教学理论研究的深入,地理教学模式、教学方法不断推陈出新,这都要求教学设计有很大的创新性。比如,地理新课程强调建设开放式的地理课程,拓宽学习空间,满足多样化的学习要求,这都要求地理教师在充分考虑课程内容开放性、课程资源开放性、课程实施开放性的前提下进行创新性教学内容、教学环境的设计。

---

① 王辉,高长梅,原真. 学校教育技术操作全书[M].北京:经济日报出版社,1999.

3.实践性

实践性是地理科学生命力所在。新的地理课程标准将区域地理以及乡土地理作为自然地理和人文地理的综合载体,较好地贯彻了人地关系的主线。因而在地理教学设计中要遵循紧密联系生活的价值取向,追求科学世界与生活世界的统一,培养学生关注社会的参与意识和社会责任感,培养学生解决实际问题的能力。

4.多样性

地理教学设计要考虑多种因素对地理教学活动的制约和影响。如教学目的涉及知识与技能、过程与方法、情感态度与价值观,教学内容涉及自然和人文、中国和世界各种地理事物,极为丰富;地理教学的测量和评估以及地理教学环境也是形式多样,因此,地理教学设计的技术、过程不是程式化的、统一模型的,而是多样性、灵活性的。

(二)地理教学设计的理论基础

地理教学设计过程涉及多种要素,如何优化地理教学设计,系统理论、学习理论、教学理论等具有重要的指导作用。系统理论能为教学设计提供科学研究的方法,学习理论能使教学设计符合学习规律,教学理论指导教学设计的具体操作。

1.系统理论对地理教学设计的指导

地理教学系统是由教学目标,学生、教师、教材、教学方法、教学环境、教学媒体,教学过程以及教学评价等诸多因素移放的复杂运动系统。在地理教学设计中应用系统科学的整体原理,有序原理和反馈原理,能为有效整合地理教学因素提供指导,发挥教学系统的整体功能。遵循整体原理,就要紧紧围绕地理教学目标,将系统内相互作用的各要素作为一个整体来设计,坚持"面向全体,全面发展,整体备课,纵横联系,优化结构"的设计原则。结构有序是系统的特征,遵循有序原理,必须考虑"内容的序,认知的序,教学的序",即在进行地理教学设计时要考虑初、高中学生认知特点,分析新旧知识内在联系,进行循序渐进教学。任何系统只有通过反馈,才能实现有效的控制,达到预期目标。地理教学设计要注重"超前反馈,及时反馈,情感反馈,自我反馈",通过对学习过程的多元与全程评价设计,及时调整、修改教学方案。

2.学习理论对地理教学设计的指导

学习理论是对学习规律和学习条件的系统阐述。地理教学设计是地理学习理论与地理教学实践的桥梁。学习理论为地理教学设计提供了解答问题的方式,随着学习理论的发展,可以促进教学设计研究方式的转变。在地理教学设计中,运用布卢姆的目标分类理论,能指导教学目标设计;运用布鲁纳的发现学习论,为发现法教学提供理论支撑;运用建构主义学习理论,有助于联系生活地理,帮助学生自己构建知识;运用巴班斯基的教学过程最优化理论,进行教学方法、媒体选择与组合;运用罗杰斯的人本主义学习理论,体现"以学生为主体",衍生讨论式、角色扮演式、探究式等多种教学模式;运用加德纳的多元智能理论,为地理新课程"采用适应学生个别差异的教学方式""为了每一个学生的发展"提供理论依据。总之,通过优选,正确运用学习理论能使设计效果最优化。

3.教学理论对地理教学设计的指导

地理教学理论是地理教学实践经验的总结和系统反映，它是地理教学设计最直接的理论来源，突出人地关系、注重空间关系，是地理学科教学的鲜明特色。人地关系是地理教学的核心内容，地理教学设计应有利于学生认识人地关系，理解协调人地关系的基本途径，懂得可持续发展的重要性。

地理教学理论指导教学设计，在内容设计和教学素材选择上不应仅局限于课本，还注意吸纳源于发展中的地理科学、社会生活和学生自身经验的内容，通过设计"教学案例地方化"、乡土地理学习、社会发展调查等来"突出人地关系"，通过设计对区域进行地理因素的分析、比较、类推等达到"注重空间关系"从而贯彻地理教学的核心观念，培养学生地理的核心能力，促进学生地理智慧的成长。

4.传播理论对地理教学设计的指导

传播理论研究信息的传播过程、信息的结构和形式、信息通道、信息的效果和功能等问题。教学过程是一个教育信息传播的过程，这个传播有其内在的规律性，所以教学设计应以传播理论为基础。应用传播理论，能有的放矢地提高地理教学效率。信息通道研究表明，五官中视觉的接受能力最强，这一成果能为地理教学的媒体选择与设计提供科学依据；合理的信号形式与结构设计有利于学生的记忆和理解；信息的过多与过少也影响教学效果，对学生发展不利，故而教学设计中应选择最有效的地理信息。

（三）地理教学设计的模式

1.肯普教学设计模式

在传统教学中，教师所进行的教学设计，那就是为上课所进行的一系列课前准备工作，即备课。一般把备课概括成"三备三写"，"三备"是备教材、备学生、备教法，"三写"是写学期教学进度、写课题（或单元）教学计划、写课时计划（教案）。相应的教学模式为肯普教学设计模式。

该模式由肯普（J.E.Kemp）1977年提出，后经过多次修改逐步完善。其思想主要包括"四个基本要素""三个主要问题"和"十个教学环节"。肯普认为，任何教学过程都离不开教学目标、学习特征、教学资源和教学评价"四个基本要素"。其指出，任何教学设计都是为了解决以下"三个主要问题"：①学生应该学到什么？②为达到预期目标应该如何进行教学？③如何检查和评价教学效果，从而进一步完善教学过程？

基于此，肯普提出教学设计的"十个环节"模式图。"十个环节"是指：①确定学习需要与目的；②选择课题和任务；③分析学习者特征；④分析学科内容；⑤阐明教学目标；⑥实施教学活动；⑦利用教学资源；⑧提供辅助性服务；⑨进行教学评价；⑩预测学生的准备情况。

除教学活动环节是在教师主讲或起主导作用的前提下由师生共同完成外，其余9个环节都是由教师自己完成的，即其指导思想是通过教师来促进和实现"刺激-反应"的联结，学生在教学过程中的主动性和积极性较难发挥，该教学设计模式被认为是典型的以教为中心的、以行为主义理论为基础的ID模型。

肯普模式的主要特点：核心明确，学习需要和目的是模式的中心，即ID的出发点与归宿；要素间没有连线，具有一定的灵活性；教学设计是连续的过程，不断评价与修改与其他要素的联系。

由于传统教学存在以教师为中心，以知识为本位，以静态教案为载体，以结果性评价为准绳的弊端。新课程的地理教学设计在最大程度上摆脱了传统教学思想的束缚，引进了新的教学设计模式。

2.史密斯-雷根教学设计模式

该模式由史密斯（P.L.Smith）和雷根（T.J.Ragan）1993年提出，并发表在二人合著的《教学设计》一书中。该模式是以教学组织策略为重点，以认知主义学习理论为指导思想，吸取了加涅在"学习者特征分析"环节中注意对学习者心理过程进行认知分析的优点，并进一步考虑认知学习理论对教学内容组织的重要影响而发展起来的。

该模式由三大部分构成：教学分析（学习环境的分析和学习者特征的分析）、策略设计（教学组织策略、教学传递策略、教学管理策略）和教学评价（形成性评价）（见图5-1）。其中，对教学策略的分类是充分体现认知学习理论的关键所在。史密斯-雷根模式体现了一种线性的设计，内容充实，结构简洁、合理。

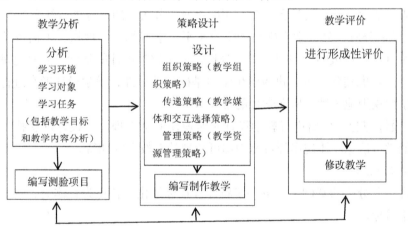

图5-1　史密斯-雷根教学设计模式

3.以乔纳森为代表的建构主义教学设计模式

乔纳森（D.H.Jonassen）在1997年提出的建构主义学习环境（Constructivist Learning Environment）模型，简称"CLE"模型。该模型强调学生自主学习，教学设计重点应放到学习环境的设计中，学习环境又分为物质环境和心理环境。

在CLE模型中，学习环境设计包括问题、相关的实例、信息资源、认知工具、会话与协作、社会背景支持等六个部分组成，以问题为核心，按照建模策略、教练策略、支架策略逐层展开设计学习环境。这种模型的理念是知识不是靠教师传送给学生，而是学生在学习的过程中自己建构的。在构建知识的过程中教师是指导者，学生是主体，环境起重要作用。

(四)地理教学设计的要素

完整的地理教学设计包括背景分析(包括课标要求与分析、教科书分析、学情分析、设计理念四大项目)、教学目标设计、教学方法设计、教学媒体设计、教学过程设计五大要素(项目)。特别是背景分析是目前我国中学地理教学设计中缺失或易忽视的内容。在进行教学过程设计之前,必须对地理课程标准要求、教材、学习者等背景进行认真细致且全面深透的分析,只有在分析的基础上才能设计出理想的实施方案,这也是正确定位教学目标,进行目标设计的前提。

1.背景分析

(1)课标要求与分析。一般指地理课程标准中"第三部分 内容标准"的"标准"栏目中的各个条目或"活动建议"中的相应条目。课标分析是指设计者对"标准"中相应条目的理解与说明。

(2)教科书分析。包括教学内容体系分析、重点与难点分析等内容。其中,教学内容的体系分析是重点。它不仅要说明教科书内容体系,还要说明为什么选择这些内容以及如何组织这些内容,最后要对教科书内容选择与组织进行评价。如果教科书对课标没有完全表达清楚,那么设计者还要对相应单元(节次)的内容进行补充。

(3)学情分析。分析学生现在的学习水平、学习能力、性格、生活体验、生理心理特点,及其所在班级的学习风气等。分析学情是教学设计的基础,同时也是实施教学的依据之一。考虑到各学校、班级学生学习基础的差异性,教学设计者在进行教学设计时需要把学生视为他(她)所在学校的常模水平。

(4)设计理念。列出进行教学设计时所遵循的基本理念。设计理念特指教学设计者所追求的教学信念,体现出经过努力即可实现的对教学的期待。

2.教学目标设计

在"课标"分析的基础上,进一步将课程目标细化,转化为具体的、具有更强可操作性的教学目标。

3.教学方法设计

主要是针对教学内容的性质选择不同的教学方法与方法组合。

4.教学媒体设计

设计根据教学内容的需要、学校教学条件和学生特点选择教学媒体。

5.教学过程设计

设计是教学设计的主体,其主要内容是关于教学的实施过程。

(五)地理教学设计的一般流程

在进行教学设计之前,教师必须对课程标准(或教学大纲)、教科书、学生实际进行分析;然后形成教学方案设计;教学设计实施过程中和实施后要进行教学设计评价工作;并将教学设计评价反馈给教学设计,进而开始新一轮教学设计。地理教学设计是一个系统工程,它可以分为分析、设计和评价三大环节。

1.分析环节

包括研读地理课程标准、分析地理教科书、分析学习者(学生)地理学习需要、分析地理学习的内容等。通过分析,理解和领会教学内容,开发有效的地理教学资源,是课堂教学设计的起点,为下一阶段的教学设计做好准备。

2.设计环节

主要是在前一阶段的基础上,进行地理教学过程各个环节的设计。主要包括地理教学目标设计、课堂教学内容设计、课堂教学策略设计、课堂教学过程设计等。其中,在教学目标设计中,重点是课程目标、单元目标与课时目标的衔接,通过对教学内容的分析,制定出科学合理的教学目标;教学策略设计包括地理教学顺序的确定、地理教学活动的安排、地理教学形式的组织、地理教学方法的选择、地理教学媒体的设计等;在教学过程设计中,重点是简明扼要地写出整个教学过程的设计流程与操作程序,直观、清晰的表示教学过程中各要素之间的相互关系。

3.评价环节

主要是指对教学设计过程、成果和教学实际效果的综合评价。教学设计评价的反馈是教学设计实施过程中不可或缺的重要环节,为进一步的完善修改提供参考和借鉴。

需要强调的是,首先,所有的设计必须以地理课程标准和地理教科书为依据,必须从学生实际出发;其次,在"设计环节"中,目标的设计是首要的,是其他课堂教学设计环节,如教学内容的设计、教学方法的设计、教学媒体的设计等的基础和前提;最后,教学设计过程是一个可控的系统,控制的目的在于实现教学过程的最优化,从而达到最佳的教学效果。

案例5-1 岩石圈与地表形态 教学设计
——鲁教版高中地理必修1

【课标要求与分析】

课标要求

1.说出地球的圈层结构,概括各圈层的主要特点。

2.运用示意图说明地壳内部物质循环过程。

3.结合实例,分析造成地表形态变化的内、外力因素。

课标分析

本节主要学习三个问题。在第一条"标准"中,要求学生掌握地球圈层,不仅包括地球内部圈层,而且包括外部圈层以及它们的特点;第二条说明了本节内容的教学过程与方法,是运用示意图讲解地壳内部物质循环过程;第三条要求运用案例教学法讲解内、外力因素。

【教材分析】

本节包括两方面的内容:一是岩石圈的结构与物质循环,二是地表形态变化。重点为岩石圈结构特征;岩石圈的物质组成与循环过程;内外力作用的表现及对地表形态的影响。难点是三大类岩石圈的成因;岩石圈的物质循环过程；造成地表形态变化的内、外力作用。

【学情分析】

学生刚进入高一，逻辑思维还不成熟，处于初发阶段，对于地球和地理的了解还不深入，地理学科的知识存量非常有限，岩石圈与地表形态是日常生活中接触较少，也不形象直接的事物，因此本内容的学习，要求教师不能简单地运用讲授法进行知识传授，而是要运用案例、地理图片甚至制作动画来体现地理成因，才能增强学生直观感和理解能力。

【设计理念与思路】

创造探究学习的条件，让学生尝试探究学习。

探究教学的基本思路是：创设情境—发现或提出问题—小组合作讨论—汇报总结—教师小结。

【教学目标】

知识与技能

1.说出地球的圈层结构及各圈层主要特点。

2.认识岩石的范围、结构，掌握地壳物质的组成。

3.说出内外力作用的主要表现形式及形成的主要地貌类型。

4.说明岩石圈的物质循环过程。

过程与方法

1.运用课本插图和多媒体演示说明地球的圈层结构，岩石圈的位置、范围、结构。阅读理解相关示意图，并能绘制示意图说明地壳物质循环过程。有条件的学校可以选做一部分实验，如褶皱、断层等，增强学生的感性认识。

2.教师做有关褶皱、断层、向背斜山的模拟实验进行地质构造的讲解。

3.运用案例教学法联系生活地理，进行相关内容的例—规法教学。

情感态度与价值观

1.通过三大类岩石的转化和地壳物质循环知识的学习，强化物质运动的观念，认识世界万物是相互联系的，是发展变化的。

2.通过对地质构造意义的学习和人类活动对地表形态的影响，树立正确的人地观，提高地理科学素养。

【教学方法】讲解法、演示法、实验法、探究教学法

【教学媒体】板图、多媒体、部分教具

【教学过程】略

第二节 地理教学目标设计

地理教学目标引领学生发展的方向，是地理教师设计教学的出发点，明确地理教学目标是地理课堂教学中首要的和根本的一步，地理教学目标设计的合理与否，直接反映

了教师对这节课的主攻方向和要求是否明确,是开展课堂教学活动的指针,是进行课堂教学评估的主要依据。在教学过程中制约着教学策略设计和教学评价设计,起着提纲挈领、纲举目张的作用。教学目标的确定,对于教师合理组织教材,把握教学内容的深度和广度,选编合适的教学资料、制定恰当的教学策略、采用恰当的教学方法,正确诊断和评定学生,合理安排教学进程等均具有重要指导意义。

一、地理教学目标的内涵及功能

(一)地理教学目标的内涵

教学目标是对学习者通过教学后应该表现出来的可见行为的具体、明确的表述,包括外显行为和内在心理的变化。因此,教学目标有时也称为行为目标,这是为了强调教育结果的可见性和可测量性。教学目标与教学目的不同,首先,教学目的是教学领域里为实现教育目的而提出的一种概括性的、总体的要求,它对各级各类学校所有的教学活动都具有普遍的指导意义;而教学目标只是对特定的教学活动起指导作用。其次,教学目的体现了社会的意志和客观要求,是以指令性的形式表现出来的,更多地带有规定性;而教学目标则较多地体现了教学活动主体的要求,带有相当程度的自主性和自由度。最后,教学目的是某一历史时期学校教学的规范,不容许随意变更,具有很强的稳定性;而教学目标则是一种策略,可以由教师根据需要加以调整、变更,具有较大的灵活性。

案例5-2 初中地理课程总目标定位

通过7~9年级地理课程的实施,学生能够了解有关地球与地图、世界地理、中国地理和乡土地理的基本知识,了解环境与发展问题;获得基本的地理技能以及地理学习的能力;使学生具有初步的地理科学素养和人文素养,养成爱国主义情感,形成初步的全球意识和可持续发展观念。

为了使总目标能够落实到地理课程的教材编写、教学组织、教师培训及课程资源配置之中,课程标准还将总目标从知识与技能、过程与方法、情感态度与价值观三个领域进行分解,并且各自提出了四个分目标。

1.知识方面的要求

掌握有关地球的基本知识,知道世界地理、中国地理和乡土地理的概貌,了解中国与世界的联系,了解人类所面临的人口、资源、环境和发展等重大问题。从总体上看,要求学生识记的内容已大大减少。

2.技能能力方面的要求

主要包括学会运用地球仪,掌握阅读、使用地图和地理图表的方法,初步学会简单的地理观测、调查统计以及运用其他手段获取地理信息的方法;能初步说明地形、气候等自然地理要素在地理环境形成中的作用,以及对人类活动的影响;初步认识人口、经济和文化发展的区域差异,以及发展变化的基本规律和趋势；初步学会根据一个国家或一个地区的地理信息，归纳其地理特征；初步认识环境与人类活动的相互关系等。为适应信息化社会的需要，课程目标在阅读和使用地图和地理图表、获取地理信息（除课本外，还包括从电视、广播以及互联网等各种现代媒体获取信息）、处理地理信息等方面的技能要求，比过去都有所提高。

3."过程与方法"方面的分目标

从总体上更加关注学生的兴趣和生活体验，强调感知身边的地理事物。并形成地理表象，倡导从学习和生活中发现地理问题和分析、判断并提出看法或解决问题的设想，要求学生学会与别人交流和交往。重视地理学习的过程与方法，不但给学生提供了展现自我的机会，而且有利于在学习过程中通过师生之间以及学生之间的相互学习、相互补充，进而提高学生的综合实践能力和创新能力。

4."情感态度与价值观"方面的分目标

它是由小到大逐步展开的，其中第一条"初步形成对地理的好奇心和学习地理的兴趣，初步养成求真、求实的科学态度和地理审美情趣"，主要是针对学生对地理学科的态度以及自身的个性发展而提出来的；而后三条则主要包括关爱家乡与祖国、国际合作及全球意识、关爱大自然等三个不同层面上须达到的目标。

上述地理课程的总目标和分目标，勾画出7～9年级学生地理素养的大致轮廓，但这绝不意味着在教学过程中各分目标的达成是单独进行的。在实践中必须善于将各分目标相互结合，并作为一个完整的体系来把握。

案例5-3　高中地理课程总目标定位

要求学生初步掌握地理基本知识和基本原理；获得地理基本技能，发展地理思维能力，初步掌握学习和探究地理问题的基本方法和技术手段；增强爱国主义情感，树立科学的人口观、资源观、环境观和可持续发展观。

为了进一步明晰这一目标，课程标准从"知识与技能、过程与方法、情感态度与价值观"三个维度进行细化，但这三个维度在实施过程中是一个有机的整体，不能机械、教条地加以分割。

1.知识与技能——基础目标

（1）获得地球和宇宙环境的基础知识；理解人类赖以生存的自然地理环境的主要特征，以及自然地理环境各要素之间的相互关系。侧重自然地理，重点通过必修模块"地理1"来实现。

（2）了解人类活动对地理环境的影响，理解人文地理环境的形成和特点；认识可持续发展的意义，了解其实施的主要途径"。侧重人文地理，重点通过必修模块"地理2"来实现。

（3）认识区域差异，了解区域可持续发展面临的主要问题和解决途径"。有关区域地理内容，重点通过必修模块"地理3"来实现。

（4）学会独立或合作进行地理观测、地理实验、地理调查；掌握阅读、分析、运用地理图表和地理数据等一系列地理技能。

这四条目标是在初中学习基础上的巩固、拓展和提高。这些技能的掌握不仅有利于学生的学习，而且对于学生的生活以及终身发展都极有裨益。

2.过程与方法——关键目标

（1）"初步学会通过多种途径、运用多种手段收集地理信息，尝试运用所学的地理知识和技能对地理信息进行整理、分析，并把地理信息运用于地理学习过程。"侧重地理信息的收集、整理、分析、运用能力的培养。

（2）"尝试从学习和生活中发现地理问题，提出探究方案，与他人合作，开展调查研究，提出解决问题的对策，侧重发现地理问题、解决地理问题能力的培养。"

（3）"运用适当的方法和手段，表达、交流、反思自己地理学习和探究的体会、见解和成果，侧重对地理学习结果的表达和交流能力的培养。"

这三条目标属于三个不同的层级，级别逐渐提高并且形成体系，这对于发展学生的实践能力、培养创新精神都是十分关键的。

3.情感态度与价值观——终极目标

（1）激发探究地理问题的兴趣和动机，养成求真、求实的科学态度，提高地理审美情趣。激发学生学习地理的兴趣、动机，新地理课程标准认为兴趣和动机本身就是课程与教学的一个目标。

（2）关心我国的基本地理国情，关注我国环境与发展的现状与趋势，增强热爱祖国、热爱家乡的情感。关注国情、热爱祖国、热爱家乡是地理学科传统、经典的课程目标。

（3）了解全球的环境与发展问题，理解国际合作的价值，初步形成正确的全球意识。在全球的资源、人口、环境、经济、社会与发展方面，进行"国际合作"和"全球意识"教育，是地理学科义不容辞的重要使命。

（4）增强对资源、环境的保护意识和法制意识，形成可持续发展观念，增强关心和爱护环境的社会责任感，养成良好的行为习惯。

可持续发展教育必须在认知与情意和谐统一的轨道上，使学生进一步"产生意识—形成观念—增强责任—养成习惯"。

地理教学目标是对地理教学活动所要达到的预期目标的描述。地理教学目标可以划分为不同层次，包括课程教学目标、单元教学目标、课堂教学目标。其中，课堂教学目标又称课时教学目标，是教学目标体系中最基础的层面，也是最具体的教学目标，是上课必须达到的预期结果，是开展课堂教学活动和评价课堂教学效果的重要依据。国家地理新课程标准明确规定课程目标概括为知识与技能、过程与方法、情感态度与价值观三个方面。其中，"过程与方法"即了解探究的过程和方法，学会发现问题、思考问题、解决问题的方法，学会学习，形成创新精神和实践能力等，是地理课程改革的"亮点"。"情感态度与价值观"包括形成积极的学习态度，健康向上的人生态度，具有科学精神和正确的三观，成为有责任感和使命感的社会公民等。全球意识，环境伦理，人口、资源、环境与社会协调发展的观念，地理求知与创新的欲望，地理爱国情操，民族自尊、自信的情感，尊重异国文化，国际合作与交往，地理审美情趣等，对于学生的健康成长十分重要"；情感态度与价值观正是"强调树立正确人地观、环境伦理观和可持续发展意识，养成关心和爱护人类环境的行为习惯。

（二）地理教学目标的功能

1.导向功能

教学目标具有导向功能，教师根据教学目标设计教学活动和实施教学。教学目标不仅制约着教学系统设计的方向，也决定着教学的具体步骤、方法和组织形式，有利于保证教师对教学活动全程的自觉控制，其具有"导学、导教、导测评"的导向功能。

2.评价功能

教学过程是一个控制过程，而调控矫正的参照就是教学目标。教学目标描述具体的行为表现，能为教学评价提供科学依据。用全面、具体和可测量的教学目标作为评价的依据，可以保证评价的效度、信度和区分度。[①]

3.激励功能

教学目标为学生提供了学习目标，对学生的学习具有激励作用。在具体教学过程中，学习者有缩小自身学习成绩与教学目标之间差距的需求。在教学开始时，教师向学生明确而具体地陈述教学目标，有助于激发学生的学习动机和内驱力，进行目标清晰的学习活动，并最终获得认知、自我提高和被赞许的喜悦。教师通过教学过程中的评价和及时反馈对学生的学习动机和学习定势进行不断强化。

4.反馈功能

教学目标可以帮助教师自我评价和修正教学的过程。根据控制论原理，教学过程必须依靠反馈进行自动控制。有了明确的教学目标，教师就可以此为标准，在教学过程中充分运用提问、讨论、交谈、测验和评改作业等各种信息反馈教学目标达成度，从而修正自己的教学方法。

二、地理教学目标设计的要求

由于教学目标在教学过程中起着指引作用，因此教学目标设计的合理性、科学性是教学设计中的首要问题。科学合理的地理教学目标设计应当把握设计理念，明确设计要求。

---

① 皮连生.学与教的地理学[M].修订版.上海：华东师范大学出版社，1997.

（一）地理教学目标设计的理念

1. 体现系统性

根据系统理论，在设计时要从系统论的角度从整体上把握目标要求，一方面，应从"地理新课程目标→地理学段目标→单元教学目标→课堂教学目标"一线进行纵向衔接分析，逐渐具体化，上下贯通，相互联系。另一方面，要在整体上分析课程标准、学习内容。学习者按照系统论的有序原理，对学习内容分析要关联前后知识的序，对学习者分析要考虑学生认知的序、发展的序，在此基础上进行科学的教学目标的设计。

2. 坚持全面性

关注学生的全面发展是新课程改革的核心理念。全面性包含三重含义，一是教学目标要面向全体学生，以地理新课标为依据，确保每一个学生达到课标的基本要求，"不让一个孩子掉队"。二是教学目标要促进学生的全面发展。课堂教学目标不仅仅是认知，还要在认知的过程中，促进学生情感体验形成，感受过程，掌握方法，促进科学价值的形成。三是教学目标要涉及课程目标的三个维度的各个方面，内容要全面。"知识与技能"是首要目标，"过程与方法"是组织教学过程的载体，是关键目标，"情感态度与价值观"是终极目标，应当受到必然的重视。其中"知识与技能"目标则是实施上述两类目标的基础[1]，三者应同时出现并整合在课时教学目标的设计中，要协同作用，相辅相成。

3. 反映差异性

教学目标的设计首先要面向全体学生的发展，应该有一个课标规定的基本发展标准，但同时我们又要看到学生发展的个别差异和教学目标各组成部分之间的相互制约性。多元智能理论、建构主义学习理论和"最近发展区"教学理论为地理教学目标进行差异设计提供了理论支撑，地理新课程"采用适应学生个别差异的教学方式"理念为实现差异目标设计指明途径。应根据不同的地理课堂教学内容和学生的学习基础，制定高低层次不同的目标。差异目标设计主要采取梯度式设计策略，即设计具有不同要求、不同层次的教学目标，以促进不同智力结构的学生发展[2]，其中，较低目标层次为课标的基本要求。这样既可满足对大多数学生学习基本要求的规定，又可使每一个学生在自己已有的基础上得到发展。

4. 具有操作性

教学目标应是可观察、可测量的。只有明确而具体的教学目标设计，才能在教学实践过程中具有可操作性，引导师生围绕教学目标的实现有效地开展教学活动，恰当地组织教学，并对教学效果进行准确的评价。可操作性是地理教学目标设计的关键，应具备两方面要求，其一、教学目标能表明可观察到的学生学习的过程与结果。其二、教学目标能表明学生学习行为结果的衡量条件与标准。教学目标的行为动词是具体的而非抽象

---

[1] 陈澄，樊杰. 普通高中地理课程标准解读[M].南京：江苏教育出版社，2004.

[2] 李家清.地理教学目标差异性设计研究[J].中学地理教学参考，2003(11):6.

的。一个好的目标体系，蕴涵了学习结果的测验方式和评价标准。

（二）地理教学目标设计的具体要求

地域性、综合性是地理学的两大基本特征，此外，实践性也是其重要特点之一。地理教学目标的设计既要符合一般教学目标设计的要求，还应体现地理学科特有的价值功能，特别是以下几个方面。

1. 突出情感教育功能强的特点

新课程提倡在掌握基础知识和基本技能的同时，培养学生的认知能力、实践能力、合作交往能力和创新能力等多种能力；并通过中学地理教学过程使学生形成健康的情感、积极的态度、正确的价值观和良好的行为方式，从而促进学生的全面发展。地理课程具有情感、态度、价值观教育的重要价值。"情感"教育方面，可以帮助学生形成地理审美情趣、地理爱国情操、人文地理情愫、民族自尊心自信心及地区差异观点、因地制宜观点、人地协调观点等；"态度"包括健康向上的人生态度、尊重异国文化、学会国际合作与交往等；"价值观"不仅强调树立个人正确的科学观、世界观、人生观，更强调个人价值与社会价值的统一、人类价值与自然价值的统一。增强社会责任感，强化人口、资源、环境、社会相互协调的可持续发展观念。

2. 注重培养学生的空间思维

地理学作为空间科学，从空间的角度来研究地球表层系统。地理教学内容区域性的特点，要求地理教学过程把培养学生空间想象力，建立地理空间概念作为教学先导，使用有效的教学方法，从地理事物所处的位置和范围、各地理事物之间的相互联系和空间结构等方面去揭示各地区的地理环境特征和彼此的差异，使学生自觉地从空间的角度看待地理问题、分析和解决地理问题。因而，地理教学设计必须重视帮助学生建立空间概念，才能有效地体现地理教学的学科特点。

3. 重视培养学生的综合思维能力

地表各种地理事物和现象都是各种因素综合作用的结果。区域的自然地理要素包括地形、气候、水文、土壤、植被等；人文地理要素主要有农业、工业、交通运输、人口、城市等，这些要素相互交织，共同构成区域地理环境的整体特征。由于影响地理事象的要素繁杂，而且其中很多要素空间跨度大，因此，地理教学过程中对地理事物因果分析上特别强调综合性。与此同时地理学不仅关注区域的现状，还重视了解区域的过去、预测区域的未来。地理学科的这种多要素集成与时空有机结合的研究方式有助于学生抓住地理事象的本质和问题的关键，进而养成全面看问题的思想方法，发展综合思维能力。因此，在地理教学设计中，培养学生的综合思维能力是一项重要内容。

三、地理课堂教学目标设计的方法和策略

（一）地理课堂教学目标的设计方法

目前关于教学目标的陈述技术在世界上流行的有马杰行为目标陈述法、格伦兰内外

结合法、艾思纳表现性目标陈述法三种，这三种目标陈述法各有优缺点。

1.行为目标陈述法

马杰行为目标陈述技术一直对当今世界有着至深的影响，其特点是用可观察可测量的行为动词来陈述目标。他认为一个好的行为目标包括三个要素：一是说明学生通过教学后能做什么（或说什么）；二是规定学生行为产生的条件；三是符合要求的行为标准。运用行为目标陈述设计的地理教学目标如"给出中国地形图，1分钟之内找出塔里木盆地，并描述其自然地理位置"。其中"给出""1分钟之内"是行为产生的条件，"找出""描述"是可观测的学生行为结果，这种陈述法可观察可测量，比传统陈述要科学。

受马杰三因素论影响，我国目前地理新课程标准中对各章节目标的陈述（见内容标准中的"标准"）就是以行为目标方式规定基本要求的[①]。"标准"基本由四部分组成：前置限定、行为动词、主题内容、后置限定（见图5-2）。

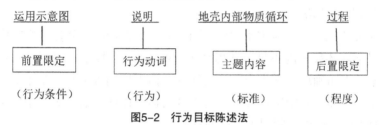

图5-2 行为目标陈述法

前置限定规定学生行为产生的条件，包括方法限定和程度限定，前者如结合或运用（读）图（资料、数据）、举例（提出证据、联系实际）等，后者如初步、准备、简单等。行为动词皆具可观察、可测量的特性，如分析、说明、指出、绘出等；主题内容是学生行为的对象；后置限定是行为动词对于主题内容做到什么程度的进一步限定，如特征、优势、差异、概况等。

行为目标陈述法摆脱了传统目标陈述模糊的弊端，可观察可测量，可操作性强。但也有其缺陷：注重可观测的外部行为，而忽视反映内心活动的心理过程，极易导致教师只注重学生外在行为表现，而不注重学习心理的发展，有可能重走"重认知轻情意、重结论轻过程"的老路。

2.内外结合法

认知心理学家认为，学习的实质是内在心理的变化，因此教育的真正目标不是具体的行为变化，而是内在的能力和情感的变化，这些内在变化不能直接进行客观观察和测量。基于行为目标陈述中内隐心理活动反映的缺失，格伦兰提出了一种折中的陈述目标的方法，即采用描述内在心理与外显行为相结合的方法（简称内外结合法）陈述目标。为了使内在变化可以观察和测量，先用不可观测反映内在心理的模糊动词陈述目标，再列举反映这些内在变化的行为样品。

采用"内外结合"法陈述目标，避免了用内部心理特征表述目标的抽象性、模糊性，使内隐的心理过程外显化，便于观察和测量，其局限是这种陈述法太过烦琐，大大

---

① 中华人民共和国教育部制订.地理课程标准[M].北京：人民教育出版社，2003.

增加了教师的工作量。

案例5-4　内外结合法表述教学目标：理解水循环原理

1. 说出水循环类型。
2. 对照水循环示意图，描述水循环的几个过程。
3. 能用水循环原理解释水资源是否"取之不竭，用之不尽"。
4. 能举出生活中的实例，说明水循环的地理意义。

"理解"为反映内在心理的非外显动词，1、2、3、4为四个行为样品，样品中"说出""描述""解释""说明"四个行为动词都可测量学生行为，从而检测学生是否达到"理解水循环原理"这一目标。

3. 表现性目标陈述法

心理学研究表明，并不是任何内隐的心理活动都能用行为动词外显化。为了弥补前两种教学目标陈述技术的不足，艾思纳（E.W.Eisner）提出了表现性目标陈述技术。这种陈述技术要求明确规定学生应参加的活动，但不精确规定每个学生应从这种活动中习得什么结果。例如，对中国资源问题的态度目标的设计：通过观看中国资源问题的录像，在讨论交流中，说出（阐明）自己的资源观。

艾思纳的表现性目标主要是针对情感领域目标提出的，对地理新课程"情感态度价值观"目标陈述具有参考作用。但是心理学家认为，这种目标只能作为教学目标具体化的一种可能的补充，不能过分依赖这种陈述技术，不然又会回到传统老路上去。

（二）地理课堂教学目标陈述的策略

1. 依据"地理课程标准"的目标陈述

地理课堂教学目标是地理教学课题章节目标的细化和分解，对地理课堂教学目标的设计应从系统论的角度整体上把握目标要求，考虑与章节目标的纵向衔接分析。"地理课程标准"对各学段每一章节的地理教学课题都进行了行为目标取向的设计与陈述，地理教师在进行课堂教学目标陈述设计时，应将"标准"中相应内容的目标陈述，尤其是可观测的行为动词作为重要依据。

2. 选择外显化的行为动词

教学目标反映的是学生学习的结果，教学目标不仅应记载在教师的教案设计中，供自己"导教"，而且应在课堂上呈现给学生，让学生清楚明了地解读，指示学生了解学习后"我能做什么"，"我的哪些行为"将被教师评价和测量，发挥教学目标的"导学"功能。从这个角度讲，教学目标的设计首先应考虑的是能否用最简单、明了、便于理解的"可观测"的外显行为动词帮助学生识别目标（见表5-1），以便学生在学习过程中认准方向，进行目标比照学习，减少学习的盲目性、随意性，达到事半功倍的效果。

表5-1 地理教学目标行动词示例

目标分类		行为水平	行为动词
结果性目标	知识	了解	说出、描述、举例、列举、表述、简述、回忆……
		理解	排列、辨认、区别、比较、举例说明、归纳、判断、预测、收集、整理、分析、概述（括）、解释、阐述、选择、鉴别……
		应用	运用、应用、评估、评论、计算、质疑、辩护、设计、撰写、修改……
	技能	模仿	模仿、再现、例证、临摹、重复……
		操作	测量、测定、操作、制作、查阅、计算、试验……
		迁移	联系、转换、灵活运用、举一反三、触类旁通……
体验性目标	过程与方法	经历	经历、尝试、验证、参加、体验……
		感知	领会、解释、说明、认识……
		探究	运用、掌握、能、会、有……
	情感态度与价值观	体验	参加、参与、寻找、尝试、交流、考察、接触、体验、观察、探究……
		反应	遵守、拒绝、接受、同意、反对、讨厌、关心、关注、怀疑、摒弃……
		领悟	形成、养成、热爱、树立、建立、追求、坚持、保持……

3.根据内容需要灵活处理

以上三种目标陈述方法均有不足之处，只有将三种目标陈述技术的优点综合考虑，灵活处理，才可能符合需要。既考虑目标的可测量、可观察性，运用外显的行为动词来描述，又兼顾某些高层次的不易测量的智能、情感、意志品质等因素，采取灵活的、隐性的处理方式，力求使三维目标表述科学合理，利于学习结果的检测。

一般而言，基本知识和基本技能的教学目标设计，则适宜采用行为目标陈述法。例如，初中地理"地球的形状和大小"（人教版）目标设计为："①提出证据说明地球是个球体；②用平均半径、赤道周长、表面积描述地球大小；③画出地球形状，标注地球半径、周长和表面积大小。"该设计陈述简化、行为动词"说明""描述""画出""标注"等外显化，故目标可测性、可操作性强。

培养学生分析、解决地理问题能力的教学目标设计，运用"内外结合"目标陈述法比较有效。例如，①对照墨西哥湾暖流图、直布罗陀海峡两侧海水盐度剖面及海水流向图，能分析说明洋流的类型及成因。②运用洋流原理解释类似"象山漂流瓶登陆日本""一双失而复得的旅游鞋"等现象。该设计删除了总目标"理解洋流成因"，直接呈现行为样品，行为样品中行为动词"说明""分析""解释"等都以外显行为方式，表达了内隐"理解"的学习活动，同样达到了总目标。

培养学生创新精神和创造能力或高级情感体验的教学目标设计，则宜用表现性目标陈述法或将其与"内外结合"陈述法结合使用。例如，传统目标设计"领悟走可持续发展之路是人类的必然选择"是一种高级情感体验目标，不具可观察可测评性，可以再设计为"呈现长江流域中下游河段沿岸污染图，人们到江心取食用水的场景，感受、分析当代人对环境破坏给当代人及子孙带来的危害性，并提出一些可行性防范建议"；该设计虽然繁琐，但通过情景设计和"分析""提出"等行为动词将内隐的"感受"外显出来，很好地实现目标的可测量、可评价功能，克服了传统目标陈述模糊的不足。

地理教学目标设计中灵活运用三种陈述技术，能使目标设计比较科学、合理，发挥地理教学目标的基本功能。

四、地理课堂教学目标编制的程序

（一）制定教学目标的前期分析

教学目标设计要解决的是教什么和学什么的问题，那么就必须关注以下几个方面：①教学的起点要求是什么？（起点，即学习起点的能力要求）；②教学的最终要求是什么？（终点，即最终要达成的目标）；③从起点到终点的差距是什么？（目标差）；④要使学生由起点到终点，需要教什么？（哪些内容）。针对以上四个问题，教学目标设计应包括教学对象分析、课程标准分析、教学内容分析、制定教学目标等基本内容。

1. 教学对象分析

教学对象分析，即分析学生。包括学生的学习态度分析、起点能力分析、心理状态分析、学生背景知识的分析等。通过分析，把握住学生的"最近发展区"。

（1）学习态度的分析。当学生对学习保持积极主动的态度时，所产生的强烈求知欲和学习热情，浓厚的学习兴趣能使人感知敏锐、观察细致、思维活跃，富于创新精神，记忆效率高。因此，在教学设计中教师一定要考虑学习态度对教学目标达成的影响。分析学生的学习态度，一要明确了解学生的学习态度；二要分析不良学习态度产生的原因；三要考虑在教学设计中发展学生积极主动学习态度的方式、方法和手段。学习态度属于学生的非智力因素，教师在教学设计时，一定要给予必要的关注。教师要在实践中找到最有效的方法去转变学生不良的学习态度，激活他们的学习热情与智慧，引导他们积极主动地投入到学习活动之中。

（2）起点能力的分析。起点能力是指学生在学习新知识技能之前，原有的知识技能准备水平。起点能力是学生学习新知识的前提条件，它在很大程度上决定了教学的成效。布鲁姆的掌握学习策略的最重要的原则是学生必须达到规定的教学目标的85%以后才能进入下一步骤的学习。其目的就是确保学生在接受新知识前已具备适当的起点能力。教师可以通过诊断测验，平时作业批改和提问等方式确定学生的起点能力，并采取相应的措施，确保学生具备学习新知识所必要的起点能力。

（3）心理状态分析。由于个体的差异，学生所喜欢的学科不同，特别是进入高中阶段的学习生活后，对理科学习感兴趣的男生明显多于女生，而女生又普遍对语言类学科充满兴趣（当然不是绝对的）。在同一学科的学习中，不同的学生对不同的学习内容，如重难点、部分章节内容等，会产生不同的心理反应，或感兴趣，或不喜欢；或因为理解起来困难而表现出信心不足，产生心理障碍；或自认为知识简单，而轻视……教师在教学设计时都应细心分析。

（4）学生背景知识的分析。学生在学习新知识时，总要与旧知识发生联系，即与背景知识发生联系来理解和获取新知识。有些旧知识可以帮助学生获得新知识，而有些旧知识则妨碍学生获得新知识。因此，在分析学生背景知识时，既要注意分析已有的旧知识，又要分析旧知识对学习新知识的影响。对学习新知识有负面影响的旧知识有妨碍正确知识获得的错误知识（错误的概念、观念等），对新知识产生干扰混淆的不清晰、未分化的知识。在地理教学设计中，教师应积极采用正确的背景知识，使学生实现新知识的意义建构，同时要尽量排除会产生负面影响的背景知识。

2.教学内容分析

要根据教学的总目标和学习的实际需要来选择教学内容。教学内容分析的要点包括：

（1）明确课程标准和教学内容的具体要求，揭示教学内容、技能的相互关系，挖掘教学内容中的智力因素、情意因素、价值观因素，确定教学目标的类型、内容和相应的学习水平。

（2）分析教学内容的特点、内在逻辑关系，以及它们在教材中的地位和作用，确定重点目标和难点目标，把握它们的隶属关系。

（3）选取恰当的内容，适应多层次的需求。即内容的范围、深度既与学生的"现有水平"相衔接，又适合学生的"潜在水平"，有利于学生在原有认知结构的基础上"同化"或"顺应"新知识。教学要求中的基本知识和基本技能，绝大多数学生通过正常的学习活动能够基本掌握。

（二）地理课堂教学目标编制的基本程序

1.列出知识网络，确定知识点

知识点是课时教学内容中相对独立的与其他知识项目不交叉的若干要素，知识点的划分有粗有细，其标准是依据学科的特点及方便教学，根据课程标准和教材，按一定的规则将课时教学内容分解成知识点，这是编制教学目标的基础工作。

知识点的性质通常有"事实""概念""技能""原理""问题"等类型，不同性质特征的知识点，其教学目标达成度是有所不同的。

"事实"类知识点：（地理名称、地理分布、地理演变等知识）常要求"识记"。其中一部分知识要求学生能够说出、解释它们的大意、要点；另一部分知识要求学生能够准确表述，并且能够在地图上指出相应位置，如地名。

"概念"类知识点：常要求达到"理解"甚至"应用"的水平；能用自己的语言表述和解释课程标准规定的地理现象、地理概念、地理原理、地理事物的特点、成因、分布和变化等。

"技能"类知识点：常要求达到"能"与"应用"的水平。例如，能够读懂地图和地理图表，比较顺利地在地图上找到需要的内容；正确解释地理图表中数字、符号的意义；能够按照要求，正确填注地图和绘制地理图表；能够使用简单的教具、学具说明地理现象等。

"原理"类知识点：常要求达到"分析综合"的水平。如能够运用学过的地理概念、地理原理等知识，分析实际地理问题，找出其影响因素，说明诸因素的综合效果。

"问题"类知识点：常要求达到"评价"的水平。如能够依据一定的准则，对一定范围内的地理事物和人地相互关系作出恰当评价等。

在进行地理教学设计时,确定知识点的比较好的方法是列出教学内容的知识结构图,从结构中把握内容。

2.确定教学目标的层次

目前,关于教学目标分类大多是依据美国学者布鲁姆的教育目标分类法,将教学目标划分为认知领域、动作技能领域和情感领域三大类(见表5-2~表5-4);在每个领域里又按照由简单到复杂分为不同层次,并给出其可观测的行为。

表5-2 布卢姆认知领域教学目标分类

学习目标层次	特征
识记	能够识别和再现学过的知识和有关材料
领会	能把握材料的主题和意义。可以借助三种形式来表明对材料的领会。一是转换;二是解释;三是推断
应用	能将知识运用到新的情境中,包括概念、规则、方法、规律和理论的应用
分析	能将知识分解,找出各部分之间的联系,包括部分的鉴别,分析部分之间的关系和认识其中的组成原理
综合	将知识各部分组成新的整体;拟定一项操作计划或概括出一套抽象关系;形成新的模式或结构
评价	按照一定的标准对事物进行价值判断

表5-3 辛普森等人的动作技能目标分类

学习目标层次	特征
感知	运用感官获得信息以指导动作,主要了解某动作技能的有关知识、性质、功用等
准备	对固定动作的准备,包括心理定向、生理定向和情绪准备(愿意活动)
有指导的反应	复杂动作技能学习的早期阶段,包括模仿和尝试错误
机械动作	学习者的反应已成习惯,能以某种熟练和自信水平完成动作
复杂的外显反应	指包含复杂动作模式的熟练操作。操作的熟练性以精确、迅速、连贯协调和轻松稳定为指标
适应	技能的高度发展水平,学习者能修正自己的动作模式以适应特殊的设施或满足具体情境的需要
创新	创造新的动作模式以适应具体情境。要有高度发展的技能为基础才能进行创新

表5-4 布卢姆情感领域教学目标分类

学习目标层次	特征
接受	意识一事物的存在,愿意接受,选择性注意
反应	主动注意或参与某一活动,做出适当反应
价值化	接受某种价值,偏爱某种价值标准,准备为某种价值标准做出奉献
组织	能克服价值观之间的矛盾,对价值观比较,接受价值标准,建立个人的价值观体系
形成品格	通过对价值观体系的组织,逐渐形成个人的品格

在实际教学设计中,就某一具体教学内容设计,不一定三个领域目标都涉及,且每一领域目标层次也不可能包含全部课堂教学目标。

3.形成教学目标二维表

所谓教学目标二维表,即把学科的知识点作为纵轴,把学习水平作为横轴,然后确立某个知识点应达到哪一级学习水平。具体做法如下:在"教学目标"的直栏中,依次填写一个教学单元或节的各知识点及认知学习目标（部分知识点和认知学习目标，在表述上已简化）。在"目标层次"的横栏中，从左向右，填写学习目标分类（如布卢姆的分类）。在相应的空格中用"√"记号表示各个学习目标所对应的学习结果的层次（见表5-5）。

表5-5 教学目标二维表

课题：（人教版）七年级地理（上册）第一章 第一节 地球与地球仪

教学内容要点（知识点）	认知领域目标						技能领域目标					情感领域目标				
	记忆	领会	应用	分析	综合	评价	直觉	熟练	精确	节奏	自然化	接受	反应	价值化	组织	形成品格
1.地球形状	√													√		
2.地球大小	√															
3.地球仪			√					√								
4.经纬线			√													
5.经纬度				√												
6.经纬网定位置			√													

在实际教学设计过程中，有经验的教师在梳理出知识点的结构关系的同时，"步骤三"在头脑中完成往往不需要呈现出来，直接书写出教学目标；但对于年轻教师及准教师，此过程有助于其厘清知识结构的层次，更好地把握教学内容的重难点。将认知、技能、态度三个领域的"教学目标"设计综合在同一个表中。实际教学中，可根据内容需要，灵活地设计教学目标一览表。

4.书写教学目标

一般认为，一个完整、明确、具体的教学目标应包括以下四个部分：一是教学对象（Audience），即在教学中是针对哪一类学生。二是学生的行为（Behavior），用以说明学生在学习后，应获得怎样的知识和能力，态度应有什么变化，这是目标中最基本的成分。三是确定行为的条件（Condition），包括辅助手段的限制、时间的限制和行为的情境等。四是表现程度（Degree），即指学生达到教学目标的最低衡量依据，用以评量学习表现或学习结果所达到的程度。这就是人们通常所说的"ABCD"模式的教学目标表示方法。例如，

<u>观察《世界交通图》</u>，<u>在5分钟内</u> <u>说出世界上主要的海峡、运河的分布</u>。
　条件　　　　　　　程度　　　　行为
<u>用列表的形式</u>　列出我国气候条件对农业生产的有利影响和不利影响。
　条件　　　　　　行为

可见，运用"ABCD"模式进行教学目标陈述时，不是必须包括四个方面，其中，"学生"是隐含的，"条件"和"行为"是基本内容，"程度"不是必须的。在实际教学设计中，由于教师们对课程目标细化的程度不同，或者拓展的内容有别，教学目标也会具有一定差异，但课标中要求的基本内容都会包含其中。

案例5-5 "ABCD"模式设计的教学目标：关于地球形状、大小和地球仪（1课时）

【知识与技能目标】

（1）知道地球的形状，并能提出证据说明。

（2）知道地球的极半径和赤道半径，记住地球的平均半径和赤道周长。

（3）知道地球仪是地球的模型，初步学会在地球仪上识别地轴、两极和赤道。

【过程与方法目标】

（1）观察地球仪，比较和归纳经线和纬线、经度和纬度的特点。

（2）知道纬度的确定方法和低、中、高纬度的划分，能在地球仪上识别南北半球。

（3）初步学会使用地球仪定位，形成空间想象能力。

【情感、态度、价值观目标】

（1）通过小组合作，培养学生参与意识和合作态度。

（2）了解人类认识地球形状的大致过程，感受前人勇于探索的精神。

第三节 地理教学媒体设计

地理教学媒体指传递和储存地理教学信息的工具或载体。教学媒体根据其先进程度分为传统教学媒体和现代教学媒体两个部分。传统的地理教学媒体主要是指地球仪、地图、地理模型、地理图片、地理标本等。现代地理教学媒体是指录像机、光盘、多媒体数字资源及它们的软件。地理科学是一门空间科学，地理教学过程中，往往抽象概括性强，讲授起来难度大。设计和优选教学媒体，充分发挥各种媒体的优势，图文声像并茂，教学表现力强，实施交互控制和双向式交流，有利于调动学生的学习积极性，有利于学生形成地理表象，促进对地理知识的理解，有利于创设问题情境，学生参与性好。正确选择与运用地理教学媒体对于突破地理教学难点，高效率地促成学生认知的形成尤为重要。

一、地理教学媒体的基本特征

（1）固定性。它能把各种地理信息，包括地理数据、地理现象和地理过程的真实场面等记录并储存起来。

（2）重复性。被教学媒体储存或记录下来的地理信息可以被人们反复地使用，具有再现力。

（3）工具性。教学媒体在地理教学中对提高教学效果、减轻教师负担起着重要的作用，但它不可能代替教师的劳动。

（4）专业教学特性。指它们传递、处理不同内容的教育教学信息的能力。不同的地理教学媒体传递、处理某一教学内容的能力是不同的，有的适合语言教学，有的则适合包含大量生动图像的教学。可根据需要将各种教学媒体及其信息重新组合来上好一节地理课。

二、地理教学媒体设计的程序

地理教学媒体的设计应按照教学内容和教学对象的特点，合理地确定教学目标，选择、安排和组织，它是一种系统地设计、实施和评价整个教学过程的方法和程序。它可具体落实在一系列课堂教学设计程序和步骤上，具体可分为四步：第一步，确定必须由媒体来表现的教学内容；第二步，甄别可供选择的媒体类型；第三步，选定高效低耗的媒体；第四步，设计媒体出示的时机、方式、步骤和次数。

三、地理多媒体设计的注意事项

地理多媒体辅助教学在运用时应注意以下五个方面的问题：

（一）要有助于突破教学难点，突出教学重点

教学难点一般是由于内容本身的深度、学习者的经验以及认识的模糊性等造成的。有些地理现象的演变和地理事物相互影响的关系都比较相像，即使使用教具演示，学生还是感到理解困难，而运用多媒体计算机可突时间、空间、微观、宏观的限制。

教学重点是构成地理知识体系中最重要和本质的学习内容，注重多媒体等现代视听媒体的充分合理应用。教师依托直观图像讲解，真正做到视听结合，全方位地调动学生多感官参与，促进学生对知识（技能）的理解、掌握与应用。

教学难点和教学重点都是教学媒体的最佳作用点，是从教学目标的角度，确定发挥现代教学媒体优势的地方。

（二）找准最佳出示时机

在课堂教学中，教学媒体使用的最佳作用时机：一是抑制状态向兴奋状态的转化。教师要运用教学媒体，将这种抑制状态转化为兴奋状态。二是由平静状态向活跃状态的转化。教师可以通过教学媒体来打破惯常状态，产生学习者意想不到的效果，使学习者活跃起来。三是从兴奋状态向理性升华。学习者处于兴奋状态只是为学习创造了良好的心理条件，教师应顺势采取有效的教学媒体才能自然地将兴奋状态升华到新的理性境界。

（三）要从教学内容特点出发，合理运用，避免滥用

现代教学媒体引入课堂，充分发挥了现代教学媒体形象、生动、动态、直观，教学信息量大，教学内容表现力强，不受时空限制等优势，显著地提高了教学效率。但从教材内容看，不能离开具体的教学内容而只追求形式。

（四）与学生主体、教师主导作用结合起来

教学媒体是辅助教学的手段，教师和学生才是教学系统中最活跃的因素。多媒体计算机教学已使课堂教学的手段和形式发生了根本性的变化，但若不与教学方法相协调，忽视学生的主体地位和教师的主导作用，则会严重影响教学效果。要知道，任何先进的媒体，只有通过教师的适时、适量、正确的使用，并与科学的教学方法有机结合起来，引导学生质疑、讨论、实践，才能切实发挥计算多媒体的最大效能。

（五）注意多媒体的适量使用，注重学生能力培养

多媒体教学既有教师的精讲启发，又有多媒体的适时、适量参与，计算机多媒体的多方面刺激、丰富多彩的直观形式，可直接引起学生感知的兴趣，产生积极的学习情绪、动机、意志等非智力因素的综合效应。学生对多媒体教学的新鲜感也有减弱的时候，多媒体是以形象思维为主刺激点的，在学习过程中过多地依赖感官刺激，也会造成学生大脑疲劳、思维困乏，抑制其思维的积极性，学生没有充分的思考时间，不仅教学效果得不到加强，而且有时甚至无法全面完成课堂的教学任务。因此，教学中，计算机媒体播放要适量。

此外，还要注意教师与学生的必要交流。在多媒体教学过程中，很多时间学生面对的是电教媒体，而不是熟悉的老师，此时学生只能通过电教媒体与教师进行交流，无法通过与教师的直接对话来达到思想的直接沟通。因此在多媒体教学过程中，教师要想办法调动学生的参与意识，注重及时准确地反馈，同时在一个教学内容播放结束之后，给学生留出思考的空间和时间，以利于学生能力的培养，取得更好的教学效果。

四、多媒体在地理教学中的应用

运用计算机多媒体辅助地理教学，能集图、文、音、像、表、动于一体，使地理课堂教学在高质量图像显示、活动图像处理和使用、良好的声音效果等方面有大幅度的改观。而且计算机多媒体可以多角度、多层次、多渠道刺激学生的感官，不仅提供丰富的教学信息，优化教学环境，并对课堂教学的方法、手段、容量、效率以及教学结构模式产生极其深刻的影响，但也存在一些值得注意的问题。

（一）直观性与科学性并重

地理教学内容时空综合性强，思维复杂程度高，但当前存在计算机多媒体设计中存在急功近利，违背科学性而盲目浅化的问题。软件的制作要注意地理的科学性，克服无依据的想象画面出现。否则会给学生理解问题造成错觉而产生误导。

（二）留出一定空间，培养学生的能力

在课件设计中注意使所设计的课件有利于发挥学生的主动性和探索性，有利于培养学生分析问题、解决问题的能力，才能使多媒体技术推动地理素质教学更进一步。而目

前有的课件设计较多追求直观、形象，将地理事象和地理概念全部用直观的图像和文字展示出来，忽视学生能力的培养。应注意在直观展示地理事象，降低教学难度的同时，培养学生的思维能力。所以根据教学内容，应该留出一定空间，让学生自己探求答案，在探求过程中，获得新知识和能力。

（三）突出交互性，发挥学生的主体作用

交互性是多媒体课件的生命之所在，教学互动是教与学的结合，计算机刚好可以发挥教与学两方面的潜力。学生对教学的参与意识，对学习的主体意识是教学成功的关键。课件设计时，无论是设计课堂以教师演示方式使用CAI课件，还是个别化作用式学习的CAI，都应注意设计学生参与性软件，增强学生的参与和主体意识。由于各种因素的制约，目前地理教学软件制作中对学生参与程度的考虑还不够，应在教学软件评价中考虑学生参与使用程度并逐渐加大这方面的比重。

（四）画面简洁明快、主题突出，有利于控制

计算机多媒体通过动画模拟、局部放大、过程演示等手段，能把地理知识所涉及的从宏观到微观，从整体到局部，从远古到未来的大跨度内容，展示在学生面前，解决了传统教学方法难以理解、难以表达的问题。但是，多媒体辅助教学选题一定要精，要能突出主题，解决重点、难点。CAI课件的操作不要太复杂，层次要简单明了，画面要求色彩图案简洁明快，主题鲜明突出，不可喧宾夺主。设计动画时，图上信息突出一种信息源，减少不必要的背景信息，简化图像。利于学生注意力集中，知觉快捷而准确，达到理想的效果。最好把要讲解的大标题设置为点按交互，讲课时点击就可以出现。

（五）艺术性和实用性相结合

多媒体技术对图像、文字、声音有综合处理的能力，对信息的传播有多种展示形式。在展示地理事物时，选用对主题起烘托、陪衬和点题作用的音乐、语言和文字，可以增加学生的感官刺激，提高学习效率。多媒体技术通过颜色、动画和传播速度的可跨越时空的界线，将远的变近，将慢的变快，将不易捕捉到的事物的发展变化过程进行宏观展示，从而丰富学生的感性认识，使问题迎刃而解。由于地理演变时间尺度悬殊，通过地理演变过程进行由果溯因或由因测果的推理思维难度较大，利用多媒体来设计动静转换，是地理教学中的常见现象。

（六）要有可调控性和可修改性

多媒体课件都是课前设置好的固定内容，无法完全符合不断变化着的课堂教学情况。所以，不论计算机技术如何完善，它们都不可能完全替代传统的地理教学，尤其是地理讲授教学。这就要求教师在课件设计时，要明确以教师为主导、学生为主体、多媒体为辅助的方针，注意多媒体技术和传统教学法有机结合。设计的课件应有可调控性和可修改性，并能根据教学实践，对课件进行修改、完善。

（七）注意教学内容的精确性

由于多媒体技术具有综合处理图、声、像的能力，使学生获得了多重感官刺激，可以直观地展示各地区的人文景观和自然景观，容易形成深刻的记忆。所以，多媒体课件制作时，一定要注意教学内容的精确性，要正确表达地理概念和地理原理，使用规范化和标准化的地理语言、符号和配图。特别是地名译音文字的书写，避免发生错误；在选择展示内容时，应注意选择具有代表性和典型性的事物，选择可以让学生在展示过程中感知这一地区的自然特征和人文特点的景物。总之，CAI课件的优势在于动画演示、声音、图像多媒体信息传播及综合分析，应在分析内容的基础上再进行制作；应注意不能破坏教材的系统性，要突出重点、难点；要分清用途，针对不同的学生，根据不同的情况为课堂教学留下充分的空间。

案例5-6　"聚落"多媒体教学设计

媒体	教师活动	学生活动
1.展示农村、牧村、渔村、林场等聚落类型，城镇、大城市的景观照片	要求学生注意观察哪些是农村聚落，哪些是城市聚落，它们有哪些差别	仔细观察景观照片的差别。讨论它们属于什么类型的聚落，属于乡村还是城市聚落，主要差别在什么地方
2.展示世界各地的农村聚落景观照片	要求学生指认它们分布于哪个洲，并说明原因	仔细观察景观照片的差别。指出差别产生的原因
3.继续展示上述图片	根据景观图片，要求学生讨论聚落的发展受哪些自然条件制约	讨论并指出有哪些自然条件因素制约了聚落的发展
4.展示世界上一些有特色的聚落的建筑，如东南亚高架屋、西亚村庄、因纽特人冰屋、蒙古人毡房等	要求学生注意其建筑材料、建筑外貌和当地的习俗、自然条件、历史文化的关系	讨论各种建筑风格和自然条件、居民习俗的关系，它会给当地人民生活带来什么便利
5.展示录像：意大利威尼斯水城，法国巴黎塞纳河岸，山西平遥古城，云南丽江古城的镜头	告诉学生这些传统聚落的历史文化价值及其特点，并告诉学生它们已被列入《世界遗产名录》	讨论这些聚落的特色和保护它们的意义
6.展示我国被列入世界文化遗产名录的纪念地、建筑群和遗址以及其他有意义的传统聚落（如皖南民居、福建土楼等）的图片	要求学生辨认这些文化遗产分别是什么地方，并在全国地图上找到其位置	学生在教师启发下，经过讨论回答问题
7.展示北京四合院或上海石库门房屋的图片	根据课文要求，组织学生讨论传统民居的开发和保护问题	学生阐述自己的观点

第四节　地理教学过程设计

一、地理教学过程的特征和实质

钟启泉先生认为，教学过程是学生在教师的指导下，依据课程计划和课程标准的要求，积极主动地掌握系统文化科学基础知识和基本技能，提高身体素质、心理素质和社会文化素质,并形成一定思想品德和心理品质的过程,是教师和学生协同活动的过程。因此,地理教学过程是学生在教师指导下,依据地理课程计划和课程标准的要求,积极主动地掌握地理科学知识和技能,达到过程与方法目标,形成一定的地理情感、态度和价值观,并外显为良好社会行为的过程。

(一)地理教学过程的特征

地理教学过程是一种特殊的认识活动,既具有人类认识活动和一般教学过程的特征,又具有地理学科的特点。

1.以阐明人地关系、可持续发展理论为教学宗旨

人地关系是自人类起源以来就存在的客观关系。地理学以地域为单元,主要研究人地关系地域系统。

(1)"地对人的影响"中包含的思想方法是,地理环境是一个有机与无机、人文与自然、过程与关系互相联系的统一整体。因此必须从整体中观察事物的特性,从各种事象的互相关联中把握整体属性。地理环境是人类活动的外部条件,但并不是决定性条件。地理环境对人类活动既有直接影响,又有间接影响,而以间接影响为主。

(2)"人对地的影响"中包含的思想方法是人类对"地"的干预意味着对自身的干预。人类利用自然必须遵循自然规律,人类可以利用自然规律改造自然,但是不能改造自然规律。人地系统发展过程中人与地之间的矛盾无法避免,但人地关系可以在"改造—适应""超越—制约"的过程中求得发展。和谐的人地系统应该是在人与地互动、区域与区域互动、要素与整体互动、原因与结果互动中的和谐统一。

(3)"人与地的协调"中包含的思想方法是,人类的发展必须与自然环境的容量相适应;人类的发展必须从自然环境的整体出发,在遵循自然规律的基础上变化发展;确定一个地区的经济结构,必须同自然环境与资源结构大体上相吻合;利用地理环境,既要遵循生态平衡规律,又要遵循社会经济规律。人地关系理论不仅作为地理学的基础理论影响着地理学的发展,而且对地理教学也有直接的、重要的指导意义。

在基础教育阶段,地理教学过程要阐明的人地关系概念中,"人"是指在一定地域内、一定生产方式下从事各种生产活动或社会活动的人,"地"是指与人类活动有密切关系的地理环境。人地协调的观点贯穿于整个中学地理教学中,但由于初中和高中地理知识体系的差异,学生所建立的人地观点各有侧重。初中阶段,地理教学主要侧重于从区域地理的角度,多以地理事实材料的方式,使学生认识世界以及我国各地区的居民在与所生存地理环境整合的过程中,利用当地环境条件,因地制宜发展生产,促进社会文化的发展,并形成区域整体性和区域个性,及其所出现的环境、资源、人口等问题;并总结出使学生认识保护全球生态环境,认识我国国情和基本国策的重要意义。高中阶段,地理教学以系统的地理基础知识为主,加强人文地理基础知识,把地球视作人类唯一的家园,以人类为中心,去研讨与人类有着密切关系的地理环境,人类活动与地理环境之间的关系,人类活动的地域关系,以及人类面临的全球性问题和可持续发展问题等;运用地理科学观念、知识和技能对人类与环境之间的关系问题作出正确判断和评价的能力等。

无论是初中阶段还是高中阶段，地理教学的目的不仅要求学生在认知水平上了解人地关系，而且更重要的是树立科学的人地观点构架下的地理思想方法及思维程序。

2.以地图为地理教学过程的第二语言

地图和地理学的发展是密不可分的。地图是最直观、最简明的地理"书"，不仅是学习地理的实体工具，更是建立地理思维的方法手段，运用地图展开教学，已成为地理教学最常用、最重要的方法。地理环境作为地理研究的对象，规模是巨大的，无法让学生直接观察与研究，而地图可以借助地理坐标准确再现地理位置和地理事物的空间分布，在较小的空间范围内容纳大量的地理知识，正确反映区域特征和区域差异，是反映地理学空间观点、人地观点的有效手段。地图不仅可以把地理事物的表面特征反映出来，还可以把地理环境的复杂联系、本质特征与地理过程等反映出来。在地理教学过程中，地图能将复杂的地理事物再现于学生的眼前，为在地理教学过程中观察、认识与分析地理事物提供了手段与方法。为学生分析地理环境的复杂要素及要素间的联系，并从中揭示它们的规律，提供了方便的条件，从而在地理教学过程中突破时空局限，引导学生观察、认识与分析地理事物。

地图可以激发学生的地理学习兴趣。中学生正处于兴趣转型时期，多姿多彩的地理图像和表现方式，不仅唤起了学生的直接兴趣，也可使学生在教师引导下，探究现象背后的原因，使兴趣由表层走向深层，由直接转入间接，从而改善地理课堂结构，使地理教学过程呈现一种有张有弛、有节奏感的课堂结构美。

地图是对地理事物空间分布特点最有效的表现形式，这使它成为地理教学过程中不可缺少的手段和方法，也确定了它在地理教学过程中的地位。因此，地理教学要认真研究地图作为地理课程资源的特点、方法与功能，开发它的学习价值。

3.以建立地理空间概念为教学先导

地理学是研究地理环境空间结构形成与发展的科学。地理教学过程要帮助学生形成地理学的空间观点，是基础地理教育的重要职责。其空间观点主要是对地理现象的分布格局和空间关系的基本认识，涉及"它在哪里""它是什么样子的""它是什么时候发生的""它为什么在那里"等问题，地理学对这些问题的揭示，有助于促进学生正确认识人类与地理环境发展中的空间关系。地理教学必须使用各种有效的教学方法，充分反映地理事物所处的位置和范围，各地理事物之间的相互联系、地理事物的区域特征及差异等表现在地理方面的特征与规律，以帮助学生建立地理空间观点。任何地理事物的空间分布最终都要落实到一定的地域，而地域总是具有一定的自然、经济、社会、文化特征，从而给地理事物打上地域烙印。脱离了地域特定条件的分析，就会脱离对地理事物空间分布的正确认识，因此，学生唯有正确认识地理事物空间分布的地域性，才能理解"因地制宜"这一地域发展原则的理论依据和实践意义。具体地说，应该帮助学生形成以下空间观点：

（1）区位与空间分布的观点。主要指在认识地理位置与空间分布时应持的基本观点。认识地理事物的位置是理解本地、区域、国家和全球相互关系的前提。区位观点旨在让学生认识到，某个区域独特的空间区位状况决定着该区域其他要素的组合特征。优越的地理位置可以促进某些特殊活动的发展；区域间地理特征的差异，往往是由于在地表上所占据的位置的不同造成的。区位与空间分布是对一定地域地理事物空间性和空间意义的反映。地理教育要使学生学会用普遍联系的观点，认识地理位置在与其他地理要素的关系中的地位与作用，准确把握地理位置的重要意义。

（2）地理事物空间联系的观点。地理事物的空间联系是由地理环境的整体性决定的，它不仅表现在同类地理事物之间，而且表现在不同地理事物之间；不仅表现在同一时间的不同空间，而且表现在不同时间的同一空间。一个地理环境与另一个地理环境之间、环境要素之间、要素与环境之间广泛的空间整体性联系，构成了全球环境整体性特征，任何环境空间、要素等的变化，必然导致另一环境空间、要素的复杂变化。地理教学不仅要让学生认识地理现象在空间上的位置及区位意义，还要解释空间状态与其他环境要素的空间关系，即地理事物的空间联系。

（3）地理事物空间变化的观点。虽然地理事物的空间分布具有相对的稳定性，但不变的空间分布却是不存在的。地理事物的空间变化源于地理事物的空间联系，空间联系孕育着空间变化。因此，在教学中引导学生认识地理事物的空间变化，了解变化的过程，分析变化的原因，关注变化的结果，探寻不利于变化的控制措施和有利于变化的实现途径，是地理学科本身发展的客观要求。地理教学过程应当使上述的"了解""分析""关注""探寻"成为学生的一种主动的活动，成为他们身心发展需要的一部分。只有当学生认识地理事物的眼光再也不是静止时，他掌握的地理知识结构才会具有开放性，才会成为他们正在形成的科学基础知识体系的一个有机的组成部分。

现代地理教学论就是要把学科独特的思维方式放在学习的首位。如果说，空间思维是地理学科思维方式的特色，那么，它正是以地理空间观点为基础，通过空间想象并运用思维规律和方法，来获得有关地理事物的空间分布、空间联系和空间变化等观点的。

4.视地理田野教学活动为教学过程的重要组成部分

构建开放式地理课程是时代对地理课程发展的要求。充分联系实际重视校外课程资源的开发利用，形成各种教育资源共享的开放性地理课程，从而拓宽地理学习的空间，满足多样化的地理学习需求，是地理教学过程的特征之一。视田野教学活动为地理教学活动的重要组成部分，它不仅是课堂教学的补充和延伸，也是一种理论与实践相结合的教学形式。

地理田野教学活动是培养学生地理情感的重要途径。地理田野教学活动的开展，使教师和学生离开教室，走向社会、走向大自然，这是对青少年学生进行情意教育的重要路径。学生在进行野外考察或社会调查活动中，感受祖国大好河山，体会祖国社会经济发展，都可以激发青少年学生爱自然、爱祖国的思想感情，从而培养学生积极向上的地理情感。总之，中学地理教学过程是以学习地理知识为基础，通过书本与实际相结合的途径，使学生在知识、技能、情感、态度与价值观诸方面共同发展的特殊认识过程。

（二）地理教学过程的实质

1.地理教学过程是学生主动建构地理知识的过程

依据认知心理学的观点，学生知识形成的过程是外来信息与学生原有知识相互作用并顺利进入原有认知结构的过程;建构主义学习观也认为,学习不应该被看成是对教师授予知识的被动接受,而是学习者以自身已有的知识和经验为基础主动地建构知识体系。所以,学生地理知识的获得不应是被灌输和随意塑造的过程,而是学生根据自己的经验,自主地、积极地从教学环境与师生互动中,建构新的认知结构的过程。依据认知心理学、建构主义的研究成果,地理教学过程应该是学生从师生共同创设的教学情境中发现地理问题,提出地理问题,分析地理问题,通过自主、合作、探究等学习方式,在教师的指导和帮助下,解决地理问题,并建立新的认知结构的过程。

2.地理教学过程是师生课堂教学交往过程的统一

地理教学过程是教师教的过程与学生学的过程的统一。教师的教与学生的学相互依存,相互支持,相互转化;教师与学生互相促进,相伴成长。这种师生的交互作用应该贯穿整个地理教学过程。地理教学过程是师生以课堂教学为媒介的沟通与交往过程。没有师生互动就不可能有教学。在双边活动中,师生在沟通与沟通关系中进行心灵的碰撞,从而提供发现世界、发现自我乃至相互发现的契机。

3.地理教学过程是学生知识习得与人格完善过程的统一

地理教学过程是一种特殊的认识过程,其任务、内容和整个活动都是学习者认识世界或对世界的反映,具有间接性、教育性特点,目的在于使学生获得关于客观世界的印象,从而掌握地理基础知识、基本技能,以及有关地理科学的研究方法。同时,地理教学过程还是传递"爱"与"关怀"的过程,这集中体现在热爱家乡、热爱祖国、热爱大自然、对多元文化的理解、对自然的人文关怀等方面。这也正是地理情感、态度与价值观目标的核心。

地理教学过程还是养成正确的地理情感、态度与价值观,帮助学生提高地理素养,从而完善学生人格的过程。当师生在教学过程中探讨全球相互依存、多元文化、人口问题、资源问题、环境问题,以及人与地理环境的关系时,总会在认知与情感交互作用的过程中,产生积极的情感态度与价值观。

总之,地理教学过程不仅是帮助学生习得地理知识和技能的过程,而且也是促进学生成长、形成完善人格的过程,是两者的有机统一。

二、地理教学过程的优化

地理教学过程最优化即在一定地理教学条件下寻求合理的教学方案,使教师和学生花最少的时间和精力获得最好的教学效果,使学生获得最好的发展。

（一）地理教学过程优化的标准

教学过程最优化要求同时考虑效率与效果,即要求在一定的具体条件下,以最少的时间和精力取得质量最优良的教育效果。具体到地理教学过程,主要有以下的判断标准:

1.优化的地理教学过程要有明确的目标

教学目标是教学设计、实施和开发过程中所体现的教育价值的基本要求,是教育目的与培养目标的具体化。所以,在地理教学过程中,目标确定十分重要,不仅有利于教学目标与课程目标、培养目标的衔接，还有助于教学内容的选择与组织，并可作为教学过程是否优化的评价准则。因此，优化的地理教学过程必须有明确的目标，并准确具体地表述。

2.优化的地理教学过程要能促进学生发展

优化的地理教学过程要充分考虑学生的年龄特征、知识水平、身心发展等特点，设计符合教材实际需要和学生接受能力的教学方法和教学手段，以促进学生的全面发展。因此，地理教学设计、实施及评价等都应该全面考虑学生的认知水平、生活经历、兴趣需要等方面，以设计和开展适于学生发展的教学过程。

3.优化的地理教学过程要有符合学生接受能力的信息量

地理教学过程的时间和空间是有限的，学生在有限时空内的接受能力也是有限的。因此，优化地理教学过程的信息量多少、难易、密度等要以学生的接受能力为依据。如果过分强调信息量的丰富性、高难度和高密度，势必会超过学生的接受能力，产生较高的多余度，违背教学的量力而行和可接受性原则，达不到教学效果。信息量过少同样会造成资源的浪费。

4.优化的地理教学过程要给予学生参与教学的机会

现代教育理论要求教师树立现代学生观，尊重学生的身心发展规律，确认学生在教学活动中的主体地位，体现学生在学习中的主动性。这要求教师改变过去的教师掌控式教学，调动学生参与地理学习的积极性。学生参与教学应该体现在教学的整个过程中。这些学生参与的活动，不仅可以扩大学生的知识面，培养学生的地理能力，也为学生正确认识、表达和展现自己的才华提供了机会。

5.优化的地理教学过程要有通畅的互动反馈渠道

教育传播理论认为，课堂教学过程是一个信息流动的过程，是一个由教师对教学信息进行编码、加工，通过一定的通道和媒介作用于学生，再将信息反馈回教师的完整的过程。反馈是地理教学过程不可或缺的环节。互动反馈地理教学是指以教师、学生之间的相互即时反馈为基本教学纽带，使反馈贯穿整个地理教学过程，以调动教师教与学生学的积极性和主动参与性，从而将反馈由教师对学生的延时评价改为师生间的即时对话。

（二）地理教学过程优化的路径

1.树立系统化意识，整体优化地理教学过程

地理教学过程是由教师、学生、教学内容、教学媒介等基本要素组成的，这些要素相互联系、相互作用，构成具有复杂结构的有机整体。因此，站在系统论的角度，地理教学过程优化不是单个因素的优化，而是师生交往、课程标准、教科书、教学方法、教学手段、教学评价等方面的整体优化。

2.提升地理教师素质，是优化地理教学过程的关键

地理教师是地理教学的重要实施者，是地理教学过程优化的关键主体。因此，提高地理教师自身素质是地理教学过程优化的关键。地理教师对地理学科的深刻理解和热爱是引领学生养成地理情感、态度与价值观的重要因素，也是优化地理教学过程的关键。

地理教师要树立新的学生观。地理教师要学会转变教育教学观念，做到以学生为主体，尊重学生的情感个性、需要与发展的愿望，鼓励学生的创新精神，采用有利于学生发挥主体作用的教学方法，在每个教学环节上充分考虑学生的需求，尊重学生的个体差异，尽可能满足不同学生的学习需要，创设民主平等、共同发展的师生关系。地理教师不仅要做一个地理知识与技能的传授者，还要成为学生学习地理的参与者、指导者、促进者和合作者。

3.优化教学设计是优化地理教学过程的起点

优化地理教学设计是优化地理教学过程的前提，主要包括教学目标的优化设计、教学内容的优化设计、教学结构的优化设计、教学媒体的优化设计和教学情境的优化设计。

4.优选教学内容是优化地理教学过程的基础

地理教学内容是指教学过程中服务于教学目标达成、师生交互作用中动态生成的素材及信息。这要求地理教师突破教科书的束缚，在钻研课程标准的基础上深刻领悟教科书，并进行二度开发，找到适合学生学习的切入点，从而优化地理教学过程。

5.优选教学媒体是地理教学过程优化的提升点

地理教学媒体是传递地理教学信息的工具，它直接沟通地理课程的教与学两个方面。教学媒体的选择和运用，必须紧密结合具体教学内容和学生特点，服从课堂教学的整体安排，以充分发挥教学媒体在促进学生主动学习方面的教学功能。地理教学媒体无所谓优劣。只要切合教材内容，适合学生特点即可。只有运用得适时与适量，才能达到优化地理教学过程的效果。

6.优化教学结构，实现地理教学要素的最佳组合

地理教学结构是为了完成一定的地理教学目标，各种地理教学要素在时间和空间上的排列和组合，是实现教学目标的载体。地理教学目标的确定、教学内容的组织、教学方法和媒体的选择、教学起点与评价的设计等，最终都要体现在具体的地理教学结构上来。地理教师需要对地理教学过程结构做一个整体的安排，体现教学过程的科学性、整体性和协调性。

总之，优化地理教学过程着眼于教学各个环节的整体改革。地理教学任务、课程教材、教学目标、教学内容都在进行改革，教学方法、教学形式与教学效果评估也随之而变。地理教师转变教育思想，适应形势发展，更新知识和观念，自觉参与改革实践，以地理教学过程优化为落脚点，实现地理教学质量的真正提高。

三、地理教学过程的设计

（一）地理单元教学过程的设计

首先是确定单元教学目标。在对该单元（或章）教学任务进行分析的基础上，确定其知识和技能目标、能力目标和情感目标。它既是对课程目标的分解，又是对课时目标的总揽。既是对单元教学设计的规定，又是单元教学评价的依据。其次是划分课节，确定课时教学顺序。最后是课时教学目标确定，以及课时安排。

案例5-7 "自然地理环境的整体性和差异性"单元教学过程设计

【教学目标】

（1）知识与技能：理解地理环境各要素相互作用形成了地理环境的整体性；理解地域分异规律及形成原因；明白地理环境的整体性是相对的，地域差异是普遍存在的。

（2）过程与方法：运用不同景观图和景观分布图，说明地理环境的整体性和地域分异规律；能举例说明地理环境的整体性和地域分异；在学习过程中培养学生的读图分析能力和区域综合的地理思维。

（3）情感态度与价值观：通过学习，使学生学会用联系的观点看待问题和分析问题；通过认识地理环境的复杂多样性、规律性及整体性，树立科学环境观和因地制宜的思想。

【教学重点与难点】

（1）教学重点：地理环境的整体性，地理环境的地域分异规律。

（2）教学难点：地理环境整体性的概念，地理环境的地域分异规律。

【教学方法】

采用读图分析、案例分析及学生自主学习、合作探究和相互讨论的方法。

【教学过程】

安排4课时。

第1课时：环境的整体性。

第2课时：环境的差异性。

第3课时：非地带性现象及整个单元的总结。

第4课时：释疑、检测巩固、制作学习成果（演示文稿、学生网站）的技术指导及相关要求（评价量规）。（课后一周内，学生作品展示及评价。）

（二）地理课时教学过程设计内容

地理课时教学过程设计的内容包括以下几个方面内容：

（1）教学任务分析和起点行为分析。

（2）确定课时教学目标。

（3）确定教学策略和方法。

（4）确定教学媒体的使用。

（5）确定教学重点和难点及处理方法，预计在测评后学生的反馈和教师的补救。

（6）板书设计。

（7）教学活动（或事件）的安排程序。

（8）练习。

设计中，教师应注意根据课程标准的要求、学生的需要和客观条件的限制来进行最优化的教学过程设计，但并不一定要全部包括以上设计的内容，教师可以根据所有的客观条件进行灵活的取舍。

（三）地理不同课型的课时教学过程的设计

根据地理教学的目的、任务和内容的不同，一般将地理课堂教学类型分为新授课、复习课、观察实验课、考核课和综合课等形式，本节主要对新授课、复习课和综合课教学过程设计进行说明。

1. 新授课

新授课是以学习新内容为主要目的，通过课堂教学使学生获得新的知识和技能，需要几乎整堂课的时间集中进行新内容教学的课型，包括绪论课、学习新知识课等。这类课型教学内容新、教学任务重、教学系统性强、教学难度较高，应当要求学生课前预习、课堂练习、课后复习。教师则要集中精力，采用多种教法，剖析重点、分解难点、抓住关键。一般教学过程主要包括新课导入、明确目标、新课讲解、巩固练习、课堂小结五个环节。

（1）新课导入。教师用2～3分钟，抓住学生已有的知识经验，或者将上次课和本节课新知识的内在联系，通过简练的语言、生动的画面、鲜活的例子等方法表达出来，吸引学生的注意力，激起学生对本节课教学内容的兴趣，为教学活动的开展做好铺垫。

（2）明确目标。出示或者明确本节课的教学目标，让学生从总体上了解本节课的学习任务和要求，做到对将要学习的内容心中有数，成为学习的主人，使学习不再被动。这项内容用时大约1分钟。

（3）新课讲解。这是新授课的主要环节，当然并不是说新授课必须是以教师讲解为主，也可以穿插课堂讨论、学生自学等其他形式，但是教师讲解仍然很重要，尤其是针对特定的教学内容。这一环节用时15～20分钟，注意重点突出、抓住关键、解决难点。此环节中，教师发挥着设疑、引趣、攻难、求精的主导作用，时刻关注学生的听课反馈，及时做出相应的调整。

（4）巩固练习。教师组织学生进行课堂巩固练习，既可以通过练习让学生将知识内化成基本技能，同时又可以反馈教学效果，以便教师获得教学信息。要注意课堂巩固练习时间不宜太长，最好少于10分钟，题目选择要典型、适度、适量，基础题和拔高题层次分明，要考虑全体学生。

（5）课堂小结。教师带领学生回顾并梳理本节内容，做出提纲挈领的总结。时间一般不超过5分钟，有效的课堂小结不仅有利于学生记忆，更要锻炼学生自己去归纳，是进一步掌握知识的途径和方法。

2. 复习课

复习课是以巩固、深化、扩展学生所学知识和能力为目的的课型，既是知识升华的重要教学环节，也是培养学生学习能力和创新精神的重要途径，主要有单元复习、阶段复习、总复习或毕业复习、高考复习等不同类别。复习课主要的功能是梳理知识、归纳总结，使知识体系更条理、清晰，便于学生理解和记忆。这类课型的形式很多，例如，教师系统讲授复习、重点讲授复习、引导谈话的复习、解答问题的复习或以知识结构列纲要信号的复习、以图像为主线贯穿的复习、以多媒体展开的复习、以布置复习题进行的复习等。教师在进行复习课的教学过程设计时一般要考虑以下几个环节：

（1）出示复习目标。上课开始，教师直接出示本节课的复习目标，使学生明确本节课的学习任务。这项内容用时约2分钟，要注意复习目标的确定应全面、准确、具体。

（2）梳理知识结构。教师帮助学生将之前所学的有关知识进行回忆，然后进行梳理、归纳、总结。通过此过程，学生不仅要进一步理解和掌握已有知识，还要进一步理清这些知识间的脉络，构建出较为系统的知识体系，形成较为完善的知识网络。此过程所需时间一般不少于15分钟。在此过程中教师可采用多种方式，既可以边梳理知识结构边板书，也可以先板书再梳理，或者让学生自己进行知识结构的梳理，教师给予指导和完善。

（3）练习。复习课中的练习与新授课上的练习有明显的区别。新授课中的练习主要是为了巩固新知识，基础性强。而复习课中的练习则主要是为了知识结构化，把相关知识之间的联系以题目的方式呈现给学生，所以综合性比较强。这一环节用时至少15分钟。

（4）信息反馈、课堂小结。通过一节课的复习，教师可以了解到学生对本节复习课的任务完成情况，对每个知识点的掌握情况，以便进行教学反思，在今后的课程中调整复习策略和教学进程，进行查缺补漏。这一环节用时5分钟左右。

在进行复习课的教学过程设计时，一定要注意教学内容的选择和安排，生疏的知识点要重点复习，熟悉的则快速复习；常用的知识点要重点复习，不常用的则次要复习；易混淆的知识点要重点复习，单纯的则简单复习。

3. 综合课

综合课是指在一堂课上，教师既有讲授新知识的任务，又有复习旧知识和练习的任务，是一堂课内综合完成多种教学任务的课型。中学的地理课以综合课的类型为主，使用最普遍，而且综合课的任务又是以讲授新知识为主。综合课教学一般有复习旧知、导入新知、呈现新知、重难点讲解、运用和总结巩固等环节。既包括了新授课的环节，又比单纯的新授课中复习的比重大。其中复习旧知这个环节，主要目的是让学生回忆、梳理已有的知识经验或者上节课所学的内容，这个环节也算是导入新知的一种铺垫，当然与复习课的梳理环节不能相提并论。复习课主要是针对一个专题的知识进行梳理、归纳和总结，构建出完善的知识网络。而综合课中的复习则系统性不强，主要是为了回顾与新知关联的知识。同时，综合课的其他环节相对于新授课来讲有所缩短或者调整，具体因教学内容而异。

四、地理教学过程的实现

地理教学过程是"以学为本"，因此，地理过程的实现要倡导建立一种平等合作、对话理解的情感情境，为学生的全面发展和健康成长创造有利条件。地理教学应该以地理基础知识的实现为中心，关注过程与方法目标的实现，重点关注学生地理情意目标的实现。

（一）地理基础知识的实现

地理基础知识是我们认识生存环境的空间维度、理解人们与环境相互影响途径的重要知识背景。地理基础知识是未来公民必备地理素养赖以生长的土壤，掌握地理基础知识有助于学生终身欣赏和认识世界，形成正确的情感态度和价值观。

1.地理基础知识的组成

地理基础知识是中学地理教学的基本内容，是地理素养的基本组成部分。依据地理知识本身属性，地理基础知识可以分为地理感性知识（又称事实知识）和地理理性知识，见表5-6。

表5-6　地理基础知识

基本类型	具体类型	内涵
地理感性知识	地名	地球上占有一定位置的地理实体的名称，具有空间性特点
	地理数据	表示地理事物的数量关系，是地理事物的量化表征
	地理分布	反映地理事物空间位置和空间形态
	地理演变	反映地理事象变化过程和前因后果的知识，具有长期、动态的特点
	地理景观	反映地理事物外表形态的感性知识
地理理性知识	地理概念	地理事物、现象或地理过程的本质属性在人脑中的反映
	地理特征	某一地理事物区别于其他同类地理事物的特点
	地理规律	反映地理事物发展过程中的本质联系与必然趋势的地理知识
	地理成因	反映地理事物的因果联系、揭示地理特征和规律形成原因的地理知识

2.地理感性知识的实现

地理感性知识（事实知识）是反映地理事物外部特征和联系的地理知识，具有直观、生动、具体的特点，主要包括地名知识、地理数据知识、地理位置知识、地理分布知识、地理演变知识、地理景观知识等。

（1）地名知识的实现。地名是地理教学系统重要的组成部分之一，是地理知识教学的基础部分。人类在认识地理事物时赋予了它们特有的名称，就能明确所特指的地理实体。地名运用的意义：其一，地名作为代表地理事物的一个符号，起着识别特定地理事物的作用；其二，由于每一个地理事物在地理环境中都有其相对固定的位置，所以每当提到某一个地名时，人们必然要明确它的空间位置。因此地名在本质上是指位于某一特定空间位置的地理实体的名称。学习地理必然要涉及位于不同位置的诸多地理实体。作为地理空间实体名称的地名，有其标准的写法，必须准确地读和写，以免影响交流或造成混淆；而地名所代表的地理实体的空间位置，则需要借助地图来准确定位。因此，对地名学习要求做到：①读得准。应注意将多音字的发音读准确，对比较长的地名则要注意读准读全，不要遗漏。②写得对。能按标准要求用中文准确写出地名，特别是比较长的地名，不出现错别字。③找得到。能按要求在地图上准确指出地名所代表的地理实体的位置。一般要求指出图例所在的点或地理实体的主体位置即可。④记得住。能记住地名的读写并通过空间记忆转化为头脑内部地图（心理地图），记住其空间位置。

在地名学习中，要让学生领会到地名学习的意义。在教学设计方面，主要通过感知、识记等过程掌握正确的读、写和定位，可以采用图上模拟旅游、以点串线的方式记忆相关的一组地名，也可以采用诗歌、编地名顺口溜和串联句子的方式帮助记忆，如记中美洲七国编成危洪撒（萨）泥（尼）哥爸（巴）奔（伯）等。

有些地名的含意本身具有地理意义，如亚洲Asia意为"日出之地"，欧洲 Europe 意为"日没之地"，非洲Africa意为"灼热的大陆"，贡嘎山意为"白雪山"，等等。适当联系地名的地理意义，既可以提高兴趣，又可以加深对地名的理解。另外地名的学习不是孤立的，而是与整个地理学习过程、甚至与生活中的时事、见闻紧密联系，要充分利用各种媒体和社会资源，联系和扩展地名知识，使学生在头脑中建立起以众多的地名联系形成的内部地图系统。

（2）地理分布的实现。地理分布是地理感性知识教学中的重要内容，尤其是在区域地理教学有大量的地理分布知识需要学生掌握。任何地理事物都要占据一定的空间位置，表现出一定的空间形态，学生学习和掌握地理空间分布，对其认识地理事物及其相互联系，形成地理空间概念具有十分重要的意义。

地理分布知识可分为地理空间位置和地理空间分布形态特点两个方面，即"在哪里"和"是什么样"，其中地理空间分布形态特点主要是指地理事物在地图上的分布特点。

学生学习地理分布主要是借助地图进行空间定位感知，所以首先要养成通过阅读地图获得地理空间分布知识的学习习惯，改变先阅读课文了解地理分布，再读图印证的方式。要在地图上将地名、地理位置和分布特点"三结合"，进行"定位"和"定型"，以掌握地理事物的空间位置和空间形态，形成心理地图中的地理分布空间表象。空间的"定位"可以使用地图经纬网或重要的经纬线确定其绝对空间位置，但多数是以大洲、海洋、大地形单元、国家和重要地理分界线等作为参照物来确定其地相对空间位置的。在学习地理分布知识的同时，要逐步掌握并经常运用这些参照物，逐步形成稳定的心理地图。

"定型"主要指掌握地理分布形态。线状分布的地理事物特别要注意其空间走向（如山脉、河流）及空间分布形状。例如，黄河干流像一个向北凸出的"几"字形，长江干流像一个大V字连接一个小w形。还要注意线状分布的地理事物与其他点状、线状分布的地理事物的相互关系，如交通线都串联着许多点，又相互连接成网。对于面状分布的地理事象来说，注意其面积、形状与邻区交界情况等。有些面状分布的地理事象可以将其拟形，以便于记忆。

地理分布知识的教学设计还可以采用以下方法：①以游戏、竞赛的方式，多做中国分省区拼图和世界大洲拼图，可以有效地掌握各省区或大洲的形状和相对位置。②要多做填充地图练习，多使用略图、草图概括地理分布主要特征，强化心理地图的记忆。③要特别注意点、线、面的结合，以点串线，以线带面。

（3）地理景观知识的实现。地理景观知识教学是要在学生头脑中建立不同地理事物和现象外貌特征的过程。地理景观包括自然地理景观和人文地理景观。自然地理景观是自然环境的产物，是各种自然地理要素综合作用的结果，一定的自然环境条件形成特定的地理景观，因此，不同的地理景观也就反映出了形成它的地理环境条件。通过对自然地理景观的观察、比较，可以得出自然地理区域特征和区域之间的差异，并为进一步分析成因打下基础，因此自然地理景观的教学具有重要的意义。人文地理景观是人类活动的结果，它可以直观地反映出聚落类型、经济类型及其发展水平和发展过程的差异、文化类型及文明程度差异等。因为人文地理景观不能脱离地理环境，所以人文地理景观也反映出人类活动与地理环境之间的相互联系。

在地理景观知识的教学中，常用的方法是观察和想象。地理景观的观察包括实物观察和模像观察。实物观察手段包括观察地理标本、野外地理观察、社会调查、地理参观访问等，有助于获得具有真实性、鲜明性、生动性的感性材料。模像观察是指借助于地图、略图、黑板画、地理模型、地理图表等手段来直观地理景观，有助于突出地理事物本质特征，把不易感知的地理要素突出出来。教师通过形象生动的文字或语言描述地理景观，帮助学生运用想象建立地理事物的表象。

学生要学会对地理景观的观察、描述，运用地理景观展开想象，并在形象的基础上进行比较，对地理景观的特征进行概括，培养相关的各种能力，并为抽象思维发展积累素材。地理景观的学习由浅入深可分为以下三个层面：

1）要从观察入手，学会观察地理景观的步骤和方法。要养成自觉观察的习惯，在日常生活和外出活动中注意观察，观察时要掌握三个要点。第一，地理景观的空间分布（在哪里？）；第二，地理景观的时间或季节；第三，地理景观的特征是什么？在积累一定的地理景观素材的基础上，还应鼓励学生根据已知的条件或线索去想象未见过的地区，培养学生的想象能力。

2）要在地理景观观察中渗透思维活动，认识和识别各种地理景观，并能够描述地理景观的外部特征，即实现地理景观的图文转换。还要通过比较相似的地理景观的差异，进一步突出它们各自的特征。地理景观教学是以形象思维为主的，但学生的认知不能总停留在感性阶段，可以采用将地理景观简化成素描图、示意图等方法突出地理景观的特征，引导学生的思维逐步从形象向抽象发展。

3）从地理景观与环境的关系的角度，寻找影响地理景观特征的主要环境因素。地理景观学习的三个层面，不要求也不可能一步到位，特别是抽象程度较高的和成因方面的内容。可采用激发兴趣和渗透式的方法，促进学生发展。

（4）地理演变知识的实现。地理演变知识是指反映地理事物和现象发展变化过程的地理感性知识，它包括自然地理演变和人文地理演变。从一个完整的节奏性或循环性地理演变过程中，可以看到地理事象发展运动的"过程""结果"和"规律"；从过程性演变中也可以看到演变过程的不同阶段、各阶段的特征及演变的趋势，这必然会引发学生对地理演变规律和成因的探索和思考。因此，地理演变知识是学习地理成因、地理规律的前提和基础。通过地理演变知识的学习，也会使学生深刻地感受到地理事物都是运动变化的，树立唯物辩证思想。在地理演变的过程中，也可以看到人类活动与地理环境的关系，其中有对地理环境的改造和优化，也有大量的对地理环境的污染和破坏。地理演变知识的学习，有利于学生形成正确的人地观，树立可持续发展的观念。

学习地理演变知识的关键是要直观地展示地理演变的全过程，变不可观察为可观察。第一，要认真观察地理演变的全过程、演变的大趋势及其结果，通过动态的感知形成深刻的记忆。第二，通过直观地分析、比较，将地理演变的全过程划分为几个不同的阶段并把握各个阶段的特征或标志。第三，地理演变学习中要抓住特征片断。第四，在形象直观的基础上可以借助图表对演变过程进行适当的概括和抽象，定量的地理事象变化，可运用时间统计图和趋势图来表示。定性的地理演变可以用动态示意图表示，而地理分布的演变可以用不同时间的地图叠合表示，包括透明胶片图的重叠和多媒体画面上的重叠。

学生在观察和感知演变过程时，必然会伴随着思考，会提出各种问题，教师可根据教学目标的要求适时引入深入的学习，或只作适当的点拨、渗透，为后面的学习打下基础。

（5）地理数据知识的实现。中学地理学习中地理数据主要有指量数据、顺序数据、比率数据和地理常数等，要求识记的地理数据并不多。地理数据的学习中，也要加强直观性和地理技能的培养，把抽象的地理数据转换为统计图表来显示。随着大数据时代的到来，地理数据的收集、处理及运用数据来说明问题的能力应该越来越受到重视。

2.地理理性知识的实现

地理理性知识是反映地理事物本质特征和内在联系的地理知识，通过比较、分析、综合、归纳、演绎等抽象思维活动而达成。地理理性知识主要由地理概念、地理特征、地理规律、地理成因知识组成，是地理知识实现的重点和难点。

（1）地理特征知识的实现。地理特征知识是地理知识的重要组成部分，可以分为要素特征和区域特征。地理特征的表述具有综合性，例如，西亚的经济特征可以综述为"世界的油库"和灌溉农业，突出其经济部门特征。

获得地理特征的一般思路是在大量地理事实材料的基础上，归纳出几个方面的特点，再进一步概括，最后用简练的词语总结出特征，即地理事实材料—特点—地理特征。中学地理特征的学习，主要有两种方式：一是可以在观察、感知的基础上直接概括得出，如地形特征、景观特征、空间位置特征、空间形态特征等；二是需要运用资料去分析、比较和概括，如中国的气候特征，水资源特征等。地理区域的特征概括程度更高，要对要素诸多特征进行比较、综合，提取出最能体现区域特殊性的特征来。例如西亚的气候特征，用"炎热干燥"来概括，突出水热数量特征，由此也反映了比较单调的热带沙漠气候类型特征。是否真正学会分析、概括和表达地理特征，对于地理概念的学习和抽象思维的发展有着重要的影响。新一轮课程改革提倡主动探究式学习，新的初中地理课程标准中也以行为目标方式要求学生"利用中国地形图，说出我国地形、地势的主要特征。""运用资料说出我国气候的主要特征。"因此，地理特征的学习必须注重过程和方法。教师应该引导学生去探究、归纳、概括，结论性的内容应放在探究过程之后。当然，在学生掌握了特征之后，再用"举例说明特征"训练反向思维也是必要的。

学生在学习地理特征时除了要学会概括地理特征，还要学会运用地理特征解释地理现象和解决问题。例如，根据我国地势西高东低的特征，解释我国许多大河由西向东奔流的原因，学会从我国地形复杂多样的角度分析我国气候的复杂多样性等。

（2）地理概念的实现。地理概念是人们对地理事物本质属性与特征概括性的认识，是认识各种地理事物的基础，区分不同地理事物的依据，也是进行地理思维的基本单位。地理概念按其外延范围可分为单独地理概念、一般地理概念和集合地理概念。单独地理概念是指某一特定的地理事物，其外延狭小，内涵丰富具体，为深化到理性认识的地名，如黄河、北京等。一般地理概念是关于一类地理事物的概念，其外延宽广，内涵狭窄，所以也称为地理名词、术语，如地形、气候、河流、城市等。集合地理概念通常是单独概念与一般概念的有机重组，反映某一区域的一组或同类地理事物的共同属性。如中国北方的外流河、北美五大湖等。

地理概念的学习过程也是逻辑思维的加工过程，其途径主要有两条，一条是归纳，另一条是演绎。运用归纳法形成学生地理概念的程序，首先让学生观察属于这一地理概念外延的一系列具有代表性的具体地理事物；其次进行直观地比较，找出它们具有的共同属性；再次对地理事物的属性进行归纳、概括，形成该类地理事物的特征；最后对地理概念做出定义，即运用简练、科学的词语对其本质属性进行概括。概念形成后还要将地理概念运用于实际，进行检验和开展抽象思维。利用演绎法形成学生地理概念的程序正好相反，首先给出地理概念的定义，说明该地理概念的本质属性，以及属性之间的相互联系；其次将地理概念和相应的地理表象相联系；最后使学生能独立地使用地理概念。

从上述概念形成的过程看，需要以观察所形成的丰富的地理表象为基础，用分析、综合、比较、抽象、概括等思维方法来获取地理概念的本质属性，还要用准确、简练、科学的词语下定义，这是地理概念学习的三个重要方面，但认识本质属性是地理概念教学的关键。地理概念的教学中，对较复杂事物的思维仍需形象和视觉材料的支持，学习中可以采用分解式简图边讲边绘，使学生在观察和视觉支持下展开思维活动，运用探究式的方法。这样不仅可以使学生加深对概念的理解，而且也体验了探究的过程，认识了地理知识的意义。

（3）地理规律知识的实现。地理规律是揭示地理事物本质和结构的理性知识，地理规律主要包括地理演变规律、地理分布规律和地理结构规律。地理演变规律反映的是地理事物发展变化的必然趋势，如季节变化的规律、地质循环的规律、人口迁移的规律等。地理分布规律反映的是地理事物与空间位置之间的必然联系，如气温随纬度变化的规律，陆地自然带的分布规律等。地理结构规律反映地理要素相互作用相互影响。将看似琐碎的地理感性知识整合起来，并纳入学生的地理认知结构之中，是地理规律知识学习的重要任务。

地理规律的学习的关键就是要抓住地理事物之间的联系和演变的趋势，要在地理分布和地理演变知识的基础上，建立起它和主导因素的相互联系。例如，我国降水的分布规律反映了我国降水的分布与我国的海陆位置分布、夏季风推移等主导因素的必然联系。只有海陆位置一个因素的影响还不能够决定我国降水分布的规律，因为有些国家或地区虽然也濒临海洋，但是却降水稀少甚至形成沙漠，所以还要有来自海洋的夏季风带来暖湿气流这个主要因素。对地理要素之间相互联系的分析和概括，是一个抽象思维的过程。

地理规律知识学习的方法主要是地图法。地理规律常常需要运用地图、图表来支持分析，特别是地理分布规律往往可以在地图上呈现出来。例如，在学习我国地势的三级阶梯状分布趋势时，首先指导学生从分层设色地形图上读出三级阶梯状地势特点，然后指导学生绘制我国的地形剖面图，从而让学生在体验中理解我国的地势变化规律。

在地理学习中，教师还要注意引导学生发现、总结与整理地理规律。地理规律类知识在地理课本中普遍存在，凡是带有必然性的知识都可以视为地理规律，比如"等高线越密集代表地势越陡峭，相反等高线越稀疏表示地势越平坦"，就可以看成是一个地理规律。对学习到的地理规律应该进行分类整理。学习地理规律时应该要求学生能够举例证明地理规律。如让学生利用我国的北方由东向西地理景观变化的实例论证经度地带性的规律，利用非洲对称分布的地理景观来说明纬度地带性规律等，还要学会演绎运用地理规律，即运用地理分布规律或地理演变规律去分析和推论某一地理事物的分布或演变趋势。

（4）地理成因知识的实现。地理因果关系是普遍存在的，不管是地理理性知识，还是地理感性知识，都有其形成机理。地理成因可以分为简单地理成因与复杂地理成因。地理成因知识的实现一方面有助于对地理基础知识的掌握，实现从感性知识到理性知识的飞跃；另一方面理解地理成因，掌握地理成因的探究方法，能够激发地理学习兴趣，促进学生创新性地理学习，促进地理知识的迁移运用，有利于提高学生的思维能力，改变地理学习只见"地"不讲"理"的状况。

地理成因知识实现的常用方法是综合方法。简单成因的因果联系比较简单，影响因素较少；而复杂地理成因通常影响因素较多，涉及范围较广。在地理教学中，应加以综合分析，并在多种因素中确定和突出主导因素。例如，分析气候类型的成因时，纬度高低、距海远近、地形变化、洋流寒暖、大气环流等，都会对气候的形成产生影响。但形成什么样的气候类型，还要看主导因素的影响。

初、高中学生年龄特征和思维发展阶段不同，地理成因的学习思路也应不同。一般来讲，初中教学多采用由果溯因的方式，即从现有的地理事象（结果）出发，一步步去探求它的形成原因；而高中可以加大难度，采用由因导果的方式，即从某一种运动或活动（原因）出发，去探求它可能导致的多种结果，在这一过程中要激发学生的发散思维，培养创造性运用知识的能力。中学阶段许多地理成因的学习不可能一步就达到全面、深刻的理解，教学中应有意识地多采用提前渗透、铺垫，适时引导、探索等方法，才可能收到水到渠成的效果。

（二）地理过程与方法目标的实现

1.地理过程与方法目标的理解

地理课程标准将"过程与方法"视为地理课程目标的一个重要维度，这是新一轮地理课程改革的亮点之一。它对于地理知识的掌握和地理技能的形成，对情感态度与价值观的养成，都具有促进作用。在地理教学实践中，"过程与方法"目标是一个有机整体，"过程"与"方法"相辅相成，"方法"在"过程"中获得，"过程"因"方法"

的运用而顺利进行。

地理科学的基本过程可分解为地理观察、地理分类、地理交流、地理推断、地理预测和认识空间—时间关系等基本要素。综合的地理过程可分解为地理问题的形成、研究地区的确定、形成假说、资料的收集与分析、假说的验证、得出结论、表达与交流等要素。这些要素有机地综合为一体则是学习科学的过程。在这一过程中，学生描述地理事物、提出地理问题、阐明解释、验证解释并和别人交流其观点。科学方法是在学习和研究科学问题的过程中，发现问题、提出假设、做出解释论证、解决问题等所遵循的途径和使用的手段。地理科学方法主要涉及地理观察、地理实验、地理调查、地理比较、地理分析与综合、地理归纳与演绎等方法。

"过程与方法"的基本要义是要十分重视让学生经历地理科学研究的过程，并在自主、合作、探究性的学习中发现、总结和掌握知识的规律和学习方法。

2.地理过程与方法目标实现的策略

（1）创设问题情境，在解决问题中训练地理科学方法。在教学实践中，教师首先要告知学生地理科学方法的作用、适用范围、相关原理、步骤，让学生模仿、操作并加以体会；其次，要创设问题情境，鼓励学生积极探索，发现与解决问题，分享、表达和交流运用科学方法解决问题的体会，特别是解决问题的步骤、过程和方法，从而帮助学生有意训练和归纳使用科学方法的要领。例如，为实现"说明洋流对地理环境的影响"的教学目标，教师设计了"1978年3月，一艘叫'阿摩科·卡迪兹'号的油轮在英吉利海峡附近失事，使得2.95亿升原油泄入海中。你认为洋流会给这次海上石油污染带来什么影响？"的教学情境，鼓励学生探究洋流对污染物净化与扩散的影响。

（2）借助地图，在归纳规律中培养地理科学意识。地图是地理教学中重要的信息源和工具，它为地理教学提供地理事物空间格局、空间过程及空间联系的相关信息。学生通过阅读地图，总结相关地理规律，并在总结规律中养成科学意识。例如，关于洋流的教学，首先，教师展示世界洋流分布图并设置问题：阅读世界表层洋流的分布图，图中洋流分为哪几类？它们的流向怎样？大陆东西岸暖流、寒流的分布有什么规律？其次，要求学生观察南、北半球中低纬度海区的大洋环流，看看两个海区洋流的运动方向有什么不同，为什么？最后，教师引导学生归纳世界洋流的分布规律。

（3）优选媒介，在多种情境中培养学生的信息意识。科学规范过程与方法目标的行为条件中，往往隐含着对教学媒体或教学用具的要求。学生学会运用地理资料、图表等媒介是实现"过程与方法"目标的关键和重要手段。此外，地理教学要强调地理信息技术媒介在地理学习中的应用。一方面，要充分利用信息技术手段，加强信息技术与课程教学的整合；另一方面，要积极营造有利于学生形成地理信息意识和能力的教学环境。

（4）优化方法，在合作探究中培养地理科学能力。地理"过程与方法"目标的实现，很大程度上取决于教师能否选择合适有效的教学方法。新课程倡导自主、合作、探究的学习方式，重视对地理问题的探究。为了能更充分地达成"过程与方法"目标，教师应结合教学内容特点和学生实际，采用注重探究学习、合作交流学习的方法来组织教学，以帮助学生形成地理科学精神和意志。

在地理合作探究性学习活动中，学生不但需要收集和处理大量的地理信息，发现和分析地理问题，还需要将大量的信息资料转化为地理图表、小论文、活动报告等形式的学习成果等。这些都是地理新课程期望实现的"过程与方法"，也是学生地理科学能力的体现。因此，在立足学校和学生实际的基础上，组织开展相关的学科研究性学习或专题研究活动，是实现"过程与方法"的目标、培养学生地理科学能力的重要途径。

3.地理情感态度与价值观目标的实现

学习过程是以人的心理活动为基础的认知活动和情意活动相统一的过程。为了实现地理课程情感态度与价值观目标，在教学实践中教师应关注以下策略：

（1）教师要提升自身情意素养，自觉落实情意目标。要实现情感、态度与价值观目标，地理教师必须要加强自身修养，具备积极的情感、正确的态度与价值观，切实掌握地理情感、态度与价值观内容，使情感、态度与价值观教育成为教师真实情感的自然流露，从而有效地培养学生积极向上的情感。

研究学生情感认知规律是教师提升自身素养的重要途径。心理学研究表明，情意目标达成的心理过程是一个层层递进、紧密衔接的情感心理内化、升华和外显的过程。因此，地理教师要深入学习心理学相关研究成果，理解情感、态度与价值观的教育过程，熟知学生情感认知规律，自觉、适时、有效地进行情意教育。

（2）教师要钻研课程标准和教材，挖掘其情意内容。地理课程标准是规定地理学科的课程性质、课程目标、内容目标、实施建议的教学指导性文件，体现了国家对学生在地理知识与技能，过程与方法，情感、态度与价值观等方面的基本要求，蕴含着丰富的情感、态度与价值观因素。地理教材是向学生传授知识、技能和思想的材料，是地理课程的核心教学材料。地理教学中的情感、态度与价值观教育，就是教师依据地理课程规定的培养目标和地理课程标准的情感、态度与价值观目标对学生实施的情意教育。因此，在地理教学实践中，教师要根据地理课程标准中规定的情感、态度与价值观教育要求，挖掘地理教学内容中蕴含的情感、态度与价值观教育因素，结合知识传授和技能培养，有目的、有计划地进行情感、态度与价值观教育。

（3）教师要重视课堂教学，发挥其教育主渠道作用。课堂教学是中学地理教学组织的基本形式，有充分的师生相互交流、沟通、启发和补充活动。通过课堂教学来进行地理情感、态度与价值观教育，能够保证教育内容的完整性和时间运用的有效性，能够保证教师主导作用的发挥和各种辅助教学手段的运用，从而保障地理情感、态度与价值观教育的科学性和有效性。因此，课堂教学是地理情感、态度与价值观教育的主要场所，也是学生接受地理情感、态度与价值观教育的主渠道。在地理课堂教学中，地理教师要善于把情感、态度与价值观教育同地理基础知识与基本技能传授有机融合起来，并融入到过程与方法目标的实现中，找到情感、态度与价值观教育的切入点，适时有效地实施情感、态度与价值观教育。

（4）教师要加强地理实验活动，促进情意目标的形成与发展。地理实验是一种运用器材和设备把所要学习的地理事物、现象及其变化过程在课堂中表现出来的教学方法。地理实验的顺利进行，需要学生在调查设计、准备器材、实验操作、观察记录、分析讨论、归纳总结等各个环节中分工合作，这既可以给学生提供自主学习的机会，也可以帮助学生树立团队合作的观念。同时，由于地理实验是一种科学的研究方法，本身是一个严格的科学过程，要想获得成功，必须严谨求实，逻辑有序地安排各项活动，这对培养学生科学求实的态度和严谨的科学作风大有裨益。同样，地理实验的过程也是一个磨炼学生意志，培养学生科学世界观的过程。浓厚的地理兴趣、实事求是的科学态度、严谨细致的工作作风、坚忍不拔的意志等，是素质教育的基本要求，也是情感、态度与价值观教育的主要内容。

（5）教师要优选评价方法，提升学生的情感、态度与价值观。在地理教学实践中，情感、态度与价值观目标受到忽视的主要原因之一是其评价难度大。情感、态度与价值观目标的评价不是为了甄别和选拔，而是为了促进学生身心发展。情意评价的结果与学生的名誉、分数、奖惩和升学等实际利益联系起来，学生就很可能防御性地在评价者面前掩饰自己的行为，教师无法客观地评价学生的情感、态度与价值观，甚至可能迫使学生变得日益虚伪。因此，现行的测量、考评很难准确评定学生情感、态度与价值观目标的达成情况。改进评价方法，关注学生情感、态度与价值观的发展，是提升学生情感、态度与价值观的重要途径。观察、沟通、问卷调查、利克特量表、强迫选择等是有效评估情感、态度与价值观目标的方法。教师在情意评价实践中不要"为了方法而方法"，更不要追求利害关系，要善于根据实际情况，谨慎选用合适的评价方法及组合，使情意评价真正发挥促进学生发展的作用。

思考与实践题

1. 什么是教学设计？完整的地理教学的五大要素是什么？
2. 自选一节教学内容进行地理教学目标设计。
3. 试述地理教学媒体选择依据，并自选一节教学内容进行媒体组合设计。
4. 自选一节教学内容说明如何实现地理概念或地理特征知识教学。

第六章　地理课堂教学与教学方案的设计

第一节　中学地理课堂教学

地理课堂教学是在教室内进行教学活动的教学形式，即我们常说的地理课。它采用班级教学的组织形式，一般来讲，每班有固定的学生数，每个学期有固定的课程，按照排定的课程表上课，课堂上使用统一的教材。中学地理课程标准所规定的教学内容和任务，主要是通过课堂教学形式来完成的。因此，它是学校地理教学活动中最重要、最基本的组织形式。一般的地理课堂教学过程就是备课—上课—评课过程，承担着地理基础知识教育、地理技能训练和能力培养、情感态度与价值观教育的基本任务。

课堂教学便于统一要求；教学的容量大，传授知识的密度高，适于普及教育；可以充分发挥教师的主体作用，也有利于集体主义精神、组织性、纪律性的培养。但是，课堂教学也存在难以解决学生个别差异的问题，由于课堂教学是封闭式的教学活动，实际观察、操作等难以开展，在一定程度上影响了实践能力的培养。以素质教育思想、建构主义学习理论为指导，以学会求知、全面发展为目标构建的基本地理课堂教学程序为：创设情景—探究思考—质疑反思—合作交流—巩固深化，可有效改善这一问题的解决。

一、地理教学的结构模式

地理课堂教学存在着自己的教学结构，它包括一堂课的基本组成部分、各个部分的具体内容、组织形式及其相互联系与作用等。根据地理教学的特点和认知结构，一般地理教学结构的模式如下：

（一）提出问题

教学总是从提出问题开始的，教师可运用不同的方式，创设问题情境，提出学习的课题或提供学习材料、观察的教具，启发学生的好奇心和求知欲。

（二）阅读图像

认识从感知开始，明确学习课题后，教师要指导学生阅读有关地图、景观图片和原理示意图，或者显示数量图表。指导学生阅读地图、图像，是地理教学的特点，是学生获得地理知识的重要步骤。

（三）分析归纳

分析是师生共同的活动，包括教师的讲授，与学生的谈话，启发学生的思考，回答问题；也可以通过讨论交流，分析地理事物特征，加深对概念的理解；在讲授、讨论的基础上，归纳要点，总结规律。这是地理教学结构中的关键部分。

（四）巩固应用

学生获得了地理知识和能力，要经过问答、练习、整理、表达来进行巩固。教师要创造条件，帮助学生加深理解和记忆。同时，提供应用所学知识解决实际问题的机会和条件，阅读课本或地图验证所学的知识，使新旧知识衔接，形成知识网络。

上面所介绍的只是地理教学结构的一般模式，教师在地理教学实践中要结合教学内容，灵活使用，还要根据培养要求的提高和教学任务的多样化，不断探索、丰富和创新。

二、地理课堂教学的准备

地理教师在上讲台之前，有一系列的准备工作要完成。

（一）学期地理教学计划的制订

学期地理教学计划是地理教师整个学期的教学工作规划方案，它可使教师对全学期教学工作心中有数，目标明确，任务清楚，使教学工作有条不紊地进行。这个计划也是教学管理者了解情况，进行检查监督的依据。

学期地理教学计划主要包括以下几个方面：基本情况分析（班级一般学习情况和地理学习情况）；本学期教学目的、教学任务和要求（地理课程标准的要求和学校的要求）；本学期的教学改革重点或科研课题、教改措施等；教师的提升（包括听课、学习计划）；教学进度的安排（列表写出教学章节的时间、期中和期末复习及考试的时间安排，其他教学活动安排，如参观、野外考察等）等。

（二）研读课程标准，钻研地理教材

研读课程标准，主要是将课程目标细化，转化为具体的、具有可操作性的教学目标。

钻研地理教材主要有三个方面：一是通读、熟悉教材，熟悉教材体系和组成结构，深入掌握章节教材的知识内容，理解有关地理概念及原理，确定教材的重点、难点，对教材的文字、图像、作业认真体会，做到一个"懂"字。二是分析教材，达到深入掌握，运用自如的水平。包括分析概念，掌握其内涵、外延与应用；分析重点、难点，掌握教材的深度、广度与层次；分析内部结构，掌握知识系统；分析知识联系，认识局部教材的地位和作用；分析知识性质，确定教学目的。做到一个"透"字。三是组织

教材，就是按照学科知识体系、章节教学内容、学生认识规律等理清教材层次，编好纲目，做到重点突出，把握关键，使教材条理化、系统化。同时，对教材内容进行一定的加工处理。做到一个"活"字。

（三）分析学生的实际

教学活动是教和学的双边活动，学生是教学过程中认识的主体。因此，与课堂教学有关的一切活动都要从学生的实际出发，根据学生的现有水平去确定。分析学生的实际主要应分析学生学习新内容所必须具备的知识基础、智力水平、技能和能力基础、已有的经验、心理状况、学习态度、自学能力、兴趣爱好、学习方法与学习习惯、健康状况和思想状况、班风等。在设计地理课堂教学时，了解学生是进行地理课堂设计前必须做好的工作。只有了解学生，才能使课堂教学设计更有针对性，增强学生学习地理的自觉性和学习效率，保证地理教育目的的全面实现。

（四）设计教学方法

在备课过程中，要注意以下三个方面：一是遵循学生的认知规律，从感知—理解—记忆—迁移—应用，即由地理事实，到抽象概括的地理原理，再回到实际中去印证说明；或者感知地理现象，经过思维活动对地理概念的理解判断，达到对地理原理或规律的应用、解决问题的目的。二是遵循教学原则，贯穿于教学过程的各个方面。三是地理教学方法的设计，主要包括讲授方式的设计、板书的设计、学生认识方法的设计、教学手段的设计、教学语言的设计，把这些落实到各个教学环节中。

第二节 地理教学方案

地理教学方案又称地理课时计划，是地理教师为地理课堂设计的教学方案。教案是地理教师备课的结晶，是地理教师上课的具体计划，是地理课堂教学的实施方案，将地理教学设计的各个环节以某种形式固定下来，是地理教师实现教学目标、完成教学任务的根本保证。

一、地理教学方案的编写原则

（一）地理性

研究地理教育的目的，就是要阐明地理学科的性质，开展符合时代需求的地理教育。编写地理教案，最重要的是要有地理性。这里所提的地理性，不仅是知识的地理性，而更应该是所反映思想的地理性。地理学所研究的核心问题是人地关系问题，同时，地理学是自然科学和人文科学的交叉学科，具有明显的综合性和区域性。地理教案中要有对于人地关系问题的认识与关注，从解决人地之间问题的角度来进行地理科学知识的学习，也要包含人本思想。

（二）科学性

一个好教案应该具有科学性。所谓科学性，就是教师要认真贯彻课标精神，按照教材内在规律，从学生实际出发，确定教学目标、重点、难点。设计教学过程一定要避免出现知识性错误。不能任意提高教学要求，要避免过分追求叙述的严谨而影响学生对基本内容的理解。

（三）创新性

地理教师要在自己钻研地理课程标准和教材的基础上，广泛地涉猎多种教学参考资料，向有经验的老师请教，对别人的经验不要照搬照抄，要独立思考，经过消化、吸收，形成自己的观点，然后结合个人教学体会，巧妙构思、精心安排，写出属于自己的教案。这就要求教师在编写教案时既要体现包容性，又要有创新性。

（四）差异性

由于教师的知识、经验、特长、个性是千差万别的，而教学工作又是一项创造性的工作。因此写教案也就不能千篇一律，要发挥每一个老师的聪明才智和创造力，结合个人的特点。

（五）艺术性

所谓教案的艺术性就是构思巧妙，能让学生在课堂上不仅学到知识，而且得到艺术的欣赏和快乐的体验。教案要成为教学剧本，开头、经过、结尾要层层递进，扣人心弦，达到立体教学的效果。教师的说、谈、问、讲等课堂语言要字斟句酌，做到恰当的安排。

（六）可操作性

教师在写教案时，要从实际需要出发，充分考虑教案的可行性和可操作性，简繁得当。教学进程常常有与教案有出入的情况，因此，教案要具有可调控性。

二、地理教学方案的内容

（一）地理教案的内容构成

地理教案的内容，一般包括以下项目：
（1）授课学校、班级、主讲教师和学期及日期。
（2）课题（说明本课名称）。
（3）教学目标（或称教学要求，说明本课所要完成的教学任务）。
（4）教学重点（说明本课所必须解决的关键性问题）。

（5）教学难点（说明本课学习时易产生困难和障碍的知识点）。
（6）课型（说明属单一课，还是综合课；单一课的哪一种等）。
（7）教学方法、教学用具（主导方法；辅助教学手段使用的工具）。
（8）教学过程（或称课堂结构，包括讲授提纲、说明教学进行的内容、方法、步骤及学生活动等）。
（9）教学提纲（板书设计，说明上课时准备写在黑板上的内容）。
（10）作业处理及课后分析等（说明如何布置书面或口头作业）。

（二）教学过程的几个步骤

在教案书写过程中，教学过程是关键，它包括以下几个步骤：

1.导入新课

（1）设计新颖活泼，精当概括。
（2）怎样进行，复习哪些内容。
（3）提问哪些学生，需用多少时间等。

2.讲授新课

（1）针对不同教学内容，选择不同的教学方法。
（2）怎样提出问题，如何逐步启发、诱导。
（3）教师怎么教，学生怎么学，要详细安排步骤。

3.巩固练习

（1）练习设计精巧，有层次、有坡度、有密度。
（2）怎样进行，谁上黑板板演。
（3）需要多少时间。

4.归纳小结

（1）怎样进行，是教师还是学生归纳。
（2）需用多少时间。

5.作业安排

（1）布置哪些内容，要考虑知识的拓展性、能力性。
（2）需不需要提示或解释。

（三）地理教案的内容说明

第一，地理教案中的"课题"一般用课本中的章、节或节内标题的名称命名，例如，"地球与地球仪""气旋""日本"等。

第二，"课的类型"是根据每堂课所要完成的教学任务的不同而确定的。主要写明该课时是地理综合课，还是单一课的某种类型（如绪言课、练习课、新授课、复习课等）；课型的选择要根据本节课的教学目标、学生状况和教学条件等多种因素综合考虑。

第三，教学的"重点"一般指对学生的学习与发展有重要作用的地理基础知识、基本概念、基本原理和基本技能，是学生学好中学地理的关键。"难点"一般是指学生不太容易理解和掌握的知识点。确定教学内容的重点和难点，有助于教师在教学中分清主次，把握关键，同时也是顺利完成教学任务，实现教学目标的保证。

教学重点、难点是教案中必须明确的内容，虽然字数不多，但要真正写好却不容易。尤其对于青年教师来说，表述往往过于简单。正确的做法是，除了写出重点、难点的内容外，还应简要地说明重点、难点的理由，以便为设计教学方法和进行教学安排提供依据，有利于突破难点，突出重点。

第四，"教学用具"注明本课时所用的地图、模型、图片及特殊的多媒体教学设备等。教学用具包括教具和学具。一堂课中教、学具的使用不宜过多，以教学需要为依据。在条件许可的情况下，应尽可能选择用现代教学技术辅助地理教学。

第五，"教学过程"是具体地理教学活动的实施过程，这一过程是地理教案中的主体部分。每一节课的教学过程由几个教学环节组成，比如地理综合课可以按导入、呈现、运用和总结四段的序列编写。这部分内容还应包括教师在课堂上的讲授提纲。讲授提纲是教师传授地理基础知识和技能的要领，也是学生学习地理基础知识和技能的主要内容。但是，讲授提纲的层次一般不要超过三级。

第六，地理教案中板书形式多种多样（详见第七章第三节）。

第七，"课后分析"也叫"教学后记""教学小结"等，它是上完课后对教案实施情况的回顾和总结，或者是教学心得、体会的概括，可以作为以后教学的参考和借鉴。教学后记有助于教师总结经验，找出差距和不足，以利教学水平的提高。

三、地理教案的基本格式

教案的格式没有统一规定，常见的有两种形式：叙述式和表格式。此外，还有一种比较特殊的教案类型，即活页式教案。

（一）叙述式

根据叙述式教案的详细程度分为详案和简案（或略案）两种。

1. 详案

又称详细式教案，其特点是用详细的语言，把课堂教学要求、教学内容、教学方法、教学用具以及教学过程按时间顺序表述在教案上，很接近于讲稿，类似于上台讲演的"剧本"。这种教案格式对刚刚走上工作岗位的青年教师更有利，它增强了课堂教学的预见性和计划性，可以避免在讲课时出现"卡壳"现象。

2. 简案

又称略案或纲要式教案，即用简明的语言，将课堂教学要求、教学内容、教学方法和用具以及过程作简要说明。这是目前教师较为普遍采用的一种格式，也称常规教案。

案例6-1 地图上的比例尺、方向和图例叙述式教案
（第2课时）

1. 教学目标

知识目标：掌握地图方向的不同判断方法；理解比例尺的大小与地图内容

详略和范围大小的关系。

能力目标：使学生学会在地图上用三种方法来判定方向，培养学生初步使用地图，分析地理问题的能力。

情感目标：引导学生理论联系实际，使学生初步养成科学、严谨的学习态度。

2.教学重点

地图上方向的判定方法。

3.教学难点

经纬网地图方向的判定方法。

4.教学媒体

计算机、投影仪。

5.教学方法

提问法、启发法、讨论法等。

6.教学过程

教师导入：地图是地理课学习的重要工具，它被称为信息的载体，可以帮助我们获取很多地理知识。

教师提问：地图的三要素指的是什么？

学生回答：比例尺、方向、图例和注记。

教师小结：（板书见图6-1）

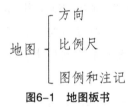

图6-1 地图板书

承转：地图的特点首先是对地表实际事物的缩小，所以每张地图都具有比例尺。

教师提问：哪位同学说说比例尺的含义是什么？它有哪几种表示方法？

学生回答：比例尺表示的是一种缩小的程度，所以又被称为缩尺，其表示方法有文字式、数字式、直线式三种。

教师提问：比例尺是一个比值，其大小又是如何判断的呢？

学生回答：由于比例尺的分子为1，因此，比例尺大小主要看分母，分母越大，比值越小，即比例尺越小；分母越小，比值越大，即比例尺越大。

投影显示：有关比例尺的知识网络。（略）

讲授新课：大家思考，如果地图图幅大小一致，选择不同大小的比例尺，地图内容详略和概括范围的大小是否相同？（学生回答后，教师讲述）

计算机动画演示：（略）

教师提问：对"北京市地图""北京动物园地图""动物园仙鹤岛图"三张地图的比例尺进行大小比较，并说明比例尺大小与地图内容详略和范围的关系。

学生回答：北京市地图比例尺为1:25万，最小；动物园仙鹤岛比例尺为1:9 000，最大。比例尺越大，地图表示范围越小，内容详细；比例尺越小，地图表示范围越大，但内容简略。

教师小结：由此可见，当地图图幅一定时，比例尺大小与地图内容详略程度、表示范围的大小有关系。

承转：看地图，除了了解比例尺的知识，还要学会判断方向。这节课，我们重点了解地图方向的判定方法。

教师提问：在地图上判定方向的方法有哪些？

教师出示三幅图。（略）

教师提问：在这三幅图中，你将分别用什么方法判定方向，结合前面所示的知识思考回答。

学生回答：利用上北下南、左西右东的方法判定方向，用指向标可以判定方向，利用经纬线也可以判定方向。

教师小结：（板书见图6-2）

地图上方向的判定 ├ 一般地图
　　　　　　　　├ 有指向标的地图
　　　　　　　　└ 有经纬网的地图

图6-2 地图上方向的判定板书

教师强调：一般地图是指既没有指向标，也没有经纬网的地图。这时我们判定方向，（必须面对地图）才能利用上北下南、左西右东的方法（见图6-3）。

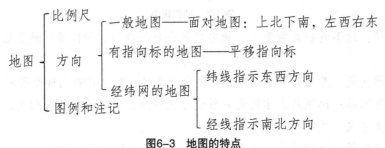

图6-3 地图的特点

（二）表格式

表格式教案具体形式很多，但一般都包括以下项目：①授课日期、班级；②课题名称（书名、章节、课时内容标题）；③课型；④教学目的；⑤教学重点难点；⑥教学方法；⑦教学用具；⑧板书提纲；⑨教学过程；⑩课后分析（见案例6-2）。设计表格式的教案，要求教师把教案的基本内容予以合理组合，对应地填入表中。其中，表格的栏目设置、位置安排等可根据实际情况调整。教师在编写教案一览表时，要求简明扼要，纵横联系，有所创新。有的教案最后还设有备注一栏，这是作为教学过程中的补充之用

（见表6-1，表6-2）。教师上课对照一览表，它可起到提示的作用。对于新教师来说，教案一览表可以作为对详案的一种提纲挈领的总结。

表6-1　表格式教案样例

校名		年级		学期		课程名称	
授课者		课型		课时		日期	
教学目的							
教学重点难点							
教具							
教学方法							
板书提纲							
教学过程				学生活动			
教师活动				时间			
教学心得							
备注							

表6-2　南极洲表格式教案

	教学内容要点	知识要求	能力要求	情感态度和价值观要求
一、地球上位置最南的大洲	1.范围和面积 2.地理位置特点 3.未来交通意义 4.在南极图上判定方向和大洋（难点）	要点1、2：了解	能够在南极图上判定方向和大洋	树立战略眼光
二、冰雪高原	1.地形特点 2.南极冰融化对世界的影响 3.冰山	要点1、2：了解		树立全球意识
三、寒极和风库	1.气候特点 2.酷寒成因（重点） 3.暖季	要点1、2：了解 要点3：掌握	能够利用气候资料对比分析，能够联系气候因素综合分析	
四、资源和科研的宝地	1.经济、科研的价值 2.人类的科学考察 3.长城站、中山站 4.《南极条约》	要点1：了解 要点2~4：掌握	准确填图	培养科学志向 激发爱国热情 培养和平信念 增强环境意识

续表（1）

教学用具		内容	备注
挂图		南极洲图	
投影片	复合片	1.南极洲图（一） ①南极洲轮廓 ②7条经纬线、其他三洲、周围大洋代表数字 ③其他三洲经南极航空线 ④4处指向标	教师自制
	复合片	2.七大洲平均海拔比较图 ①七大洲平均海拔柱状图 ②南极洲的岩层平均海拔和冰层厚度	
投影片	遮盖片	3.南极洲气候资料及其类比表	教师自制
	复合片	4.南极洲图（二） ①南极洲轮廓、其他三洲、7条经纬线、周围大洋代表数字 ②维多利亚地煤田、查尔斯王子山脉铁矿、文森峰 ③1989-1990年国际考察队穿越南极大陆路线 ④长城站和中山站及其代表字母	
	遮盖片	5."南极洲"检测题	
录像	风光片	1.南极的冰原、冰山、企鹅及科学考察站	选自人教版配套录像带
	纪实片	2.南极冰山形成	
	动画片	3.南极高压的形成及影响	
反馈工具		五色反映卡	学生自备

续表（2）

教学内容要点		教学目标	教学活动设计	
课题		看录像1	设问引入	从录像中你看到了哪一个大洲的哪一些特有景观？这个充满神奇色彩的大洲就是我们今天要学习的新课
			板书	第19章 南极洲
一、地球上位置最南的大洲	1.范围和面积	知道	复习提问	1.指投影图说出南极洲的范围。 2.你还记得南极洲面积的大小及位次吗
	2.地理位置特点	知道	读图分析	读南极洲图，从方位、纬度、海陆三方面扼要说明南极洲地理位置的特点
			板书	南极圈图
	3.未来交通意义	树立战略眼光	读投影1及教材中对应插图	
			观察思考	观察南极洲在南半球各大洲中的位置特点，想一想在未来南半球的空中交通中，南极洲将发挥着什么样的重要作用
	4.在南极图上判定方向和大洋	学会	练一练	1.投影图中的①②③分别代表哪一个大洋？你是根据什么作出这一判定的？ 2.在图19.1中，分别在0°、90°E、90°W、180°四条经线和60°N纬线圈的交点处画出指向标，并根据指向标判定大洋①②③各在南极洲的什么方向，它们又是按着什么方向排序的

续表（3）

教学内容要点		教学目标	教学活动设计		
二、冰雪高原	1.地形特点	知道	看挂图	承转设问	1.地形图上的南极洲全部被着上了什么颜色。为什么
			读投影2	对比分析	2.读七大洲平均海拔比较图，从平均海拔和冰层厚度两方面扼要说明南极洲的地形特点
				板书要点	3.冰层巨厚 海拔最高
	2.南极冰融化对世界的影响	树立全球意识		想一想	南极洲的冰如果全部融化将对世界产生什么样的影响，怎样设法防止
	3.冰山	知道	看录像2	看一看	1.南极冰山是怎样形成的
				想一想	2.漂浮在南极周围洋面上的冰山多达22万余座，西亚一些国家曾不遗余力地试图把它们运回"家"，然而遭到科学家们的极力反对，这是为什么
三、寒极和风库			指挂图	承转设问	1.设想一下，你若站在南极洲这个"冰雪高原"之上，会有什么感觉
				对比	2.从南极洲的气候资料及其类比表中，读出南极洲的年平均气温和极端最低气温，并和天津的极端最低气温做比较，你试着用一个词描述一下南极洲的寒冷程度。想一想，它为什么这么冷？哪些影响因素起了作用

（三）活页式

活页式教案又称卡片式教案，特点是运用活页卡片编写教案，如可选取16开大小的活页，每页的2/3用于书写教案的基础项目（课题、授课班级、时间、教学目标、重点难点、教具、教学过程、作业等），1/3作备注，填写课中或课后记（见表6-3）。活页式教案的另一个特点是有按课时、知识点、章节等编制的资料卡，这样的资料卡不但使用灵活、方便，也利于更新、保存。课题卡片教案在内容上主要体现课堂教学的课题总体设计，对于学科教学中的基本内容、基础知识等稳定内容不必每次都重写，这样，可以把更多的精力放在收集有关资料，及时更新补充教学观点、内容上。这一格式适用于教育教学经验丰富的教师，年轻教师可借鉴制作资料卡。

表6-3 活页式教案范例

学校		班级		科目		任课教师		日期	
课题						课程类型			
教学目标									
教学重点难点									
教学方法									
教具									
教学过程									
教学内容		教师活动		学生活动		教学手段		时间	
备注									

四、地理教案设计的新探索

随着新课程改革的不断深入,一大批体现新教育理念的优秀地理教学方案涌现出来,按照采用的教学方法将地理教案分为以下三种:

(一)案例式地理教学方案

地理案例教学是一种在教师的精心策划和指导下,根据教学目标和教学内容的需要,采用地理案例组织学生进行学习、研究、锻炼能力的方法。案例教学法强调学生在教学中的主观能动作用,不但重视知识的传授,而且更重视知识的应用。这种方法不单单指向于"教",而且也涵盖"学",要求学生有更多的参与(见第四章第二节内容)。其地理教案与其他教学方式的教案有显著区别,特提供地理案例教学经典教案,以供学习。

案例6-2 "产业转移—以昆山为例"案例教学教案(片段)
——江苏昆山的中学地理教师王晨光(2012)

【课标解读】

课标要求"举例说明产业转移及其对区域地理环境的影响"。其中"产业转移及其对区域地理环境的影响"是要达成的知识目标,"举例"要求采用案例教学的方法。

【教学目标】

1.结合昆山实例,了解产业转移的概念,理解影响产业转移的因素。
2.通过角色扮演,体验、归纳产业转移对区域发展的影响。
3.了解昆山之路,传承昆山精神,热爱家乡、建设家乡。

【教学难点】

影响产业转移的内部交易成本因素。

【教学重点】

产业转移对区域发展的影响。

【教学方法】

合作探究、角色扮演。

【教学过程(片段)】

一、课堂导入

来到昆山,我心里的敬意油然而生,佩服昆山人。因为昆山创造了社会经济发展的一段传奇。20世纪80年代中期,昆山还是个农业县,很落后,在苏州六县中经济排名倒数第一。如今苏南小城昆山,以占全国万分之一的土地,集聚了全国近1/50的外资和1/9的台资,创造了全国2.8%的进出口总额,被列为全国18个改革开放典型地区之一,多年蝉联全国百强县之首,走出了一条闻名遐迩的"昆山之路"。昆山的崛起是一个奇迹!今天我们尝试从地理学科产业转移的角度,在更广阔的时空范围内去观察昆山的发展历程,总结昆山经验,传承昆山精神，把昆山建设得更加美好。

二、昆山发展历程

1. 敢为人先

1984年昆山创办了一个工业区。当时省里的领导不理解，不支持，农业县搞什么工业！

怎么办？再加两个字——自费，昆山县"自费"经济技术开发区。昆山人自筹资金搞开发区建设，这在当时引来了许多质疑和嘲笑。

承转：昆山最先吸引的是上海的企业，后来逐渐吸引外资和台资企业。

2. 难忘瞬间

1988年，日本苏旺你株式会社投资创办了全省第一家外资公司（公司主要生产各种劳保用手套，产品全部返销国外）。

1990年10月，昆山首家合资企业顺昌纺织有限公司正式投产。

探究：以上两家企业为何迁移到中国大陆来？

认识产业转移概念：产品的生产要经历研发、设计、制造及市场销售等环节。产业转移是企业将产品生产的全部或部分转移到其他国家或地区。市场经济中，产业转移是企业自发的行为，目标是扩大销售，降低成本，最终增加利润，产业转移是企业在生产要素和市场条件变化时的适应性选择。

猜猜看：根据下列条件猜昆山的一家著名企业。①台资企业；②在座的各位都消费过其产品；③食品企业；④方便面饮料很著名。

承转：昆山"统一"是统一集团在内地投资规模最大、投资项目最多的企业。

探究：统一企业到大陆来，主要看中国内地的什么条件（市场）？

学生列举类似的昆山著名企业（如捷安特自行车、樱花卫厨、正新轮胎、三得利啤酒等）。

3. 快速发展

1991年，与当时全国14个正宗国家级开发区相比，昆山这个自费开发区居然排第三位。

4. 开拓创新

付出就有回报。昆山人的务实肯干，终于得到了认可，1991年1月被列为省重点开发区，1992年8月经国务院批准成为国家级开发区，2000年设立昆山出口加工区。这是我国第一个出口加工区，为这件事，昆山努力争取了整整三年。出口加工区位于国家级昆山经济技术开发区内，规划建设面积$2.86km^2$，2007年完成进出口总额315.78亿美元，其中出口208.52亿美元，平均每平方公里进出口超过100亿美元；2007年笔记本电脑产量为3 800万台，占世界产量的近40%，数码相机产量为1 000万台，手机、导航仪产量为1 000万台。

探究：目前，我国国家级经济技术开发区有54个，还有大量的国家级高新技术产业开发区、高科技园区。21世纪以来，在中国全面开放的背景下，昆山有何魅力，能独领风骚，成为海内外客商竞相投资的一方热土？

看视频1，小结：昆山有亲商、安商、富商的服务理念，电子信息产业有良好的配套条件。

看视频2，小结：昆山有主动、高效的行政服务。

5.转型升级、"腾笼换鸟"

看新闻，学地理：资料"产业微笑曲线"。

"产业微笑曲线"（见图6-4）表明：在产业链中，附加值更多聚集在两端，即设计和销售，处于中间环节的加工、制造附加值最低。

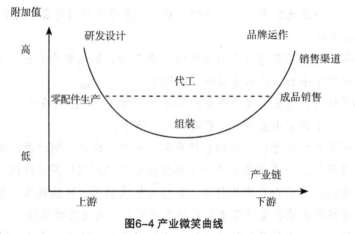

图6-4 产业微笑曲线

探究：借助微笑曲线，说明为何要从"昆山制造"走向"昆山创造""昆山服务"？

承转：昆山的产业升级被形象地称作"腾笼换鸟"。昆山的土地大都已经被早来的企业占据了，笼子如何腾出来？原来的企业如何安置？

资料：苏旺你公司是一家生产劳保用手套的日资公司，也是1984年昆山引进的第一家外商独资企业。2006年，昆山中国苏旺你有限公司谋划了第二次搬迁，这一次它搬到了苏北，把昆山作为中国区总部，负责研发等工作，而把劳力密集的加工环节转移出去。与它有着同样情形的还有25家劳力密集型的外资企业。从2004年底开始，备受土地紧张、能源短缺困扰的昆山市由政府出资实施"腾笼换鸟"计划，陆续搬迁改造资源消耗型工业企业，腾出土地用来发展高科技、高效益、低污染的产业。

探究："笼子"是如何腾出来的？外迁的主要是哪些企业？

角色扮演，各抒己见：昆山企业向经济相对落后的苏北地区转移，对昆山和苏北都有多方面的影响。通过角色扮演，尝试从不同的角度来感悟产业转移的影响。

承转：视野放大一些，看国际产业转移例子。20世纪50年代以来，东亚是世界上国际产业转移最明显的地区。

6.全面协调，魅力昆山

今天的昆山有两张名片，一是百强县第一名，二是中国最具魅力城市。昆山不仅经济发达，还做到了社会、环境保护的全面协调发展。

看美景、猜地点、感受魅力昆山：欣赏昆山美景图片，竞猜拍摄地点。

活动：学生配乐朗诵2004年昆山获得中国最有魅力城市的颁奖词。古老的昆曲声中，演出的是迅猛发展的经济；悠闲的生态环境，嫁接出世界经济格局中重要的现代产品。这是一座刚柔相济、兼容并包、以人为本的城市。昆山，以其充满活力和动力的发展底蕴，创建着中小城市众多之最的辉煌业绩，成为2004年中国最有魅力的城市。

三、课堂总结

创建昆山之路的过程中，昆山人展示了哪些值得我们继承和发扬的优秀品质？

写关键词相互交流。展示昆山精神：开放、融合、创新、卓越（见图6-5）。

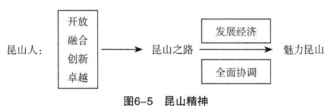

图6-5 昆山精神

总结：昆山的成功在于抓住机遇，敢为人先，奋力拼搏，争先创优。高中阶段精力旺盛，是人生发展中的一次机遇。希望大家能珍惜青春时光，努力读书、锻炼身体、磨炼意志，为幸福人生奠基。

评价和教学建议 这是一节充满新课改理念和教学理念的经典地理案例教学设计方案。地理案例教学是地理新课程的一大特色，它使教材更加典型化和贴近生活，便于学生理解知识，培养学生解决问题的能力；同时，还有利于促进学生主动学习，教师和学生之间实现教学相长。案例教学无疑是贯彻地理新课程改革的有效方法之一。然而，若此教学模式运用不当，容易使学生形成问题解决思维的单一化趋势，认为此类问题都可以用一个案例解释。这就要求教师在课堂中要强调学法指导，说明地理问题的复杂性。在使用案例教学时，教师虽然只重点讲述一个案例，可以给学生提供其他案例材料，让学生认识到地理问题的复杂性，通过对一个地理案例的学习了解其他案例的学习方法。

（二）自主合作探究式地理教学方案

伴随着地理新课改的深入，自主、合作、探究式学习方式和教学方式越来越频繁地出现在中学地理课堂上。在经历了一段时间的试验与不断摸索之后，这种新型的教学方式被证明能够很好地帮助学生树立三维目标，能够让学生比较顺利地学习到对生活有用的地理，从预见的范围来看，这种教学方式会在中学地理课堂中占有越来越大的比重。以高中地理部分"人类活动对区域地理环境的影响"一节的地理教案（张红娟，2012）

为例，体会此种地理教学方案设计。

案例6-3 "人类活动对区域地理环境的影响"自主合作探究式教学教案（片段）

【教材内容】

资源跨区域调配对区域地理环境的影响仅在正文中提到，阅读部分则编排了美国加州的"北水南调"工程作为案例。

【学习目标】

知识与技能：知道"南水北调"工程背景及工程概况；分析"南水北调"对地理环境的影响；掌握资源跨区域调配对地理环境影响的一般分析方法。

过程与方法：查找"南水北调"资料，培养学生收集、整理资料的能力；以小组为单位，对相关图文资料进行分析，培养合作、交流、探究的能力。

情感、态度与价值观：了解我国的资源现状；增强学生的节水意识，进一步树立正确的资源观、环境观；培养小组的合作精神与竞争意识。

【教学重点和难点】

重点："南水北调"对调入区、调出区及沿线地理环境的影响和利弊。

难点：总结归纳"资源跨区域调配"的一般分析方法。

【教学过程】 教学过程见表6-4。

表6-4 教学过程表

环节	教学过程				学生活动	设计意图
资料收集	课前布置任务，提供参看网站落实任务				利用网络等媒体收集资料；学习委员根据"资料收集内容调查表"检查对资料收集任务落实情况	培养学生对资料收集、整理、加工的能力；检查学生对资料收集任务的落实情况
	小组	资料收集内容	完成程度			
			优	良	差		
	第一组	关于"南水北调"工程的视频； "南水北调"工程的基本概况； "南水北调"工程的相关图文资料					
	第二组						
	第三组						
	第四组						
	第五组						
	第六组						
导入	展示课前资料收集成果				成果展示	激发学生学习新知的兴趣与热情
案例探究	活动1：根据我国降水量、人口、工业、粮食作物分布图（图略），分析我国哪里最缺水？为什么缺水？如何解决缺水问题？				各组展开开放式的交流合作，然后由小组长说出各组讨论的结果	了解南水北调的地理背景；领会地理要素间的相关性
案例探究	活动2：根据材料1和材料2，说出"南水北调"工程方案有哪几条？"南水北调"工程为何首先实施东线方案？ 材料1："南水北调"路线示意图。 材料2：东线工程基本情况，即东线方案是从长江下游扬州附近的江都抽引长江水，以京杭运河为主要输水渠道，逐级提水北至天津，每年向北方调水180亿m^3				学生再次分组展开讨论，合作交流意见，分析东线调水方案的利弊	培养学生从图文资料中获取有效信息的能力；树立用辩证的眼光看待地理事物的思想

续表

环节	教学过程				学生活动	设计意图
总结归纳	方案		东线工程		总结归纳东线方案的利弊	培养学生总结归纳地理事物的能力
	评价	优点				
		缺点				
案例探究	活动3：通过视频、图片及"南水北调"调入区城市水资源供需差异预测表，感知"南水北调"对调入区、调出区及沿线生态、经济和社会环境将产生哪些影响？				学生分组探究，分组扮演调入区的居民，展开模拟对话活动。学生在合作探究时，各小组记录员记录小组讨论结果	突破重难点；培养学生从文字和影像资料中获取有效地理信息的能力
	项目	2005	2010	2030		
	生活用水	61.51	81.32	130.94		
	工业用水	108.99	128.6	204.42		
	生态用水	18.8	31.33	39.96		
	可供水量	104.35	98.36	94.99		
	缺水量	111	169	305		
	经过节水、治污等措施后的抽水量	66.8	112.12	191.16		

环节	教学过程						学生活动	设计意图
成果展示	第__小组成员姓名	地区	自然环境（生态）		人文环境（社会、经济）		小组成果展示，教师对学生的成果展示及时做出反馈性的评价，并归纳总结调水效益	培养学生分析、归纳、生成并陈述观点的能力；培养小组的合作精神与竞争意识
			不利影响	有利影响	不利影响	有利影响		
	1	调入区						
	2							
	3							
	4							
	5	调出区						
	6							
	7	沿途						
	8							

环节	教学过程						学生活动	设计意图
教学评价	第__小组成员姓名	发言次数			发言质量			评价（自评和他评）	检测小组成员课堂活动的参与度
		活动1	活动2	活动3	很好	较好	一般		
	1								
	2								
	3								
	4								
	5								
	6								

环节	教学过程	学生活动	设计意图
应用拓展	展示"西电东送"示意图和中国区域能源生产与消费情况图，回答下列问题。 （1）"西电东送"工程实施的原因是什么？ （2）"西电东送"工程对西部地区的地理环境会产生哪些不利影响？ （3）"西电东送"工程对东部地区的地理环境会带来哪些有利影响	学生独立完成练习	检测资源跨区域调配对地理环境影响的分析方法；讲练结合，掌握对学习方法的运用

续表

环节	教学过程				学生活动	设计意图
教学评价	评价内容	5分	3分	1分	学生填写小组成员自我评价表，选出今日明星和最佳小组，并给予表扬	反馈课堂教学效果；满足学生学习的成就感并激起其学习热情
	知道"南水北调"的地理背景及工程概况					
	通过阅读图表和文字资料分析问题					
	积极参加小组讨论，发表自己的观点					
	能分析"南水北调"对地理环境的影响					
	举出并解释三个以上资源跨区域调配的实例					
	运用本课总结的规律解决实际问题					
	总分					
总结	根据板书，引导学生对知识进行梳理、概括				回顾新知	巩固深化所学知识

评价和教学建议 这是一节充满新课改理念和教学理念的地理教案设计，整个教案设计始终贯穿着学生的自主学习、小组合作学习和探究学习的理念。对于自主学习、小组合作和自主探究的教学形式，现在有不少反对的声音，究其原因，都是认为这种教学形式容易忽视学生"受教育者"的身份，人为淡化课堂秩序，导致学生在课堂上比较涣散，最终造成课堂"形散神也散"。因此，教师在课堂中必须恰当地把握教学中的"度"，学生自学时有力监督，学生小组合作时正确引导，在成果展示时则需要及时鼓励，并提出更好的改进意见。这样的教学方式看似简单，实则对于教师的要求更高，随着新课改的深入进行，也给教师提出了更大的挑战。

（三）导学案式地理教学方案

在新的课程改革理念中，学生自主学习能力的培养被放在重要位置，因此，现行的中学地理课堂中，注重学生自学能力培养的导学案式教学组织形式也非常普遍，有不少中学将导学案式的教学组织形式作为地理学习的主要方式。这种教学形式的特殊之处在于导学案的存在，其最大特点是将学生的自学与练习紧密联系，教师的导学案对学生课前的自主预习起到指引作用。下面以初中地理八年级《沟壑纵横的特殊地区——黄土高原》的导学案设计（齐露明，2008）为例，展示这种特殊的教学设计。

案例6-4 "沟壑纵横的特殊地形区——黄土高原"导学案式地理教案（片段）
【教学目标】
知识与能力：①知道黄土高原是世界上最大的黄土分布地区；知道黄土高原千沟万壑的地形特征；初步掌握运用实验验证假设的方法。②通过对黄土高原形成原因的分析，初步了解科学论证的一般方法；通过对黄土高原过去至现在发展变化的过程分析，初步掌握地理要素之间的相互联系和相互作用，是区域地理环境特征形成和发展变化的主要原因。

情感、态度和价值观：客观接受前人的科学成果，并亲自动手验证自己的假想，尝试追求真理的艰辛，从而培养对真理执着的探究精神和科学的方法。

【教学重点】

黄土高原千沟万壑的地形特征。

【教学难点】

黄土高原地形特征的形成原因。

【教学方法】

探究学习法。

【教学过程】

一、教学内容。

探究1：黄土高原水土流失的原因。

1.分析课本69页活动中的实验，讨论水土流失与地表植被的关系。

对比3组图中：①植被的差异；②烧杯内水量的多少；③烧杯内沙土的情况。

结论：____

2.读课本68页的课文及图8.4，分析黄土高原水土流失的其他原因。

总结：（见表6-5）

表6-5 黄土高原水土流失原因分析表

自然因素	地形条件	
	黄土特征	
	气候条件	
	植被特点	
人为因素		

探究2：黄土高原水土流失的后果如何？

1.讨论：

（1）水土流失中水带走了什么？是表层土还是深层土？两种土哪个含营养物质更多？这样会对农业生产造成怎样的影响？

（2）水流走之后，留下了什么？很多农田和村庄分布在高原面上和缓坡上，水土流失严重，这里会出现怎样的情形？

（3）水带着泥沙流向何处？结合上学期所学黄河的内容，分析它给黄河带来了什么问题？

2.活动：课本69页活动2，阅读图8.7中的对话，谈谈你的看法。

思考：

男生的观点中，因是什么，果是什么？

女生的观点中，因是什么，果是什么？

两人的观点矛盾吗？为什么？

两人的观点说明什么问题？

3.拓展延伸：我国是水土流失比较严重的国家。至20世纪90年代末，我国水土流失总面积达356万 km^2。阅读图8.8，找出水土流失严重的地区，并根据图中信息,分析造成这些地区水土流失的自然原因。我国水土流失严重的地区有哪些?造成我国水土流失严重的自然原因有哪些?

思考:

(1)确定我国水土流失严重的地区除了黄土高原以外,还包括哪些地区?

(2)从地形地势看,这一类地区分布在哪些地形区内,又在第几级阶梯上?

(3)分析等降水量线分布图,观察水土流失严重地区降水量在哪个范围?

二、归纳总结:具备了什么样的条件,才会发生严重的水土流失?

三、拓展延伸:除黄土高原外,我国还有没有生态环境脆弱的地区?试举例说明。

四、总结提升:大家一定很关心黄土高原的明天吧,那么请你为黄土高原的明天设计一幅画,并介绍你的创意。

五、达标训练:略。

评价与教学建议 这是一份比较典型的地理导学案,把教学目标、教学重难点和教学方法等都呈现给学生,让学生感觉自己是课堂的主导者。导学案是一种教学工具,教师在课堂上要同时重视导学案和教材的价值,正确引导学生,达到举一反三的效果。导学案本身的质量则在很大程度上决定了这种教学形式的成败,教师在使用此方式进行教学时,对于导学案的设计一定精益求精,学习目标明确可行,学习重难点突出,知识脉络框架清晰,自主测评题目难易结合,学习反思落到实处,拓展延伸部分能够起到开拓学生视野的作用。从设计的角度来说,导学案是为学生能够在课前预习和课内自学而编制的学习方案,既不等同于教师的教案,又和一般的练习题有区别。教师在设计导学案时,要站在学生的角度考虑问题,了解学生的认知能力,了解学生对于所学知识的掌握情况,根据学生的实际情况来设计导学案,使导学案能够激发学生学习地理的主动性。

第三节 说 课

说课是一种具有中国特色的教学研究行为,是教师总结教学经验,发现教学问题,提高教学智慧的重要手段和桥梁。

一、说课的含义、特点与功能

(一)说课的含义

地理说课是地理教师以教育教学理论为指导,结合自己的教学经验,用简练的语言对教学设计、教学过程中的一系列要素进行分析、说明、预测、反思的教学研究活动。说课讲究的是教材把握准确,教法选择恰当,学法指导有效,板书提纲挈领,过程清晰明朗。

（二）说课的特点

1. 简易性和可操作性

与上课、听课等教研活动不同，地理说课不受时间、地点、教学设备的限制，可以随时随地进行；也不受教学对象和参加人数的限制，只要两个人以上即可进行。说课的场所和规模可大可小，时间可长可短，对师资条件没有特殊的要求，形式灵活机动，方法十分简便。因此，地理说课有利于不同层次学校、不同层次地理教师的普遍参与。

2. 科学性和说理性

地理说课需要钻研教材，了解学生学情。它要求教师必须综合运用教育学、心理学和教学法等科学的教育教学理论知识去阐明其中的道理，展现出备课的思维过程，展现出对课标、教材意图、课程基本要求的理解程度，展现出语言表达、媒体演示及组织技能等方面的教学技能。

3. 交流性和示范性

通过地理说课，授课地理教师说出自己的教学意图，说说自己处理教材的方法和目的，使听课者开阔视野、更好地对说课者进行评价，从而使教研活动双方充分地交流，提高教研活动的实效。

4. 科研性和预见性

地理说课要求地理教师用理性的思考、科学的眼光审视自己的教学行为，理论化、系统化、严谨化，同时说课者要了解所教学生的知识技能、智力水平等方面的差异，客观准确地分析学情，做出具体的预测。

5. 工具性和管理性

地理说课是以语言表达为主要形式。地理说课将备课的思维过程表达出来，使更多的人直接感知说课者的思维过程，将教师的个体行为变为群体行为，使学校对备课工作的管理从终结性转变为过程性，从而在学校管理中发挥积极的导向作用。

6. 内隐性和外显性

教育是一个特殊的研究领域，在这个领域的专业知识和能力远不止已经被教育专家发现的教育科学知识，更丰富的知识和能力还聚积在每一个教师的教学和教育经验中。地理说课就是关注"教师专业成长"，重视教育的专业反思能力和地理教师专业经验，使地理教师的隐性知识显性化的过程。

（三）说课的功能

1. 加强交流

说课是说课者运用教育教学理论去指导教学实践的过程。"说课"的重点之一是说"理"，说"理"一重在有深度，二重在交流，说课者要努力寻求现代教育理论的指导，评课者也要努力寻求说课教师的特色与成功经验的理论依据。说课者将一节课的教学指导思想、教学方案的设计等向同行与专家展示，然后同行和专家进行评价，说评双方围绕着共同的课题相互切磋、交流，达成共识，可以达到取长补短、相互学习、共同提高的目的。

2.提升研究

说课在内容、形式和方法上具有高度的灵活性，是一种良好的教研形式，具有较强的研究功能。说课者与听课者通过探讨研究，共同总结教学经验，使教学由实践上升到理论，促使教学研究进一步深入地展开。通过研究，改进教学，是地理说课的主要目的之一。新课程地理教学实践有一系列问题，需要教师群体共同努力来解决，说课中地理教师对问题的揭示，常常可以引来其他教师对解决问题的建议，从而使说课成为教师群体共同研究问题的平台。

3.理论与实践结合

由于说课具有很强的灵活性，不受时间、地点等因素的限制，开展说课活动，不仅解决了教师参加教研活动与日常繁忙工作之间的矛盾，也促使教师理解消化教育理论，找出理论与实践的最佳切入点，灵活地运用教育理论来指导解决教学中的实际问题，从而使教育实践从盲目走向自觉，更好地解决了教学与研究、实践与理论相脱节的矛盾。

4.反思成长

地理说课可以在一定程度上促使地理教师进行教学反思。在说课中，地理教师以自己的课堂教学行为作为分析对象，对自己的教学行为及其产生的结果进行理性的审视与思考，将显性地理课堂行为背后的假设和思路显现出来，这本身就是一种有效的教学反思形式。说课使地理教学反思有了具体的依托形式，可以使教学反思更好地落到实处。地理教师通过说课可以更好地认识自我，认识他人，把握地理教学的要求，把握自己行为与理念的统整。对于听说课者而言，也可以把说课当做一面镜子，来审视自己在地理教学中的优势与不足。

二、说课的内容

（一）说课程标准

把地理课程标准中的相应要求作为说课课题的指导思想，从课程论的高度驾驭地理教材和指导地理教学设计。重点说明说课课题教学目标、教学内容及教学方法在课程标准中的原则性要求，从而为自己的教学设计寻找依据。

案例6-5 "世界的语言和宗教"说课稿节选
（人教版七年级上册第四章第二节 徐燕，2009）

《纲要》第7条明确指出："国家课程标准是教材编写、教学、评估和考试命题的依据，是国家管理和评价课程的基础。"课程实施的新取向为倡导基于课程标准的教学与评价。

（一）说课程标准

1.运用地图说出汉语、英语、法语、俄语、西班牙语、阿拉伯语的主要分布地区。

2.说出世界三大宗教及其主要分布地区,举例说明不同国家和地区存在的不同宗教信仰及文化传统。

基于课程标准的教学:华东师大崔××教授曾经指出,教学领域的四大核心问题:教什么,怎么教,为什么教,教到什么程度。对于这四大核心问题,教师必须做出专业性判断,且这种判断不能是模糊不清的。这就要求教师对课程标准进行细化,用具体的可操作的语言来进行陈述。

(二)说教材内容

地理教材是地理课程的载体,是地理课程标准的具体体现,是师生教学活动的信息源泉。说教材即说"教什么"的问题,是说课最基本的内容。能否准确深刻地理解教材,高屋建瓴地驾驭教材,合乎实际地处理教材,科学合理地组织教材,是说课的重要环节。说教材内容主要包括三个方面:分析教材,确定教学目标,确定教材重点与难点。

说课时要注意说出分析教材、确定教学目标、确定教学重点与难点的主要理论依据。对教材的分析一般应以学科基础理论为指导,对教学目标和重、难点的确定一般以教学论和学科教学法为指导。

1.分析教材

对教材分析的深度和广度直接影响地理说课的质量。每一课时所包含的地理教学内容是不同的,其在学科知识体系中的地位及作用也是不同的。首先,教师应该向同行或专家讲清楚说课的内容,如:教材、年级、章节以及课时等信息。其次,在明晰教材知识结构体系的基础上,分析所说的内容与前后知识之间的联系,明确其在整个学段、年级知识体系中的位置和作用。最后,还可以说自己怎么对教材进行处理的,如增补、删减了哪些内容,说教材内容时可多说,也可少说,可按顺序说,也可打破顺序说,要视教材而定。

案例6-6 "祖国的神圣领土——台湾省"说课稿节选

(人教版八年级下册 河南师范大学附属中学地理教研组,2009)

各位老师,大家好!

今天我说课的题目是《祖国的神圣领土——台湾省》,我认为说课应该以新课程理念为指导,围绕教材、教法、学法、教学程序四个环节进行。

一、教材分析

1.教材地位

本节课是人教版八年级地理下册第六章第三节的内容。是认识省级区域的一部分,教材从台湾概况、台湾的自然条件和经济发展状况三部分内容认识台湾,突出了知识之间的联系性。本节教材始终贯穿着一个思想,一条主线:台湾是一个美丽富饶的地方,台湾是中国领土神圣不可分割的一部分。本节课既是学习香港澳门的延伸,又为学习其他省份奠定了基础,起到了承上启下的作用,因此本节课是教材的重点。

2.确定教学目标

教学目标是教学出发点和归宿点,也是检查教学效果的标准和尺度,是落实课程目标的关键。因此,教学目标确定的是否科学合理,直接关系新课程的实施。

新课程标准的一个重要特征就是标准具有"可操作性和可理解性","内容标准"以学生为行为主体,以行为目标的方式进行具体、精确的陈述,使标准具有较好的清晰度,保证了标准的可测性。师生将课程目标转化为具体的、可操作的课堂教学目标,具体可分为知识与技能,过程与方法,情感、态度与价值观三个维度。在确定教学目标的内容范围时,一定要全面考虑三个领域,不可有所偏废;而在具体每节课中,教学目标应有不同的侧重点。不能照抄单元目标,要根据教材和学生实际,敢于突破和创新。

案例6-7 世界语言与宗教教学目标陈述

（人教版七年级上册第四章第二节）

基于本节课的课程标准,本节课的学习目标制定见表6-6:

表6-6 世界语言与宗教教学目标陈述模式

行为主体	行为条件	表现程度	行为动词	具体要求
学生	阅读课本73～74页文字	准确地	填写	世界上最主要的6种语言,以及使用人数最多的语言和使用范围最广的语言
学生	阅读课本76-77页文字	-	能够指出	世界上三大宗教

3.确定教材重点与难点

每节地理课都存在于相互联系、相互制约的知识网中,学生往往难以明确掌握的重难点知识和关键点就是这张网上的纲和节点。说课时,把握重点和难点可以起到提纲挈领的作用,帮助教师实现预期的教学目标。

地理教学内容的重点一般是带共性的知识,概括性、理论性强的地理知识、原理,学生没有接触过的知识。难点是指学生难于理解和掌握的内容,如抽象的、远离学生生活实际的、过程复杂的概念等。地理说课中准确地抓住关键,往往能在教学中起到画龙点睛的作用。地理老师应根据学生的心理特征和认知水平,确定某一教材内容的重点、难点和关键点。

另外,教师在说课时,也可重点地说明突出教学重点、突破难点的基本策略,即从知识结构、教学要素的优化、习题的选择和思维训练、教学方法和教学媒体的选用、反馈信息的处理和强化等方面去说明突出重点、难点的方法和步骤。

案例6-8 "产业转移—以东亚为例"说课稿节选

（人教版普通高中必修三 河南师范大学附属中学地理教研组,2008）

（三）说重点、难点

1.影响产业转移的因素。

2.产业转移对转出地区和转入地区地理环境的影响。

本课的教学重点和教学难点一致。因为课程标准对本课的要求是"举例说明产业转移对区域地理环境的影响",所以产业转移对转出地区和转入地区地理环境的影响自然而然成为本节课教学的重点内容,而要理解该重点,则必须建立在能够正确分析影响产业转移诸因素的基础上。所以,影响产业转移的因素也成为本节课的教学重点。同时,这些理论知识学生平时很少接触,理解上可能会有一定的难度,故本节课的教学重点也是教学难点所在。

(三)说教学方法

说教学方法时,一般要涉及两个方面,一是方法选择的依据,二是方法的优化组合。教学方法与教学目标、教材内容、学生特征、教师素质、教学环境之间存在着紧密的联系,这些因素是教师在地理教学过程中选择和组合教学方法的基本依据。

说教法,应说出"怎么教"的办法以及"为什么这样教"的根据,具体要做到以下几个方面:第一,说出本节课所采用的最主要的教法及其所依据的教学原理或原则。第二,说出本节课所选择的教学方法、手段,它们的优化组合及其依据。如依据课程标准、教材内容、学生特点、教学设备条件、教师特长,以及授课时间等因素。第三,说明教师教法与学生学法之间的联系,明确如何在地理教学活动中运用这些方法激发学生的学习兴趣,引导学生抓住重点、突破难点,调动参与地理学习活动的积极性,培养学生的创新精神和创新实践能力,最大限度地体现教师是课堂教学的组织者、引导者、参与者、启发者。重点说出突出重点,化解难点的方法。第四,还可以说明采用哪些辅助教学的教具,教学方法创新之处,以及运用时需要注意的问题。

案例6-9 "西北地区和青藏地区"说课稿节选

(湘教版八年级下册 张娟妙,2009)

六、教学与学法

为了顺利达到教学目标,在教学中我突出直观教学,主要采取以下方法。

(一)教法

1.创设情境法

为了突破一成不变的教学模式,在本节中创设带同学们去青藏区旅游这一情境,激发学生学习的兴趣。从而不仅可以掌握新知识,又可以复习已经学习的知识。

2.图式分析法

利用中国地形图、中国主要的河流分布图、中国气候类型图等相关的课本附图,培养学生综合分析问题的能力。

3.对比教学法

将北方地区和南方地区的知识点与青藏地区的知识相互比较,突出青藏地区的主要特点,达到知识迁移的作用。

4.启发探究法

课前布置学生收集青藏地区居民、服饰、舞蹈、传统节日、独特景点、藏族歌曲等，并事先设计好一些问题，引导学生围绕相关问题，并结合课本附图自主探究，培养他们分析问题的能力。

5.案例分析法

在讲授青藏地区的河流，补充三江源自然保护区的知识，讲授青藏地区的气候时，设想同学们乘坐开往青藏地区的列车，通过案例分析重点掌握青藏地区的主要内容。

（四）说学情学法

1.说学情

学生是学习的主体，而学生之间又是存在差异的。教学过程中关注学生学情至关重要，学生学情包括学生现有知识结构、学生地理思维状况、学生个性、学习方式、学生目前的非智力因素情况、家庭、社区环境、校风班风情况等，都是把握学情的切入点，说学情既要分析学生的整体特点，也要分析学生间的差异，切忌空泛化。教师可以从学生学习本课的原有基础和现有困难两个方面，客观、准确地分析学情，为采取相应教学对策提供可靠的依据。

案例6-10 "埃及"说课稿节选

（湘教版七年级下册 张娟妙，2009）

二、学生分析

六年级学生尚未学习系统的世界地理知识，但对埃及金字塔大多有所知晓。教师通过埃及旅游来讲授新课，比较容易引起学生的共鸣，从而激发其学习兴趣。由于学生年龄尚小，在教学过程中巧设情境或"陷阱"，可以调动他们的学习积极性。六年级学生的地理认知水平有限，又因换校上课，对学生情境或"陷阱"设计的考虑需要适度。

2.说学法

说学法专门列为说课中的一项内容是新课程理念的体现。说学法时要说清以下内容：第一，分析学生在教学过程中可能出现障碍及原因。第二，说清教学过程中，指导学生掌握哪些学习方法、培养哪些学习习惯和能力。第三，根据学生年龄特点和认知规律，针对本节教材特点及教学目的，说明学生宜采用怎样的学法来学习应掌握何种观察、思考问题、提出观点及地理学科研究的方法。一般情况下教法、学法可以合在一起阐述。

案例6-11 "天气与气候"说课稿节选

（湘教版七年级上册 张娟妙，2009）

三、学法指导

（一）学生特点分析

中学生心理学研究指出，初中阶段是智力发展的关键时期，从初中一年级起，学生逻辑思维能力从经验型向理论型发展，其观察能力、记忆能力和想象能力也随之迅速发展。

从年龄特点来看，初一的学生刚从小学升上来，他们好动、好奇、好表现。教师应抓住学生特点，积极采用生动形象的教学方法和能使学生广泛的、积极主动参与的学习方式，激发学生的学习兴趣，有效地培养学生的能力，促进学生个性发展。

（二）学习方法和能力培养

1.让学生课前从不同渠道搜集天气和气候方面的资料或趣闻，收听、收看天气预报节目并做记录，这本身就是一种学习。搜集、记录资料的过程就是很好的学习过程。此类活动，可培养学生初步学会利用课本以外的资源获取地理信息的基本技能，培养地理学习能力。同时有了充分准备的学生在课堂上参与交流，展示是最好的评价。学生在课堂活动中产生学习兴趣、积极的情感，形成自主学习的意识。

2."课堂小组讨论法"即课堂上学生针对教师提出的问题展开讨论，启动思维，发表自己见解的一种学习方法，讨论把使用智慧、体现自我的机会平等地送给每一个人，让学生充分感受到探求真理的快乐。小组讨论环节，培养学生的互动能力，使学生学会合作学习。现代科学研究的社会化趋势需要群体研究方式，互动能力的培养日益显得重要。本堂课讨论的机会较多，有师生之间、小组之间的互动。

3.利用电脑课件，让学生观察卫星云图、了解卫星云图、初步学会看卫星云图、培养实践能力，同时激发其好奇心和求知欲。

4.布置作业时给学生举4个可能发生在身边的有关空气污染的例子，让学生选择一个自己较感兴趣的问题谈看法，培养学生学会运用已有知识表达对一些地理问题的看法或解决地理问题的能力，培养学生的探究精神。

总之，说学法的内容极其丰富，但主要是说如何通过学法指导既使学生"学会"，又使学生"会学"。

（五）说教学过程

地理教学的目标是通过教学过程来实现的，教学过程是地理课堂教学的主旋律，也是说课的中心内容。说教学过程是指说教学思路的设计及其依据，主要包括各教学环节的时序安排及内部结构，如课堂怎么导入，新授课内容分几个部分，各部分的教学设计分别是什么，如何使用相关教具，各教学环节之间如何过渡，如何小结，怎样结束，等等。整个教学过程要层次分明，富有启发性，能体现教师的主导作用和学生的主体作用。教学思路设计的依据要逐点解释，要联系教法、学法、教学手段、学生的认知规律等方面加以说明，说教学过程也要注意语言精练。

1. 教学整体思路与教学环节安排

说课者要说清楚安排教学及教学思路设计的理论依据。说清楚地理教学的基本环节，一般包括复习旧知识、导入新课、新课讲解、知识应用、反馈练习。整个教学思路应层次分明，富有启发性，能体现教师的主导作用和学生的主体作用。

2. 说明怎样组织好教学过程

说明对每个环节、层次、步骤的设想、安排、依据和预期效果。新课程标准特别强调培养学生的创新能力、操作能力、解决问题的能力、信息储备能力，思维方式上强调独立、探索、钻研，教师在设计教学环节时首先要考虑这些。

3. 说明重点与难点的处理

说明在教学过程中运用什么方法解决重难点及其理由。

4. 说明采用哪些教学手段辅助教学

要说明什么时候、什么地方用哪种教学手段，这样做的理论依据和使用价值分别是什么。

5. 说明习题设计和板书设计的意图、目的和理论依据

说板书设计，主要介绍这堂课板书的类型是纲目式、表解式还是图解式，设置的具体内容是什么？板书或试题展现形式是什么？理论依据可联系教学目标、教学内容、教学方法、教师本身特点等加以解释。

案例6-12 "产业转移—以东亚为例"说课稿节选

（人教版普通高中课必修三 河南师范大学附属中学 地理教研组，2009）

四、教学过程

【创设情境，导入新课】

结合新乡承接产业转移的实例及"2011年河南成为承接产业转移的热土"视频，创设情境，导入新课。

设计意图：结合与家乡发展建设密切相关的乡土地理知识，拉近知识与学生之间的距离，明确本节课的任务，激起学生的求知欲望和学习热情。

【实例分析，明确概念】

出示案例："日本丰田汽车在中国投资办厂""广东部分企业外迁"，让学生结合教材有关内容，解释产业转移的概念。

设计意图：通过案例培养学生关注身边地理现象的意识，引导学生遇到感兴趣的地理事象自主探究和学习，培养学生的自学能力。

【比较分析，区分类型】

让学生分析"日本丰田汽车在中国投资办厂"和"广东部分企业外迁"两个案例，比较它们所表示的产业转移在区域跨度上有什么不同，进而明确国际产业转移和区域产业转移这两种不同的产业转移类型，在此基础上进一步明确不同类型的产业转移中，转出地和转入地的含义及对象。

设计意图：培养学生读图、归纳能力，运用比较的方法了解产业转移的一

般分类，区分产业转移的不同类型，提高学生分析和解决地理问题的能力（以下内容略）。

五、板书设计（略）

以上是说课的五个方面，只是为说课提供一个大致的范围，具体说课时不需要面面俱到，逐项说来，而应该突出重点，抓住关键，以便在有限时间内进行有效陈述，该展开的内容充分地展开，该说透的道理尽量去说透，这样才能取得良好的效果。

案例6-13 "澳大利亚"说课稿

一、说课程标准

《义务教育地理课程标准（2011年版）》在"认识区域"专题中，对"认识国家"有以下主要要求：在地图上指出某一国家的地理位置、领土组成和首都；根据地图和资料，说出某一国家自然环境的基本特点，并简要说明其形成的主要原因；运用地图和资料，联系某一国家自然条件特点，说出该国因地制宜发展经济的实例等。

二、说教材

本节选自人教版义务教育《地理》教科书七年级下册第八章第四节，是在学生学习了多个国家和地区的地理知识之后的又一个区域地理的学习内容。教材没有直接介绍澳大利亚的地理特征，而是选取了三个非常形象的标题，来吸引学生探究的兴趣和欲望，也为教师的教学活动提供了空间。

三、确定教学目标

1.知识与技能

（1）认识澳大利亚稀有动物的特点，理解澳大利亚大陆动物古老性的成因。

（2）说出澳大利亚自然环境的基本特点和特有的自然地理现象，分析说明其形成原因。

2.过程与方法

教师运用读图、析图、讨论、探究等方法，培养学生地理学习的兴趣，使学生初步形成地理空间思维能力。

3.情感态度与价值观

学生通过学习，理解自然环境与人类发展的关系，懂得人地关系协调发展的重要意义。

四、确定教学重点、难点

教学重点：

（1）澳大利亚特有的古老生物及其生存环境。

（2）澳大利亚的主要矿产资源及其分布。

教学难点：

澳大利亚农牧业分布与地形、气候的关系。

五、选择教学方法

依据本节教材内容的特点，结合初中生活泼好动、注意力不易集中、空间概念不强等特点，主要选用以下教学方法，并利用多媒体辅助教学。

1.图导图练法

主要在本节内容第一部分"世界活化石的博物馆"和第三部分"坐在矿车上的国家"内容学习时使用。

2.自学讨论法

主要在本节内容第二部分"骑在羊背上的国家"和第四部分"城市、人口的分布"内容学习时使用。

六、说教学过程（略）

三、说课的类型

（一）研究性说课

研究性说课主要用于同行之间切磋教法，也是集体备课常用的形式，一般以教研组为单位，先由一位教师事先准备并写好说课稿，然后说给大家听，之后大家评议修改。针对同一问题，教师可以轮流说课，这是广泛提高教师业务素质和研究能力的有效途径。

（二）评比性说课

评比性说课，就是把说课作为地理教师教学业务评比的内容或一个项目，对地理教师运用教育教学理论的能力、地理教学过程设计的合理性、地理教学方法与手段选择的科学性等做出客观公正评判的教研活动方式。它要求参赛的地理教师按指定的教材和课题，在规定时间内自己写出说课稿，然后登台说课，最后由听课评委评出比赛名次。

（三）示范性说课

示范性说课，一般是指素质好的优秀教师，先向听课教师（包括教研人员）做示范性说课，然后让说课教师将课的内容付之以课堂教学，最后组织听课教师和教研人员对该教师的说课及课堂教学做出客观公正的评析。通过这种形式的教学研究活动，听课教师从听说课、看上课、讲评析中增长见识，开阔思路，不断提高自己运用理论指导课堂教学实践的能力。

四、说课的创新与艺术

（一）地理说课中易出现的问题

1.说课等同于上课，忽视说理性

备课、上课的对象是学生，上课的要求是教师能通俗易懂地向学生传授知识，进而培养能力，进行思想教育；说课的对象是领导、同行或者专家评委，带有一定的经验介绍和交流的性质，说课的目的则是向听者介绍一节课的教学设想，教师用简洁、清晰的语言把备课的隐形思维过程及理论根据述说出来，使这些隐形的东西外显化。从这个意义上说，说课重在"说理"。

2.说课形式单一，说课公式化

目前一些老师为说课而说课，流于形式，死套模式，在某种程度上限制了说课功能的正常发挥，压抑了教师说课的积极主动性。例如，"四大块"模板，一说教材、二说教法、三说学法、四说教学程序。不可否认"四大块"模式对师范生和新手地理教师有很好的指导作用，但会使说课操作形式单一化、保守化，容易造成说课形式的僵化和八股文风的形成，不能满足教师解决实际教学问题的需要，从而阻碍说课的发展。因此说课需在常规基础上与时俱进，不断创新。

3.理论虚空宽泛，脱离教学实际

说课中既要避免只说过程，不说理论，同时也要避免虚空宽泛、放之四海而皆准的理论。还有一些地理老师在说课时详略不当，重点不突出。导致说课时间冗长、枯燥，不仅影响了说课的科学性和艺术性，听者也无法明白其设计意图。

另外在实践中，也有这样一些怪异的现象，理念仅存在于"说"的状态，是一种外在于教学的"标签"而已，远未落实在课堂教学中。

（二）地理说课的创新

地理教师在把握说课的本质特征和内在规律的基础上，要适当驾轻就熟、灵活恰当地运用说课的基本模式及其基本变式，针对实际需要，创造出独特的模式。

1.说课模式的变式

（1）"点式"说课。"点"就教材而言，包括重难点、拓展点、创新点等，就教学设计和教学安排而言，包括导入点、切入点、突破点等。其中，拓展点强调教师作为课程的开发者，不仅要发掘教材的重难点，领会编写者的意图，还要以教材为基点，拓展学习途径、范围，为学生创造更为广阔的学习天地。导入点、切入点和突破点，分别是指教师在导入新课、引入环节、解决重点等方面所采取的方法和手段。这样的阐述和论说，言简意赅。这种简约化的说课在集体备课方面更能发挥促进作用。

（2）线式说课。一般分为说主线和说辅线两种类型。说主线包括说教学设计、说教学程序等。教学设计是教学活动的核心和教师关注的焦点，作为一条教学主线单列出来说课，这样说课有利于说课者克服面面俱到、详略不分、不分主次的毛病。而重点说教学程序便于教师从宏观上审视和把握所涉及的课堂流程，以达到突出重点、全面兼顾的目的，同时也避免了克服说课前后重复、脱节的缺点。

2.内容的优化

说课内容的不断生成与创新。

（1）说疑惑。课前说课或校本教研中的说课，比较适合增加"不知道怎么做"的内容。例如，在"某些环节、某些地方考虑这方面的因素，这样做不合适；考虑那方面的因素，那样做也不合适，请大家出出主意该怎么做。"说疑惑可以为教学研究活动提供真实的问题素材。

（2）说对比。特别适合在课后说课或在听过别人说课的基础上进行说课，在说课中可将自己的做法与别人的做法，或者自己以前的做法相比较，从内容到依据做全方位的对比，以阐明自己这样做的科学性、合理性，并以此引起大家的思考和争论，提高说课的互动交流价值。

（3）增加说评互动的内容。说课教师对专家或同行的质疑进行必要的解释，说课的组织者可由此进一步展开讨论。通过说"为什么"和交流讨论，促使教师理论性的反思，重新选择或设计。

（4）说情景回放。为了真实地再现课堂教学情境，方便说课，在教学活动之后，可以将最核心的成果或最糟糕的教学片段回放，并针对该教学片段进行说课。说最精彩或最糟糕的教学片段，可以提高教师的反思意识，从中挖掘教学机智，增加经验积累。在观摩型的说课活动中，还可以直接播放教学片段录像，使大家能从中受到启发。

3. 创新的理论依据

说教学设计，教师不仅要说清其教学构想，更重要的是说清楚其构想的理论依据。在基础上进行创新，需要地理老师形成"个人理论"，教师在教学实践中，往往重视对教法本身的探索、积累和应用，而忽略了将其总结上升到理论的高度并使其系统化，因而淡化、浅化了教学实践的功能。在这当中，教师需要结合自己的经验，将自己的"前理论"或者个人见解呈现出来，并将其作为自己教学设计的主要依据。

第四节 地理课堂教学实施

课堂教学的进行是落实教学设计，使教案付诸实施的过程。由于地理课的类型不同，进行地理课堂教学的步骤也大不相同。即使是同一类型的地理课，教学方法不同，其步骤也可能完全不同。初中生主要学习常用的、传统的综合课教学过程，其它课型可以在此基础上变化而来。一般说来，地理综合课可分为组织教学、导入新课、讲解新课、巩固新课、课后思考五步进行。

一、组织教学

组织教学的目的在于安定课堂秩序，集中学生注意力，唤起学生的学习情绪，使学生在思想上、物质上做好听课的各项准备，以保证地理课的顺利进行。组织包括以下两种类型：

（一）课初的组织教学

这段时间很短，而且是单独存在的，一般占用1~2分钟，包括要求学生安定情绪、宣布上课、布置学习计划与要求，以保证教学纪律和调动学生积极性，把学生的注意力集中到地理学习上来。

（二）全课的组织教学

组织教学是地理课堂教学的一个步骤，要贯穿全课始终。进行全课的组织教学，需要教师具有对学生的凝聚力。第一，教师自身的语言、教态、文化修养和业务水平素质要高，使学生崇敬仰慕，起到身教重于言教的效果；第二，教师要加强学习活动的指导，使课堂秩序活泼而不混乱，安静而不沉闷；第三，遵循教学规律，以有效的教学方法带动组织教学是课堂教学凝聚力的根本；第四，如果学生做出影响纪律的行为，教师应适时地、有效地加以制止。组织教学要求教师有心理学、教育学和地理教学论的基础知识和一定的教学经验，以形成个人的组织教学特色。

二、引入新课

（一）导入新课的含义

引入新课即新课导言。在讲授新课之前，为了使学生准备积极地接受新知识，教师往往要进行引言性谈话。导入环节的主要任务有两个：一是联系旧知识，新课学习一般是在复习旧知识的基础上进行；二是引入新课，展开学习前景，激发学生的强烈求知欲，奠定学生的心理趋向，并向学生说明新课学习的主要内容，也可联系当前时事、本地实际或有趣的地理事象来引入新课。做好新课导入，能为学生接受、掌握新的知识，理解新的概念铺平道路，能使教学达到事半功倍的效果。但引入时要注意言简意赅，直入主题。

（二）导入新课的方法（见第七章 地理教学技能 第二节 地理教学导入技能）

三、讲解新课

（一）讲解新课的要求

讲解新课是地理课堂教学最重要的一步，也是全课的核心部分。它所占用的时间也较多，在综合课中一般占25～35分钟。讲解新课的目的在于使学生在教师的指导下，学习、掌握新的地理知识和技能。在讲授新教材的过程中，教师应注意：①认真实施教案。教案是一课时的教学计划，教师应当认真地实施，不要随意变动。②注意把握教学平衡。课堂教学过程是一个信息传递过程。教师在发出信息之后，要随时注意学生的反馈，及时把握好教学平衡，不能不管学生，只是自顾自地讲。③注意临场应变，适当调整教案。教师在一般情况下是要严格、认真地实施教案，但也不是一成不变地、机械地死扣教案。由于课堂情况是不断变化的，教师一方面要能随机应变，适时处理好各种偶发事件；另一方面要根据课堂教学的实际情况，调整教案中不适合于教学实际的活动，以保证教学过程的顺利进行。

新课讲授结束后，应当及时归纳总结。归纳总结应简明扼要，着重总结本节课所学习的新知识，尤其应指明重点内容，其形式可以多样，以教师总结居多，也可由学生来总结。

（二）讲解新课的方式与方法（见第七章 地理教学技能 第四节 地理教学讲解技能）

四、巩固新课

（一）巩固新课的意义

在学习新知识之后，一般都要随堂进行复习，以巩固新知识。巩固新课是一堂课的收尾，在课堂教学中扮演着十分重要的角色，发挥着举足轻重的作用。它占用的时间约为5分钟。巩固新知识的目的在于以下六个方面：

（1）强调重要的地理事实和规律，及时复习巩固新知。

（2）通过分析、比较、归纳或综合，明确所学知识在地理知识系统中的地位、作用及其相互间的联系方式，提示知识结构。

（3）使学生通过训练，明确操作程序，学会或初步学会地理技能。

（4）引导学生总结学习思路与解决问题的策略，促进地理思维能力的发展。

（5）创设新的教学情境，引导学生发现新问题，指导他们独立解决问题。

（6）通过评价活动使学生领悟所学知识的思想内涵，落实情感、态度、价值观教育，培养积极健康的思想情操。

（二）巩固新课的方法

巩固新知识多采取提问的形式，教师要求学生解答各类早已设计好的思考题。问题类型可以多样，但数量不宜过多，一般以1~3个为宜，所涉及的内容应为本节课的重点。除此以外，还可以采用以下方法：

1.游戏式巩固法

一节课即将结束时，学生往往会产生疲劳感，运用游戏法做巩固，能够再度激发生的学习兴趣，达到总结目的。游戏的方法很多，如在磁性黑板上做填图游戏、拼图游戏、扮演角色分组计分、假想旅行游戏等。

案例6-14 运用游戏式巩固法总结巩固大陆自然带

教师：我们学过了大陆自然带的知识，不知道你们掌握了多少与此有关的课外知识？让我们举行一次非正式的竞赛。

（教师宣布竞赛规则和计分办法。）

教师：这里有六幅大陆自然带的景观照片，请各小组派一个代表抽取一幅，张贴到黑板前"世界大陆自然带图"的相应位置。

(代表观察照片，思考，张贴，矫正。)

教师：这里有六个纸袋，每个纸袋中都装有十二幅植物（植被）照片。请每组各推选两名同学，概括你组选定的自然带，找出全部有关照片，贴在图上相应位置。

(竞赛愈发激烈，观众为自己的选手出谋划策，教师不动声色。)

教师：这里还有六个纸袋，每个纸袋中都装有十二幅动物照片，请每组派两位同学上来，根据你组选定的自然带，找出全部有关照片，贴到图上相应位置。

(竞赛进入白热化，教师重申规则。)

教师：这些照片全部选自"动物世界"，请看过电视节目的同学仔细观察一下，看看选手们答案有无错误？

(学生们纷纷举手要求矫正，待矫正后宣布得分，结束教学。)

2.纲目式巩固法

用简练的板书做巩固，概括要点，展示知识结构，提纲挈领，一目了然。

3.开放式巩固法

巩固新课不应仅是将所学内容系统化，有时还应拓展所得结论。开放式总结巩固可以设置与本课内容有关的深层问题，引导学生思考。

五、课后思考环节

（一）课后思考与学习的关系

课后思考一般是教师在新课教学活动结束后布置，多数情况下都要留下2～3分钟布置课后思考作业。目的在于使学生独立运用所学的新知识，形成技能技巧。通过练习，加深对新知识的理解，并培养独立分析问题和解决问题的能力。

（二）课后思考作业的形式

地理学科的教学涉及培养学生的读图识图能力、绘图能力、想象能力、分析和解决问题的能力以及国情教育等情感态度价值观方面的教育。课后思考作业应该不仅有利于巩固知识，更应该有利于锻炼、培养和发展学生的多种能力。地理学科现有的主要作业——地理填图册仅注重学生读图和填图能力的训练，而忽视了绘图、用图及其他多方面能力的训练和培养。

因此，地理作业应该体现新课程标准几个"关注"的要求和地理学科培养学生综合能力及多种情感态度价值观的特点，应该结合教学内容的特点和学生的生活实际从以下几个方面考虑布置形式多样、内容丰富的综合性作业。

1.注重学生兴趣的作业

如在"中国行政区"一节的教学中，为了让学生在短时间内熟悉各省区的名称、位置，教师可针对初中生对游戏比较感兴趣的特点，利用网上资源寻找类型多样的中国政区拼图游戏，让大家利用课后时间练习，并在课内让大家交流，给拼图高手公开的展示机会。

2.培养学生合作精神的作业

如在学习"乡土地理"时，可给学生布置小组合作完成的作业。4个人为一组，选择家乡某一方面的特色为专题，大家分工收集相关的资料，整理后选择合适的展示方式，可以是演讲、图片、多媒体等方式，利用一节课让各小组介绍分工及合作过程，并展示他们的成果。

3.贴近学生生活的作业

如在学习"中国人口增长"这部分内容时，可给学生布置"和家长一起绘制三代树形家谱图"，然后让小组长负责小组交流和汇总本小组所有家庭三代人的不同数量，让学生从家庭人口的变化想象和理解国家人口的变化。"中国工业"这部分内容讲到"珠江三角洲"是轻工业基地，主要工业有服装、电子、玩具等，可给学生布置"调查玩具产地"的作业，让大家在逛商场或大超市时顺便做个简单的调查，验证书中的知识点。

4.培养学生综合能力的作业

结合学生的实践活动，布置他们绘制路线图和活动地的平面图，并通过讲解让学生巩固和熟练应用绘图中的有关知识和技能，如方向标示、比例选择等。在学习"中国交通"部分内容后布置"带你游"的作业，让大家根据自己以往的旅游经历，选择一个旅游景点，带领大家从某地出发，选择合适的路线和交通方式游玩，并进行景点介绍。

第五节 地理课堂教学艺术

地理课堂教学艺术涉及地理课堂教学过程中的方方面面，它是地理教师从教育学、心理学和美学的原理出发，钻研地理教材，运用富有艺术性的教学技能和技巧，采取灵活而富有实效的教学策略，创造性地实施地理课堂教学的智慧结晶。本节仅就地理课堂教学的提问艺术、调控课堂气氛的艺术、突破难点的艺术及地理课堂的节奏等几个方面进行探讨。

一、地理课堂教学提问的艺术

地理课堂提问是指教师在地理课堂教学中创设问题的情境，以引导学生积极、定向地思考而提出疑问的一种教学活动方式。

（一）地理课堂提问的功能

地理课堂提问通过师生互动，促进学生的主动参与和积极思考，使教师了解其学习的状态和进展，随时调控教学过程，提问的评价反馈对教师和学生双方产生正面的激励效应。课堂提问作为一种教学行为过程，激发动机，引发学生兴趣，是充分发挥教师主导作用和学生主体作用的基本形式。激疑启思，是培养学生的思维能力、表达能力及创新精神的有力举措。组织教学，创设有效的课堂气氛，是沟通师生情感的重要途径。

（二）地理课堂提问的模式建构

课堂提问是一个过程，有其构成要素和内在结构。其模式大致为"精心设问—巧妙发问—分析引导—评价总结"。提问的质量及其实际效应是这四个要素的总和，即高质量的课堂提问，应是提出问题精当、发问过程巧妙、分析引导适宜、评价总结得当的完美结合。

1. 精心设问

这是课堂提问成功的前提条件，问题的设计应从创设问题的情境中给学生刺激，产生强烈的学习愿望，并与具体的学习目标结合起来，形成学习期待，进而产生解决问题的紧迫感，实现具体的学习目标。

（1）根据主客观因素，在关键处设问。地理教学问题的设置关键在于学生认知矛盾的焦点和教材的关键点。学生的认知矛盾表现在其认知规律、思维定势与其对知识理解出现冲突的地方。如果把问题设置在这样的认知误区中，往往能有效地帮助学生突破认知难点，摆脱思维定势的影响。在教材的关键处，抓住教材的重点、难点和对学生的思维具有统领作用的内容进行提问，可以使学生对教学中的关键知识点把握得当，印象深刻。

（2）创设问题的情境，提出最有效的问题。创设问题的情境是教师在教学内容和学生的求知心理之间创设一种矛盾，把学生引入与所提问题有关的情境中，使其产生求知的愿望，诱发其探究行为。然而，创设问题的情境应有一定的难度，据美国学者同特金森实验证明，当题目的难度系数为50%时，绝大多数学生对问题最感兴趣。在教学中，教师可以根据学生的认知水平和理解、应用、分析、综合、评价、决策等认知层次来调节问题的难度，并结合实际生活、地理故事、历史材料、诗词歌赋等内容提出新颖的问题。

2. 巧妙发问

课堂提问不仅要注意"问什么"，还要注意"怎么问"，发问的过程也是实现提问目的的关键因素，教师应重视这个环节。

（1）选准发问时机，明确发问对象。教师只有在学生"心求通而未得，口欲言而未能"之时发问效果最好，教师应抓住时机，及时发问，让每个学生都能认真思考。教师提问要面向全体学生，把发问的机会平均分配给学生。问题的设计，切忌只满足成绩好的学生，而忽略了其他的学生。

（2）问题表述自然，留有思考余地。教师在表述问题时，语言要简明易懂、语速适中、吐字清晰、避免重复。教师的态度要自然，如过于严肃和僵化，学生就不能畅所欲言。教师提问之后应留出时间让学生思考，国外的心理学家认为在提问时要有两个停顿：一是问题提出之后3～5秒的停顿；二是学生回答之后的3～5秒的停顿。

3. 分析引导

分析引导是学生对问题做出回答时，教师对此要迅速进行分析和判断，从而采取相应的措施，引导学生思维。

（1）启发引导提问内容。学生回答问题的结果大致有三种，一是答案基本正确，二是完全错误，三是回答与答案有一定的关联。教师应对后两种情况进行分析，找出原因，再结合学生自身的情况，给予适当提示、巧妙点拨。

（2）纠正学生答题态度。学生的性格特征各不相同，因此对回答问题的态度也各不相同。一般来说，有不敢答、紧张怕羞、漠不关心等几种情况。教师应针对具体情况采取相应措施，给予适当的鼓励和表扬，帮助学生认识自身的价值，维护学生积极回答问题的热情和信心。

4.评价总结

教师的信息反馈，对学生的学习状态和情绪具有调节指导的作用。课堂提问的总结应是对学生的答案进行分析评价、综合深化、补充纠正，使答案系统化、合理化。有时，为了开拓学生的思路，锻炼其思考能力，问题可留到课下进一步思考。同时，教师应对学生进行思路指导、语言评价和语态分析，从中培养学生良好的思维习惯。

二、调控地理课堂气氛的艺术

（一）地理课堂教学氛围的功能

教师由情感着手调控地理课堂教学氛围，营造教学高潮，学生对教师教学内容的反应是敏感而热烈的。这些都会对学生学习产生全面而有效的促进作用，增强学生的地理学习积极性，有助于促进学生的智力和创造力的发展，有助于提高学生的地理学习效率。

（二）地理课堂教学氛围的调控策略

要达到理想的教学效果，必须有高超的课堂驾驭能力，包括氛围的营造、控制等，调节地理课堂教学氛围要采用正确的方法。

1.动之以情，产生共鸣

教师在教学过程中，设法用激情调控学生的情绪，以产生共鸣并达到身临其境、息息相通的效果。要达到这一点，就需要教师能用饱含真情的语言使学生受到感染，打开情感的门扉，让课堂相关内容与学生心灵深处的经历、印象融合在一起。区域地理可用朗诵激发学生情感。

2.运用媒体，激发兴趣

在课堂上运用多媒体放映歌曲或图片，可以激发学生的探究欲望。如讲我国气候的复杂多样时，可先播放我国不同地域、不同季节的风景图片，包括东北原始森林的皑皑白雪，华北平原的四季图，华南"鱼米之乡"的青山绿水及青藏高原的放牧图，等等，激起学生心中好奇的涟漪、想象的浪花，产生强烈的学习愿望。适时应用多媒体，通过多种途径激励学生努力思考，并把思考结果加以讨论，既能使学生的认识相互补充、完善，又能营造出热烈的学习气氛，进而激起学生的学习热情。

3.设计活动,激励参与

在课堂教学过程中,教师鼓励学生参与地理拼图或绘图竞赛,使学生脑、口、眼、耳、手并用,亲身体验更能激发学生学习的积极性。如在讲我国的行政区划时,让学生用各省区轮廓图拼成祖国疆域图,或绘制一幅我国行政区划图,或拿出某模型、轮廓图让学生分组竞猜,既能满足学生的成就感,又能培养学生的集体主义精神,一举多得。

营造教学氛围,创设教学情境,使学生在愉悦中掌握学习内容。但并不是说从开始到下课都必须努力保持高潮。地理课堂氛围的营造和控制应遵循适度性、灵活性、实效性等原则。

三、地理教学中突破难点的艺术

在地理教学过程中,教学难点是由多种因素造成的。准确把握地理教学难点,弄清"难"在何处,并运用恰当的方法进行突破,对于提高课堂教学效果显得尤为重要。如果难点处得不好,学生无法理解透彻,就会产生一种挫折感,未能消化的难点积累到一定程度,学生就会感到地理很难学,会产生厌学倾向,势必影响到学生对后续内容的学习和学习的热情和兴趣,导致恶性循环。

(一)地理教学难点的特征

见第二章第三节地理教材具体分析的难点分析部分。

(二)突破难点的途径

地理教学中要化难为易常采用的方法是:将抽象深奥的空间结构、复杂的地理概念和原理、综合性强和分散程度高的知识点转化为具体的、形象直观的、系统的、符合逻辑推理的教学内容,运用多种方法和途径来具体实现难点的突破。

1.将抽象深奥的概念、原理转化为具体的事例

(1)例证法。从理论上不易讲清楚的难点,可通过学生比较熟悉的典型事例来说明。如讲"人类与环境的对立统一关系"时,可以"黄土高原的水土流失"和"珠江三角洲的基塘生产"为例。由于人类滥伐森林,植被遭破坏,导致黄土高原的水土流失,严重影响了农牧业生产的发展和其他建设事业的进行。这就是人类与环境的对立。在低洼易涝的珠江三角洲,那里的人民挖地成塘,堆泥成基,发展了独特的"基塘农业"。这样既改造了不利的自然条件,提高了环境质量,又满足了人类不断提高的物质和文化生活水平的需要。这就是人类与环境的统一。

(2)联系生活经验。在讲述难点的时候可以举些学生熟悉的日常生活中的具体的例子。如讲到地球公转的地理意义中的正午太阳高度、昼夜长短的变化时,可以提出这样的问题:学校所在地一年之中白昼的时间一样长吗?什么时候较长?什么时候较短?学生根据自己的生活经验马上就能回答出来,然后再进一步讲解地球公转的地理意义就简单多了。

(3)习题法。在教师既难于说清楚,又缺乏必要的辅助教学手段的时候,可以采

用此法，精选一些与难点有联系的思考练习题、参考书，借助习题中的问题情境，让学生结合课本教材、参考书作练习，从而达到掌握难点的目的，如地图的识记。

（4）适当进行比拟和对比。中学地理知识时空跨度大；综合性强，一些地理知识较深奥，若照本宣科，势必造成学生接受的困难。在传授时不妨进行适当的比拟和对比，如讲述洋流的概念时，我们可形象的把它称之为"水中的河流"，讲梅雨的形成可以用"拉锯战"来点明特点。

（5）联系以前学过的知识。将难点与已经学过的知识作比较性说明，促使新知识在已学知识的基础上发生知识的迁移，既复习巩固了已学过的知识，又能理解新的难点。

2.通过形象直观的教学技术和方法来易化难点

（1）充分利用图像系统。地理教材中有些内容单凭教师口头讲述，学生往往难以理解。采用图示法，可化难为易、形象直观、记忆深刻。即教师通过板画简单的示意图，边绘边讲，把有关知识点落实到图上。地理课本中有很多插图，他们在突破教学难点方面有着不可替代的作用。书中的大部分知识点都负载在相应的各种地图上，可见地图对于学习地理知识至关重要。

（2）利用各种挂图、教具、模型、投影片。教师围绕教学难点收集一定数量的相关图片、教学模型、录像短片等形象直观的教学素材，在教学过程中灵活运用，可以起到激发学生的兴趣，加深学生的认识，给学生留下深刻的印象，活跃课堂气氛的效果。例如在讲述地球自转时，使用"昼夜半球仪"进行演示，引出有关地球自转的周期、速度、地理意义等一系列知识，教学效果比较明显。

（3）利用多媒体课件、录像短片、动画演示、互动教学。随着网络技术、多媒体技术在地理课堂教学中的广泛应用，使用多媒体课件可以将复杂的知识如大气的运动、大气环流等进行直观形象的动画演示，采取一种新的互动教学的模式，将文字、图片、音频、视频、动画等多种格式的素材结合在一起，并融合教师的讲述、实例的演示、知识掌握程度的测评以及结果的反馈，即可便捷高效地突破以往难于解决的教学难点，教学效果非常显著。

3.通过顺口溜、谜语等方式突破记忆难度大的知识点

易混淆难记忆的知识点，需要通过一些灵巧的方法来突破，如自编顺口溜、谜语等。例如，讲到"昆明准静止锋"这一难点时，教师除画图深入浅出讲解外，可分别出几条谜语："天无三日晴""久雨初晴""一寸光阴一寸金"猜同一地名。同学们反复思考，会猜出谜底"贵阳"来。因为贵阳处在昆明准静止锋以东，云遮雾罩，多阴雨冷湿天气。通过谜语加以联想，可以逐步加深理解并记住昆明准静止峰的概念和成因。

总之，教师只有有意识地针对不同难点，采取恰当的方法和手段，才能帮助学生克服难点，真正掌握教学内容，增强学生自信心和学习地理的兴趣，使教学进入一种良性循环。

四、地理课堂的语言和练习节奏

地理课堂节奏就是在地理课上，老师的教和学生的学之间有秩序、有节律的变化；是在课堂上教师向学生传递地理知识，培养地理能力时，师生间相互影响，相互作用的

过程中形成的。这里所说的地理课堂教学节奏是广义的,既包括地理教师的语言节奏,也包括课堂提问的节奏、练习的节奏、重难点的节奏等。

(一)地理教师的语言节奏

在地理课堂上,知识的传递主要是地理教师运用语言来完成的。因此,地理教师要发音准确,口齿清晰,其语言不仅要简洁易懂,生动形象,富有启发性和教育性,还要有节奏感。节奏感体现在语速的快慢、说话的间歇、声调的抑扬顿挫、教师身体语言等几个方面。

1.语速的快慢

速度是语言节奏中最主要的因素。信息传播理论认为,教学过程主要是教师向学生传播信息的一个交互过程,学生是处于传播过程中接收信息的一端,主要任务是把接收到的信号转变为信息内容,并把接收信号后所产生的反应、思想、行为的变化,反馈给信息发送者(教师)。要有效地完成这个过程,学生对信息的细节必须有足够的感知和注意。人的短时记忆容量有限,若教师讲课速度过快,短时间内输出的信息过多,超出了学生短时记忆的容量,会导致无法达到应有的教学效果。而教学速度过慢,容易造成学生注意力分散,使教学内容之间联系松散。

虽说教学语言没有固定的节奏模式,但过快、过慢以及缺少变化都不好,宜快则快、宜慢则慢、快慢有节才是最佳的语言教学节奏。地理教学是一种双向交流活动,教师不能只顾自己讲授,而不顾学生的反应。在课堂教学过程中,教师必须注意语言节奏的轻重缓急、错落有致,每到内容重要或难于理解之处,为了便于学生理解和记忆,就需要放慢节奏。反之讲到一般内容时,就可以适当加快一些。同时,还应该结合内容、教师的个人特点及注意学生的年龄特征等调节语速。

2.说话的间歇

作为讲课换气的间隙,是表示上一句话的结束、下一句话的开始的极其短暂的期间。有的地理教师一上讲台就滔滔不绝,三下五除二仓促地完成一堂课。有经验的地理教师总是善于利用这个"间歇",形成演讲的节奏,不但给学生以韵律美,以此加强语言的清晰度和表达力,而且使学生有思索的机会和回味的余地。

3.声调的抑扬顿挫

节奏的另一个重要因素是声调的抑扬顿挫。抑扬顿挫的声调能够吸引学生的注意力,使学生始终处于紧张兴奋的状态。初登讲台的教师往往不懂得声调抑扬顿挫的重要性,有时一节课下来,仅仅用一个声调,结果使学生体倦神疲,兴致大减。充分利用声调的抑扬顿挫,可以赋予讲课内容以情感,或跌宕起伏,或行云流水,使学生的思路紧随老师,取得良好的学习效果。但值得注意的是,声调的抑扬顿挫也不可滥用,否则给人以扭捏造作、哗众取宠之感。只有掌握了声调的表现技巧,并结合所讲授的内容,才可以明显增强语言的感染力,提高教学效果。

4.教师身体语言

教师的口头语言应该辅以恰当的身体语言,才能够增强表达力,提高教学效果。身体语言一般是指姿态、面部表情、眼神、手势等。在课堂上，如果教师一堂课都面无表情、眼神呆滞、有气无力，那么其教学效果可想而知。一堂优质课，教师不但要有美妙的口头语言，还应该有传神的身体语言。身体语言的运用应该结合教学内容。在讲授重点、难点内容时，教师的身体语言动作幅度要大一些，以引起学生的充分注意，在讲授一般内容时，身体语言的幅度要小一些，以便创造一种轻松的课堂气氛，有张有弛的身体语言节奏营造有张有弛的课堂学习气氛，从而提高教学效果。

（二）课堂练习的节奏

现代教学中都比较重视"练习"，把"练"作为课堂上非常重要的一个环节。很多教师对练习的内容都反复考虑、精心设计，但却忽视了练习的节奏。其实，练习的节奏也非常重要，一般地说，分散练习比集中练习要好。在新授课中应该每节课都做练习，要"精讲精练"。在一节新授课中，也可安排多次练习，讲一个问题，解决一个重点、难点，就可安排一次练习，使刚讲过的知识当堂巩固。但是有相当一部分教师喜欢采取集中练习的方法，讲完几节课，然后抽出一节课集中完成前几节课的练习，结果使学生疲惫不堪，难以保证练习的质量。因此练习要有一定的节奏，节奏适当，学生就会感到心情舒畅，反之，练习就收不到较好的效果，甚至流于形式。

为了调节课堂练习的节奏，练习的方式要多样化，书面的和口头的、个人思考的和集体讨论的、记忆的和理解的、单项的和综合的等，要根据教学内容和学生的实际情况，以及教师驾驭教材和课堂的能力灵活运用。

课堂教学节奏的调控，是一门很值得研究的教学艺术。教师实施课堂教学要注意学生在课堂上的反应，随时做节奏上的调整，以保证完成教学任务。

思考与实践题

1. 地理教案的构成要素主要有哪些？编写地理教案应遵循的原则有哪些？有哪些注意事项？
2. 依据教案编写原则和参考案例，尝试编写一种符合课标理念的地理教案。
3. 自选一节中学地理课教学内容，撰写说课稿，进行说课练习，并说出自己说课后的感受。
4. 自选一节中学地理课教学内容，试拟突破教学难点的构想及课堂提问的设想。

第七章　地理教学技能

教师在完成地理课堂教学设计后，需要运用地理教学技能实施地理课堂教学过程。地理教学技能是地理教学实施的支撑系统。"教学技能是指教师在课堂教学中，依据教学理论、运用专业知识和教学经验等，使学生掌握学科基础知识、基本技能并受到思想教育等所采用的一系列教学行为方式"。地理教学技能是每一位地理教师所必备的基本职业技能，是地理教师在课堂内进行有效教学的一种最基本的教学规范。"地理课堂教学技能是在地理课堂教学中依据地理教学理论，运用地理专业和教学手段，顺利达到地理课堂教学目标的一系列教学行为方式，是智力技能和动作技能的综合体现。"由此可见，地理课堂教学技能是进行地理课堂教学实施的基本行为方式，它具有可观察、可描述、可测定、可评价、可操作、可迁移的特征。根据地理课堂教学过程的特点和本书的体系结构特点，将地理课堂教学技能划分为组织技能、导入技能、语言技能、讲解技能、提问技能、板书技能和总结技能。

第一节　地理教学组织技能

上课要有组织的开始，也要有组织的结束，组织教学应贯穿始终。在课堂教学过程中，教师不断地组织学生注意、管理纪律、引导学习，建立和谐的教学环境，帮助学生达到预定课堂目标的行为方式，称为教师的课堂组织技能。这个技能是课堂教学的"支点"，是使课堂教学得以顺利进行的重要保证。它不仅影响到整个课堂教学的效果，而且与学生思想、情感、智力的发展有密切的关系。

一、课堂组织技能的功能

（一）组织和维持学生的注意，引起学生兴趣和动机

中小学生的有意注意逐渐发展，无意注意仍起主要作用，情绪易兴奋，注意力不稳定。为了有效地组织学生的学习，教师必须重视随时唤起学生的注意力。正确地组织教学，严格地要求学生，对唤起学生的有意注意具有非常重要的作用。它既有利于学生注

意习惯的养成，也有利于意志薄弱的学生借助外因的影响集中有意注意。因此，教师向学生提出正当合理的要求，建立正常的课堂常规，都有唤起和维持学生注意的作用。

采用多种教学组织形式是激发学生兴趣，形成学习动机的重要条件。在教学中教师根据学科特点、知识特点和学生年龄特点，采用不同的教学组织形式，能够调动学生学习的积极性，使他们兴趣盎然地参与课堂活动。

（二）强化学生的自信心和进取心，帮助其建立良好的行为标准

在课堂管理方面，不同的组织方法在学生的思想、情感等方面会产生不同的效果。当学生出现课堂纪律问题时，分析原因，启发诱导，实事求是，合情合理地进行解决，可以产生积极的效果。任何学生都有自己的特点和长处，老师在组织课堂纪律的时候，对于个别学生既要严格要求，认真管理，又要看到他们的长处并加以肯定，因势利导地进行教育。只有这样，才能逐渐加强学生的自信心和进取心，克服缺点和错误，使他们向好的方面转化。

良好的课堂秩序，要靠师生的共同努力才能建立。但有时中学生的行为不符合学校或社会对他们的要求。这时就需要教师在讲清道理的同时，用规章制度所确立的标准来指导他们，约束他们。使他们逐渐懂得什么是好的行为，为什么要有好的行为，以形成自觉的纪律，养成良好的习惯，帮助学生实现自我管理，从而树立良好的行为标准。

（三）创造良好的课堂气氛

课堂气氛是整个班级在课堂上情绪和情感状态的表现，只有积极的课堂气氛才符合学生求知欲旺盛的心理特点。从教育的角度看，良好的课堂气氛，会营造一种具有感染性催人向上的教育情境，使学生受到感化和熏陶，产生感情上的共鸣。从教学角度看，生动活泼的教学气氛，会便学生大脑皮层处于兴奋状态，易于全身心地投入学习，更好地接受知识，并且将所学知识掌握牢固，记忆长久。

二、课堂组织技能的类型

（一）管理性组织

管理性组织是指课堂纪律的管理。其作用是使教学能在一种有序的环境中进行。课堂是学习的场所，既要使学生生动活泼地进行学习，又要有纪律作为保障。因此，教师在进行课堂管理组织的时候，既要不断地启发诱导，又要不断地纠正某些学生的不良行为，保证课堂教学的顺利进行。

1.课堂秩序管理

在课堂上可能出现迟到、看课外书、做其他功课、交头接耳、东张西望、吃零食、不专心学习等行为，其原因可能是多方面的。要解决这些问题，老师首先必须从关心爱护学生出发，了解他们存在的问题，倾听他们的心声，和他们交朋友，然后对症下药提出要求，用课堂纪律约束他们。

2.个别同学的管理

课堂教学中,个别同学总会出现一些问题,这些同学的不良行为一般是出于好奇或不正常心理的表现。教师应当创造一种互相信任、自然、亲切的气氛,像对待同伴和朋友那样跟学生打交道,同他们一道分享胜利的喜悦和失意的忧伤,在没有抵触、厌恶的情况下,对他们施加影响。对个别学生的问题,教师可采用以下三种方式:

(1)使不良行为得不到回应而自行停止。当个别学生的不良行为在课堂上出现时,只要不影响大局,不会对周围学生造成大的干扰,就不予理睬。在可能的情况下,安排其他学生进行一些活动,以抵消其干扰。如引导学生观察挂图、标本、模型等,或讲一个生动的实例,用幽默的语言活跃一下课堂气氛等吸引学生的注意。应该认识到,如果能学会避免对不良行为做出反应,就能更恰当地驾驭学生的课堂行为。对这种行为不予理睬,反倒使学生感到无趣而停止。

(2)有意识地安排行为替换并给予奖励。教师为有不良行为的学生提供合乎要求的替换行为。例如有的学生在课堂讨论时总爱打闹,影响讨论的正常进行,教师可指定他专门思考一个讨论要点,在小组讨论中发言。如果该学生在小组讨论中发言较好,让他对全班讲,并给予表扬和鼓励,使个别学生在不良行为和替换行为之间做出选择,从替换行为中得到心理满足。为了达到效果,对替换行为的奖赏必须是强有力的,足以抵消不正当行为而选择替换行为。

(3)正面教育与适当惩罚相结合。如果在惩罚之前帮助学生明辨事理,就可能产生更好的效果。学生明白了道理之后,会产生一种内疚感,认识到这是他不良行为所造成的必然结果。此外,在批评学生时应注意掌握好尺度,语言要富有艺术性。

案例7-1 来生当男生还是女生?

有一位教师发现考试中女生普遍比男生考得好,就在班上给大家讲了一个故事:"昨天我做了一个梦,梦见我的老师在课堂上问我,来生当男生还是女生,我回答当女生,老师问我为什么?我就说男生与女生下棋,女生赢了会被称为才女,输了人们也不责怪,而男生就不同了,赢了没人说你是才子,输了人们说你是个大草包,你谈亏不亏。今天我不说梦,而是要表扬女同学。因为她们考得好,超过了男生,这说明不仅下棋,考试也一样,女才子特别多。因此,我既为我们班的女生的胜利骄傲,也为我们班男生的谦虚而骄傲。"教师用自己富有艺术性的语言使男生在笑声中理解老师批评的用意。

(二)指导性组织

1.对阅读、观察、实验等的指导组织

阅读、观察、实验等是学生进行学习的一种方法,要使学生迅速地投入这种学习,并掌握这种学习方法,教师需要在课堂上不断地进行指导性组织。

阅读在课堂教学中是培养学生能力的一个重要方面,学生在没有掌握阅读方法之前，常常是从头读到尾，把握不住重点。老师若利用教学提纲或提出问题的方式加以指导，使学生会读，读有所得，就能逐步提高学生阅读的兴趣和能力。阅读指导的一般做法是教师让学生在有限的时间内将阅读内容通读一遍，并高度概括其内容。概括所读内容是要求学生阅读时集中注意力，并为阅读后回答问题组织好自己的语言。

观察是持久的注意，是带着观察的目的，对对象的各方面进行研究，它是形成正确表象，进而进行科学思维的基础。在准备让学生观察时，首先要让学生明确为什么要观察，观察什么和如何观察（如地图、景观图、示意图、标本及实物等），然后再让学生进行观察。为了使学生明确观察目的和观察对象，教师可采用提出问题的方式，让学生通过独立观察去解决。

2.课堂讨论的指导组织

讨论是一种有组织、有计划，学生积极参与的独特的教学方式。当课题富有争论性或具有多种答案的时候，运用讨论法是最合适的。讨论的特点是使班上每个人都有机会参与学习活动，促进他们积极的思考问题，真正成为学习的主体。在讨论中每个学生都要认真地思考问题，给予反应，彼此启发，相互补充，对问题做出结论和概括。这样，学生就变成知识的主动追求者，而不是被动接受者。

对于讨论的指导要求是：第一，论题应具有两个以上的答案，即没有简单、现成的答案。要做到这一点，老师必须对讨论题进行深入地揣摩；第二，论题要能引起学生的兴趣，来源于他们熟悉的、但又不十分明确的问题；第三，为了使讨论能顺利进行，要给学生适当的时间做课前准备，并在讨论中善于点拨和诱导，使所有人参与讨论；第四，应制定并遵循规则，以防乱吵或把争论变成个人冲突。

（三）诱导性组织

诱导性组织是在教学活动中，教师用充满感情、亲切、热情的语言引导、鼓励学生参与教学过程，用生动有趣、富有启发性的语言引导学生积极思维，从而使学生顺利完成学习任务。

1.热情鼓励

这种组织方式既适用于好学生，更适用于成绩较差或不善于表达思想的学生。比如在回答问题时，后两类学生一般都比较紧张，这时老师应该用亲切柔和的语调告诉他们："不要慌，胆子再大些，错了没关系。"当学生回答不准确，或词不达意时，教师应肯定他们的优点及正确的回答，然后鼓励说："我知道你心里明白，就是语言还没有组织好。"接着给予适当地提示，使他们能较好地表达自己的思想。对完全不能回答问题的学生，要委婉地进行处理。经过不断地鼓励和引导，学生会积极参与到教学活动中来，并会乐于接受知识和完成作业。

2.设疑激发

激发学生产生疑问，引起其学习欲望，是调动学生学习积极性、深入思考问题的好办法。首先老师要善于提出问题，特别是要求学生掌握的内容，而学生的理解又比较肤浅时，要激发学生产生疑问。调动学生学习的积极性的方法有以下几种：

（1）欲知其本，故问其反。即对教材的内容和形式故作否定，或对教材内容作反面引申，于"反"处设问，犹如投石激浪，本与反的冲突给学生大脑强烈刺激，从而由反识本，因反固本，促使学生的思维得到强化。

（2）欲廓其清，故问其反。一个问题的出现意味着新旧知识之间存在一个空白，不能构成合乎逻辑的链条，于是学生会产生困惑心理。它是引起学生求知欲，产生学习兴趣的内在动力。这种疑惑和矛盾，无论产生于教材知识之间，还是产生于学生的生活经验与教材之间，都能引起学生探究的愿望。为廓清学生的这种潜在的矛盾和疑惑，教师要善于在无疑处设疑，在无惑处设惑，引起学生认识上的冲突，以发展学生的理性思维。

（3）欲求其通，旁敲侧击。有些问题难度较大，学生思维一时受阻，这时可以从旁施问，巧于铺垫，妙于引渡，疏浚思维通道。一般可采用迂回包抄、各个击破、同类启发、触类旁通的方法。有些问题与学生已知的知识或已有的生活经验有类似之处，教学中巧妙沟通联系，利用二者的可比性，以旧探新，以已知探未知，令其幡然醒悟，会收到"触处自引申"之效。

（4）欲得其正，反问归谬。错误往往是正确的先导，当学生回答问题有错误而不觉察时，如果一味简单地加以否定并授予正确的答案，久而久之便会养成思维的惰性，也不利于创造良好的课堂气氛。这时不妨将错就错，以错误的结论为前提，施加反问，学生在处处碰壁中顿悟，从而训练其思维的准确性和合理性。但应注意，课堂中的归谬不能有陷敌论于死地的那种冷嘲热讽的犀利锋芒，而应让学生在轻松的气氛中，在善意的笑声中碰壁醒悟，心领神会。在谬与正的冲突中，以谬求正，磨炼思维。

三、课堂组织技能的构成要素

（一）提出要求

提出要求的作用在于一方面维持课堂秩序，另一方面不断集中学生的注意力，使学生了解每个教学环节和教学步骤的意义，推动课堂教学过程的顺利发展。因此，提出要求是扼要地对学生说明应该进行什么活动，为什么要进行这种活动，怎样进行这种活动，以及在时间和纪律等方面的要求。提出要求的关键是要在各个教学环节之间或各个知识点的转换处做出明确的交代。

案例7-2　教师提出要求指导学生阅读我国1月平均气温等温线分布图

让学生阅读我国1月平均气温等温线分布图时，要求学生在图中找出0℃等温线、20℃等温线和-28℃等温线的大体位置，算出我国南北温差是多少，我国南北方气温有何差异等。

（二）安排程序

在提出要求后，有时还需要进一步向学生说明进行某项活动的详细程序，以便使学生大体上遵循相同的步骤去完成同一项任务，在同样的时间内达到一个共同的目标。

案例7-3　阅读地形剖面图的程序

了解所读剖面是沿哪个方向和哪条剖面线绘制的；仔细观察剖面图的纵坐标和横坐标的比例尺；在清楚剖面图方向、纵横坐标之后，再认真观察地表起伏的总趋势、起伏的大小和地形变化的特点，把剖面地势高低、地形起伏与整个地区地势联系起来，并以简明的语言进行总结。

（三）指导和引导

教师在学生活动过程中，需要进一步进行指导和引导。指导是侧重于对学生操作方法和动作方式的肯定或矫正，可以保证学生即时了解该怎样行动，从而训练基本技能。因此，指导多用于观察、自学、练习等方面。引导侧重于对学生思维的启迪和注意力的转移，以保证学生思路通畅及教学过程的连续性，它多用于听讲、观察、讨论等方面。

（四）鼓励和纠正

鼓励和纠正是教师对学生活动效果的一种反馈，是对学生期望心理的一种回应。及时的鼓励和纠正，一方面可以强化教师对课堂教学的组织，另一方面可维持学生的主动性和积极性。鼓励和纠正应选择在学生活动产生了一定效果之后进行，过早易使学生自负或自卑，削弱学生的积极性和进取心。过迟易使学生的期望值落空，导致注意力的转移。

（五）总结

总结是对学生活动情况和取得效果的全面评述，是对教学信息的进一步强化，总结可使学生从整体上和更高层次巩固所学知识。因此，总结是组织课堂教学不可缺少的一个要素。总结包括对本节课内容的结构化综述和对学生活动状况评价两个方面。

四、课堂组织技能的应用要求

（一）注意方式，把握时机

组织课堂教学绝非一次性行为，围绕不同的教学内容、教学环节或教学步骤，教师要多次组织课堂教学。因此，在教学设计和编写教案时，应充分考虑组织课堂教学的恰当形式，是正面讲述还是提问启发，是运用语言还是电教媒体，怎样与导入、提问、讲解、演示等技能有机结合。同时还应充分考虑提出要求、指导引导、鼓励纠正、总结等组织课堂教学构成要素的时机，使组织课堂教学不流于形式。

（二）明确目的，教书育人

教书育人是课堂组织的重要任务。通过课堂组织作用，学生明确学习目的，热爱科学知识，形成良好的行为习惯。在地理教学中渗透着大量的德育因素，在传授科学知识的同时对学生进行思想教育，最有吸引力和说服力。在教学中教师严谨的治学态度，精湛的教学艺术，高度的责任感，对学生都有言传身教、潜移默化的作用，会影响学生的学习态度和他们的纪律行为。

（三）了解学生，尊重学生

根据不同学生的兴趣、爱好和个性特点，在课堂上用不同方法进行教育和管理。对不善于控制自己的学生，要多督促与指导，使他们学会管理自己；对身体欠佳或有思想情绪的学生，要采用提醒、鼓励的方法。对学生进行管理，要尊重他们的人格，坚持正面教育，以表扬为主，激发积极因素，克服消极因素。当发现学生注意力不集中时，应通过多种形式给予暗示和指导。即使对个别学生，也不要在课堂上当着全班同学的面斥责，应采取课上冷处理，课下解决问题的方法。

（四）灵活应变，因势利导

教育机智是指教师对学生活动的敏感性，以及能对学生所发生的意外情况快速地做出反应，及时采取恰当措施的能力。主要体现在机敏的应变能力，能因势利导把不利于课堂的学生行为引导到有益学习或集体活动方面来，恰到好处地处理个别学生的问题。比如，同学们走上工作岗位后给一个新班上课之始，有个别学生有意或无意提出问题考老师，在这种情况下，要求教师具有较强的应变能力，巧妙回答学生的"考"问，以利于教学活动的正常进行。一般常用的方法有如下几种：

1. 反弹法

对于学生提出的有些问题，老师不会或一时难以回答，或为了某种目的，老师可以将问题反弹给学生，让出题的学生自己去解答。

案例7-4　学雷锋还有什么价值？

如有一位学生问老师："毛主席20世纪60年代号召大家学雷锋，现在已经21世纪了，进入市场经济，学雷锋还有什么价值？"这时老师可以向学生反问："如果你夜间同妈妈一起行走，突然妈妈旧病复发昏倒在地，这时你需要钱呢？还是需要'雷锋'帮你把妈妈送往医院？"

将问题反弹给学生，让学生自己得出答案。

2. 紧扣考题法

老师回答学生考题时，要紧扣学生考老师的目的，解开学生的疑惑，满足学生的愿望。常用的方法有：

（1）暗中扣题法。表面上回答的内容"走"了题，造成悬念，实际上暗中扣题。

案例7-5 老师的水平说准点比文盲好一点，比半文盲差一半

有一位老师转到一个新学校，接了一个新班。有一位学生就问他，"你肚子里有多少学问？"这个考题有些"刁"，老师若说出自己很有学问，学生不相信，若说以后上课时看我肚里的学问，学生认为是托词，更不会满足。于是

这位老师采用"暗中扣题法",他说"我这个老师的水平说准点比文盲好一点,比半文盲差一半。"学生纷纷议论起来。"怎么,我的话你们吃惊了,我说的可是实话。《康熙字典》共收汉字47 021个,半文盲应该认识23 510.5个,而我大概只认识10 000个出头吧,只有半文盲的一半。"学生们知道,一般常用汉字3 000—4 000字,能认识七八千字就很有学问了,这个老师却认识10 000多字。学生知道了老师的"比半文盲还差一半"之意,不禁鼓起掌来表示欢迎。

(2)比喻扣题法。

案例7-6　你用什么方法使我们人人成才呢?

一个学生考新来的老师,"你用什么方法使我们人人成才呢?"这个老师可以直接回答出许多条,但直白乏味且耽误上课时间,学生也不会满意。这个老师采用了"比喻扣题法"。他说"有啊。"然后在黑板上写了一个大大的"新"字,指着说我是新老师,就从新字开始,你们看"新"字左面,上面是"立",下面是"木"。意思是把树木立起来。新字的右面是个"斤",意思是刀斧,合起来是树木要成材,顶天立地,就要用刀斧修剪。你们要长成参天大树,就得园丁常修常剪。我的办法就是修枝剪杈,把你们一个个修剪成栋梁之材!老师说到这,一片笑声和掌声,表示欢迎这位新老师。

(3)创新扣题法。回答考题时思路新奇,方法独特,出乎学生的意料。

案例7-7　你们在我心中是一张白纸

一个老师接了一个乱班,后进生想知道老师如何对待他们这些差生,于是问老师,"你对我们班了解吗?对我们了解多少?"学生满以为老师会说出了解多少多少,可是出乎学生意料,老师回答,"不了解,我也不想在我接班前知道你们过去的表现!"老师接着说:"你们在我心中是一张白纸,洁白无瑕。今后你们在我面前都是同一起跑线上的学生,谁跑得快,谁跑得慢,我会一眼看出来的,过去的就让它过去吧!你们的成绩从今天记载!"这回答使后进生没了包袱,先进生没了优越感,却树立起从头做起的信心。

老师的回答成了这个班由后进变先进的转折点。

(五)不焦不躁,沉着冷静

遇事不焦不躁是老师的一种品质。它是以对学生的热爱、尊重与理解,以及高度的责任感为基础。只有这样,教师才能公正地对待每一个学生,尊重和维护学生的自尊心,耐心地引导他们进行学习。也只有这样,才能在遇到意外情况时,沉着冷静,不为一时的冲动所左右。处理问题时,随时意识到自己对社会、学生所承担的责任,考虑自己行为的后果。从教育的根本利益和目标出发，处理好所面临的各种复杂问题。

五、课堂组织技能的评价

课堂组织技能评价内容见表7-1。

表7-1 课堂组织技能评价量表

项目	评价内容	权重	赋分值		
			好	中	差
1	使用要求明确，恰当的语言组织控制教学，效果好	0.20			
2	目光暗示与语言表达配合好，及时反馈，调整、控制教学效果好	0.15			
3	不断变换方式，使学生始终处于积极状态	0.15			
4	运用恰当方法，使不同层次、不同水平的学生积极投入	0.20			
5	懂得处理少数与多数、个别与一般学生差异的策略，方法恰当	0.15			
6	教学进程自然、活跃，师生相互作用好	0.15			

第二节 地理教学导入技能

导入技能是教师采用各种教学媒体和各种教学方式，引起学生注意，激发学习兴趣，引起学习动机，明确学习目标和建立知识之间联系的教学活动行为方式。导入技能一般应用于上课之始或开设的地理新课程进入新单元、新课时的教学过程之中。地理新课程导入是在学习地理课程之前，为了让学生明确学习地理的意义、目的，了解地理的学习方法而安排的绪论。地理单元导入一般指在学习每章内容前，地理教师向学生简单介绍全章学习内容、与其他各章节之间的联系及学习方法等，使学生对所学内容有一个全面的了解。课时导入是在地理课学习新知识之前教师的导语，是地理课运用最多的导入类型。

常言道，良好的开端是成功的一半。课堂教学的导入，犹如乐曲中的"引子"，起着酝酿情绪、集中注意、渗透主题和带入情境的作用。精心设计的导入，促进学生的情绪高涨，吸引学生的注意力，唤起学生的求知欲，燃起学生智慧的火花，使学生积极思考，勇于探索，主动获取知识，有助于学生获得良好的学习成果。因此，在课堂教学时，一定要重视教学伊始的导入技能。

一、导入的功能

（一）激发地理学习兴趣，增强地理学习动机

兴趣是入门的向导，是感情的体现，是能促进动机产生的基础，也可以说兴趣是知识的"生长点"。学生学习有兴趣，就能全神贯注、积极思考。因此，善导的地理教师在教学之始，会运用生动的语言、有趣的地理事实、美观醒目的图片及演示实验等激发学生的求知欲，使学生产生一种力求认识世界，渴望了解掌握地理知识，不断追求主动学习的意向。

（二）增强地理学习注意力，明确学习目的

在上课的起始，教师要将学习的主要内容、活动方式、认识思路及方法告诉学生，给学生较强、较新颖的刺激，帮助学生收敛课前活动的各种思想，在大脑皮层和有关神经中枢形成对课本新内容的"兴奋中心"，把学生注意力迅速集中并指向特定的教学任务所要解决的重点问题，使教师的教学目标与学生的学习目标相统一，做到"同步""同时态"。

（三）提供地理学习预备知识

新旧知识是紧密联系的。有时学生学习新的地理知识感到困难，究其原因，并不是因为新知识太难，而是由于与之相关的旧知识没有掌握，或缺少某些必要的基础知识。导入时教师从复习有关的旧知识入手，不仅可以巩固旧知识，还可以为学习新的地理知识扫除障碍，为学习新内容奠定基础。

二、导入的类型

（一）直接导入

直接导入的特征是直接将新课题提出来，开门见山，无需烘托渲染，也无需借语铺垫。教师用精辟的语言，直接切入主题，并找出新课程已与学过知识的矛盾，指出课题的目的，从而在讲解的过程中解决矛盾，学习知识。教师简捷、明快的讲述或设问是直接导入成功的关键。

案例7-8 "意大利"一课的直接导入

"意大利"一课的教学，可开门见山地把它的轮廓画在黑板上，让学生看它像个什么，进而指出它的轮廓像"穿高跟鞋女士的小腿""绅士在踢足球"。简短的开场白，一下子就抓住了学生的心，激发了学生学习的兴趣。

（二）经验导入

教师以学生已有的生活经验、已知的素材为出发点，通过讲解、谈话或提问，引导学生回忆旧知识，自然地导入新课，激起学生的求知欲望。利用经验导入新课，要求地理教师要留意生活中的地理知识及生活现象与地理科学的联系、类比。教师选材要得当，才能激起学生学习的兴趣。

案例7-9 "大气降水"一课的经验导入

"大气降水"一课的教学，可采用《三国演义》中的"诸葛亮火烧葫芦峪"的例子：诸葛亮于农历6月的一天，在葫芦峪设下伏兵，打算用火攻全歼司马懿大军。这一天晴空万里，暑热难耐，是施用火攻的绝好良机。诸葛亮用

计将司马懿大军之众引入谷中……然而,正当火旺人困、司马懿全军行将覆灭之时,一场大雨不期而至,大雨浇灭了诸葛亮扶汉反魏的壮志,使他发出了"谋事在人,成事在天,不可强也"的千古感叹。那么,为什么在那里、在那个时刻会下一场大雨?天为什么会下雨?雨是怎样形成的?这就是这节课要学习的内容。这样的兴趣导入,引人入胜,耐人寻味。

(三)复习导入

复习导入通常从复习、提问、做习题等教学活动开始,提供新旧知识联系的支点。这种导入方法在课堂教学中使用频率最高。该方法常见的问题是选例不当,与新学的内容内在联系不紧密,或者学过的知识不进行重新设计,其语言和问题没有递进梯度。

案例7-10 "大气运动"一课的复习导入

"大气运动"一课的教学,可这样引入:地球周围的大气好像一部巨大的机器,日夜不停地运动着。它的运动形式多种多样,范围有大有小,正是这种不停的大气运动,形成了地球上不同地区的天气和气候。大气为什么会运动?怎样运动?这是我们这一节课要学习的内容。

(四)设疑导入

人的思维永远从问题开始,教学过程就是一种提出问题和解决问题的过程。设疑导入有利于激发学生的兴趣和求知欲。暂时悬而未决的问题,能使学生产生刨根问底的急切心情,在探究心理状态下,接收教师发出的信息。设疑之法,承上所疑,启下之论,要衔接自然,文脉流畅。设疑导入的命题要统观整节课的内容来设计,只有新课学完方能完全解决。教师激发学生兴趣的方法,可有针对性地设置一些知识障碍,让学生陷入"圈套",或者难以解答,或者答案前后矛盾,或者似是而非,从而达到激发学生思维,唤起求知欲的目的。一句话,设置悬念要做到"精、新、奇"。常见的问题:一是导课时提出问题,结束课时没有头尾呼应,没有重提这个设疑命题,出现悬而不解的状况;二是悬念设置与教材内容脱节以及太抽象,缺乏形象感。正确的做法是应在适当的时候解开悬念,使前后内容相互照应,结构浑然一体,以加深学生印象,强化讲授内容。

案例7-11 "中国的疆域"一课的设疑导入

讲授"中国的疆域"时提问:"为什么同样是在冬季,北国的哈尔滨的人们冒着-28℃的严寒,观赏冰灯游园会。而在南国的广州却正举办迎春花展?又为什么在夏季我国东部美丽的乌苏里江上到处洒满晨辉、渔歌阵阵、波光闪闪,人们已开始一天的劳作,而远在西部的帕米尔高原上却是星斗满天、明月高悬,人们还在沉睡之中?"问题一出学生交头接耳寻求答案。学生的注意集中到教师的提问上,学习积极性调动起来了,课堂气氛顿时活跃起来了。教师总结:"这是因为我国幅员辽阔,地域宽广的缘故。今天我们就来学习第一节'中国的疆域'。"

(五)案例导入

根据教材内容的特点和需要,选讲联系紧密的故事片断,特别是科学史、地学史上的典型事例,可收到寓教于乐之功效。注意所选故事要有趣,与课文内容有联系且占用时间不宜太长。

案例7-12 "火山"一课的案例导入

在讲解火山之前,可先给学生讲这样一件轶事:1709年的一天,意大利那不勒斯湾晴空万里,科学家们正在那里指挥着工人挖掘一口深井。当工人挖到地下20米深处时,意外地发现了一个古代剧院的舞台。之后,人们根据已发现的线索继续挖掘了一段时间,结果竟发现了一座不知名的古城堡遗址。讲完故事,教师可设问:"是什么时候,又是什么原因使这座城市埋在了地下20米深的地方?"

通过这样的趣例设疑,学生对火山内容产生极大的兴趣。这样的方式有利于学生发散思维和创造性能力的培养。

案例7-13 "密度流"一课的案例导入

在密度流知识内容教学时,可举历史上的一个战例:"第二次世界大战时,德国的潜水艇在关闭发动机的情况下,顺利通过了由英军严密把守的直布罗陀海峡,往来于大西洋和地中海之间,躲避了英国军队的袭击,并从背后给予英军守兵沉重的打击,这是为什么呢?原来是密度流帮了德国潜艇的大忙。"由此引出密度流的特点及成因,化解教学难点。

(六)情境导入

1.观察创设情境

这种导入方法是在学习新课之前,先引导学生观察实物(如矿石)、地理模型(如地质构造)、地理景观图、地图和地理图表、投影、多媒体视频等,使学生进入情境,引发学习的愿望,再从中提问,让学生从这些问题出发,自然而然地过渡到新课学习。由于地理学科的特点,在教学中尽量采用直观教学,既能引起学生的直接兴趣,又能在观察中培养学生的探究精神。

2.诗歌创设情境

许多"诗"反映了自然地理现象和规律,正好可以运用到地理课堂的导入中,既别具一格又吸引学生。在讲"天气与气候"时,引导学生背诵岑参的诗"忽如一夜春风来,千树万树梨花开。"当学生沉浸在诗情画意之中时,教师提问:"这两句诗是描述天气还是气候？"导入天气和气候的概念。这种课前朗诵一段诗词，创造一种情境、一种气氛的方法，可以集中学生的注意，激发他们的情感，收到奇特的效果。

3.音乐创设情境

实践证明，在愉快的环境中学习是一种有效的学习方式，而用音乐导入新课正是一种创设良好的轻松愉快环境的行之有效的方法。例如，讲"多民族的大家庭"时，可用歌曲《爱我中华》导入，"五十六个民族，五十六朵花，五十六个兄弟姐妹是一家……"。讲"黄土高原"新课之前，可用"黄土高坡"的歌曲导入，分析歌里描写的是哪里地理环境，引入主题教学。

总之，课堂导语不论采用什么方法导入新课，都要注意做到紧扣教学目标和内容，力求做到"精、巧、准"，更好地发挥导语应有的作用。导言要精，不能太长；导言要巧，有趣味性、启发性和艺术性，才能激发学生的兴趣；导言要准，使学生的思维顺势进入新的正确轨道。

三、导入技能的评价

导入技能的评价内容见表7-2。

表7-2 导入技能的评价量表

项目	评价内容	权重	赋分值		
			好	中	差
1	导入的目的明确，教态自然	0.20			
2	能引起学生的注意和兴趣	0.20			
3	感情充沛，语言清晰	0.15			
4	能从导入自然进入新课题	0.15			
5	面向全体学生	0.15			
6	导入时间得当、紧凑	0.15			

第三节 地理教学语言技能

教学语言是教学信息的载体，是教师完成教学任务的主要工具。教学语言技能是教师传递信息、提供指导的语言行为方式，是一切教学活动的最基本形式。理想的地理课堂教学语言应当是日常口语与书面语，以及地理专业语言的完美融合，它是一种规范的口语。地理教师语言表达力求做到"四言"，即言之有据、言之有理、言之有趣、言之有味。地理教师的语言技能，显著影响学生的地理学习水平和学习能力，影响地理教学目标的实现。在这里主要介绍地理课堂口语表达和体态语言技能。

一、教学语言技能

（一）教学语言技能的构成

1.组织内部语言的技能

从人的思维过程来看，可分为内部语言和外部语言。边想边说的"想"，就是内部语言，思考"为什么说""对谁说"以及说话的意向与要点。教师看到外界事物获得的印象，听到学生回答问题获得的信息，马上进入大脑，经过闪电般的分析、综合、归纳、演绎或联想、想象，形成内部语言。它不具备书面语言反复修改、仔细斟酌的从容，具有很强的即时性。这就要求教师必须具备思维的敏捷性和表达的准确性。

2.快速语言编码的技能

能使语言顺利编码的条件有二，一是有一定的口语词汇的储备；二是要掌握把词语按正确的语法规则排列的本领。内部语言组织得快，语言就流畅、连贯。内部语言组织得好，说出的话就清晰，有条理。

3.运用语言表情达意的技能

当内部语言形成以后，就该用外部语言将它表达出来。通过语意、语音、语调、语速、语量的变化表情达意，使语句通顺，逻辑性强，从而增强表达效果。要做到这一点，就必须在语言的运用上力求丰富多彩。既要有以意美以感心的内部语言，又要有以音美以感耳的口头语言和以形美以感目的态势语言；既有抑扬顿挫，又有轻重缓急；既有高昂的语调，又有低沉的声音。只有适时、适度、适情、适意，灵活运用多样化的语言，才能让听者接受多方语音刺激，调动听的积极性，使学生留下深刻的印记。

（二）教学语言的运用技巧

1.语音

教师教学要求用准确、流畅的普通话，力求清晰、清脆、悦耳、字正腔圆。语言的清晰是指语音信号与周围背景差异要大，越大越清晰。与语音相关的还有吐字问题，要求吐字清楚、完整。训练的办法可通过放慢速度逐字朗读，或选取两三段绕口令，锻炼唇、齿、舌的活动功能，以达到"字正腔圆"的效果。吐字不清有时是因为教师对教学内容不熟悉，理解不透，把握不准。

2.音量

在课堂上教师声音的高低、强弱，不仅对教学效果有影响，而且对教师在学生心目中的形象也有影响。音量合适是理想教学口语的重要条件之一。适度的音量，既能体现出长者的宽厚与慈爱，又有同辈人的平等意识。在"平等""尊重"的心态下，学生思路开阔，思维敏捷，解决问题迅速。而音量合适的标准则是使坐在教室里最后一排的学生能毫不费力地听清楚教师的每一句话、发出的每一个音节，而且耳感舒适。

要达到一定的音量，就要求教师在表达时，调动腹腔和胸腔，学会吸气与发声，这就是常说的底气要足。吸气是发声的准备，讲课时要求教师吸气要多一些，吸得深一些，气吸得深，声带就不容易疲劳而导致声音嘶哑。

另外，教师在讲课时还要注意音量的保持，把每一句话的最后一个字都要清清楚楚地送进学生的耳朵。不能先强后弱，越说越没有底气，但也要防止爆发式语音激变，吓学生一跳。

3.语速和停顿

地理课堂口语是一种规范口语，其速率要比日常用语及影视解说词要慢，大约为每分钟200~250字为宜，但应注意每个字所占用的时间并不一样。这是因为课堂口语要受到课堂教学规律的制约，要受到学生、教学内容、教学环境、教学要求等多个因素的制约，句中、句间有一些长短不一的停顿。停顿也是一种语言，是引起注意的一种有效的方法。一个有经验的地理教师，在讲述重要的地理概念、地理规律之前做一个短暂的停顿，能够有效地引起学生的注意；在提出一个问题后，总是停顿一会儿让学生思考，做好回答的准备；在对地理概念进行分析、综合之后，或者对一个地理事象的演变和分布规律进行演绎、推理之后，也要有一个适当的停顿，以使学生咀嚼、消化、回味所学的知识。一句话中恰当的停顿会使人感到有节奏感，有韵律美。这些音的长短和停顿的长短所构成的快慢变化，就是节奏。和谐的节奏，可使听者不疲劳、不紧张。这种节奏感与语音、音量、语调的有机结合，就构成了口语的抑扬顿挫。

如果上课的口语速度太快，发送信息的频率太高，使听课人的大脑对收到的信息处理不及，会导致信息传收活动出现障碍甚至中断。反之，语速过慢，会导致学生精神涣散，降低听课的兴趣与效果。一般来说，学生年龄小、年级低、教学内容难而深，教学空间大、距离远，语速要慢，语句间停顿的时间要长，并尽可能避免过多使用结构复杂的句子。如果教学内容浅显易懂，语速可适当快些。

4.语调

课堂教学口语语调一般分为高亢、抑制、平缓、变换型四类，变换型语调最受学生欢迎。平缓而低沉的语调易使教室里空气沉闷，学生振作不起精神；过分高亢的声音，易使学生情绪烦躁或厌倦。

教学口语语调调节得当，会使课堂气氛更加有序。变换语调应注意：①用高声强调重点、难点和问题的转承处；②平缓唤起回忆；③合理使用疑问或反问启发思考；④反复加强语气强化学生记忆；⑤突然高声引起注意，急速停顿组织集中；⑥低声讲述引起肃静。

（三）教学语言技能的类型

教学口语技能就是教师对教材做通俗地、科学地或带艺术性地讲解叙述，同时也包括教师对学生疑难的解释和启发学生思维时所做的说明。说明的技能由教学内容的性质所决定。

1.描述性说明技能

描述性语言就是有条理地向学生叙述地理现象、地理景观和地理原理。运用此法要求条理清楚，对于过程的顺序、知识之间的关系必须有明确而具体的交待。地理现象的描述要将现象发生、发展的过程、地点，事物的形态，运动变化的强度，影响的范围，产生的后果，发展变化的趋势等分别讲清楚。常用科学数据加以引证或选择典型的事例进行说明。地理景观的描述要将地理要素种类、形态、关系、结构及时相变化介绍清楚。要变换观察角度，从地面、内部或从高处、远处、空中进行宏观、微观描述，把学生带入地理情境之中。描述性说明一般用于初级的、具体的、事实性的知识，有时也用于抽象逻辑推理之前的必要的知识贮备。一般来说，人们理解并列关系时，总是根据"先为主，前为重"的原则。因此，教师在表述并列关系的地理事物时，应注意它们的前后排列顺序，以免理解上的错位。

2．论证性说明技能

地理教师在论述地理概念、地理特征、地理原理、地理规律等理性知识时，通常使用论证性说明。论证性说明是教师有步骤地向学生解释说明问题，通过实例得出概念或通过现象、事实推导出结论，形成概念和原理。教师在使用这种方法时，应该处处设疑，步步深入，不仅教给学生知识，而且要指示认识事物的途径。这对于培养学生逐步形成科学世界观，分析问题和解决问题的能力，有很大好处。

这种技能，要求教师语言简练准确，层次分明，逻辑性强。充分说明各种现象和结论之间的因果关系，把握概念的外延和内涵，在分析问题时要把地理事物之间的内部联系的主要特征充分显示出来，通过科学的判断、推理把共性突出出来，帮助学生将分散的知识系统化。在总结时，语言要简练、准确，具有高度的概括性。

3．比较性说明技能

比较性说明技能是通过教师提供的启发性说明材料，与所提问题建立起联系，从而得到圆满的回答。特别是从直观到抽象思维的比较说明，作用更明显。

要使学生的感性认知上升到理性认知，需要根据已知的地理现象做出高度的概括，才能使学生认识事物本质的必然联系，这是一个螺旋式上升的认知过程。要使学生实现认识上的飞跃，只有运用比较性说明的技能，才能在现象与本质之间建立起联系。促使学生对所研究的对象，在丰富表象的基础上进行比较，比较归纳共同性，区别差异性，以便从共性中寻找规律，从差异中探索特殊性。

4．借助性说明技能

用学生熟悉的事例，生动的语句来促进学生理解和记忆。常用的方法有比喻、拟人等。教学口语的比喻通常有三种方法：一是以浅喻深，化深奥为浅显；二是以简化繁，化繁杂为简洁；三是以熟喻生，化生疏为熟悉。

案例7-14　人类历史是生物史上短暂的一瞬

如说明高中地理第四章最后一段中"人类历史是生物史上短暂的一瞬"这一事实，可用以下比喻来做结束语："如果用24小时来代表30亿年前生物出现到现在这段历史，那么细菌的起源是昨晚12点；陆生植物的问世是今天下午8点；哺乳动物的诞生是今晚11点；人类则是今晚11点59分产生的。这就是说，人类是在这一昼夜中最后一分钟出现的。"

案例7-15 长江中上游河港联想记忆

为了让学生记住长江中上游主要河港,可以在黑板上写出:"宾(宜宾)客重(重庆)来,武昌会晤(武汉)。敬酒(京九)五壶(芜湖),难难老张(南京、南通、张家港)。"利用谐音把港口名称串连起来,使学生在愉快的笑声中很快就能记住港口的名称。

二、体态语言技能

体态语言又称可视语言、态势语言。它是指教师运用面部表情、目光注视、手势、动作姿态、人际距离、个人修养、辅助语言等非语言信号的行为,是课堂教学中师生进行信息交流的重要通道。体态语言技能属于广义的课堂语言技能范畴。根据研究表明,人的各种器官接收信息的比例是:视觉87%,听觉7%,触觉1.5%,味觉1%。体态语言是一种视觉语言,它完全靠视觉器官感知。所以在信息传递中,体态语言的信息量特别大。在课堂上,它能帮助教师组织教学,引起学生注意,激活学习情绪,突出教学重点,促进学生学习,增进师生情感,调控教学进程,是教师口语表达的有益辅助手段。

(一)体态语言的类型

根据社会心理学家的分类,地理课堂教学中教师的体态语言行为被归纳为四个系统。

1.视—动符号系统

面部表情、手势、体态变化等都属于这个系统。动态无声的皱眉、微笑,静态无声的站立、倚靠、坐态等,以及眼镜、口红、发型、服装都在教学活动中起一定的作用。

(1)面部表情。课堂上师生之间情感的交流,是创造和谐的课堂气氛、良好智力环境的重要因素,在交流中教师的面部表情对激发学生的情感有特殊的重要作用。心理学家研究过,仅人的脸部就可做出数万种不同的表情。

(2)手势。手势是人体敏锐丰富的表意传情器之一。课堂上,一个恰当的手势可加深学生对讲课内容的理解与感受,激发学生的想象和思维。对一些空间概念与原理之间的抽象关系,用手势辅助口语教学,可将抽象的事物具体化、形象化,收到事半功倍的教学效果。

(3)体态。教师自然大方的姿势给学生以轻松和美的感受。而拘谨、单调的姿势易使学生厌烦。初上讲台的教师容易紧张地站着,不知该怎么做,紧张的心情、姿态将学生的注意力吸引到教师身上,影响教学效果。教师的体态应使学生感到既端庄严肃,又亲切自然。

(4)仪表。指的是一个人的整个外表对他人的影响,它构成人的具体形象。虽然人的仪表受衣着、发型和一般修饰的影响,但更直接受人的性格和行为方式的影响。教师的仪表从某种意义上反映教师的个性,特别是对于不太熟悉老师的学生来说,更容易受教师仪表的影响。因此,教师要注意仪表美,穿着整洁、大方,体现个人特色,不过于花哨、时髦。

2. 时空组织系统

教师和学生在课堂上共处于一个时空之中，教学过程中时间的安排、空间距离的变换不时地影响着师生间的交流。

（1）时间控制。时间控制一方面指教师课堂和各程序的时间安排、控制，另一方面是教学的时间停顿。如提出问题后留给学生思考的时间该多长，示范、观察模型或教具该多久等。教师对时间的不同安排会向学生传递不同的信息，学生的反应和课堂秩序也会起微妙的变化。

（2）空间距离。与他人相处时，每个人总是把自己置于或近或远的位置上，保持一定的距离。人们用空间互相传递感情、欲望和兴趣。在课堂教学中，教师通过变换自己在教室内的位置，走近或远离某些学生，表达强有力的信息或暗示，达到组织管理课堂教学的目的。

3. 目光接触系统

目光的接触，眼神的交流，是师生间最能传神的心灵沟通方式。教师温和关切的目光使学生感受到教师时刻在关心自己，爱护自己。教师在课堂教学中也经常运用目光进行课堂控制。

4. 辅助言语系统

辅助言语系统包括辅助言语和类言语。前者指言语的非词方面，即声音的音质、音量、声调、语速、节奏和言语停顿。类言语指的是无固定意义的发声，如笑、叹息、口头语。虽然它们无固定意义，但在特定情境下所传递的信息，作用是不可忽视的。

（二）体态语言的运用

1. 面部表情语技能

面部表情语又称面部语，是指通过脸上的肌肉变化来传递信息。面部表情和其他体态语言行为相比，最容易为人所感知，因为人与人的直接交流是面对面的，首先进入视线的便是面部表情。在教学中，面部表情是非常丰富的信息源，教师要高度重视面部表情语的表达，使之成为教学的一个有机组成部分，发挥它的潜在功能。

教师面部表情中最基本的一点是微笑，它具有神奇的力量。许多教师都懂得微笑的意义，即使在十分疲倦或者身体不适的情况下，在走进教室时也总是面带微笑，因为他们懂得学生会从教师的微笑里感受到关心、爱护、理解和友谊。此外，热情开朗、和蔼亲切也是教学中较稳定的面部表情模式，它贯穿于教学的始终。同时，面部表情又要随着教学内容、教学情景的变化而变化。如果说微笑、和蔼亲切是教学情感的主基调，那么，随内容而变化的表情则是一首跌宕起伏的圆舞曲。在课堂教学中，教师要根据不同的教学内容和思想情感来表达怜悯、同情、悲哀、嘲笑、欢乐、愉快等不同的神色，使学生从表情中获得鼓舞性的信息，甚至能窥探出所要教学的内容。

2. 目光注视技能

眉毛、目光的相互配合就构成了眉目语，它是体态语言交流的重要手段。教师要善于运用这种交流手段，一方面能通过学生的眼睛，洞察其内心世界，了解学生是否在认真思考；另一方面，教师还要会利用自己的眼睛，对学生实行控制。

（1）赢得信任。教师课堂上的目光一般应放在倒数第二、三排位置比较合适，它给学生一种依赖感。如双目炯炯有神，能振奋学生的精神；呆滞的目光给学生一种智力欠佳的印象，使学生感到该教师难以承担教学重任；而焦躁的目光则是缺乏自控能力、不太沉着老练的表现。在教学内容的讲解和提问中，教师切忌目光游离不定，注视天花板或窗户，这对师生信息的交流是十分不利的。

（2）强化教学内容。教师目光的变化要与教学内容一致，要根据教学内容的需要，配之以适当的目光，以帮助学生更准确地理解教学内容。比如，表示心怀坦荡的目光为明澈；表示聪慧幽默的目光为狡黠；表示精神焕发的目光为炯炯有神；表示志存高远的目光为执着专一；表示聪明机敏的目光为睿智犀利；表示自强自信的目光为坚毅不屈。教学过程中避免只用一种目光，这样会给学生造成呆板单调的印象。

（3）消除"教学死角"。教学过程中，教师不时地用眼睛环视整个课堂，可使全体学生都能感受到老师的关注，调动他们的参与感，此即环视法。环视由纵向角度和横向角度组成。

纵向角度是指教师视线的上下线角度。如果视线过低，就只能看到前几排的学生，照顾不到后面大多数的学生。而视线过高又会使学生感受到盛气凌人。正确的做法是眼睛保持平视，并且把视线落在教室中排偏后的学生身上，这样，既可弥补与后排学生因空间距离大而带来的沟通缺陷，也不会使前排学生受到冷落。

横向角度是指教师视线的左右角度。教学过程中，不能把视线长时间地停留在某一点上。根据心理学家的研究，教学过程主要是教师的逻辑思维过程，大脑的左半球呈优势状态，因而注视左边的时间比右边的时间长。教学中经常存在的问题是背对学生注视黑板过久，正对学生仰视屋顶、侧视一个方位或注视讲稿、前排学生或个别学生。

（4）交流调控认知。教学过程中，教师与学生的目光有意识地接触是一种十分有效的交流方式，它可传递出各种信息。当学生全神贯注地听讲，教师此时与学生目光的接触，是对学生注意听讲这一行为的一种确认，这种确认会对学生产生强化作用。当学生回答问题时，教师用信任的目光与学生目光接触，表明教师在认真聆听他的发言。当学生回答问题不畅时，教师以期待、专注的目光望着学生，会使学生用心思考，力求回答准确。如果学生回答问题跑了题，教师可用皱眉等方式来委婉地表达自己的感情，这比用语言直接表达更容易使学生接受，更富表现力。如果回答问题具有创造性，教师应投以赞许、激励的目光，以激发其进取心。如果课堂讨论出现分歧，教师就投以高兴、宽容的目光，以培养学生大胆质疑的习惯和能力。对于精力不集中的学生，教师可用淡漠的目光注视他几秒钟，待双方目光接触后再移开，这样既起到了告诫作用，又保护了学生的自尊心。

（5）注视的信息判读。视线向下，表示高尚、爱护、宽容的心理状态。教师对学生的谈话如果站得高一些，才会有上述心理优势。视线停留在学生双眼与嘴之间的倒三角形区，为社交注视，是教学中常用的视线交流位置。视线停留在双眼与前额之间，可造成严肃的气氛。具有强调、指令作用，用于批评学生的错误。

为了提高学习效率，教师还要注意控制学生的视线。讲课时将手势或教具移至师生视线之间，以达到强化的目的；讲课时教师把重点写在黑板上，而且用不同颜色的粉笔画线标记，这也是一种对学生视线的控制方法。

3.手势运用技巧

课堂上教师的手势是教态美在三维空间的延伸。根据教材内容恰当地运用手势，可使教学过程和教学内容生动形象。遇到慷慨激昂的议论，可配合富有鼓动性的手势，具有激励学生情绪的作用；在跌宕起伏的讲述中，配合富有感染力和说服力的手势，具有渲染气氛，把学生带入"角色"，使之有身临其境之感的作用；对于比较抽象的教学内容，手势的象形性具有化难为易的作用。

（1）手势语的含义。手势语是指通过手指、手掌和手臂的运用和造型来表情达意的一种教学行为。教学过程中教师使用的手势，与日常生活中的手势不完全相同，它是一种严格地和讲授内容相一致、与有声表达及其他辅助教学手段相协调的艺术化的手势。它应当体现对学生人格的尊重和与学生情感上的融合。

（2）手势语的功能。手势是表露情感的有效方式。根据教学需要可恰当运用情意手势、形象手势、象征手势等。教师运用手势可以帮助学生理解与方位、数量、事物层次等有关的概念和要点。恰当运用手势配合口头语言表达可加重语气，突出重点，使学生加深印象。

1）情意作用。情意手势具有情感性，即通过手势的方向、节奏、速度和力度的变化，表达出教学内容及教师本人的特定情感和情绪。如教师在表达坚定不移的情感时，右手紧握拳头，稍微抬起过肩；表达展望未来、畅谈美好理想时，头部仰望前方，右手展开伸向右前方。

2）指示作用。这是一种带有一定指示意义的体态语言行为，可将学生的注意力指向某一对象。这种手势是教师在教学过程中论述事物的数量、运动方向及强调某点时常用的方法。其特点是动作简明，表达专一，基本不带感情色彩，用以描述、示意和说明，对有声语言起到很好的辅助作用。例如，在讲解地球上的气压带和风带时，当讲到信风带与西风带相遇，气流辐合上升时，用两手伸开，分别代表信风带和西风带，手指相对并拢，相向运动，相遇后依靠相互作用上升，来演示气流辐合上升，就非常形象直观。如用手指向板书的某一点，表示对它进行强调；用手指向挂图的某个部位，表示引导学生观察此处的现象；用手指向模型或标本的不同部位，以求引起学生的注意。

3）象征作用。这种手势可以表达比较抽象的概念、理论等，使学生能够准确恰当地理解这种手势与有声语言共谐而产生出的那种意境，并从中产生某些联想、感悟与启迪。形象的态势能引起大脑皮层兴奋区的极度兴奋，使注意力强烈集中，从而增强记忆的牢固性和永久性。同时形象的态势往往还包含很强的趣味性，不易引起大脑的疲劳，从而保证在短时间内从记忆到理解的逻辑思维过程。如理解昼夜更替现象时，教师可平伸双臂比作地球，朝向窗外的一面为白天，背向窗外的一面为黑夜，然后转动180度，朝向发生变化，以帮助学生理解。

4）解说作用。这是一种能帮助学生迅速、准确理解教师所讲教学内容的动作行为。在讲解复杂深奥、抽象而又不多见的地理事物或地理现象时，采用恰当的解说性体态语言可使复杂的事物在常见的态势中得到类比再现。如说明利用岩层的新老关系判断背斜和向斜时，教师可站在教室的过道中，表示中心岩层，两旁学生表示两翼岩层；教师的年龄较老，学生的年龄较轻，中心老、两翼新的褶曲构造为背斜，而向斜正好相反。

4.站姿与走动技巧

课堂教学中，如果教师举止得体、高雅大方，不仅能表示自己的修养、气质、风度、能力水平，而且还可以增强教学的感染力，吸引和稳定学生的注意力。

（1）站姿。教师良好的站姿不仅可以有效地起到相应的辅助教学之功效，也会使学生在从教师的教学中获取一定知识的同时得到一种形象美的熏陶。教师不同的站姿，对学生的心理会产生不同的影响。站时重心或左或右，会被视为信心不足、情绪紧张。固定一种姿势在一个地方站得时间过长，给学生会产生一种单调、乏味的枯燥感。侧身站既是焦虑、紧张过度，又是对学生的不尊重。

教师比较理想的站位应在讲桌与黑板之间，正面朝向学生，两眼注视学生。这样学生看得清，看得准，除两边的学生外，多数为直视，对于保护学生的视力也是有益的。此外，在进行板书、参阅教案时也很方便。口述笔写，随手可到，浏览教案，低头可及，既节约时间又方便顺手。一般来说教师站立时应两脚平行，距离与双肩同宽，身体直而不硬，神态自然，呈挺胸收腹之势。这样显得情绪高昂，充满信心，庄重尊严。

（2）走动。教师讲课时恰当地运用身体移动能激发学生的兴趣，引起注意，调动学生学习的积极性。教师在课堂上的走动大体有两种：一种是在讲台周围的适时走动，走动的范围不能太大；另一种是在学生中间适时走动。课堂上走动要注意以下几点，第一，走动要自然大方，有控制，不能过多、过快，否则易分散学生注意力；第二，处理好局部与全局的关系。在走到学生中间，解答个别同学的疑难问题时的声音要轻，以免影响其他学生，如果是需要全班注意的问题，教师则应走到讲台前，面对全班进行讲解。

体态语言技能的训练可以与语言技能训练同时进行，尤其是微格教学系统，而且应该贯穿于每项技能的训练之中。对于新教师来说，初次课堂语言微格教学训练前要尽量准备带有详细语言的教案，同时也可以为每句话都事先模拟想象出具体情境，并据此设计每句话表达时的动作表情，这样能取得显著的训练效果。

第四节　地理教学讲解技能

地理课堂讲解是一种在地理课堂教学中最常使用的教学技能之一，它是利用语言对地理知识进行描述、分析以及揭示地理事物发生、发展过程的本质，从而使学生把握地理事物内在联系和规律的教学形式。地理课堂讲解技能是地理教师利用口头语言并配合手势、演示和各种教学媒体等，阐明地理事物的本质和规律，引发学生思考，表达思想、情感的教学行为方式。讲解为教师提供了充分的主动权和控制权，既有利于教师主导作用的充分发挥，又有利于学生在短时间内准确深入地掌握教材的重点、难点和关键点，提高学习的效率。即使在强调学生主动参与的今天，讲解仍然是地理教学中应用最普遍的方式。

一、讲解技能的适用范围和功能

（一）讲解技能的适用范围

一般来说，讲解技能运用于事实性知识比认知性知识的效果好。教学中知识综合、概括和总结阶段，讲解是必要和有效的。应用知识时，通过讲解引导、定向也是有利的。但应注意，讲解不是教学的唯一形式，它不能替代其他的教学方式，而是要与其他的教学技合理搭配。如实验观察前的提示和说明，之后的分析总结；观看电影、录像、幻灯的解说和提示；组织实践活动的意义分析、问题说明和总结；解题的提示与指导；讨论和自学的分析总结；讲解与板书的配合；等等，只有配合得当才会取得良好的教学效果，才能避免单纯讲解的不足。讲解技能中的读和背只能穿插运用，学生比较喜欢自然地、即席式地讲解，内向性学生比较喜欢教师讲解。

（二）讲解技能的功能

1.有利于突破难点、突出重点、掌握关键点

在难点之处，教师有针对性的精练、生动的讲解，往往能使学生茅塞顿开。重点和关键点是课堂教学的精要之处，这些知识对于完成教学目标至关重要，要求学生清晰、牢固地掌握。教师在讲解的过程中，不失时机地强调重点和关键点，并在这些地方着意雕凿，集中学生的注意力，给学生留下深刻的印象。

2.节省时间，提高课堂效率

教师系统整理讲解内容，去粗取精、提炼和升华，使学生获取的知识的信息密度比较高。讲解与使用实验、实习、实物等教学方式相比，其经费和时间上节省是显而易见的。另外，讲解对通用教材的细节便于调整。对同一学科或同一教材，教师可根据学生的不同，随时进行顺序、例子、问题等方面的调整，以适应学生的变化。根据对课堂讲解与讨论的结果进行研究分析，讲解的效果要好于讨论。

3.生动形象，有利于提高学生的学习兴趣

教师用生动、形象、精炼的语言和有趣典型的事例去解释和叙述地理事象。教师自然亲切的表情、抑扬顿挫的语调、生动有效的讲解能把学生带入学习的情境，使学生如见其人、其物、其景，可以使枯燥的情节变得出神入画，令学生神往陶醉，使学生产生学习的兴趣，进而形成志趣。

4.有利于掌握知识结构，培养能力

教师讲课严密的逻辑、清晰的层次、准确的推理、透彻的分析综合，可使学生学会认识、表达和处理问题的思维方法，有利于学生掌握知识结构，从而为提高学生的学习

能力创造条件。

5.有利于对学生进行思想教育

教师在讲解过程中，自然而良好的情感流露，会潜移默化地感染学生，在"润物细无声"中产生良好的教育作用，并通过讲解内容的思想性来影响学生的思想。

讲解本质上是一种单向性信息交流方式，这是突出的缺点。过多单一地使用讲解法，不能解决师生之间的交流与反馈问题，易助长学生智力上的被动性，对培养学生创造性品格不利；学生只听不干，无亲身体验，无法培养动手实践能力。此外学生只靠听，信息的保持率（记忆）不高。尤其是满堂灌式的讲解，由于学生注意力不可能长时间保持高水平，加上信息本身的干扰，其信息保持率低。据研究测试，讲解15分钟，学生只能记住41%；讲解30分钟，只能记住前15分钟内容的23%；讲解40分钟，则只能记住20%了。

由于单纯的讲解有其本身的局限性和目的范围的有限性，因此，在课堂教学运用中，应与问答、讨论、板书、练习等不同的教学技能相结合，才能有效地发挥讲解的作用。

二、讲解技能的类型

根据其不同的标准、层次及我国地理教学的实际情况，讲解技能可分为解释式、描述式、原理中心式和问题中心式四种基本类型。

（一）解释式

解释式又称说明式、翻译式。该方式是为了将未知与已知联系起来，通过讲解扫清学生学习的障碍，对学生不懂的地理名词术语、原理用通俗的语言简明扼要地说明；或是为了扩大学生的知识面，对一些已知的名词术语做补充说明。解释式讲解包括意义解释、结构及程序说明、翻译性解释和附加说明。

意义解释是指对在教学中第一次出现、以后还会经常遇到的重要名词加以解释。如讲日本的富士山时，课本上第一次提到它是一座活火山，此时应解释什么是活火山。结构及程序说明主要用于一些地理仪器结构及使用程序介绍，如三球仪的构造和用法等。翻译性解释主要用于地图符号的地理含义，地理图表横、纵坐标表示的事物，计量单位是什么等的解释。解释、说明性讲解的是一种经常、普遍运用的讲解方法，其技能要求是教师语言要通俗、简练。一般适用于初级的、具体的、事实性的知识，它是一种辅助的教学方式，一般是为学习更复杂和难于掌握的知识或技能做准备的，多穿插在其他讲解方式或演示、练习之中。对于高级的、抽象的、复杂的知识，单用解释或讲解难以收到好的效果。

（二）描述式

描述式又称叙述式、记述式，其任务是使学生对描述的事物、过程有一个完整的印象，有一定深度的认识和了解。根据描述方式的不同，可分为结构要素性描述和顺序性描述两种。结构要素性描述如对北京的描述、对某一气候特点的描述等，这类描述要注意揭示事物结构的层次关系和要素间的关系，突出重点，抓住关键。注意运用生动、形象的比喻和类比的方法。顺序性描述要按事物发生、发展变化的先后顺序进行描述，如地球演变历史、城市的变迁、某一国家地区经济发展的变化过程等。描述时采用顺叙、倒叙或插叙等形式，但时间顺序不能颠倒，并且要注意事物发展的阶段性，抓住事物发展的关键点。

由于描述讲解的内容主要是地理事物的分布状况、形态、各种地物的组合关系、景观及其发展变化的过程，因此所描述的知识多是生动形象、具体真实的。描述可以提供大量的地理事实材料，对发展学生的形象思维、观察能力和想象能力有一定的帮助，是课堂教学中被大量应用的一种讲解方式。但是，描述难以胜任抽象知识的传授，也难以培养学生的逻辑思维的能力。

（三）原理中心式

原理中心式是以地理概念、地理规律、地理原理、地理理论为中心内容的讲解方式。这些知识往往是教学的重点，许多还是难点。教师只有在指导学生进行深入的分析综合、比较、归纳、概括的基础上，才能让学生明白其道理。原理中心式讲解按内容的差异又可分为概念中心式和规律中心式。例如什么是洋流、大气环流、盐度、气旋、反气旋等都是指地理概念。讲解地理概念时，首先分析概念的内涵，即概念的含义包括哪几个部分内容，或者说有哪些限制性因素，然后分析概念的外延，即概念的适用范围，内涵和外延综合起来构成了概念的全部意义。规律中心式如洋流的分布规律、世界陆地自然带的分布规律、全球气压带及风带的分布规律等都是指地理规律。地理规律知识的讲解一般先经过分析地图、图表、文字等地理事实材料，分别认识各种地理事象之间的具体联系，然后综合概括出地理事象之间的本质联系。原理中心式讲解是教学中最重要、最基本的一种教学方式，这是因为地理概念、地理规律的教学是基础教学中的核心部分。

原理中心式讲解是从一般性的引入开始，然后对一般性概括进行论述、推证，最后得出结论，又回到一般性概括的复述上。一般性概括即概念、规律、法则、原理、理论的表述。论证和推证，即运用分析、比较、演绎、归纳、类比、抽象概括等逻辑方法，在推证过程中，还要提供有力的证据、例证及统计材料，而后得出结论。论述与推证的过程就是揭示现象与本质、个别与一般、事物要素之间、已知与未知之间、一事物与他事物之间的内在关联的过程。在实际运用中应与板书、问答等其他方式相配合，才会取得较好的效果。

（四）问题中心式

问题中心式是以解答问题为中心的讲解。讲解是以提出问题、思考问题和解决问题为线索实现的。"问题"要以事实材料为背景，明确讲解的中心激发学生认知矛盾的冲突，引起学生的注意和兴趣。"解答"即由未知到已知的认知过程，认知的关键是方法。有了有效的方法，就有了"过河的船和桥"。选择方法和具体解决问题，都离不开思维能力。因为问题可能是练习题、智力测试题或是带有实际意义的课题。总之，问题中心式讲解，以学生为主体，独立实现认知过程，具有一定的探究性，处理得当对启发学生创造性思维、培养能力大有好处。

第一，由事实材料引出问题，也可直接提出问题，以激发学生的求知欲；第二，进一步明确解决问题的标准，以及学生探究问题的本质，并为解决问题搜集资料；第三，选择解决问题的方法，并对各种方法进行分析、比较，确定某种比较理想的方法；第四，提供论据，进行论证，并运用逻辑推理的方法解决问题；第五，得出结果，并进行总结。在教学中可用以下操作方式：提出问题—图像演示过程规律—引导观察、建立联系—分析比较、展开想象—推理论证、得出结论—检测练习、获取反馈。问题讲解的关键是方法的选择。上述模式的几个步骤，在实际运用时，不需要全部使用。有些解决问题的方法可让学生讨论，教师总结。还有的问题的解决方法需要与实验、调查等活动结合。总之在处理这一讲课类型时要灵活，要注意与其他方式相结合。

上述四种讲解类型，从讲解过程上看有引入（引入题目导论），主体（议论、推理、论述）和总结（结论、结果）三个共同的组成部分。

三、讲解技能的运用要求

（一）注意科学性和系统性

教师讲解的内容必须正确、真实，即传输地理信息不能失真，这是地理教师讲课的基本要求，也是讲好课的前提。另外，教师在讲解的过程中，要结构组织合理、条理清晰、逻辑严密，目标具体明确，证据和例证充分、具体、贴切。认真分析讲解内容，明确重点和关键点，搞清问题的结构要素及要素间的内在联系，体现出教材的知识结构和系统。

（二）注意思想性

教师讲解的内容观点要正确，思想要健康。教师应以炽热的情感投入到讲解中去，以情动人，真实而自然地影响学生，让学生不仅从教师的讲解中得到丰富的地理知识，而且在思想上树立正确的人地协调观和可持续发展的观念，使其在思想、品德和情操上都得到健康的发展。

（三）注意启发学生的思维

出色的教学在于能够使学生举一反三，学生通过自己的思考，能够在可能产生错误的情况下，进行总结，得出正确的结论。教师在教学时要强调"悟"的过程，这个"悟"对于教师来说，就是"点化"，诱导学生思考而不是急于告诉学生结论。启发的反面是注入，不管学生是否理解而一味灌输，这是讲解的大忌。

（四）注意教学反馈

教学是师生知识和情感的交流，教师在讲解的过程中应注意让学生积极动手、动眼、动脑、动耳，让学生积极参与教学过程，并随时注意从学生的表情、动作、情绪、回答中了解讲解效果，获得反馈信息，随时调控讲解的速度、深度、广度，变换教学方式等，以优化教学过程。

（五）注意直观性和适度性

讲解要尽可能运用演示地图、地理图片、标本、模型、教学挂图、多媒体辅助教学等直观手段，让学生多种感官参与教学活动。一次讲解时间一般不超过15分钟，以10分钟以内为好，长的讲解可分成几段进行，注意讲解的阶段性。

（六）注意讲解与其他教学方式的合理配合

讲解应密切联系生产和生活实际，要经常以乡土地理知识为例，去说明那些不易被学生理解的地理知识。并注意重点、难点、关键点的教学内容，要在讲解中加以提示和停顿。讲解应根据学生年龄特点和教学大纲的要求，与读、议、练等其他教学方式结合起来穿插进行。

四、讲解技能的评价

讲解技能的评价内容见表7-3。

表7-3 讲解技能的评价量表

项目	评价内容	权重	赋分值		
			好	中	差
1	讲解的内容重要而有价值，提供的感性材料丰富而清晰	0.15			
2	讲解内容、方法与学生认识阶段相当，逻辑性、系统性强	0.20			
3	讲解用词确切，重点、关键点有强调，所选例证学生感兴趣	0.20			
4	讲解启发性强，提问、谈话与学生呼应好	0.15			
5	声音洪亮而有感染力，速度恰当，在讲解中能不断激励学生并面向全体	0.15			
6	能注意分析学生反应，帮助学生深化、巩固所讲内容	0.15			

第五节 地理教学提问技能

地理课堂提问是在课堂教学中，教师为了实现教学目的，根据教学目标、教学内容、学生特点、教学阶段等设计要提出的问题，通过师生间相互作用检查学习、促进思维、巩固知识、运用知识，促进学生学习、实现教学目标的一种教学行为方式。提问作为地理课堂教学的一种活动方式，是推动课堂教学进程的动力。提问通过师生互动，促进学生的主动参与和积极思考，使教师了解其学习的状态和进展。课堂提问作为一种教学行为过程，是充分发挥教师主导作用和学生主体作用的基本形式；是沟通师生情感和反馈教学信息的重要途径；是培养学生的思维能力和表述能力的有力举措。

一、地理课堂提问的功能

首先，可以检查和巩固知识，为学习新知识打下基础。教师提出的问题，大多数针对所学知识的重点、难点和关键点。其次，学生经过独立思考回答问题的过程，也是大脑对所学知识进行检索、思维加工、再现的过程，这个过程为学生新知识的学习做好准备，有利于顺利实现对新知识的建构。再者，它还可以起到激发学习兴趣，引发求知欲，启迪学生思维，发展学生的智力水平，活跃课堂气氛，增进师生交流，集中学生注意力，建立和谐课堂氛围，获得反馈信息，随时调控教学过程，提高教与学的质量的作用。

二、地理课堂教学中提问的类型

针对地理课堂教学的特点，可以把问题的设计与提出分为回忆、理解、运用、分析、评价五种类型。

（一）回忆提问

这类问题比较简单，一般用于低年级的学生上课或课前的复习，例如，要求学生回答是与否的提问或二选一的提问。要求用单词、词组或系列句子的回忆提问，这类问题要求学生用回忆的方式来复习已学过的事实、概念等。

简单的回忆提问限制学生的独立思考，使他们没有表达自己思想的机会，因而教师在课堂上不应过多地把提问局限在这一等级上。有些课堂看上去好像很活跃，实际上很少有经过较高级思维的回答，是不可取的，所以对这类问题的使用应有所节制。

（二）理解提问

地理知识的理解过程是学生对所学的知识思维加工的过程，根据思维加工的程度，理解的层次主要有转化或翻译和解释说明。转化或翻译，"是让学生从知识的一种存在形式转化为另一种形式，以说明学生是否对其理解"。解释说明，要求学生根据自己的认识，用自己的话对地理事实、地理原理、地理分布等进行描述。

（三）运用提问

运用提问是建立一个简单的问题情境，让学生运用新获得的地理知识和过去所学的地理知识解决问题。它将学生所学的地理知识与社会、生产、生活实际联系起来，培养学生运用知识解决问题的能力。

（四）分析提问

地理问题的分析是要求学生识别地理问题的条件与原因，找出条件之间、原因与结果之间的关系。这种问题仅靠学生阅读课本或记住教师所提供的材料是无法回答的，需要学生能组织自己的思想，寻找根据，进行解释或鉴别，进行一定的逻辑思维。对某一地理问题的分析，教师有时要有针对性地、由易到难地设计一系列问题，引导学生循序渐进地思考回答。在学生回答的过程中，教师除了要给予学生鼓励外，还必须不断地提示和探询。学生回答后，教师要针对学生的回答进行分析和总结，使学生学会对问题清晰、科学的表述。这类提问主要有几种类型。

类型一，以果推因，提出问题。"以果"，就是先摆出现象；"推因"，就是通过提出问题，引导学生推究原因，认识地理事物的本质。例如，在讲印度洋赤道以北的季风洋流时，教师提出这样的问题："我国明朝郑和下西洋，为什么都选择在冬季出发？"

类型二，以因推果，提出问题。"这种提问方法，是先摆出一些条件或设想，然后提出问题，让学生通过思考，得出结论。"

类型三，要素分析。即"从地理环境诸因素之间的相互联系中提出问题"，引导学生对构成地理事物的要素进行分析。

案例7-16 "内流河的水文特征"要素分析

在讲"内流河的水文特征"时，教师为了引导学生掌握高山冰雪和内陆河水之间的关系，让学生观察"年降水量图"，然后从知识之间的联系，边讲边提问："武汉地区进入雨季时，河水水位高涨，从图中我们可以看出，年降水量在800毫米以上。但是我国内陆大部分地区，年降水量一般都在200毫米以下，少的只有50~60毫米。而且，这些降水不是蒸发就是渗入地下，那么，请同学想一想。

1.内陆河流的河水来源是什么？
2.内流河水量什么时候大？什么时候小甚至没有？为什么？
3.为什么有的内流河流量较大流程较长？内流河的流量和流程与什么有关？"

问题提出后，老师便紧扣学生已掌握的知识，引导他们从气温变化和高山冰雪消融的关系上分析判断内流河的主要水源及其水文特征。

类型四，地理原理分析。学生对地理原理性规律性知识的认识是知识意义建构的重要任务，即从一般的地理原理出发，提出问题，让学生再根据基本原理来验证地理事实。

案例7-17 北纬40度~60度之间的大陆西部应该是什么气候类型？

在讲到温带的气候类型时指出：北纬40度~60度之间的大陆西部，终年受湿润的西风影响，为温带海洋性气候。根据这一原理，教师在讲到西欧、北美、南美时，都要学生先在地图上找出大陆西部北纬40度~60度之间的地区，然后提出问题：这里应该是什么类型的气候？再通过查阅地图加以验证。

（五）评价提问

在分析问题后，无论学生的答案出色与否，都应要求学生分析其理由是否充分，结论是否正确、表达是否准确，对答案进行分析，估计其价值。例如，在讲"环境问题产生的主要原因"时，让学生讨论：生活质量的提高是财富和产品越多越好吗？

地理评价提问可以要求学生对有争议的问题给出看法，也可以要求学生对别人回答问题进行评价，或者评价一种地理现象的利与弊等，促使学生从多角度去认识和分析问题。

三、地理课堂教学中提问时应注意的问题

提问不仅是为了得到一个正确的答案，更重要的是让学生掌握已学过的知识，并利用所学的知识解决新问题或使教学向更深一层发展。因此教师在设计和提出问题时必须注意以下几点。

（一）问题的设计

问题的设计要明确、清晰、连贯。要使提问运用得成功，提出的问题必须要明确，含混不清的问题会使学生感到迷惑；问题的表述要清晰、连贯。这就要求教师在设计问题时对所提出的问题仔细推敲，系列问题的设计要由易到难、由简单到复杂，问题之间的逻辑思路要清晰。

问题设计要考虑学生的心理特征。初中学生和高中学生处于不同的年龄阶段，其感知问题的方式和逻辑思维的能力均有所不同，因此问题的设计应从学生的接受能力出发。在任何一个班级中，学生接受知识的能力存在差异，为了调动每一个学生的积极性，教师应设计多种水平层次的问题。

（二）问题的提出

1. 引入阶段

教师用不同的语言或方式表示即将提问，使学生做好心理准备。因此，提问前要有一个明显的界限标志表示由语言讲解或讨论等转入提问。

2. 陈述阶段

提问时为了引起学生注意，使其听清楚教师的问题，教师的语速要适当放慢，教师清晰准确地把问题表述出来，稍作停顿，给学生思考的时间，不要提问后，马上要求学生回答。若是较复杂的问题，教师预先提醒学生有关答案的组织结构。

3. 介入阶段

在学生不能作答、回答错误和回答不完全时，教师应以不同的方式鼓励或引导启发学生回答问题。例如，学生没听清题意，教师重复所提出的问题；学生对题意不理解时，教师用不同的词句重述问题；在学生回答错误时，帮助学生及时整理、纠正思路。教师尽量不要只是简单地让学生坐下，再叫另一名学生回答。

（三）必要的追问

追问，即针对某一内容或某一问题，在一问之后又二次提问，三次提问，"穷追不舍"。追问可以避免课堂满堂问、随意问现象的出现，有效提高课堂教学效益，保障教学

目标的顺利达成。追问可以细分为顺向式追问和逆向式追问。"顺向式追问是教师听了学生的回答后，发现其思考有些肤浅、粗糙、片面、零碎甚至是错误，再次发问，促使并引导学生就原来的问题进行深入而周密的思考，或由表及里，或由浅入深，或由此及彼，或举一反三，直到理解变成准确、全面、细致、深刻为止"。追问的价值指向学生思维的深度，要求既知其一，又知其二。"逆向式追问就是逆着学生的思维方向或知识的发生过程进行追问，即学生已经做出正确完整的回答，教师在给予肯定性的评价后，回过头来问学生是如何得出答案的，是对学生思考和理解过程、或者对学习前概念的追问"。

（四）引导学生提问

课堂教学中，有时学生往往提不出问题或没有提问题的意识，教师要引导学生敢于提问，善于提问，鼓励学生可以质疑教师的讲解，也可以质疑课本的说法。在质疑解惑过程中，加深学生对知识的理解，提高学生发现问题、分析问题、解决问题的能力。

（五）应对学生的提问

应对学生的提问，特别是应对学生突然提问的能力反映了教师教学的机智，如果老师能从容应对，巧妙地解答，就能赢得学生的喜爱和认可；相反，老师的形象就会在他们的心目中大打折扣。教师如何应对学生的提问呢？

首先，分层面多角度地解读教材文本，要打有准备之战。因为学生会在阅读兴趣、理解水平、欣赏角度等方面存在差异，所以，他们的问题也会多样化，这就要求教师在课前要针对教材由浅入深，由整体宏观到局部细节方方面面都要设计考虑到，对学生可能问到的问题要有预想，尤其是一些重点、难点和疑点。只有对教材有了深入的解读，教师才能够基本上应对学生的大部分问题。其次，了解学生。如果教师熟知学生的兴趣爱好、思想现状、思维发展水平等，就比较容易把握学生提问的方向和目的。如果遇到教师也不知道的问题，教师应鼓励学生寻找资料；或者教师提供几种可能的答案，鼓励学生进一步探究、实证、评估，得出正确的共识。

（六）问题的评价

这是提问环节的评价阶段。教师在学生回答完问题后，要对学生的回答做出反应：学生回答不足，给予补充；学生回答错误，给予纠正；学生回答准确，给予肯定和鼓励。在这个过程中教师对学生的评价应客观。

第六节 地理教学板书技能

板书是地理课堂教学一个不可缺少的有机组成部分。板书技能是教师设计和运用写在黑板或投影片上的文字、符号、线条和图像，向学生呈现教学内容和认知过程，使知识条理化、系统化，帮助学生正确理解，增强记忆，辅助课堂口语的表达，保留传输信息，提高教学效率的一类教学行为。板书可以强化课堂的口语表达效果，能起到系统、强化教师讲解的作用，是地理教师重要的课堂教学技能之一。教师精心设计的板书，揭示教学内容，加强教学的系统性，突出重点，能使学生产生联想、类比、激发兴趣、启发思考。板书应排列井井有条，前后呼应，层次分明，直观形象，且富于连贯性，还能创造出一种美感，使学生一目了然，从而调动起学生学习的积极性。

一、板书设计的基本原则

（一）科学性原则

这是板书设计最基本的原则，因为科学性是板书的生命。地理板书要注意内容的科学性和形式结构的合理性，板书的文字、符号要准确无误。

（二）针对性原则

地理板书要针对教学目的和学生实际，忌繁从简，具有高度的概括性，要有助于学生对教材的理解和对重点知识的记忆。

（三）启发性原则

地理板书承担有发展智力、培养能力的任务，要做到内容设计和形式布局具有启发性。图表、图解式板书效果较好，有助于启发学生的思维和进行逻辑推理，提高理解记忆能力。也有利于学生掌握知识内容的层次性及其知识的内在联系。

（四）美感性原则

板书需要美观动人，美观能给人以深刻的印象，吸引学生注意。地理板书要做到不繁不空、不杂不乱、纲目清晰、层次分明、结构合理、文字工整流畅、符号醒目美观、色彩搭配合理、注意图文并茂、突出地理学科的特点，力争边板书边讲解。

二、板书技能的类型

（一）文字

1.提纲式

这是一种最基本的板书形式。其最大优点是设计简单，缺点往往是文字冗长，不易明显地表达知识之间的交叉关系，也缺乏形象生动性。

案例7-18 "大气的降水"一课的提纲（部分）

一、水汽的凝结

1.空气容纳的水汽因气温而变化

2.饱和空气和过饱和空气
3.凝结的重要作用
二、降水的形成
1.降水必须有云，有云未必降水
2.降水形成的条件
　（1）云滴不断增大。
　（2）上升气流顶托不住云滴而降落到地面。

2.表格式

表格式的板书，最适用于两个以上的事物在分布、特征、规律、成因、作用等方面分类对比，列表对比一目了然（见表7-4）。

表7-4　大陆冰川与山岳冰川的比较

类型	定义	形成原因	主要特征	主要分布区
大陆冰川	补给区占优势的冰川	纬度高，气温低	面积大，厚度大，呈盾状，不受下覆地形的影响	南极大陆、格陵兰岛
山岳冰川	补给与消融大致平衡，运动占优势的冰川	地势高，气温低	面积小，厚度小，呈舌状，受下覆地形的影响	南北美洲、欧亚大陆中低纬度的高山地区

3.纲要图解式

它能够较好地表达出知识之间的各种内在联系，如并列关系、从属关系、因果关系、交叉关系、平面结构、立体结构等，可以将知识体系、知识结构形象直观地展示出来（见图7-1～图7-2）。

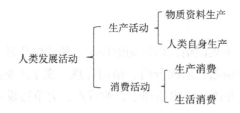

图7-1　人类发展活动板书示意图

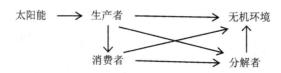

图7-2　能量在生态系统中的流动过程交叉式板书示意图

4.几何图解式

几何图解式不仅具有纲要图解式的一切优点，而且它比纲要图解式更形象生动，更活跃，更富有美感，更能引人入胜，给人们的印象更深刻，更能增强人的理解和记忆。因而，图解式板书越来越受到广大教师的青睐。在具体形式上，几何图解式比纲要图解式更加丰富多彩（见图7-3、图7-4）。

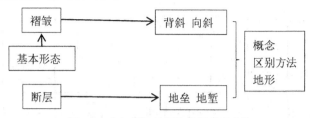

图7-3　几何图解地质构造板书示意图

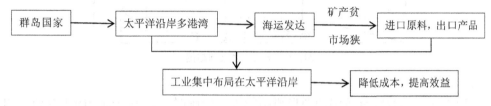

图7-4　几何图解日本工业布局板书示意图

5.网络式

将教学中所涉及的多方面的知识内容或零散孤立的知识"串联"和"并联"，组成系统化的知识网络。这种板书将零散的知识系统化，不仅能帮助学生加深理解，而且也便于知识的记忆和迁移，对培养学生综合运用知识的能力有极大的帮助（见图7-5）。

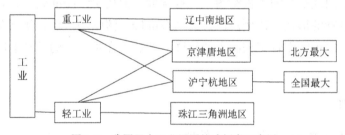

图7-5　我国四大工业区网络式板书示意图

（二）板图

板图是指地理教师凭借记忆和熟练的技巧，用简易的笔法迅速地在黑板上画出简略的地图或图表，故板图也叫黑板略图。地理黑板略图一般只取形似，不计细节，旨在抓住特征，突出重点，说明地理事象。黑板略图按形态分为几何略图、折线图和曲线略图三种。

1.几何略图

几何略图是用三角形、矩形、梯形、圆等几何图形表示某一地区的轮廓，是最简单地表现地区范围和位置的方法（见图7-6）。这种画法轮廓误差较大，但相对位置和面积比例正确，最适宜表现与之有关的其他地理事象的分布状况和特征。画几何略图时，应注意用赤道、南北回归线等重要纬线作控制，并注意各部分之间相对大小及相互的位置关系。

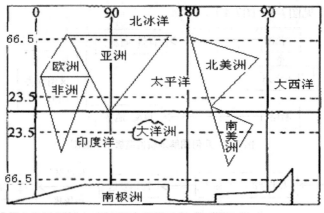

图7-6 七大洲的几何略图

2.折线图

这种画法要求教师有较强的图形概括能力，绘画时要舍去原图中的小弯曲，用折线画出轮廓图，一般用来表现某个地区内部各种地理事物的分布。如学习澳大利亚的位置、地形、河流、矿产、城市、交通等内容，均可以先用折线在黑板上迅速地画出澳大利亚的轮廓，然后随讲随填画具体的内容。

3.曲线略图

这是一种用曲线描绘的黑板略图，最难掌握，但比折线图准确、直观。画这种图要求教师对地理事物的形状、比例及位置关系有准确、清晰的认识。初画曲线图时可先轻轻地画出折线，以折线作骨架控制大的轮廓，然后再在折线图的基础上逐段雕琢，以加工成曲线略图。

（三）板画

板画是指地理教师在黑板上画出的地理事物素描图，它要求教师抓住地理事物的特点，用最简练的笔画迅速地描绘。地理课堂教学板画主要有以下几种类型。

1.形态画

形态画是以素描的形式表现主要地理事物和现象的外部形态，这是地理事物在某一瞬间的静态景观素描图（见图7-7）。如新月形沙丘景观图、非洲热带草原中金合欢树和南美洲热带草原中的纺锤树、风蚀蘑菇、石灰岩洞内的岩溶景观和热带海岸风光均是形态画。

图7-7 热带海岸风光

2.过程画

在地理教学的过程中，往往需要表现地理事物的演变过程，这就需要地理教师用简单的笔法展示地理事物和现象发展变化的各个阶段。这种画不是一次画出全部内容，而是随着地理事物的发展变化，按时间顺序边讲边画出形成过程。如地形雨的形成过程示意图、月相变化过程图等。

3.动态画

动态画是用简易的笔法显示地理事象的运动变化过程，教师在运用动态画的过程中，要边讲边画出事物运动的过程，要注意运动的状态和方向，要画出动态感来。如海陆间循环示意图、防风造林效应示意图等。

三、板书技能运用应注意的问题

（一）深挖教材，把握重点

板书是学生掌握教材，巩固知识的依据。因此，教师的板书设计，应在十分准确地掌握了教材基本观点的基础上进行。要力求向更深层次奋力挖掘，使认识达到更高的层次。设计应遵循教材的逻辑顺序，紧紧把握教学内容的重点和难点。一般说来，应抓住以下重点内容：第一，能引导学生思路发展的内容，如必要的标题、问题的衔接和核心点。第二，能引导学生由形象思维向抽象思维过渡的内容。第三，能使学生产生联想、便于记忆的内容等。

（二）掌握情况，有的放矢

要设计好一堂课的板书，必须掌握学生的状态，了解他们的知识水平和接受能力。板书使用方式灵活多变，可以边讲边写，也可先讲后写，或先板书后讲解。

（三）主辅相随，紧密结合

系统性板书与辅助性板书应紧密结合。系统性板书是板书的主体，辅助性板书为系统性板书奠定基础。二者相辅相成，密切结合才能收到好的效果。

（四）语言准确简洁，启发性强

教师板书的语言要确切、精当、言简意赅、一目了然，给人以凝练之感，能起到"画龙点睛"、指点引路的作用。

（五）内容完整，条理系统

有些板书虽是在授课过程中间隔出现的，但要注意布局，最后要形成一个整体。一堂课的板书，应是对该堂课讲述内容的浓缩，内容应完整系统，以便学生在课后利用板书的章、节、目、条、款，进行归纳小结，收到再现知识、加深理解、强化记忆的效果。

四、板书技能的评价

表7-5　板书技能评价量表

项目	评价内容	权重	赋分值		
			好	中	差
1	板书设计与教学内容紧密联系，结构合理	0.10			
2	板书有条理、简洁，文字书写规范整洁	0.20			
3	板书、板画有足够大小，直观便于观看	0.15			
4	板书、板画与讲解结合恰当，速度适宜	0.15			
5	板书、板画加强了口语教学，富有表达力	0.10			
6	板画要做到简、快、准，激发兴趣和思考	0.10			
7	应用了强化信息量的板书，使重点、关键点醒目，强化记忆	0.20			

第七节　地理教学总结技能

结课技能是指教师完成一堂课教学任务终了阶段的行为，通过熟练运用概括、强化、训练、实践等方式，对所教的地理知识和技能予以系统化和条理化，以促进学生内化的一种教学结束时的行为方式。其功能是教师对课堂教学进行总结归纳，扩展新旧知识之间的联系，以形成系统。通过师生间的信息反馈和教师对学生学习的评价，使学生获得掌握新知识的愉悦，而且还可以使学生更进一步明确具体的教学任务，抓住要点内容，把学生的思维引向深入，激发其探讨的积极性，促进学生地理智能的发展，情感态度和价值观的提升。

结课的最佳方法是在一个问题或一节课的末尾，将问题的论点、要点等简明扼要地交待给学生，以使学生掌握问题的实质。也就是不仅要使已被感知的科学事实和所形成的概念在记忆中巩固下来，而且要通过对知识的整理，使学生对知识的领会向更高一级升华。一节课要撒得开，也要收得拢。课堂教学开头要精彩，体干要实在，结尾要精典。

一、结速技能的应用原则

（一）系统性

好的结课应具有高度的概括性，归纳概括本节课的知识，以便在学生头脑中形成系统的认识。教师按知识内在的规律，有机组合排列，形成明晰的条理，使学生做到举一反三，实现知识的迁移。这就要求在终课时，教师的小结能深化重要的地理事实、概念和原理，将知识由点串成线，由线织成网，概括出本节课的知识体系，帮助学生形成完整的知识概念和知识结构。

（二）引导性

好的结课可以引导学生获取新知。由教师引导，学生参与，展现获取知识的思维过程，充分体现教师主导作用和学生主体作用的有机结合。这就要求在课堂结课时，教师要根据学生需要、兴趣、情感，围绕教学目标，充分体现学生学习的自主性，尽量让学生归纳、小结、巩固、提炼、深化教学内容。

（三）灵活性

结课的灵活性有两层含义，一是要求教师根据课堂教学内容、课程、学生心理，在课前设计出不同的结课方案，使结课贴合教学要求，贴近学生实际。二是要求教师结合课堂教学的实际，灵活修正课前设计好的结课形式，教师要"借题"发挥，灵活断课；要恰到好处地粘连，使结课达到自然的水到渠成的效果。

（四）简练性

好的课堂结尾犹如画龙点睛之笔，应以"小"为特色，即语言简洁，要言不烦，旨深意远，耐人寻味，或另辟蹊径，别开生面。因此，教师在一课结尾时，语言设计要做到简明扼要，切忌语言冗长而不得要领，或手忙脚乱地拖堂。

二、结速技能的构成要素

按照结课阶段教师的行为顺序，结速技能包括概括要点、建立联系、突出重点、深化拓宽等技能要素。

（一）概括要点

对整个教学内容进行简单回顾，整理认知思路。在教学进入结束阶段，教师首先用简明扼要的语言明确告诉学生我们已经学习了什么？它们的要点是什么？总体结构如何？一方面使学生明确学习已经进入结束阶段，另一方面要为其后的总结活动奠定基础。概括要点这一环节，教师应当帮助学生把零星分散的知识归纳成要点分明的知识点，并展示教学全貌。

案例7-19 "在地图上辨别方向"概括要点

对"在地图上辨别方向"内容的概括，教师用"我们已经学过三种在地图上辨别方向的方法"，这一句话便略去教学过程中的枝节，理出了头绪，明确了总结的重点。接着从使用地图的角度提出"面对陌生地图"如何判断地图上的方向的问题，综合概括出在地图上判别方向的三种技能。再问"这三种判断地图上方向的方法之间存在什么联系？"最后得出"上北下南，左西右东"是地图上辨别方向的最基本方法的结论。

（二）建立联系

建立联系在于使知识系统化。系统性思维是地理思维的核心，特别是反映地理系统多形态、多层次、多结构特征的空间组合分析，更能体现和说明学生地理思维能力的发展水平。总结阶段的"建立联系"这一环节，正是发展这种思维能力的重要场所。

地理联系结构图是"建立联系"时常用的表述手段，它既能反映地理要素之间的各种关系（双向关系、单向关系、相关关系、因果关系、并列关系、选择关系等），又能反映各要素在区域环境中的层次和地位。同时它还具备直观性、整体性特征，因而在"建立联系"时经常使用。

（三）突出重点

突出重点的主要目的在于强化记忆、熟悉操作、统揽全课。因此，展示知识结构后应充分运用地理歌谣、地理诗歌、口诀、彩色板书、手势等各种手段，对处于知识结构关键部位的知识要点和地理技能加以强调，指出内容的重点、关键点，进行知识的巩固和强化。

（四）拓展延伸

总结的目的不仅在于巩固知识，还在于启发思维，培养能力。拓展延伸的关键在于设置新情境，引发新问题。有时为了开阔学生的思路或把前后知识联系起来形成系统，而将课题内容扩展开来，把所学的知识应用到新的情境中去，解决新的问题，在应用中巩固知识，并进一步激发学生的思维。

三、结束技能的类型

地理课的结束类型大致有以下几种形式。

（一）总结型结尾

这是一种较为常见的结尾方法。它是教师将所讲的一节课的内容经过梳理后的概括，具有突出重点、难点，简明扼要的显著特点。这种方式结课一般用于新知识密度大的课型，或某一单元教学的最后一次新授课。

（二）比较型结尾

将所学概念与原有概念，或者将并列概念、对立概念、近似易混淆的概念，通过分析、比较，既找出它们各自的本质特征或不同点，又找出它们之间的内在联系或相同点，从而使学生对概念理解得更加准确、深刻，记忆得更加牢固、清晰。如表7-6为"地球运动"一节课的比较型结尾。

表7-6 地球自转与公转比较表

		地球自转	地球公转
特点	定义	绕轴运动	绕日运动
	方向	自西向东	自西向东
	围绕中心	地轴	太阳
	周期	23时56分4秒	365天5时48分46秒
	速度	每小时15°	每天向东推进约59′
产生的地理意义		①产生昼夜更替现象; ②不同经度的地方出现时间上的差异; ③水平运动的物体方向发生偏转; ④对地球形状有影响	①正午太阳高度角的变化; ②昼夜长短的变化; ③四季的更替

（三）悬念型结尾

悬念型结尾是当教学接近尾声时，教师有意识地提出与本节后续内容相关的问题，设立悬念，使学生在"欲知后事如何"时戛然而止，从而给学生留下一个有待探索的未知数，激起学生学习新知识的强烈欲望，使"且听下回分解"成为学生的学习期待。这无疑对活跃学生的思维，训练他们分析、解决问题的能力都是有很大帮助的。这类问题必须与课堂教学的内容紧密联系，让学生运用所学的知识来解决问题。如在进行"生态系统和生态平衡"这一节课的教学时，教师可以在课的结尾设计这样的问题：生活在南极这块"净土"上的企鹅，经检测其体内脂肪含有DDT的成分，而DDT是分布在温带和热带国家所使用的杀虫剂，这给我们什么启示？

要求学生分别运用当堂课所学的知识来分析这个问题。学生可以根据所学的食物链和食物网的知识加以分析，最后得出全球生物圈内的各种动植物，通过吃与被吃的方式，已经直接或间接被一张巨大的网络联系在一起了的结论，并意识到保护全球生态系统的各个组成部分，保护食物链不被破坏和控制污染，就是保护人类自己。

教师应根据学生回答的内容与情况，巧妙地加以引导、小结、提炼，使得教学更上一个层次。悬念型结尾也可以让学生自行讨论所给的问题，既可以当堂得出结论，也可以让学生课后继续讨论，把结论留到下一节课，作为新课的开始。

（四）趣味型结尾

趣味型结尾是教师根据教学内容，在教学最后阶段以故事、音乐、录像、游戏等有趣的形式结束授课，这种结尾形式对较低年级的学生更为适用。如在进行青藏地区的教学时，教师应引导学生了解青藏高原的位置、自然特征（高、寒、新）、农业、能源和自然资源及交通情况。由于大部分中学生没有去过青藏高原，因此，最后可以放一段有关青藏高原自然地理概况或风土人情的纪录片，让学生有身临其境的感觉，在轻松的气氛中结束新课。但也要注意不能生搬硬套，为娱乐而娱乐，一定要把握住"乐"是为了更好地"学"。

(五)考查型结尾

考查型结尾是在课堂教学的最后阶段,教师根据教学目标、教学内容,对学生所学的知识进行检查、考核、反馈教学情况、巩固教学成果的一种结尾形式。考查的内容既可以覆盖一节课的教学内容,也可以突出某个重点和难点。考查的形式既可以是口述,也可以是笔试、动手操作或讨论等。题型的灵活性也比较大,填空、选择、判断、连线、问答等题型均可使用。这种类型的结尾,好处是能够提高教学效果,有足够的时间让学生练习,能够及时发现教学中存在的问题。使用考查型结尾一定要合理安排时间,切莫把地理课堂教学变成考试课或练习课,更要特别注意"考查"只是教学过程的一个组成部分,目的是巩固当堂课的教学成果。同时,我们也应注意控制使用考查型结尾的频率,不能每节课都以"考试"而结束,使学生处于紧张状态,从而导致学生疲惫不堪和产生厌学情绪,这样反而会产生消极作用。

(六)实践型(或任务型)结尾

这种结尾形式是教师在完成教学内容后安排一定的地理实验或调查等项目,来结束整节课的教学过程。如讲到"生态系统和食物链"的内容时,结尾可以设计成让学生去校园观察一个生态系统或让学生寻找出一个生态系统,说出其组成部分、食物链的构成情况。实践型(或任务型)结尾的目的是让学生通过实践,从自己的亲身体验中,得出正确结论,来巩固和进一步深化教学内容,增强学生地理技能和调查实践能力。

地理课堂教学中,不论采用哪一种结尾形式,它都是一节课整体教学过程中一个有机的组成部分,切莫背离教学过程另搞一套。同时,各种地理课的结尾手法各有特色,使用时应根据实际需求加以优选,扬长避短,力求创造性突破,为课堂教学锦上添花。

四、结束技能的评价

结束技能的评价内容见表7-7。

表7-7 结束技能评价量表

项目	评价内容	权重	赋分值		
			好	中	差
1	结束阶段有明确的目的	0.20			
2	结束环节安排了学习活动(练习、提问、小结)	0.20			
3	结束内容概括性强,结构表达清楚,与本节内容联系密切恰当	0.20			
4	布置作业明确,数量恰当,每位同学都能记录下来	0.10			
5	结束环节有利于巩固所学知识,激发学生学习兴趣,有学法指导	0.20			
6	结束的时间掌握紧凑	0.10			

思考与实践题

1. 针对中小学生在课堂上可能出现的问题，如迟到、看课外书、睡觉，甚至离开座位吵架等不良行为，就教师应如何处置设计微型课程，进行3~5分钟的角色扮演。
2. 写出组织学生观察和阅读中国政区图、等高线地形图、气温曲线图和降水柱状图、中国铁路干线分布图的详细程序。
3. 设计初中世界地理"东亚"的单元导入和"日本"的课时导入，要求运用不同的导入类型，并注意导入的目的性，使用素材的新颖性和新旧知识的过渡和衔接。
4. 在教师的指导下进行5~10分钟的讲解设计，并完成教案（注意角色扮演、视频，并按评价单进行教学反馈）。
5. 选择地理教科书中一节课的内容，自己设计不同形式的板书，每种板书利用5~10分钟时间进行实践，然后对照板书技能的评价标准进行评价，并对设计意图和使用作简要地解说。
6. 练习画各大洲几何轮廓图及中国黑板略图，并用黄色表示主要山脉，蓝色表示主要河流，红色表示主要城市。
7. 以中学地理教材为蓝本，设计高中地理某单元或某节课的结尾，时间为5~8分钟。并准备进行实习，即"角色扮演"。

第八章 地理实践活动教学

第一节 地理实践活动概述

一、地理实践活动含义与功能

（一）地理实践活动含义和开展依据

地理实践活动主要是指地理课堂教学以外的，教师指导学生进行的各种有关地理学科的课外、校外、野外学习活动，主要有地理观测、野外考察、教具制作、地理研究性学习等。它是课堂教学必要的延伸和补充。丰富多样的地理课外、校外、野外活动，对提高地理教学质量、实现地理教学目标具有特殊的意义和作用。

地理课程标准是地理实践教学最主要的依据来源，初高中地理课程标准都明确提出，要改变地理学习方式，要根据学生的心理发展规律，联系实际安排教学内容，开展地理实践活动，能够使学生亲身体验地理知识产生的过程，引导学生从现实生活的经历与体验出发，激发学生对地理问题的兴趣，培养地理学习能力和探究精神。地理课程标准具体要求分别见表8-1、表8-2。地理实践活动在地理课程标准中是以活动建议的形式出现，为地理实践活动提供了参考性建议，教师可根据条件选择，也可自行设计。在开展地理实践活动的过程中，教师要积极创造条件帮助学生学会自己设计和实施地理实践活动。

表8-1 初中地理课程标准（2011年版）有关地理实践教学要求

第一部分 前言
课程性质
地理课程含有丰富的实践内容，包括图表绘制、学具制作、实验、演示、野外观察、社会调查和乡土地理考察等，是一门实践性很强的课程。
第二部分 课程目标
一、知识与技能
掌握阅读和使用地球仪、地图的基本技能；掌握获取地理信息并利用文字、图像等形式表达地理信息的基本技能；掌握简单的地理观测、地理实验、地理调查等技能。
第三部分 课程内容

续表

> 一、地球与地图
> 1.开展地理观测、动手制作等活动。例如，观察不同季节（或一天内）太阳光下同一物体影子方向和长度的变化；用乒乓球或其他材料制作简易地球仪模型。
> 2.利用泡沫塑料、沙土等制作地形模型。
> 二、世界地理
> 1.开展拼图游戏、模拟演示等活动。自选实验教材或使用计算机，模拟海底扩张、大陆漂移。
> 2.开展参观、观测、体验等活动。例如，参观当地的气象台（站）或大气环境监测站；使用测量仪器，观测气温、降水和风向。
> 第四部分 课程资源开发与利用
> 一、建设学校地理课程基本资源库
> 教科书以及教学所需的地图库、地理挂图、地理模型、地理标本、实验器材、图书资料、电教器材、教学软件、教学实践场所等，都是学校重要的地理课程资源。
> 可以自制各种地理教具、学具，开发各种地理教学软件，不断扩大地理课程资源库的容量，提高地理课程资源库的质量。有条件的学校可以配备地理专用教室、地理园等，以适应社会发展、科技进步和地理教学自身发展的需要。
> 二、利用学生学习的经验资源
> 教师应鼓励和指导学生组织地理兴趣小组，开展野外观察、社会调查等活动。

表8-2 普通高中地理课程标准（实验）有关地理实践教学要求

> 第一部分 前言
> 一、课程的基本理念（第三条）
> 注重对地理问题的探索。开展地理观测、地理实验、地理调查和地理专题研究等实践活动。
> 第二部分 课程目标
> 知识与技能
> 会独立或合作进行地理观测、地理实验、地理调查等基本技能；掌握阅读、分析、运用地图、地理图表和地理数据的技能。
> 第三部分 内容标准
> 必修一
> 1.运用教具、学具，或通过计算机模拟，演示地球的自转与公转，解释昼夜更替与四季的形成。
> 2.用肉眼观察某种天文现象，并查阅有关资料，说出自己的观察结果及体会。
> 3.根据本地条件，进行地质（或地貌、水文等）野外观察。
> 4.利用身边可以找到的材料（如透明塑料袋、塑料薄膜、玻璃瓶等）和温度计，做一次模拟大气温室效应的小实验。
> 5.用计算机设计气压带、风带的移动，水循环或洋流运动的动画。
> 6.有条件的学校对水井定点、定时观测，记录水位、水色等变化情况，并分析其变化规律和主要原因。
> 7.针对本地经常发生的自然灾害，成立课外监测小组，制定计划，开展活动。
> 必修二
> 模拟设计某地区交通运输线路和站点的布局方案，简述设计理由。
> 必修三
> 调查家乡一片荒废（或利用不合理）的土地，探讨这片土地荒废（或利用不合理）原因。
> 选修一
> 1.运用资料、图表，结合模拟演示，说明组成太阳系的九大行星的结构及运动特征。
> 2.用天文望远镜观察水星、金星、火星、木星、土星以及太阳活动和月球面貌。
> 3.连续观测半个月以上的月相，记录并总结月相的变化规律，深度分析月相变化的原因。

> 4.组织一次野外地质考察活动,观察岩层及地质构造,采集岩石、矿物标本,寻找化石,分析地质构造与地表形态的关系。
> 选修三
> 由学生自己担任导游,开展一次体验性的导游活动。
> 选修五
> 模拟以某种自然灾害为背景的救援学习。
> 第五部分 教学建议
> (第二条)引导学生开展观察、实践探究和研究活动
> 教师要在高中地理教学中转变学生机械模仿、被动接受的学习方式,促进学生主动和富有个性地学习,可以有意识地加强对学生自主性学习的引导。例如,帮助学生学会自己设计和实施野外观察、观测、调查等实践活动。
> 课堂资源的利用与开发建议
> (第二条)积极建设学校地理课程资源库
> 教材以及教学所需的挂图、模型、标本、实验器材、图书资料、电教器材、教学实践场所等都是学校重要的地理课程资源。

(二)地理实践活动的功能

1.拓展知识领域,培养地理技能

地理系统是个复杂的系统,地理实践活动能让学生接触到比地理课本知识更为复杂的地理问题,是课堂教学的延续和补充。通过地理课活动,可以使学生在一定范围内和一定程度上接触地理事物和现象,有利于理论联系实际,开阔地理视野,拓展学生的知识领域。

2.掌握地理过程与方法,培养探究能力

学生在地理实践活动中有机会亲身对周围的地理环境进行观察和研究,培养学生观察和分析地理事物的能力,丰富了学生的地理表象和地理感性认识。同时,地理实践活动的实践性强,在这些过程中,学生要学会操作地理仪器,培养和训练动手能力和实际操作技能。

地理实践活动中涉及的知识领域广阔,学生需要探究的问题不能在书上找到现成的答案,从而培养学生探究地理问题的能力。

3.锻炼非智力因素,升华情感、态度价值观

新课改要加强学生的地理实践活动,包括认知性实践、社会性实践、伦理性实践,从而培养学生的交往、合作、动手、设计、组织、决策等实践能力。让学生在走进社会与大自然的过程中,领略环境与生活的魅力,增强社会的适应能力与应变能力。在高中地理课程标准中尤其强调学生地理意识(空间意识、环境意识、全球意识)和地理情感的培养。

在活动中,学生接触到丰富多彩的自然和社会环境,激发了学生学习的好奇心;在活动中,学生会面临多种困难和障碍,要求学生必须有坚强的意志和克服困难的勇气;在活动中,学生之间的交流合作,有利于培养学生社会交往能力和合作精神。另外通过

地理实践活动，学生受到国情、乡情教育，科学的人地观教育，辩证唯物主义和历史唯物主义教育，国家和地方性政策法规教育等。这些对培养学生的非智力因素都起到积极的促进作用，对学生的情感、态度价值观领域的升华起到促进作用。

二、地理实践活动的特点

（一）实践性

《全日制义务教育地理课程标准》要求"重视培养创新精神和实践能力"，《普通高中地理课程标准》要求"重视对地理问题的探究……开展地理观测、地理考察、地理实验、地理调查和地理专题研究等实践活动"，其相关要求分别体现在知识与技能、过程与方法、情感态度与价值观的三维目标，以及内容标准之中。地理课堂教学的重点是学习地理理论知识，其教学方法包括教师讲述、自主学习、合作学习和探究学习等，而地理实践活动则需更加注重引导学生探究解决实际生产、生活中的地理问题，养成理论与实际相结合的思维习惯，体验活动过程带来的情感态度价值观的变化，丰富情感阅历，提高地理实践能力。

（二）综合性

地理环境错综复杂，综合性是地理学的显著特点之一。地理实践涉及的范围广、领域多，可以观测、观察、考察、调查的对象很多，每一项地理实践活动对学生的知识要求、能力要求都比较全面。因此，中学地理实践活动也具有比较明显的综合性特征。

（三）自主性

相对于课堂教学，虽然教师在地理实践活动中仍然发挥着指导作用，但学生具备更加宽松的自主学习条件，学习活动有更大的自主性。

第一，学习方式多样。地理实践活动包括开展气象观测、水文观测、天文观测、地震观测等地理观测活动，进行地理模型、地理仪器的简单制作，组织地理拼图、地理猜谜、地图旅行等地理娱乐活动，编辑地理墙报、地理小报、地理漫画等地理科普宣传活动，采集地理标本、调查某地植被土壤、考察某地地质地貌等地理研究活动，等等，都可由学生根据情况自主选择。

第二，学习主题丰富。在地理实践活动中，学生可根据教学进度、当地资源条件、学习兴趣等方面进行选择。例如，对减灾防灾兴趣浓厚的学生，可在学习地表形态的变化之前，组织地震观测；对天气变化现象有强烈探索欲望的学生，可参加气象观测，看云识天气、观测气温湿度、测定降水量等。

第三，学习组织灵活。例如，开展气象观测时，参加人数可多可少；协作分组可以自由组合。观测时间跨度可长可短，了解观测的项目、了解基本的气象仪器，可以是一天两天；熟悉气象仪器、掌握观测技巧，可以是一周两周；学会分析观测数据、作出简单预报，体验专业工作的艰辛与枯燥，培养严谨求实的工作作风，则要坚持更长时间。

第二节 地理实践活动的类型和实施

地理实践活动形式多样，但从实践活动的内容性质上看，主要有以下几种类型：地理观测类、野外考察类、调查研究类、教具制作类、宣传展览类、地理研究性学习等。

地理实践活动的组织。由于地理实践活动常常在室外进行，教师的组织与控制难度往往比组织和控制地理课堂教学更大。

活动之前的教师准备。第一，深入了解学生各自的兴趣、特点，了解他们各自对学习地理的态度、参加地理活动的积极性及参与动机；第二，根据学生的不同年级、不同知识结构、不同学习兴趣、不同参与动机，选择适宜的活动项目、活动内容、活动地点；第三，准备好野外实践活动所需的地图资料、地质地貌资料、地质罗盘等与活动相关的各种资料和工具；第四，制订包括活动目的、内容、任务、方式方法、活动重点、注意事项等的计划，并进行必要的纪律教育和安全教育；第五，必要时，教师还要对观察路线和观察点进行预察，对考察工厂、农场等的考察项目、考察点、考察线路等进行预先的考察。

活动之前的学生准备。第一，根据自己的具体情况，组合分组，选择确定实践活动的项目、内容；第二，根据实践项目、实践内容而制订本组实践活动的计划；第三，准备必要的生活用品和学习用品，如水壶、干粮、防暑防虫药品、适宜野外活动的着装，以及工具袋、记录本、铁锤、放大镜等。

活动的现场组织与指导。教师要善于做组织者、指导者，要充分调动和发挥学生参加实践活动的积极性、主动性、独立性；又要全程注意把握学生活动的节奏和情况，了解学生在活动中的具体表现，及时发现和协助学生处理活动中出现的各种问题。出现问题很正常，因为学生学习书本知识是学习间接经验，而实践活动是学生自己动手、动脑，亲自探索，自然会遇到困难。其中有些困难是因为知识储备不够，需要及时补充，有些是因为学生不具备活动所需的技能、方法，需要教师临时指导。由于地理实践活动的类型多种多样，内容涉及面广，不同的类型、不同具体内容的实践活动，都有可能出现性质不同的问题。因此，教师的现场组织、指导工作也就必然是重要而多种多样的。当然，这也就要求地理教师既要具有广博的地理理论知识，也要具有一定的地理实践工作能力。

一、地理观测类

地理观测类是一种带有实习性质的地理实践活动类型。地理观测类活动主要包括气象观测、天象观测、经纬度的观测等。在地理观测活动过程中，学生的视觉、听觉、触觉与体觉等参与或偏于思辨性或偏于操作性学习过程，在真实的情景世界里，在动手做的过程中，学习变得更为有效，因此地理观测活动是使学生深入了解地理事象及其发展变化规律的重要手段，是发展学生地理智能、培养其科学研究能力的重要途径，与此同时，对培养他们非智力因素，树立辩证唯物主义世界观，及献身科学事业的精神也具有重要意义。

（一）气象观测

学生学习了有关天气、气象、气候等知识以后，在建有气象站或者地理园的学校，就可以组织气象小组开展气象观测活动。学生通过气象观测活动能更好地理解气温、气压、风、降水等气象要素之间的关系，掌握观测天气的基本技能。

1. 气象观测的组织准备工作

开始气象观测活动之前，先要根据学校的具体情况，拟订气象观测活动计划，组织气象小组，排好值班名单，依次轮流观测。要准备好观测活动所需的气象仪器和记录用的表格，然后对气象小组的同学进行气象观测仪器的结构、作用和观测记录的方法，以及观测时应注意的事项等一系列技能的训练。还要有计划地讲解一些有关气象的基本知识，加强指导，及时解决气象观测活动中产生的问题。

2. 气象观测内容和方法

气象观测主要包括气温、湿度、气压、风、云、降水等，以及各种天气现象、物象状况的观测。气象观测可以收听和记录当地气象台站的天气预报，结合当时当地的气象要素实况进行分析，画出简易天气图，作出简单天气补充预报。

在气象观测之前，教师要先确定观测小组各成员的分工和任务，然后给学生讲解气象观测仪器的结构和性能，观察和记录的方法和时间，并给予示范和写出操作规程。气象要素观测顺序为云、风、气温、湿度、气压、降水以及天象、物象等。

3. 气象观测整理的资料可供天气预报时作参考

气象观测资料要及时加以整理，算出月平均气温、月降水量、绘制风向频度图等。例如每个月将风向统计一次，可根据统计数字绘制风向频度图，又叫风向玫瑰图。风向玫瑰图是在极坐标图上绘出一地在一年中各种风向出现的频率。因图形与玫瑰花朵相似，故名。"风向玫瑰图"是一个给定地点一段时间内的风向分布图，通过它可以得知当地的主导风向，可直观地显示当地月、季、年等的风向，为城市规划、建筑设计和气候研究所常用。

（二）天象观测

天象观测是学生很感兴趣的地理活动，学生在成长过程中所经历的月相变化、斗转星移使学生对神秘的夜空充满了好奇。在初高中地理学习中都要求教师指导学生开展相应的天象观测活动。有计划地组织学生进行天文观测活动，对扩大知识领域，探索宇宙奥秘，养成热爱科学的精神具有重要作用。

1. 天象观测主要内容

天象观测的内容非常丰富。有些内容可组织学生进行长期观察，如大行星、银河、北极星、著名星座、月面、月相变化，有些内容可进行即时观察，如月食、日食、流星雨等天文现象，还包括测定当地经度、纬度的活动。

2. 天象观测的准备和组织工作

天象观测之前要根据学校的具体情况，拟订观测活动的计划，要准备好观测的用具和记录用的表格。要提出明确的目的和要求，拟订好观测项目和程序以及观测时应注意的问题。

3.天象观测的方法

（1）观察大行星：太阳系的八大行星绕太阳公转，它们在天空中的相对位置会产生明显变化。大行星的公转轨道与太阳赤道平面十分接近，总是出现在黄道（地球上的人看太阳于一年内在恒星间所走的视路径）附近。晴夜观测，行星的光芒看上去是稳定而不闪烁的，相对位置又在不断变动，较容易辨识。

（2）星座观测：要辨认天上的星座，首先要学识使用星图。星图描述了星星的排列形状及光度，是辨认星座十分重要的工具。星图主要分为四季星图、每月星图、旋转星图及全天星图（寻星图）四种。前三种星图需要配合观测地点的纬度使用。四季星图及每月星图可以被旋转星图取代。不同纬度的星图，北极星的高度不相同，星图显示出来的星空会和实际星空有出入，纬度相距越大出入越大。如果把北半球用的星图携带到南半球使用，你会发觉星图显示出来的星空和你所看到的星空有很大差别。而全天星图所记录的星一般比较暗，看起来有些像地图，星图显示着一些经纬度，这些经纬度和地面使用的并不同，我们称这些为赤经和赤纬。这种星图一般用于寻找深空天体及彗星等，很少用来辨别星座。

（3）日食的观测：日食可以分为日偏食、日环食和日全食。太阳仅可以在日全食的短期内能够用肉眼安全观看。日偏食及日环食就绝不能在没有采取安全过措施情况下观看。即使在日全食的偏食阶段，太阳的表面被遮掩了99%，剩下新月形，也会对眼睛造成伤害。最安全、最廉价的观测法是采用投影法。

（4）月食的观测：月食只分为月全食和月偏食，而无月环食。当月球全部隐入地球本影时，发生月全食；若月球只是部分陷入地球本影，则发生月偏食。月球进入地球半影时，不会发生月食。观察月食，应先讲解月食发生的原因和观察月食的意义。若学校有较好的观察场地，时间适宜，可组织学生在学校集体观察，或让学生分散在家中自选观察场地进行观察。无论是集体还是分散观察，都应要求学生做好观察记录，并作为资料保存好。

（三）测定当地纬度和经度

1.测定当地纬度

在北半球，利用斜度测角器，在晴夜对准北极星，所测得的北极星的高度角就是当地的地理纬度的约数。

因为地球在自转和公转的同时，地轴总是指向北极星附近，一般来说，这是不会改变的，若某地地处北半球，理论上在晴朗的夜晚可以观察到北极星。这就是说，北半球某地的地理纬度等于当地观测北极星仰角的度数。

2.测定当地经度

在北回归线以北地区（赤道与北回归线之间的地区，秋分到春分的时间内），用一支细直的竹竿（或细木棒）作日影杆，垂直插在地平面上，以日影杆所插的点（O）为圆心，在上午某时某刻画一个半径稍短于当时杆影的圆。见杆子的影端落在圆周上时记取A点,下午见日影又落在圆周上时,再记取B点。然后将两点连成直线,取其中点。中点与圆心的连线就是正南北线(子午线);第二天当日影与这条南北线重合的时刻,就是当地的正午12点。然后算出它与北京时间(即东八区中央经线东经120°的地方时)正午之间的时间差数,就可算出当地的经度(约数)。

二、野外考察类

地理野外观察主要包括野外地形观察、河湖及海岸观察、土壤和天然植被观察等。野外考察活动是学生地理感性知识的重要源泉,可以帮助学生认识家乡地理环境的主要特征及其形成原因,了解家乡劳动人民利用自然、改造自然和保护自然的概况。学生通过理论联系实际,加深对地理知识的理解,初步学会地理野外观察的基本技能,从中也能受到生动活泼的思想教育。

(一)地形观察

地形观察主要包括地形的形态观察和组成物质观察。前者指观察地形的类型,如山地、丘陵、高原、平原、盆地等,各种特殊地形,如冲沟、河谷、河漫滩、阶地、沙丘等。后者指观察地形的组成物质,如黏土、沙土、砾石、砂岩、石灰岩、页岩、花岗岩等。学生通过对地形形态和组成物质的观察,可以进一步分析地形的成因,分析地形及其组成物质对人类活动的影响,人类活动对地形的影响等。

(二)河流及海岸观察

河流观察主要包括水文特征(流速、流量、含沙量等)的观察,水系特征(水网特点、发源地、干流、支流、左岸、右岸、河口等)的观察,河流水质观察和河流水生生物观察等;海岸观察主要包括海岸类型(泥岸、沙岸、岩岸)的观察,海岸变化,波浪、潮汐的观察和海洋利用的观察等。

(三)土壤和天然植被观察

对土壤的观察主要是对成土母质(如冲积土、黄土、风化壳等)、土壤类型(如沼泽土、草甸土、水稻土、盐土、红壤、黄壤、黑土、灰化土等)、土壤质地(如砂土、壤土、黏土、重黏土等)、土壤酸碱度的观察。通过土壤观察,学生可了解当地人民是怎样利用和改良土壤的。对天然植被的观察,主要是指对草本、灌木、乔木、阔叶、针叶、常绿、夏绿等植被形态种类的观察。通过对天然植被的观察,学生可认识家乡天然植被的主要特征。

案例8-1 "土壤观测"的活动设计

一、土壤观测实践活动目的

开展"土壤观测"实践活动,不仅能使学生对土壤的类型、土壤的质地有更进一步的认识和理解,提高学生观察能力和动手能力,培养学生的积极思维习惯，而且可以增强学生的学习兴趣，开阔学习视野。同时也培养了学生合作意识和团队精神。

二、活动工具

小铲、小棍、放大镜、蒸馏水、pH试纸、塑料袋（包括有孔和无孔的）、记录本、小刀、笔等。

三、活动过程

1. 准备阶段

教师先给学生讲清楚"土壤的概念"（土壤是覆盖在地球陆地表面上能够生长植物的疏松层），"土壤的几个基本类型"，"各个类型的基本形态"以及"土壤酸碱性的检测方法"，为学生进行该次活动提供理论基础，使学生明确活动的目的。

2. 分组阶段

学生根据自愿原则，自由分组，成立"土壤观测"活动小组。每一个教学班分成8个小组，每个小组6~7人，并推荐一名学生为组长，在教师及小组长的带领下按规定时间进行观测。

教师对学生提出以下要求：每组在不同的地点需采集一份土样，如果有小动物，把土样放入带孔的塑料袋内，如果没有小动物，就放入无孔的塑料袋中。需仔细进行颜色、手感等方面的观测并记录在记录本上。同时小组成员动手检测土壤的酸碱性情况并讨论土壤的改良措施。

3. 采样阶段

尽可能寻找一个土壤类型较为多样的地方进行采样，保证土壤类型的多样性。这一阶段在观测小组组长的安排下进行，教师到现场指导。

4. 观测阶段

组织各组学生集中起来，在教师的指导下，观察感受土壤的颜色、手感等，并一一记录在记录本上。小组成员动手检测土壤的酸碱性情况并讨论土壤的改良措施。观测完毕后，各组可将样本相互交换，并与之前观测的样本进行比较，将比较的结果记录在记录本上。最后填写实验报告单（见表8-3）。本组采集的样本作为A，交换后的样本作为B。

表8-3 土壤标本实验报告单

样本 土壤特性	A	B
颜色		
质地		
结构		
酸碱性		
是否有小动物		

5. 讨论阶段

实验报告单填写完毕后，组内各成员一起讨论，讨论的问题如下：

（1）该土壤样本的污染情况。

（2）改良该土壤的措施。

（3）比较A，B土壤样本的异同。

6.总结阶段

8个小组讨论后，在教师的指导下，每个小组推选一人汇报观测的结果。按小组顺序依次进行，汇报时将"实验报告单"展示给全体同学。并分析土壤的酸碱性，提出改良措施。最后教师对该次活动进行总结评价，对观测仔细全面、善于发现问题的小组或个人给予表扬。

四、活动中应注意的问题

（1）应选择一个土壤类型较为多样的地方进行采样。

（2）取样时要尽量保证不破坏土壤本身的特性，切勿挤压土壤样本，破坏其物理特性。

（3）使用工具时要轻拿轻放。

（4）讨论过程中，老师要给以适当的引导。

三、地理调查研究类

地理调查活动是指以自然地理和人文地理为调查内容的地理实践活动，其范围十分广泛，内容丰富，包括属于自然地理范畴的土壤调查，以及人文地理范畴的区域人口民族构成调查、区域人口流动状况调查、城乡环境问题调查等。地理调查研究是学生地理信息处理能力、地理判断能力、地理综合思维能力和批判性思维能力培养的重要途径，是落实课程标准的重要方式。

（一）地理调查研究的内容

地理调查研究的内容主要有土地利用状况调查、环境质量调查、社区人口状况调查、工农业生产条件与布局调查、市政建设调查、市场经济调查、资源开发利用与保护调查、环境承载力与潜力调查等。通过调查实践，学生可以认识家乡工农业生产的优势和不足，了解家乡人口、资源、环境的发展和利用状况，树立正确的人口观、资源观、环境观，并培养地理能力。

"地理调查研究是一项头绪纷繁的工作。地理教师应具有比较扎实的地理专业知识，有开展地理研究的能力，比如能正确解释本地资源环境的特征，工农业生产的有利条件与制约因素、布局特点及其成因，以及野外工作、室内整理和分析资料、撰写文字说明、绘制图表的能力。此外，还应具有较强的组织能力"。

（二）地理调查的主要步骤

（1）调查选题：确定地理调查的对象和研究课题。针对课题查看相关资料。

（2）拟订调查提纲：调查提纲一般包括课题、地点、对象、时间、调查目的、调查准备工作、调查项目和内容、调查总结。

（3）开展调查：依据调查项目和内容展开调查研究工作，组织访问，开调查会或座谈会。参加地理调查的学生，以组为单位，依据调查提纲逐项进行，认真做好调查记录。

（4）整理材料：对调查所得的材料要及时加以整理。整理材料的过程中，对还没清楚的问题，进行补充调查。

（5）写调查报告：结合调查所得的材料，围绕课题，实事求是地写成调查报告。

案例8-2 植被调查

植被调查是从不同类型的植物群落入手，然后加以综合分析，以了解植物群落本身的特征以及与地理环境的关系。

植被调查一般有两种方法，即"样方法"和"样线法"，两种方法要结合进行。

样方法就是在进行植被调查时，选择一定的面积，即样方，作为被调查植物群落的代表。通过对样方内植物的调查，得出这一植物群落的特征。样线法是在线路调查的基础上，用一条测绳穿过所要调查的植物群落，记载测绳接触到的植物情况，以得出这一植物群落的特征。

植物调查实践活动中，要指导学生注意观察、记录好植物群落的种类组成、分层结构、多度和频度、盖度等，并让学生初步掌握采集、制作植物标本的基本方法、注意事项，采集、制作部分有代表性的植物标本。

案例8-3 乡村规划调查

聚落包括乡村和城市两种不同的形态，其形成和发展是人类社会经济、文化发展的结果。

乡村聚落是农业环境中的居民聚集地，它们大部分包括房屋、道路、设施和周围的土地，规模较小，功能简单，居民对土地的依赖程度高，流动性小。乡村聚落和自然环境的关系极为密切，气候、水源、土壤等环境因素无不影响乡村聚落的形成、分布和发展。河、湖、泉附近的向阳高地或台地，往往是乡村聚落的首选，土壤肥沃、地形平坦、灌溉条件良好的地区是乡村聚落密集的地区。

乡村规划调查主要包括以下几个方面：

第一，了解人口规模和住户数量。这是确定乡村规划的主要依据；

第二，调查住宅与公共建筑的基本形态、平均建筑面积；

第三，调查当地的自然环境、资源条件以及农业、手工业传统；

第四，了解居民点的整体布局情况、功能分区，现有乡村工业企业、手工作坊、公共设施、公益事业等的布点情况；

第五，进行当地乡村规划前后的用地情况对比、功能对比；

第六，了解分析当地预留的规划用地及进一步发展的方向。

四、教具制作类

地理直观教具是中学地理教学的重要手段之一。根据教材内容要求，组织学生自制地理教具，不仅可以增强动手、动脑的能力，使学生把课堂学到的知识应用到实际中去，而且能培养学生热爱劳动的思想品德和创造性思维能力。

（一）教具制作内容

在中学地理教学活动中，可组织学生制作的直观教具包括：地理图像类教具（包括教学挂图、图片、幻灯片、投影片等）、地理实物标本类（经过加工整理的植物、动物、矿物、岩石、土壤标本和各种自然、人文地理实物等）、地理模型类（主要有地形模型、地质构造模型、资源模型等）、地理仪器类（三球仪、地球仪、经纬网仪、地动仪、日照仪、风速风向仪、雨量器、蒸发器、区时计算器、测角器、日晷和天文望远镜等）。

（二）地理教具制作的原则

地理直观教具的设计制作，应以中学地理课程标准、教材为依据，以地理学、教育学、美学为指导，使之具有科学性、系统性、艺术性和可行性。

1. 科学性

所有自制的地理图像、地理实物标本、地理模型和地理仪器设备等，首先都必须具备鲜明的科学性，以使其充分反映地理事物的本质属性和客观规律性。这是自制地理直观教具的第一标准。值得注意的是，缺乏科学性的地理教具，容易在教学过程中给学生形成错误的概念，影响地理教学质量。

2. 系统性

排列有序，层次清楚，结构合理的自制地理教具，最能显示其自身内在的逻辑性。这种教具内涵丰富，透明度高，直观效果好，操作简便。教具演示，使教学内容深入浅出，对学生具有很强的吸引力。

3. 艺术性

造型美观、色泽明快的自制教具会给学生以美感和吸引力，进而使学生产生学习兴趣和求知欲。一件好的地理直观教具，应既有鲜明的科学性，又有一定的艺术性，达到科学性与艺术性的统一，使其成为名副其实的科学工艺品。

4. 可行性

地理直观教具的设计、制作，必须从本地、本校的经济、材料、工具和技术条件等实际情况出发，使所制订的教具研制方案具有一定的可行性。一般说来，自制教具应因陋就简，由简到繁，由单一到复合、从低级到高级，以普及型为主，从普及中求提高。自制地理直观教具应特别强调设计图纸，制订制作方案时，应难易适度，留有余地，并预见可能出现的问题，善于应变，务求实现制作方案预定的目标。

（三）教具制作要求

教具制作的内容和形式十分多样，教师可根据学校的自身条件，因地制宜地进行组织和安排。在指导学生制作教具时，对制作的设计思路和要求要有明确交代，并由教师和已有制作经验的高年级学生示范，要让学生自己设计和准备材料。对制作完成的仪器、模型和标本要进行检查验收，做出恰如其分的评价，肯定优点，指出缺点，以利于今后提高制作水平。教师在教学中还应尽量运用学生制作的教具，以激励和鼓舞学生的学习热情。

五、宣传展览类

宣传展览类的地理活动是为了配合宣讲国内经济建设、科学研究的新形势、国际国内的政治形势、有关纪念活动及与地理环境有关的法规、条例而举办的各种地理讲座、地理墙报及地理展览等。宣传展览活动是学生动手能力和综合运用地理知识能力的重要体现。地理宣传类活动，可以提高学生的学习兴趣，增进感性知识，理解和掌握地理理性知识，地理技能得到训练和提高，情感、态度价值观得到陶冶和提升。

（一）地理讲座

地理教师组织的地理专题讲座，是向全体教师和学生普及地理知识的良好载体。它涉及面广大，在规模上可以年级为单位，也可面向全校学生。地理专题讲座因为规模较大，开展频率视学校的具体情况而定，有条件的学校可每学期开展一次。

地理专题讲座的影响面广，因此在内容选择上要选择大多数学生感兴趣并希望了解的地理知识，例如选择与当时形势结合紧密的时事政治地理，如美国入侵伊拉克的原因、世界环境日纪念活动、解读印度洋海啸、汶川地震及其影响等；或选择一些国家重大建设工程，如三峡水利工程、南水北调、西气东送等，谈谈这些项目所具备的地理条件、工程建设规模及其意义等；也可选择在课本中内容比较简略，但与生产、生活密切相关，应用频率大的某些地理专题知识，如梅雨、寒潮、台风、地震、洪涝、干旱等自然灾害地理；还可以选择重要的地理科普知识，如火山、日食、月食、流星雨等；或者选择著名的地理事件、地理学家或著名的地理著作，如哥伦布发现新大陆、麦哲伦环球航行、郑和下西洋、徐霞客、竺可桢、《禹贡》与《山海经》等。

开展地理专题讲座前，要认真和同事商量，选择好讲座的专题，再收集资料，作好充分准备，讲座的内容要通俗易懂、生动有趣，每次时间以一小时左右为宜，不宜过长。

（二）地理墙报、地理板报与地理橱窗

地理墙报、地理板报与地理橱窗的题材广泛，利用它们可以及时地向全校师生员工宣传和普及地理知识，尤其是重大时事政治地理知识；也可结合地理课堂教学开辟专栏，扩大学生的知识面，如祖国地理新貌，重大工程项目的建设，以及各地风土人情和世界地理趣闻等。地理墙报、地理板报与地理橱窗表现形式多样，如地理图片、地理谜

语、地理短文等。组织编辑地理墙报，可培养学生独立工作的能力，增强学生对地理科学的爱好，使学生从中受到思想教育。

六、地理写作活动

地理写作活动就是地理教师指导学生撰写地理小论文，这是地理教师综合教学能力和素质的重要体现。

在地理写作活动中教师的指导工作大体上包括指导选择论题、指导搜集资料、指导写作和修改以及论文宣读与答辩等相互联系的几个方面。

（一）指导选择论题

教师在指导选择论题时应考虑与学生的生活实际和学习实际相结合的论题，或者与地理兴趣小组或读书小组等地理活动密切结合的论题，此外，还应考虑论题对学生的难易度，以及选择有利于教师指导的论题。

（二）指导搜集资料

教师指导学生查阅文献资料，了解别人做了哪些研究工作，有哪些还没做，存在哪些问题，并用卡片或笔记本做些必要的摘录。还可以指导学生做系统的观察记录或进行调查访问，并将获得的第一手资料分析整理成图、表或文字。对资料的选择要坚持真实、准确的原则。

（三）指导论文写作和修改

地理小论文同其他论文的结构一样，由绪论、本论和结论三个部分组成。绪论可概括选题的背景或作者的写作目的，也可以概括论文的内容，提出论文要解决的问题等。本论是小论文的主体。作者要在这一部分讨论和解决绪论中提出的问题，必须要做到论点鲜明，逻辑关系顺畅。论据有说服力，推理正确。结论是论文得出的研究结果，应科学、准确、有说服力。论文初稿完成后，还应进行几次修改加工，使之严密、逻辑性强。

（四）论文的宣读或发表

论文定稿后，可以进行讨论、答辩。高质量论文，可推荐给有关部门与地理科普报刊发表。

七、地理研究性学习

地理研究性学习活动，是指在地理教师的指导下，学生通过模拟地理科学的研究方式，提出地理问题，获取地理信息，应用地理知识和技能，分析地理问题的现象和成因，提出解决问题的方法和建议。新课改倡导自主学习、合作学习和探究学习，开展地理观测、地理考察、地理实验、地理调查和地理专题研究等实践活动。由此可见，开展地理研究性学习活动是时代发展的必然要求。

（一）地理研究性学习的功能

1. 促使地理教师学会科研方法，转变教学观念

开展地理课题研究活动，促进了地理教师对地理科研知识的学习。在指导学生进行选题、开题、研究、结题、交流、答辩等过程中，地理教师体验和熟悉了地理科学研究的一般流程。在研究过程中，通过指导学生围绕地理问题展开资料收集与分析、实验、观测、野外考察、社会调查、参观访问等活动，地理教师也就掌握了地理科学研究的一般方法。

地理研究性学习使地理教师接触了地理科学前沿知识以及相关科学知识，掌握了地理科学研究的方法，了解了21世纪的人才所必须具备的能力，对学生自主选择学习的要求和他们的创造精神有了感受，这些都会促使地理教师教学观念的转变，进而促使地理教师教学方法的革新。

2. 建立民主平等的师生关系

在地理研究性学习过程中，教师是考虑学生需要、指导学生开展研究的指导者和参与者。学生根据自己的兴趣和特长自己选择研究课题，自由组合课题组，自主设计研究方案、开展研究、得出结论。学生真正成为学习的主人，处在与教师平等的地位。教师与学生的"合作关系"，使教学相长，师生共同进步，促进了新型师生关系的建立。

3. 学生获得亲自参与地理科学研究的体验

地理研究性学习的过程，是情感活动的过程。地理研究性学习注重让学生自主参与类似于地理科学家研究的学习活动，让学生把地理知识综合运用到地理科学探究的实践中去，将理论与实际结合起来，亲历获取知识、运用知识、解决问题的过程，这有助于学生获得切身体验，逐步形成一种在日常学习与生活中喜爱质疑、乐于探究、努力求知的心理倾向，激发探索和创新的积极欲望。

4. 提高学生发现和解决地理问题的能力

地理研究性学习通常围绕一个需要解决的地理实际问题展开，要求学生在开放的环境中自主地发现和提出地理问题，设计解决问题的方案，通过多渠道采集相关信息，分析与处理信息，进行实验、观测、野外考察、社会调查、参观访问，得出结论，实现问题解决，并进行思想表述和成果交流活动。它十分注重培养学生在自主探究过程中激活已有的知识储存，学习并掌握一些研究的科学方法和技能，形成发现地理问题和解决地理问题的能力。

5. 培养学生收集、处理地理信息以及交往与合作能力

在科学技术飞速发展的社会，一个人即使终身学习所能获得的知识也是有限的，而知识却在不断地增加、更新。因此，要培养的人才应知道哪里有所需的知识，如何找到这些知识，如何分析和运用这些知识。在地理研究性学习过程中，学生学会了社会调查、上图书馆、档案馆采集资料；学会了上网查找资料等收集、传递信息的方法，学会了给资料分类、分析归纳等处理信息的方法。

地理研究性学习为学生提供了一个更有利于人际沟通与合作的良好空间。小组成员之间分工协作，开展平等的讨论和交流，以合作手段取得集体的成功，各成员的努力结果相互依存，成为整体的重要部分。此外，小组与小组之间、学生与教师之间、学生与家长之间、学生与社会人士之间也需要积极的交往与合作。这无疑对学生学会交流和分享研究的信息、创意及成果，培养乐于合作的团体精神，增强人际交往能力，是十分有利的。

6.培养学生科学精神，增强学生对社会的责任感和使命感

地理研究性学习中，会碰到各种问题和困难，学生只有认真、踏实地进行思考、调查研究及科学实验，才能够获得科学合理、切合实际的结论，科研活动才能有序地开展下去。因此，地理研究性学习能够养成学生严谨、求实的科学态度和不断追求的进取精神，形成尊重他人思想与成果的科学道德品质，并在此过程中锻炼他们不怕吃苦、勇于克服困难的意志品质。

当今世界人口问题、环境问题、资源问题等都严重影响着人类的可持续发展。学生通过开展地理研究性学习，通过对真实地理问题的研究探索，通过地理实验、地理观测、地理野外考察、地理社会调查、地理参观访问活动，加深对地理学与人类生存、与社会生活关系的认识，培养理论联系实际、实事求是的科学精神，增强对社会的责任心和使命感。

（二）地理研究性学习的实施

1.地理研究性学习的实施要求

（1）强调全体性。"关注每一位学生的发展"是地理新课程的核心理念之一，它倡导地理教师要相信每一位学生身上都蕴藏着巨大的发展潜力，是追求完善和进步的，是可以获得成功的。地理研究性学习注重过程而非结果，从理论上说，每一个智力正常的中学生都可以通过地理研究性学习提高自己的创造意识和能力。因此，地理研究性学习应强调学生的全员参与，要面向全体学生，要给予全体学生同样的关心和指导、同样的鼓舞和期望。

（2）突出自主性。自主性是地理研究性学习的基本要求。在实施过程中，研究课题要让学生根据自己的兴趣与特长确定，课题组要让学生根据自己的喜好与性格自由组合，指导教师要让学生根据自己的标准选择，研究方案要让学生在认真思考、多方论证的基础上确定，研究过程要让学生积极主动地探索，研究结论要让学生自主做出。总之，在整个过程中应让学生独立自主地开展活动，使之真正成为学习的主体。

（3）体现引导性。地理教师在地理研究性学习中要成为学生的帮助者、促进者。教师要针对不同学生的兴趣、潜能设计不同的地理研究课题，要积极为学生的课题研究创造优越的环境和条件，要帮助学生搜集和处理研究信息，要在研究方法和思路方面给学生以科学的指导，要引导学生对课题研究的结论进行科学分析。教师还有必要为学生进行符合学生思维方式、思维水平、学习逻辑的研究示范的引导。只有通过地理教师的积极引导，才能唤醒学生追求主体人格的期待，促进学生研究、创新能力的生成。

（4）坚持开放性。地理研究性学习应坚持全方位的开放。首先，研究内容应开放。其次，研究资源和研究环境应开放。地理研究性学习既可渗透在地理课堂教学，也可延伸到地理课外活动；既可在校内，也可拓展到家庭、社会。最后，研究形式也应开放。

2. 地理研究性学习的实施类型

根据地理研究性学习的内容与方法，其实施类型可以分为地理实验型、地理观测型、野外考察型、社会调查型、项目设计型、理论研讨型六类。

（1）地理实验型。例如，利用身边可以找到的材料（如透明塑料袋、塑料薄膜、玻璃瓶等）和温度计，做一次模拟大气温室效应的小实验。又如，做一个含有有机磷的洗衣粉对水体污染的实验，证明水体污染对农业生产的影响。

（2）地理观测型。例如，连续观测半个月以上的月相，记录并总结月相的变化规律，分析月相变化的原因。又如，利用"立竿见影法"测量并记录某地春分、夏至、秋分、冬至时正午太阳高度角的度数及变化规律，总结出正午太阳高度角的大小与昼夜长短变化及气温高低的关系。

（3）野外考察型。例如，组织一次野外地质考察活动，观察岩层及地质构造，采集岩石、矿物标本，寻找化石，讨论地质构造与地表形态的关系。又如，开展黄河某段的水文考察活动，观察该段黄河河水四季的水位、流量、流速及含沙量等水文特征。

（4）社会调查型。例如，在乡村集市上对赶集人进行调查，粗略估计集市的服务范围。又如，开展一次关于社区公共服务设施布局的问卷调查，撰写一份调查报告。

（5）项目设计型。例如，设计一条本地"一日游"的旅游路线。绘制社区主要的文化、教育、体育设施的分布草图，分析其布局是否合理。

（6）理论研讨型。例如，收集探索"地外文明"的资料，谈谈自己的看法。围绕"厄尔尼诺现象利与弊"的辩题，运用材料，开展辩论。又如，收集近年来我国某种自然灾害的资料，绘制其地理分布简图，解释其形成原因，并说出我国已采取的防灾、减灾措施。

3. 地理研究性学习的组织形式

研究性学习的组织形式主要有小组合作研究、个人独立研究、全班集体研究三种类型。

（1）小组合作研究。小组合作研究是主要的组织形式。课题组一般由3~5人组成，学生自己推选组长，聘请本校地理教师或校外地理专家为指导教师。研究过程中，课题组成员既有分工又有合作，各展所长，协助互补。

（2）个人独立研究。个人独立研究可以采用"开放式作业"的形式，先由教师向全班学生布置研究性学习任务，可以提出一个综合性的研究专题，也可以不确定范围，然后由每个学生自定具体题目，并各自相对独立地开展研究活动，完成专题的研究性学习作业。个人独立地对某一个地理问题进行探索研究，可最大限度地发挥学生主观能动性，全面、细致地体验地理研究的全过程，培养独立思考、独立完成任务的能力，但受个人知识、能力的限制，往往研究耗时长，进展慢，甚至顾此失彼。

（3）全班集体研究。全班同学需要围绕同一个研究主题，各自搜集资料、开展探究活动、取得结论或形成观点。再通过全班集体讨论或辩论，分享研究的信息、创意及初步研究成果，进行思维碰撞，由此推动同学们在各自原有基础上深化研究。之后，进入第二轮研讨，或就此完成各自的论文。

小组合作研究和全班集体研究，要以个人的独立思考和认真钻研为基础，要强调集体中每个人的积极参与，避免出现一个人忙、其他人闲，少数人做、多数人看的现象。采取个人独立研究的形式，则要引导学生经常主动地与他人交流探讨，学会信息和资源共享。

4.地理研究性学习的实施程序

地理研究性学习的实施程序如图8-1所示：

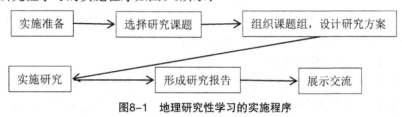

图8-1 地理研究性学习的实施程序

地理研究性学习选题、组织、实施是开展研究性学习的关键步骤。

案例8-4 "旅游区生态环境问题调查"研究性学习的实施

在学习"旅游与区域发展"的内容时，以"旅游区生态环境问题调查"为主题开展研究性学习参考程序。

1.指导选题。教师简要介绍旅游业的发展可能给旅游区生态环境带来的影响，说明保护旅游区生态环境的意义，激发学生研究旅游区生态环境问题的兴趣，引导学生确定研究课题。

2.组织课题组，制定研究计划。研究计划内容包括课题名称、研究小组负责人、指导教师、实施步骤、资料和设备等。

3.实验研究。教师可提供如下思路：

（1）观察记录游客乱扔废弃物的情况；走访园林管理处，获取每日到旅游区旅游的人数。

（2）调查旅游区内气体污染物的种类及来源，查阅有关书籍，了解污染物的成分及危害。

（3）利用调查数据与结果，分析归纳旅游区内主要的生态环境问题，查阅资料，分析其危害。

4.撰写调查报告，提出改进建议。撰写调查报告并接受其他小组的质疑，反思本小组的研究结果，是否需要进一步论证。

5.组织研究成果的交流研讨。各小组向全班展示本小组的调查报告，并最后形成一个基本反映全班调查结果的总报告，提交有关部门。

（1）实施准备。第一，教师要向学生介绍地理研究性学习的性质、目标、实施步骤、意义等，使学生有一个概括性认识，如地理研究性学习的目标为：提高学生发现和解决问题的能力，培养学生创新能力和创新精神，培养学生收集并进行分析利用信息的能力，提高学生的交往能力和合作能力；培养学生科学态度和科学道德。第二，结合实例向学生介绍一些常用的地理科学研究方法以及如何选题、撰写开题或结题报告等。应注意的是教师不仅要求学生掌握多样的研究方法，还要让他们学会选择最恰当的方法进行研究。第三，为学生选题提供相关主题的背景资料。

（2）选择研究课题。在地理教师的指导下，学生根据自己的兴趣、爱好、特长与家庭背景自由选择自己要研究的地理课题。课题可以先由教师拟定若干课题，供学生自选，也可以由学生通过查阅资料自己得出。地理研究性学习课题的选择除必须符合地理研究性学习的综合性、实践性、探究性、开放性、社会性、问题性等主要特点外，还需充分考虑到地理性、价值性、可行性、地域性等。

地理研究性学习课题选择可以从以下几个途径进行：

1）从地理教材中引申地理研究课题。地理教材是学生学习地理的主要工具。限于篇幅和内容深度，很多内容地理教材只是点到为止，如果地理教师善于挖掘、引申和拓展的话，很多内容都可以引申为地理小课题。

2）从学生的日常生活中发现地理研究课题。地理学是一门与社会、生活密切联系的科学，结合社会和生活实际，有许多小课题值得研究。如区域经济的发展、城镇的发展过程、区域商业网点的建设、风土人情与地域文化；旅游点线的选择、家乡旅游景点的开发；气候与房屋建筑、气候与饮食的关系、住房区位与环境质量分析；等等。

3）从乡土地理中挖掘地理研究课题。乡土地理中蕴含的地理研究性学习素材相当丰富。"从自然地理到人文地理，从很多平时视而不见的地理事物和现象中往往可以挖掘出极具价值的学习课题。乡土地理便于学生收集资料和进行实地考察，研究成果最容易被认可和采用。"

4）从中国和世界的热点问题中提炼地理研究课题。我国和世界的各种区域热点是人们关注的焦点，也频频出现在各种媒体报道中。学生对这些热点问题有强烈的好奇心，通过适当的引导，可以更加牢固地掌握知识并拓展知识的外延，从中提炼地理研究课题。如我国的中部崛起、西气东输、南水北调、三峡工程、青藏铁路建设、粤港澳跨海大桥建设、铁路大提速、"奔月"工程、沙尘暴等，世界范围的人口过快增长、粮食安全、新能源开发、全球变暖、地区冲突等均可作为课题。

（3）组织课题组，设计研究方案。"确定课题后，就要组织课题组，设计研究方案了。研究小组的组成应依据学生的兴趣和特长，同时要考虑男女生搭配、学生学习成绩差异以及学生社会活动能力强弱的合理组合。组长由大家推选确定。然后组员们一起合作设计研究方案。"研究方案包括课题名称、课题组成员、课题研究背景、目标、范围、内容、方法、步骤、课题组成员的分工、研究所需条件以及预期研究成果等。方案应具有灵活性，在研究过程中，会出现一些新的情况和问题，应随时修改补充。

（4）实施研究。此阶段大致的研究方式有观察、查阅资料、咨询、调查（包括抽样调查、跟踪调查、实地考察、问卷、访谈等）、实践等，然后综合整理获得的信息，得出可靠的结论。活动小组成员要根据分工，单独完成任务，或与他人合作完成任务，并及时交流汇总。这一阶段，有关地理老师要让各组推出代表向全班同学汇报其研究的进展情况和难以解决的问题，以便老师调控研究进度，促进学生间相互交流、学习和借鉴。

（5）形成研究报告。学生将自己的实践体验归纳整理、总结提炼，写成研究报告。根据研究课题的不同，报告可以是情况的反映，也可以是调查报告、学术论文等形式。其内容大致为：问题的提出，问题的分析、研究，问题的解决及取得的成果，尤其是重要的、创新的成果，等等。

（6）展示交流。主要是以班级活动或校级活动方式进行。各小组在有关地理老师的组织安排下，根据研究课题内容的不同，将研究的结果或成果采用文字、多媒体演示、报告会、辩论会、展板、墙报、刊物等形式，向全班或全校展示，大家分享其研究成果，提高课题研究的价值。

思考与实践题

1. 讨论地理研究性学习是如何转变学生的学习方式的。
2. 组织学生调查本地主要生态环境问题所产生的危害，以小组为单位讨论保护、治理措施。
3. 联系本地实际，组织学生讨论某一工业企业的布局特点，以及该工业企业的原料供应和市场联系，为改进不合理的布局提供建议。
4. 教师组织学生参加地理实践活动之前，要做好哪些主要工作？活动过程中，要注意哪些事项？
5. 如何指导学生撰写地理考察报告？

第九章　地理教学评价

第一节　新课改下的地理教学评价

地理教学评价是地理教学的重要组成，它贯穿于整个地理教学过程。新课程改革提出了全新的评价理念，倡导采用多元化的评价方法。

一、地理教学评价的含义

夏志芳研究认为，地理教学评价就是以地理教学目标为依据，收集信息，科学地对地理教师教地理的理念、策略、方法与学生学地理的认知、技能、情感、态度与价值观变化进行判断的过程[1]。陈澄界定地理教学评价是通过一定的方法或手段，系统地搜集、分析、整理信息资料，根据地理课程目标，对地理教学的要素、过程与结果进行价值判断，为调控教学提供依据的过程[2]。段玉山认为，地理教学评价是根据一定的地理教育目标，运用科学的方法和手段收集、分析信息资料，对地理教学活动中的对象、过程以及结果进行价值判断，为学生全面发展和教育决策服务的过程[3]。李家清认为，地理教学评价是根据一定的地理课程目标和地理教师工作职责，运用多种科学可行的方法系统地搜集、分析、整理资料，对地理教学活动中的要素、过程以及结果进行价值判断，从而为学生全面发展、地理教师专业发展和地理教育改革发展，提供服务和决策的过程。地理教学评价是涉及学生和地理教师两个方面的价值判断过程[4]。

综上所述，笔者认为，地理教学评价是依据一定的地理课程目标，系统收集、处理相关信息，对地理教学活动中的要素、过程以及结果进行价值判断，为促进学生全面发展、优化地理教育提供决策服务的过程。

---

[1] 夏志芳.地理课程与教学论[M].杭州：浙江教育出版社,2003.
[2] 陈澄.新编地理教学论[M].上海：华东师范大学出版社,2006.
[3] 段玉山.地理新课程测量评价[M].北京：高等教育出版社,2003.
[4] 李家清.新理念地理教学论[M].2版.北京：北京大学出版社,2013.

二、地理新课程教学评价的取向和功能

（一）传统地理教学评价的弊端

1. 评价重心偏离，强调学习成绩

传统的地理教学评价以终结性评价为主，过于强调以地理知识考查为主的学业成绩，过于强调对地理学习结果的评价，而对学生参与地理学习过程的积极性、主动性、创造性等的评价不够，更看不到学生成长过程变化，对学生终身发展关注不足，属于回顾式静态评价。强调评价的共性导向和选拔功能，忽视促进师生个性发展的功能。

2. 评价内容片面化，忽视全面发展

传统的地理教学评价过分重视地理学习中的知识与技能因素，忽视了学习中的能力、过程与方法、情感态度与价值观等因素；重视地理书本知识，忽视了学生的生活体验和经历以及个性发展。

3. 评价主体单一，忽视多元参与

传统的地理教学评价是一种单纯的校内活动，只有地理教师对学生的评价以及学校管理者的管理性评价，评价主体单一。学生成为评价中被动的一方，忽视了学生的主体地位，缺少学生自我评价和相互评价，家长也没有参与到评价的过程中来。

4. 评价方法单调，轻视定性评价

传统的地理教学评价过分强调量化的笔试考试成绩，忽视了其他有效的评价方法和类型，如观察法、谈话法、问卷法、档案袋评价、质性评价、形成性评价、诊断性评价、个体差异性评价等。许多学校只采用考试的方式评价学生地理学习，学生在学习过程中的参与活动、实验、讨论、交流和协作等表现未作为评价依据。

（二）地理新课程教学评价的新理念和取向

1. 地理新课程教学评价的基本要求

鉴于传统地理教学评价的不足之处，新的地理课程标准明确要求：地理教学的评价既要关注学习结果，也要关注学习过程，以及情感、态度、行为的变化。重视反映学生发展情况的过程性评价，实现评价目标多元化、评价手段多样化、形成性评价和终结性评价并举、定性评价和定量评价相结合，反思性评价与鼓励性评价相结合，创设一种"发现闪光点""鼓励自信心"的激励性评价机制。

2. 地理新课程教学评价的取向

现代教学评价论认为教学评价是评价者与被评价者、地理教师与学生共同建构意义的过程。在评价情境中，地理教师和学生都是平等的评价主体，评价过程是一种民主参与、协商和交往的过程。因此，新的地理教学评价就具有价值多元、尊重差异的基本特征。

（1）评价目标多元化。地理新课程追求多元化的评价目标。第一，强化评价的诊断和发展功能，诊断学生的学习质量，引导学生的学习方向，学习对生活有用的地理，促进全面发展；第二，着眼评价的激励功能，强调把评价当做被评价者个人自我展示的

平台，让学生保持健康向上的心态，为学生创造良好的心理环境，使学生从评价中得到成功的体验，从而激发学生的学习动力，促进学生潜能、个性、创造性的发挥，对学生终身发展有用；第三，检验地理教师的教学效果，调节地理教师的教学。

（2）评价过程动态化。地理新课程评价不仅关注地理学习结果，更关注学生成长发展的过程，注重对学生在地理学习过程中的参与状态、学习方式、思维方式，以及学生在学习过程中表现自我学习的主动性、创造性等进行评价，将终结性评价和形成性评价有机地结合起来。强调给予学生多次评价机会，其目的在于促进学生的可持续发展，让学生终身受益。鼓励教师将评价贯穿于日常的地理教学教育行为中，对学生随时进行评价，使评价实施日常化。

（3）评价内容全面化。地理新课程注重学生全面发展，不仅关注学业成绩，而且关注学生创新和协作精神、实践能力、心理素质、情感体验等方面的发展。尊重个体差异，注重对学生个性的认可，发掘学生多方面潜能，帮助学生拥有自信。不仅考察认知层面，同时关注行为层面，而且对学生在地理学习过程中表现出来的地理审美情趣和鉴赏力、科学精神和态度、对环境和社会的责任等进行关注，力求评价内容全面化。

（4）评价主体多元化。地理新课程评价倡导评价主体间的平等、沟通和协商，关注评价结果的认同问题，提倡改变由地理教师单一评价学生的状况，鼓励学生本人、同学、家长等参与到评价中，加强学生自评与互评，使评价成为地理教师、学生和家长共同积极参与的交互活动，校内外评价结合，实现评价主体的多元化。

（5）评价方式多样化。地理新课程强调评价要选用多样化的方式对学生进行考查、评价。除了书面考试、口头表达、读图分析等常见的评价形式，还要注意通过观察学生在讨论、观察、探究等活动中的表现来评价学生的学习。同时，还要根据实际情况采用访谈法、问卷法、作业法、档案袋评价等评价方式。强调将考试与其他方式结合起来，实现诊断性评价、形成性评价与终结性评价相结合，相对评价与绝对评价相结合，定性评价与定量评价相结合，反思性评价与激励性评价相结合。

（三）地理教学评价的功能

1.诊断功能

地理教学评价是地理教学过程的有机组成部分，可对教学系统及运作过程作出诊断，其诊断功能目的在于补救和改善。正确的教学评价，可以准确及时地为地理教师和学生提供反馈信息，发现地理教学过程中的问题和不足及其形成原因，师生协作，提出有针对性的改进措施。如：可以使学生对自己的学习成效有所了解，从而判断其学习方法是否正确，学习目标是否切合实际，自己还应再做哪些努力。

2.导向功能

地理教学评价对地理教学具有导向功能，有指挥棒的作用，通过地理教学评价可以引导地理教师树立正确的教学观，促使地理教师参与地理教学改革，促进地理教师提升地理教学水平。地理教学评价对学生的地理学习方向也有导向功能，引导学生学会学习，全面发展。

3. 调控功能

调控功能是地理教学评价价值的重要体现。通过地理教学评价可以调控学生的学习，促进学生改进地理学习方法，端正学习态度，确立进步目标，最终达到预期的学习目的；也可以帮助地理教师适时地调整教学进度，改进教学方法，革新教学手段，从而提升地理教学水平和素养，提高地理教学质量。

4. 激励功能

地理教学评价通过对地理教师教育工作和学生学习过程表现的评判，师生的成就动机，对教学产生有力的推动，促进教师提高教学水平，激励学生改进学习方法，鼓励学生全面发展。地理新课程教学评价不仅关注学生地理基础知识与技能的认知发展的水平，更关注学生创新意识和实践能力等方面的进步和变化，以及学生的地理审美情趣和鉴赏力、求真求实的科学精神和态度、对环境和社会的情感、态度和价值观等。全面化的评价内容和方法可以鼓励学生的全面发展。

（四）地理教学评价的类型

1. 按评价功能分类

（1）诊断性评价。诊断性评价是为了使地理课程教学内容适应学生的需要以实现因材施教，对学生所具有的认知、技能和情感等方面进行的评价。诊断性评价可以在教学开始前进行，也可以在教学过程中进行。新的课程教学开始前进行的诊断性评价，可以对学生的地理知识基础、地理学习能力和学习习惯进行辨认、识别和分置，以便教师实施差异化的教学方法；学习单元开始之前进行的诊断性评价，可以发现学生对哪些知识点的学习困难较多，还可以发现哪些学生学习有困难，然后寻找教学上的原因，因材施教。诊断性评价可以通过测验、观察和访谈等方法来进行。

（2）形成性评价。形成性评价是指在教学过程中进行的评价，其目的是用来监控整个教学过程，向地理教师和学生不断反馈教学是否有效和成功的信息，以便帮助地理教师和学生及时发现问题，采取改进措施（如调整教学内容的呈现方式、呈现顺序以及改换教学方法等），进行补救性教学，最终确保教学活动达到预定目标。形成性评价衡量学生是否达到了教学目标的要求，可以强化学生的学习，帮助师生改进教学过程。通常是以形成性测验的形式出现，此外，形成性评价还可以采用观察、提问、作业等方法。

（3）终结性评价。终结性评价是指为了对已经实施的地理教学过程的效果进行全面鉴定，而在结束时进行的评价。它的主要目的是评定学生成绩，为学生具有某种能力或资格作证明，或者为甄别和选拔服务。终结性评价有三个基本特点：在目标上，终结性评价着眼于对整个地理教学阶段或某个重要部分所取得的成果进行全面的评定；在内容上，终结性评价着眼于学生对地理课程整个内容的掌握，覆盖范围较大；在概括性上，水平较高，与形成性评价相比，终结性评价的重点不是过细的地理知识或技能，而是具有广泛迁移效果和学生必须掌握的地理知识或技能，以及思考与应用等多种因素的综合体。

诊断性评价、形成性评价和终结性评价组成如图9-1所示评价链。

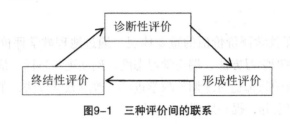

图9-1 三种评价间的联系

2.按评价标准分类

（1）相对评价。相对评价是将个体的成绩与同一团体的平均成绩或标准样本组成绩相比较，从而确定被评个体成绩的水平或程度，叫相对评价。相对评价的评价标准在被评价的团体之内，是在对测量结果做出统计处理之后确定的。这种评价重视区分个体在团体中的相对等级和位置，主要用于甄别和选拔，个体可以了解自己在团体的优劣状况，激发参与竞争的意识。

（2）绝对评价。绝对评价的评价标准是在被评价的团体之外预先制定的，通过与评价标准相比较，从而确定被评价对象达到目标的程度，称为绝对评价，也叫目标参照性评价。这种评价鼓励学生追求教学目标，主要适合于合格性和达标性活动。绝对评价的特点是评价标准为由目标所决定的绝对标准，并且是在评价之前就已经确定的，不受评价对象群体状况的影响。进行教学评价时，被评者只与标准相比较，不进行相互比较，有利于了解自己的知识、技能和能力与客观标准的具体差距，激发上进心。它与相对评价的不同之处就在于，评价结果只与被评者本身的水平有关，而与他所处团体的水平无关。

（3）个体内差异评价。个体内差异评价是指将被评对象实际水平与自身潜在水平相比较，以评价被评对象是否充分发挥自身潜力。个体内差异评价一种是以学生以往的学习表现为参照来评价学生现在的学习表现，即纵向评价。此外，这种评价还可以对被评对象的各个侧面进行比较，即横向比较。

个体内差异评价是随着强调个别指导的教学思想发展起来的，它从被评价对象的实际出发，判断、鉴定其发展状况和进步状况，并较充分地照顾到个性的差异，不会给学生造成很大的压力，使学生及时地了解自己学习的发展情况。通过对个体的各侧面比较可使学生了解自己的优劣方面，以便自我调节，发展学生的自我意识。因此，个体内差异评价体现了尊重个性、因材施教的教学原则。个体内差异评价可以作为改变学生学习困难的有效措施。

三种评价各有自己适用范围和优缺点（见表9-1），可酌情选择。

表9-1 相对评价、绝对评价、个体内差异评价的比较

	相对评价	绝对评价	个体内差异评价
评价目标	评价个体在团体中的位置	衡量个体达到评价目标的程度	评价个体是否充分发挥了自己的潜力
适用范围	特定的团体中	合格性和达标性的评价	个体的纵向和横向评价

续 表

	相对评价	绝对评价	个体内差异评价
优点	无论被评团体状况如何，都可确定标准进行	可使被评者了解自己知识、能力、学习方法的实际水平，明确自己与客观标准的差距	使被评者了解自己学习发展状况，找出不足
局限性	容易降低客观标准，而且评价结果并不代表被评者的实际水平	客观标准制定比较困难；容易忽视被评者的个性特点	容易使被评者忽视客观标准，忽视别人的发展变化

第二节 地理学习评价

地理学习评价是地理教学评价的核心，具有诊断、激励、导向与调控等多种功能，是促进学生全面发展的重要工具。为充分发挥其功能，地理教师在评价过程中应注意评价主体多元化、评价内容全面化、评价方法与手段多样化。

一、地理学习评价的内容

新的课程标准规定了新地理课程的地理知识与技能、学习过程与方法、情感态度与价值观三维目标。因此，对学生进行地理知识理解与应用的评价、地理技能形成与运用的评价、地理学习过程与地理科学方法的掌握程度及应用质量的评价、情感态度与价值观形成的评价就构成了地理学习评价的基本内容。

（一）地理知识的学习评价

对学生地理知识与技能的学习评价应处于领先位置。因为地理知识是对学生地理能力培养和地理情感态度与价值观形成的基础。对学生地理知识理解和应用的评价，既要看学生对地理概念、原理、规律的理解和表述状况，又要看学生在解决实际问题中运用已学知识的能力，还要考查学生能否迁移所储备的已学知识，能否将相关知识活用到具体情境之中。视情况给予必要、及时、适当的鼓励性评价。

（二）地理技能的学习评价

地理技能是学生学习地理过程中的行为方式，主要包括地图技能、实验技能、观测技能、考察技能等。学生地理技能的形成与运用的评价，应主要考查学生对各种地理技能的功能、方法和操作要领的掌握程度，选择应用地理技能的合理程度及其表现出来的实际价值。地理教师要关注学生在学习活动的表现与反应，及时给予适当的指导性评价。

如评价学生的地理实验技能，应从实验设计与实验操作技能两个方面进行评价。评价学生实验设计水平，应考查学生能否利用身边的材料设计实验方案、能否根据实验的目的确定实验方法和选择实验器材。评价学生实验操作技能，应了解学生能否按步骤做实验，能否认真记录和搜集实验信息等。

（三）地理过程与方法的学习评价

学生学习地理的过程与方法，也是学生获取地理信息的策略。过程与方法的评价，既要评价学生地理实验、观测、观察、调查与制作过程，搜集、整理地理信息的过程，又要评价学生获取地理信息、提出地理问题、分析地理问题、解决地理问题，以及协作、表达交流等方面的情况。

1.发现地理问题能力的评价

评价学生提出地理问题的能力，主要评价：①问题意识，是否善于发现问题，是否领会发现问题的途径与方法；②是否能有效地利用已知信息提出问题，是否经常提出问题；③是否善于提出问题，所提出问题是否合理、是否完整、是否新颖，广度与深度如何等。

对学生提出问题能力进行评价，常用评价方式：观察学生提出问题的频次、主动程度；观察学生寻求必要信息和条件的主动性，利用已有信息和条件的程度；采用评语方式对学生所提出的问题质量的评价，评语以鼓励为主；鼓励学生间的相互评价。

2.地理信息加工能力的评价

学生搜集、处理、呈现以及分析地理信息资料能力的评价方法有观察法和作业法等。如能否通过阅读地图、图表等，以及通过实地观测与调查等方式收集信息、获得资料；能否将地理信息资料恰当归类和将地理信息资料绘制成地理图表和简单的地图；能否通过分析地理信息资料得出结论并进行检验。评价要重过程、重应用、重体验。

3.解决地理问题能力的评价

评价学生能否根据已有的知识经验，或者搜集的二手资料，将已有的地理知识与问题相联系，提出对问题解答的猜测和假设；能否运用地理知识、方法和技能解释现实生活和不同尺度地理区域内的一些地理现象；能否借助地图、图表、模型以及实地调查的资料探究地理问题和作出表达、评价与决策；能从不同的角度去思考问题；是否有反思自己思考过程的意识；能否与他人合作解决某些实际地理问题。

4.地理表达与交流能力的评价

评价学生能否条理清晰、完整地表达自己思考问题的过程；能否将证据与地理知识关联，得出基本符合证据的解释；能否用语言、文字、地图、图表等方式表达学习成果。

5.掌握地理基本方法的评价

对地理科学方法掌握的评价重应用、重体验。应重点了解学生对地理观察、地理观测方法、地理实验方法、地图阅读与分析方法、区域分析与综合、地理比较等常用地理方法的领悟、掌握状况和运用水平。其评价标准：一是评价学生是否了解地理方法运用的步骤、要领；二是评价学生能否灵活运用正确的地理方法分析和解决问题。

（四）地理情感态度与价值观的评价

评价应关注学生以下几个方面：

（1）对地理学科的认识。评价学生是否具有浓厚的地理学习动机与学习兴趣，是否对地理事物和现象具有好奇心，学生能否体会地理学与现实生活的密切联系和地理学的运用价值。

（2）科学精神与态度。评价学生是否积极主动地与同伴配合参与探究活动，是否在探究过程中有发现问题的意识并大胆质疑；在观察、调查、实验和报告撰写中是否精确、严谨；是否善于提出自己的意见，乐于听取同伴的建议，修正、发展自己的观点；是否具有求实创新的科学精神。

（3）对自然地理环境与社会的态度和责任感。学生是否形成初步的人地协调、因地制宜等地理观点；是否关心家乡的环境与发展，关心我国的基本地理国情；是否初步形成了可持续发展、资源、环境与环境友好的行为规范。

观察是评价学生情感、态度和价值观的重要方式。要注意观察学生在日常行为和学习活动中的表现，收集评价信息，为进行有针对性的评价提供依据。

二、地理学习评价的主体

新课程地理学习评价提倡多主体共同参与。多主体评价能从不同的角度为学生提供有关自己地理学习、发展状况的信息，帮助学生更全面地认识自我。在地理学习评价中，地理教师仍是最重要的评价主体。因此，新课程评价在发挥地理教师主体作用的前提下，还应发挥学生自评、学生互评和家长评价的作用。

（一）学生自评

吸收学生参与评价是新课程地理学习评价的重要特点之一。学习评价只有内化为学生自己的认识，才能起到指导学生地理学习的作用。此外，学生的自评也是一个自我反思、自我激励、自我调整的过程，对学生的地理学习具有积极的导向作用，也是培养学生自学能力的重要因素。自评时，地理教师首先要让学生明白地理学习评价的目的是考查和检验。评价既是对学生地理学习的考查与检验，也是对地理教师地理教学的考查与检验，其最终目的是为了发现地理学习中的困难和不足，帮助师生在今后的教学过程中采取有效措施，提高教与学的效率；其次，地理教师要培养学生自我评价意识，给学生提供评价标准，让学生对照标准进行评价，还要帮助学生保存自我评价的资料。

（二）学生互评

地理新课程标准倡导学生之间的互评。学生互评作为同级评价，关注点与地理教师这种自上而下的评价是不同的。新课改提倡合作学习，地理学习中诸多任务都是以小组合作形式完成的，任务能否圆满完成、完成质量的高低，在许多时候都依赖于小组内部成员之间的协作。随着交往，学生之间更加熟悉和了解，特别是对情感、态度、价值观等情感领域目标的评价，通过亲身体验得到的评价信息，要比地理教师依靠观察得到的信息更具有客观性和可靠性。学生之间的互评，既是相互评定的过程，也是同学之间相互学习的过程，有利于了解他人的优点和长处，以便更好地学习别人，改进自己。

（三）家长评价

除地理教师外，家长对学生的学习和成长也起着重要的引导和督促作用，家长比较全面了解自己孩子的各种状况，尤其是在家中的学习和表现等，所以，让家长加入学习评价中来也是非常有意义的。

三、地理学习评价的方法

由于地理新课程目标要实现知识与技能、过程与方法、情感态度与价值观三维目标，但学生的学习心理、学习方式特点不同，各种评价方式的适应范围不同，因此，地理新课程要求地理学习评价要注重评价方式的多样化和针对性。主要方法有观察法、测验法、访谈法、问卷法、作业法、档案袋评价等。

（一）观察法

观察法是评价者根据对学生在地理学习中的行为表现等的观察记录，结合评价标准进行事实判断的方法。常用的观察法有：自然观察、抽样观察（包括时间抽样观察与事件抽样观察）和追踪观察。观察法的优点在于方便易行，可以直接获得有价值的第一手资料，应用范围较广，尤其适用于对学生的地理学习态度、兴趣、方法、习惯、情感、协作精神等方面的评价。

运用观察法应注意如下要求：①做好观察前的准备工作。包括制订观察计划和提纲，明确观察的内容，选择恰当的观察方式和具体方法等。②确定观察的目的和项目。③要及时、客观、真实、全面、具体地做好观察记录。④观察要在自然的状态下进行，不干扰观察对象，防止观察对象有意迎合评价者的需要，使评价信息失真。

（二）访谈法

访谈法是指评价者通过对学生的口头询问和直接交流获取评价材料，评价学生地理学习状态的方法。主要有个别访谈与集体访谈、定向访谈和非定向访谈等形式。这种方法可以使评价者更为直接地接近学生，而且可以根据评价的需要，控制谈话场面，在较短时间内获得大量比较真实详细的评价信息，灵活性强。谈话法适用于对学生的学习态度、兴趣、习惯、价值观等个性评价资料的收集。

运用访谈法应注意：①要有明确的谈话计划，做好访谈准备。基本内容包括：拟定谈话的问题，准备谈话的措词，确定谈话的方式等。②自然地按预定计划进行，不随意更改谈话计划。③要取得学生的信任和合作，注意交谈艺术，建立融洽的谈话气氛。④做好记录。

（三）问卷法

问卷法是采用专家或地理教师设计的调查问卷进行评价的方法，问题分为封闭式和开放式两种。问卷法是从访谈法发展而来，是一种书面形式的访谈法。与口头谈话比较，问卷法能够同时对许多人进行调查，具有省时、省力、省费用的优点。

编制问卷是运用问卷法的关键。问卷中的问题要遵循下列要求：①问题的表述要适合被调查对象，易于被调查对象理解。②表述问题要避免容易引起强烈情绪的言词，也不要给以暗示。③防止被调查对象对问题作模棱两可的回答或理解。④在问题的编排上应先易后难。

（四）作业法

作业主要是指学生的日常作业，可分为两类：一类是随堂书面作业。如地理课后练习、地理填充图册等，它们可以真实地反映学生的地理学习进展情况。另一类是课外活动类作业。如地理观测记录、地理实验报告、地理调查报告等。课外活动类作业的质量不仅可判断学生地理基础知识和基本技能的掌握状况，而且可判断学生对地理观察、地理比较、地理实验等常用方法的运用水平。

运用作业法应注意：①做好作业设计，多设计分析型、游戏型、探究型和开放型作业；②注意批改作业的时效性、思考性和针对性。

（五）档案袋评价

档案袋评价，又称成长记录袋评价。它是指地理教师和学生有意识地将各种有关学生表现的材料收集起来，进行合理地分析与解释，以反映学生在学习与发展过程中努力、进步的状况和成就的质性评价方式。"档案袋"记录了学生在某一时期一系列的成长"故事"，是评价学生进步过程、努力程度、反省能力及其最终发展水平的理想方式。整个完成过程一般由学生和教师共同完成。"档案袋"根据功能的差异分为过程型（课堂主题、作业情况、测验与考试）、展示型（证书、制作作品等代表性成果）、评估型三种类型。

"地理档案袋"的设计分为以下几个步骤：第一步，明确目的与用途（展示学生最好的作品，反映学生的进步，总结性的评价工具）。第二步，确定评价主体、评价对象及评价内容。档案袋评价要注重学生参与，学生与教师都是最重要的评价主体，学生可以多种形式表现自己能力和水平。第三步，确定要收集的东西。

应用档案袋评价要注意以下两点：①作为"档案袋"的主人，"档案袋"内容的收集、编排和保存等工作主要应由学生自己来完成，而教师则可以作为学生的指导者，帮助学生收集相关的资料，并监控整个过程。②"档案袋"鼓励的是学生的自省和反思，教师主要负责定期主持召开"档案袋"的反思、交流与评分会议，发动学生自评、互评，充分发展学生的自省意识和能力，必要时还可引入家长的参与。

"档案袋"收集的材料是多种多样的，可以反映出学生在学习地理过程中的成果、收获和进步，可以成为其成长过程中的一份宝贵的财富。学生"地理档案袋"主要内容如图9-2所示。

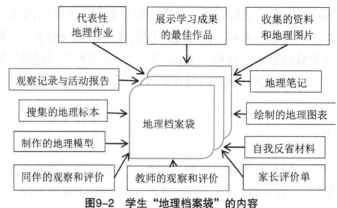

图9-2 学生"地理档案袋"的内容

（六）书面测验法

地理学习测量的方式有多种，但书面测验是其中一项最主要、最普遍的测量方式。书面测验的过程就是组织编制试题，然后将评价标准与被考的答案相比较，给出评价的过程。书面测验的质量首先取决于试卷设计的优劣。地理试卷设计主要包括试卷设计基本程序、试题设计基本技术、常见试题类型设计、试卷分析技术四个方面内容。

1. 地理试卷设计的基本程序

（1）确定测验目的。确定测验目的是试卷设计者实施测验所要达到的具体目的，它明确规定测验的对象、内容、使用材料以及要达到的预期效果，是决定测验性质的前提条件。不同性质的测验，其命题要求和方式不同，主要表现在试题的覆盖面、难度分布、难易梯度、以及对测验结果的解释等方面。如期末进行的测验，目的往往是对学生所学课程进行总的评价，确定是否达到预期教学要求。

（2）确定测验目标。测验目标是测验的出发点和依据，是试卷设计的基础。测验是为教学服务的，测验目标由教学目标决定，必须同教学目标相一致。以往的地理学习测验常把测验重点放在对学生知识记忆水平的考查上，忽视对学生地理能力的考查。新课程着眼于学生全面发展和终身发展的指导思想，测验命题必须从知识立意向能力立意转变，相应的，试题设计则要增加应用型和能力型题目。为使测验设计科学化，必须对测验目标做深入的地理学习心理分析。

（3）明确内容。受测试时间和试题容量的限制，地理测验不可能覆盖所有的学习内容，测验内容只是学习内容的取样，良好的测验必须能使测验试题的取样对学习内容和学习目标有较高的代表性，通过命题双向细目表可以较好地实现这样的要求。把每一项测验内容的分数比重逐一分配到若干必要的测验目标层次上去，形成网格状的分数分配方案。即为命题双向细目表，也称命题计划表。

根据课程标准和学科知识结构、技能结构和能力结构、学时分配以及试卷的题型结构、难度结构等要素组合成命题双向细目表。如，反映测验内容与测验目标关系的双向细目表，反映测验内容与测验目标、题型之间关系的双向细目表等。双向细目表一定程度上是"知识立意"的产物，在强调命题"能力立意"的今天，双向细目表有向三维或更高维的多向细目表发展的趋势，见表9-2。

表9-2 高中地理"地球上的大气"一章双向细目表

内容	目标分数			
	识记	理解	应用	合计（总分）
冷热不均引起大气运动	5	14	6	25
气压带和风带	8	11	10	29
常见天气系统	5	10	9	24
全球气候变化	5	10	7	22
合计	23	45	32	100

（4）设计试题。设计试题主要包括以下几个方面。①选择题型。常见的地理试题类型有客观型试题和主观型试题两大类。客观型试题的主要形式有选择题、是非题、配对题等；主观型试题主要形式有简答题、论述题、材料分析题、实践应用题等。两类题型各有所长，在选择题型时，将二者相结合是命题的一个基本原则。②草拟试题。将所考核的内容，按已确定的考核目标要求，编制具体题目。基本要求是试题的文字叙述简明扼要、通俗易懂、完整清晰。③测验试卷的编辑。对所选用的试题进行综合审核后，确定题量，对其进行合理编排。审核的标准是，首先对照双向细目表，审查所编试题是否与课程标准或考核目标相符；其次，依据考试的时间要求，确定题量，对试题做进一步调整；最后，对已确定下来的试题，从科学性、准确性和试题的难度、区分度等方面做最后审定和修改。编排试题的总原则是先按试题的形式及内容分类，再根据试题难度，从易到难排列。各试题之间应保持独立，不隐含有关的暗示和解题线索；全卷应层次性与多样性相结合。注意试卷的排版规范。④确定评分标准。科学合理的评分标准是实现测验科学化、标准化的重要环节。评分标准一般要求做到客观、合理、严格、细致，易于被评卷老师掌握。

2.地理试题的编制技术

（1）客观性试题的编制技术。地理测验中常见的客观性传统试题有选择题、是非题、配对题、填空题等。以下说明各类试题的编制要求。

1）选择题的编制要领。①注意选择最适合用选择题来测试的内容作为素材。②题干的表述力求准确、精炼，以明确的问题形式呈现。③题干中内容简洁，选项中相同的内容应尽可能置于题干之中。④干扰项（诱惑项）都应似是而非，干扰项不能太明显，否则形同虚设。⑤答案避免使用"可能""一般""往往"等具有提示性的词语，避免使用"以上皆是"或"以上皆不是"作为备选答案。⑥正确答案随机分布。

案例9-1　2017年全国高考地理选择题

德国海德堡某印刷机公司创始人及其合作者设计了轮转式印刷机，开创了现代印刷业的先河。至1930年，海德堡已成立了6家大的印刷机公司。同时，造纸、油墨和制版企业也先后在海德堡集聚。产业集聚、挑剔的国内客户以及人力成本高等因素的综合作用，不断刺激海德堡印刷机技术革新。据此完成1~2题。

1.造纸、油墨和制版企业在海德堡集聚，可以节省（　　）。
A.市场营销成本　　B.原料成本　　C.劳动力成本　　D.设备成本
【解析】A。造纸、油墨和制版企业等相关产业在海德堡集聚是为了利用海德堡的区位优势。而没有材料表明海德堡的原料和设备成本较低，材料里提到海德堡人力成本高，均为干扰项，故排除B、C、D。大量相关产业集聚的重要目的之一是利用共同的市场。

2.海德堡印刷机在国际市场长期保持竞争优势，主要依赖于（　　）。
A.产量大　　B.价格低　　C.款式新　　D.质量优
【解析】D。题目中有"不断刺激海德堡印刷机技术革新"的信息，说明海德堡印刷机生产技术不断革新，功能优，这等于说其产品品质高、质量好，故选D。C选项是一个干扰项，"款式新"只代表产品的外观新颖，不能代表产品的功能和质量好，故排除。

2）填空题的编制技术。填空题多用于测试以记忆性知识为主的内容。填空题的编制要领如下。①题意明确，空白处与上下文有机联系，限定严密，答案唯一。②填空内容应为关键性词语。③避免照抄原文，应重组文字。④一题中空白数量不宜太多，空白长度大体一致，避免长短有别，以免对考生起提示作用。⑤空白尽量放在句中或句后，不要放在句首。

案例9-2　初中地理填空题

1.香港与祖国内地的主要联系铁路干线是（　　）。
答案为京九线。
2.世界上最大的黄土堆积区为（　　）。
答案为黄土高原。
3.企鹅主要分布在（　　），这里气候严寒，（　　）很少，极度干燥。
答案分别为南极洲和年降水量。

（2）主观性试题的编制技术。主观性试题的特征是在题目限制的范围内，考生可以在深度、广度、组织方式等方面自由应答。这类题目一般包括材料情境中的开放性问题、综合测试中的论述题、活动课程中活动设计等操作题型。主观性试题编制要领如下。①突出学科重点内容，全面考核学生地理学习水平。②创设问题情境，避免照搬教材，问题与情境结合，强调应用。③选用恰当的行为动词陈述试题内容，避免使用"是什么""在哪里""有哪些"等词语编制问题。④语言表述清晰、明确，避免产生歧义。

案例9-3 2020年全国高考地理主观题

43.【地理选修3：旅游地理】（10分）

景泰蓝制作是北京市地方传统技艺，已入选国家非物质文化遗产名录。近年来，北京市某企业依托其景泰蓝艺术博物馆、景泰蓝制作技艺互动体验中心以及工厂店，在夏秋季节每周五、周六17时至22时，举办"景泰蓝文化体验之夜"活动，吸引众多的市民与游客前来观光和互动。

简述举办"景泰蓝文化体验之夜"活动的旅游价值。

考查学生的地理知识视野和运用能力。如旅游活动时间、旅游业收入、旅游产业的带动作用。

（3）客观与主观兼容——材料情境题的编制技术。地理材料情境题是包含选择、填空、简答、论述、读图和绘图等多种题型和功能的复合式题型。背景材料可由文字提供，也可由地理图像构成。这类题型题目设计灵活，角度多变，源于教材，题在书外，理在书中。多以当前社会生活中的重点和热点问题作背景，题目立意注重对"对生活有用""对终身发展有用"的地理知识与技能、能力与方法的考查。地理材料情境题编制要领如下：①整个试题构成一个相对完整的中心。②选择的情境材料以教学目标为依据，与课程目标和测量目标相符。③尽可能采用不同形式的情境材料编制试题，如地图、表格、示意图和景观图等。④试题数量与背景材料的长度相适应。材料过短，则不易分析问题；材料过长，造成浪费。⑤设问形式多样化、多角度，设问层次应有渐进性。

案例9-4 2020年全国高考地理主观题

37.阅读图文材料，完成下列要求。（24分）

形成玄武岩的岩浆流动性好，喷出冷凝后，形成平坦的地形单元。如图9-3所示，某海拔500米左右的玄武岩台地上，有较多海拔700米左右的玄武岩平顶山，及少量海拔900米左右的玄武岩尖顶山。调查发现，构成台地、平顶山、尖顶山的玄武岩分别形成于不同喷发时期。

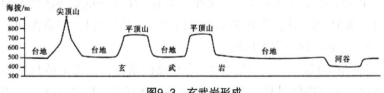

图9-3 玄武岩形成

（1）指出玄武岩台地形成以来因流水侵蚀而发生的变化。（6分）

（2）根据侵蚀程度，指出构成台地、平顶山、尖顶山的玄武岩形成的先后次序，并说明判断理由。（12分）

（3）说明玄武岩台地上有平顶山、尖顶山分布的原因。（6分）

3. 地理试卷的分析技术

（1）地理试卷质量分析。一次测验的成绩可靠性和教学目标达成程度分析可以通过试卷分析来进行。分析试卷质量一般有难度、区分度、信度和效度四个指标。

1）难度是反映试题难易程度的指标。不同题型计算试题难度的方法也不相同。

客观题的难度计算公式为

$$P=R/N$$

式中：P为某试题难度；R为做对该试题人数；N为参加考试总人数。

主观题的难度计算公式为

$$P=1-\overline{X}/X$$

式中：P为某试题的难度；$\overline{X}$为参加考试的学生对该题得分的平均分数；X为该题的满分数。

难度值P处于0～1之间。一般来讲，难度在0.3以下为容易，0.3～0.6为中等，0.6以上为难题。

2）区分度是指某题对于不同水平的测试者加以区分的量度，即水平高的考生得分高，水平低的考生得分低的一种倾向程度。

客观性试题的区分度，先把考试总分进行排序，然后选出得分最高的27%列为高分组，将得分最低的27%列为低分组，P_H为高分组对某题的通过率，P_L为低分组对某题的通过率，D为区分度，则

$$D=P_H-P_L$$

主观性试题的区分度，分别统计高分组和低分组在某题上所得总分为X_H和X_L，再找出所有测试考生中某题的最高分S_{max}和最低分S_{min}，则某题的区分度D为

$$D=(X_H-X_L)/n(S_{max}-S_{min})$$

式中：n是高分组或低分组的考生人数。

一般情况下，试题区分度：0.4以上为优，0.30～0.39为良好，0.20～0.29为中，0.19以下为劣。

3）信度是评价考试结果稳定性的一个指标。相同的试卷，对于不同学校、不同班级的学生如果产生同样的作用效果，则认为试卷信度比较高。信度大小同相关系数有关，通常把学生按学号奇偶分为两组，先计算两组学生同一试卷答题情况的相关系数，然后统计软件（如SPSS）计算出相关系数。信度系数越接近1，可靠性和稳定性越高；系数越趋近于0，可靠性和稳定性越低。

4）效度是衡量测试结果与测试目的吻合程度的指标。当考试的目的是检验试题取样合适性程度时，考试的题目越恰当，试题的效度就越高，反之就越低；当考试的目的是检验考试结果与预测的考试结果间的一致性程度时，二者相关程度越强，试题的效度就越高，反之就越低。可采用积矩相关系数法计算试题效度，一般要求试题的效度系数达到0.4以上。

（2）地理试卷质量分析报告撰写。试卷质量分析报告的撰写一般包括以下一些要点：①测验目的与性质。②能力要求与测验内容。③试卷设计。题型结构、考点分布

（内容效度）。④试卷评价。试卷质量（平均分与标准差、试卷信度、试卷难度与区分度、试题难度与区分度的分布）、试卷特色。⑤答题情况分析。试题考查的主要知识与能力（效度的定性分析）、试题设计思路、解题思路、考生得分情况、常见或典型错误及原因分析。⑥对命题和教学方面的意见或建议。

第三节 地理教师评价

地理教师评价就是根据地理教育目标和地理教师工作任务，运用现代教育理论和方法，对地理教师素养、工作以及绩效进行价值判断的活动。地理教师评价可以促进教师营造良好的教研氛围，改进地理教学，提高地理教育质量，促进地理教师专业发展和学校管理。

地理教师评价的内容很广泛，地理教学是地理教师工作的中心，因此，地理教师课堂教学是地理教师评价的主要内容。教学评价有利于教师认识自身优点，发扬长处；也有利于发现问题，及时改进；评价标准像指挥棒一样，会引导其他教师向好的做法学习，既有助于地理教学质量的提高，同时也有助于教师自身素质的不断完善。地理教师的专业发展是提高地理教师教学质量的基本途径，因此，地理教师发展性评价是地理教师教学质量的重要组成部分。

一、地理教师课堂教学评价

（一）地理教师课堂教学评价的内容

1.对教学目标的评价

一是教学目标设计合理。课堂教学目标符合地理课程标准要求、地理教材内容特点和学生能力；地理课堂教学三维目标全面，既包括知识与技能目标，过程与方法目标，又包括情感、态度与价值观目标。二是教学目标表述明确具体。地理课堂教学目标陈述使用恰到好处的行为动词，具有可观测性、可操作性。

2.对教学内容的评价

一是正确理解教材，教学内容深广度处理合理。熟悉教材内容，内容符合课程标准和学生发展要求。二是教学内容正确，难度适中，丰富充实。教学内容符合地理课程标准要求，符合学生年龄心理特征，既紧扣教材，又不拘泥于教材，有适度的扩展和延伸。三是注重地理能力、情感态度的培养和价值观的教育。四是突出重点、抓住关键、突破难点。五是教学内容新颖，理论联系实际。

3.对教学方法与手段的评价

一是教学方法选择恰当，运用灵活。二是注意发挥学生的主体作用。教学过程中注重启发诱导，因材施教，充分调动学生学习的积极性和主动性，鼓励学生自主探究。三是板书、板图、板画设计规范，运用熟练。四是能根据教学内容、目的以及学生的年龄特点合理选择地理直观教具，并能灵活运用。五是熟练应用现代地理教育技术，如多媒体和互联网等。

4.对教学过程的评价

一是课堂教学结构设计合理。整个地理课堂教学结构设计思路清晰，抓住主线，符合地理知识的内在逻辑关系和学生的认知规律，教学环节主次分明。二是师生互动，思维气氛活跃。师生之间的信息沟通交流充分，情感交流融洽；教与学双方情绪饱满，课堂气氛活跃；地理教师能及时正确处理来自学生的反馈信息，调控得当。三是注意对学生意志、气质、性格等个性品质的培养。

5.对教学基本功的评价

对地理教师教学基本功评价主要包括对地理教师语言的评价，地理教师推进教学技能的评价（如组织、导入、讲解、反馈、结束和"三板"等技能）和教学方法以及教学媒体选择与运用的技能等。

6.对教学效果的评价

对教学效果的评价包括三个方面：一是按时完成教学任务。教学容量适度，课堂效率较高。二是达成课堂教学目标。学生较好地掌握地理基础知识和基本技能，地理实践能力得到较好的培养，能够运用所学地理知识解决问题；情感态度与价值观得到一定的发展，具有地理审美情趣与鉴赏力。三是体会地理学与现实生活的密切联系，使学生对地理产生较为浓厚的学习兴趣。

一堂好的地理课会关注学生的发展，在地理教师的引导帮助下，全体学生的潜力得到最大程度的挖掘，好、中、差生均有所得。学生兴趣状态表现为有兴趣，专注，保持适度的紧张与愉悦。学生思维状态有主动思考，并踊跃发言，发散思维联想到相关地理知识，发现和提出地理问题，合作探究解决问题。学生反馈状态包括课堂教学体现师生平等，师生信息交流畅通，情感交流融洽，配合默契，师生均有满足感，教与学达到最优化程度。中学地理课堂教学评价表见表9-3。

表9-3 中学地理课堂教学评价表

评价指标			分数			
一级指标	二级指标	评价要点	优	良	中	差
教师行为（40）	教学态度（5分）	备课认真、充分				
		关爱学生，关注学生的发展				
	教学内容（15分）	教学目标明确，符合学生实际，重点突出，抓住关键				
		准确把握地理教材，教学内容系统、科学、正确				
		教学内容中能力培养和情感态度与价值观因素				
	教学方法（15分）	教学方法多样，生动有效				
		启发引导，注重能力培养				
		教学地图、图表、教具选择恰当；板图、板画、板书设计规范合理；教学媒体和现代化教学手段选择恰当				
	教学语言和教态（5分）	教学语言清晰流畅、规范风趣；教态亲切自然，有亲和力				

续表

	评价指标		分数	
学生行为（60）	兴趣状态（15）	有兴趣，保持较长时间的注意力，保持适度的紧张与愉悦		
	思维状态（15分）	主动思考并踊跃发言，能够发散思维联想到相关地理知识		
		发现和提出地理问题，合作探究解决问题		
	反馈状态（30分）	能够理解并表述概念和原理，能够将相关知识迁移到具体情境之中		
		能够运用所学地理知识解决问题，结合案例运用所学地理技能解决具体问题		
		体会地理学与现实生活的密切联系，具有地理审美情趣与鉴赏力。		

（二）地理教师课堂教学评价的途径

1. 自我评价

任课教师首先简要评价自己备课的思路及这堂课的教学设计，其次评价教学过程的实施和教学目的的实现，再次评价教学方法和教具的运用，最后评价师生配合情况以及学生学习成效，分析各方面的优缺点及其原因。

2. 学生评价

学生是学习的主人，又是教学的服务对象，他们对教师教学的评价能比较客观地反映学生在教学活动中的学习状态与需求。要通过多种形式请学生反映看法、感受和体会，做到教学相长。

3. 同行评价

即由同教研室的其他教师进行评议。由于评议者了解课程标准和教材内容，具有教学实践经验，往往能提出中肯的意见和建议，有利于改进教学，相互促进，发展提高。

4. 领导评价

教研室、学校或上一级教育部门的各级领通过听课，检查学生笔记、作业、试卷，座谈等多种形式了解信息，作出评价，也可以和学生、同行间的评价互相参照，相互印证。

（三）地理教师课堂教学评价的方法

对地理教师课堂教学进行评价的方法主要有课堂观察法、问卷调查、座谈法和学生成绩分析法等。

1. 课堂观察法

课堂观察又称课堂听课。它主要指评价者深入教学第一线，直接观察课堂教学过程，进行现场调研，及时掌握教学动态，检查教学效果，总结教学经验，收集反馈信息，进行教学评价的一种听课方式。它与学习性观摩课、指导性观摩课和研究性观摩课有所区别。课堂听课评价需要注意：①明确听课的目的、计划和要求。②听课前应明确地理教学进度、教学目标和授课计划。③听课时应将听课重点放在对地理教学过程和学生活动的观察上，而不只关注地理教师个人，听课记录与思考有机结合。④课后及时反馈评价信息，并与被评地理教师充分交流，提出有实用价值的建议。

课堂教学过程中，常常有大量的评价资料和素材可供评价者收集，不仅对及时检查教学任务完成情况具有重要意义，而且也为分析教学过程细节，发展地、全面地评价教师的教学，深化教学改革提供重要依据。为此，检查性听课要认真而全面地做好观察记录，认真填写听课记录表，以作为教学评价的第一手材料。

听课后的分析评议应根据教学评价指标加以衡量。分析说明时既要有理论依据，又要选取突出事例进行剖析，从地理教学论的理论高度加以认识，以事论理，以理服人。评议的程序一般是被评价者首先自我分析，阐述教学设计的思路以及教学实施结果。然后评价者实事求是地肯定成绩、指出不足，提出建议和努力方向。评价实施中还应提倡有关教学行政领导、同行教师及学生评价等的结合，经常性听课与集中性听课穿插进行。同时，检查性听课必须与教学研究和教学改革密切结合，使教学评价富有指导性、前瞻性。

2. 问卷调查

问卷调查是在短时间内广泛收集大量评价材料所常用的一种评价方法。一般先发出调查问卷，调查对象（如学生、教师及有关领导等）填写问卷或教学情况调查表，然后评价者按内容分门别类，分析、整理和加工收集的信息，总结成功经验，找出存在的问题和薄弱环节，以此作为评价的重要依据。

问卷调查这一评价手段的有效性，主要取决于问卷的设计，关键在于编制好问卷中的调查题目。题目内容应简洁明了、具体客观；答题方法要简便易行。题目不应有提醒、暗示性语言，以免导致答案千篇一律。所附调查说明要让被调查者明白问卷的目的与意义，以使调查的内容更加真实可信。问卷调查的整理和分析尤其要注意所反映出的教学问题，到底是个别的还是普遍性的问题，是孤立的还是规律性的问题，是一时的还是经常性的问题，是次要的还是主要的问题等。只有在调查的基础上，作深入细致的分析与研究，才有可能较为客观且全面地反映教学实际，作出合理的教学评价。问卷调查的种类多样，诸如自由记述式问卷、是非题问卷、多项选择题问卷、填充题问卷、量表式问卷、选择填充式问卷、排列等级式问卷等。

3. 座谈法

座谈法是组织学生、同行教师、领导评议和教师自我评议，广泛听取各方面对教学质量评价意见的一种评价方法。它是评价者与有关人员进行的评价谈话，评价者可以通过提问或引导直接听取谈话对象的意见，通过双方沟通与交流，获取问卷调查得不到的信息。座谈法一般要求准备充分，主题明确，中心突出，并尽可能在会前发出调查讨论提纲。以使评议者能围绕提纲做必要的准备，有利于重点地反映教学过程中的突出问题。邀请的代表应兼顾各个方面、各个层次和各种不同意见者，以便能广泛听取反映。座谈代表不宜过多，以保证参加者都有发表意见的机会。座谈评议时，正确引导，步步深入，认真倾听，准确记录，冷静分析，客观评价。

同行教师之间的座谈评议，有助于很好地总结经验和树立典型，摸索教学规律，促进教学质量的提高。领导评议座谈可侧重检查教师的教学设计情况，教师的指导作用，教师对学生的教学影响，师生配合和学生的理解程度以及教学的实际效果等。学生的座谈评议，可以侧重教师的责任心和教书育人的情况，教学方法、手段是否为学生所接受，学生是否掌握所学知识与方法。对学生评议的意见，既要重视，又要分析，不要简单地以统计结果作为结论。要客观而真实地反映教师教学质量和水平，应该把学生评价、同行教师评价和领导评价以及教师自我评价结合起来分析。

4.学生成绩分析法

根据学生的成绩分析来评价地理课堂教学，是一种重要的间接评价方法。学生学完规定的地理教学内容之后，知识和能力的提高是评价教学是否实现规定的教学目标的根本标准。根据地理教师所教学生的成绩经常低于或高于全年级同类学生的统考平均成绩，可以做出某些关于教学能力和教学效果的评价。另外，根据学生成绩的分布状态，可以对地理教师的教学重点及其价值作出评判。

二、地理教师发展性评价

（一）地理教师发展性评价的内涵

地理教师发展性评价是以可持续发展观念为指导，地理教师评价的方向是面向未来，明确评价的目的在于促进地理教师的专业发展，尊重地理教师的个体差异，追求个性化评价，以促进地理教师发展和提高教学质量为目的。

教师有在教育教学的过程中不断发展的内在需求，地理教师发展性评价促使地理教师确定个人发展需求。制定个人发展目标，积极接受培训或自我发展的机会，并不断地对自己的教育教学进行反思、总结与改进。集体要为地理教师提供关于教育教学的反馈和咨询信息，帮助地理教师反思和总结自己在教育教学中的优势和薄弱之处，组织教师探讨克服缺陷、保持优势的措施与途径，从而不断改进地理教师的教育教学实践方法，提高地理教师的专业发展水平和履行工作职责的能力，从而促进地理教师的发展。

地理教师发展性评价根据教师个体差异，确立个体化的评价标准、评价重点及相应的评价方法，有针对性地对每位地理教师提出改进建议、专业发展目标和进修需求等。强调评价对不同地理教师甚至是同一地理教师的不同发展阶段的适宜性。通过纵向比较，发现地理教师在某一时间周期中的进步和专业成长的轨迹。充分挖掘地理教师的潜能，发挥地理教师的特长，激发其创新意识，更好地促进地理教师的专业发展。

（二）地理教师发展性评价的内容

1.地理教师素质

主要包括政治思想道德、专业知识、能力和心理素质四个方面。

2.地理教师工作过程

（1）地理教学。对地理教学的评价包括四个方面内容。一是地理课堂教学。具体内容见前面所述。二是地理活动教学。活动目标明确，内容选取符合实际，方案设计合理、可行，活动计划圆满完成。三是备课、批改作业、学习辅导、学业考评等教学辅助环节。地理教师应深入钻研教材和课程标准，了解学生实际，撰写合理的导学稿。布置的作业分量恰当、难易适中，批改作业认真、及时，评语恰如其分。辅导学生耐心细致。考试命题科学合理，能根据考试反馈的有关信息及时发现和纠正教学中存在的问题等。四是地理课程资源建设。积极收集和编制习题、试卷，参与编写教学参考书，绘制教学地图，制作地理模型、参与建设地理实验室和地理园，开发乡土地理资源等。

（2）教研科研。对教研科研的评价包括三个方面内容。一是积极参加各级教研活动，尤其是参加本校地理教研室的集体备课、听评课等活动。二是参加学术会议。三是积极申请教科研课题，撰写教科研论文，参编论著。

（3）学校建设与管理。对学校建设与管理的评价主要包括两个方面内容。一是关心并积极参与学校的环境建设。二是主动承担力所能及的班级、党政群团等管理工作。

（4）社会服务。对社会服务的评价主要包括三个方面内容。一是积极举办各种形式的地理科普活动。二是积极参加各种形式的乡土建设和公益服务活动。三是积极开展社会地理教育，促进地理教育社会化。

3.地理教师工作绩效

（1）学生发展。主要包括三个方面的内容。一是地理学习兴趣浓厚，有良好的学习方法和习惯。二是地理考试成绩达标。三是地理小论文或地理知识竞赛获奖。

（2）教学和教研成果。主要包括三个方面内容。一是地理教育教学工作受到表彰。二是完成教科研课题，有教科研论文发表或获奖，出版著作。三是承担学校建设和管理，参加社会服务有实绩。

（三）地理教师发展性评价的基本要求

1.全员评价和全面评价

全员评价指的是包括领导在内的全体地理教师，都要接受评价。

全面评价包括两个方面内容。第一，要求对地理教师的职业道德、专业知识、文化素养、教学能力、参与意识、协作、终身学习以及课堂内外的全部工作和全过程进行评价。第二，全面掌握评价信息。要求在评价过程中，保证信息渠道的畅通，获得的评价信息越丰富，地理教师评价的结论就越准确。

2.评价主体多元化

自评应是地理教师发展性评价最主要的方式。一方面，自评使地理教师感受到信任，增强地理教师的自尊心和自信心，激励他们积极参与评价工作；另一方面，通过自我诊断，地理教师可发现自身的长处和不足，自评是促进地理教师专业发展的最佳途径。同时，自评也使得评价信息的来源更为全面，增强了评价结果的有效性。

除了教学管理者和地理教师本人以外，发展性评价强调为同事、学生和家长创设积极参与评价的氛围,让同事、学生及家长等共同参与评价,开展学生评教、同行评议、专家组评价,使被评地理教师从多渠道获得反馈信息,更好地反思和改进教育教学工作。同时被评地理教师要以平和的态度、宽广的胸襟看待他人的评价。

3. 评价过程民主化

民主化原则要求增加评价过程的透明度,使所有参加评价的评价者和评价对象明确评价目标、评价标准、评价方选、评价程序、评价要求,充分体现公平民主的思想,以便调动广大地理教师的参与意识,激发地理教师的积极性。

4. 注重反馈评价信息

地理教师发展性评价需要向评价对象提供反馈信息,一般向两个方向提供反馈信息。第一,通过评价者向学校领导提供评价对象是否需要在职进修,学校应该提供哪些帮助等有关信息。第二,通过评价者向评价对象提供有关其工作表现方面的信息,从而改善评价对象的工作表现。

5. 注意导向性

地理教师发展性评价面向未来,以发展为目的,其最终目标是充分调动地理教师的积极性,为地理教师日后的工作提供规范,指明努力的方向,从而实现学校的发展需求。因此,在确定评价目标、评价标准、评价程序、评价方法、撰写评价结论、确定评价者资格等各个环节,不仅要求符合目前的地理教师工作特点,而且要求充分考虑到地理教师未来的发展需求,注重与学校的发展需求和发展方向紧密结合,发挥评价的导向功能。

思考和实践作业

1. 按120分钟考试时间的题量,编制一套高中地理"必修1"模拟试卷。
2. 以某一项地理实践活动为主题设计一份地理学习档案袋,并以此成果为基础尝试开展学生自评和互评活动。
3. 结合具体课堂教学实例,设计一份地理教师课堂教学评价表,并说明自己设计的依据和特色。

第十章 地理教师的专业发展

第一节 地理教师的素养

一、地理教师的角色

地理教师不仅是知识的传授者,还是地理教学活动的引导者和合作者,地理课程的开发者以及地理教学的研究者。

(一)地理知识的传授者

一直以来,"知识传授者"是地理教师的核心角色。教师在地理课堂进行知识传授的优势在于高效、省时,有利于学生系统地接受新知识,有利于教师掌握和控制学生学习的进度,有利于学生理解难度大的内容。教师作为地理知识的传授者也存在较大的弊端,如果教师过分重视知识传授,容易使师生间的教学信息不能及时互动,交流不顺畅,会造成学生在学习过程中的依赖性,容易抑制学生的主动"发现"和积极"探索"精神,等等。在新一轮基础教育课程改革中,知识传授者已不再是地理教师的唯一角色。

(二)学生地理学习的引导者和合作者

现代教学论认为,地理教师应从知识传授者这一角色中解放出来,成为学生学习的引导者、合作者。随着地理知识内容的增多,更新速度的加快,学生获得知识信息的渠道多样化了,教师不再是学生唯一的知识源。因此,教师不再只是传授教科书上现成的知识,而是要指导学生掌握获取知识的方法,并通过各种渠道去获取知识。地理教师要积极构建良好的师生关系,师生互教互学,彼此形成一个真正的"学习共同体",地理教师将在这个"学习共同体"中扮演引导者、合作者的角色。

作为引导者,教师必须参与到学生学习活动的各个环节中去,与学生交流和沟通;准确地了解学生的学习情况,帮助学生制定适当的地理学习目标,并确认和协调达到目标的最佳途径;指导学生形成良好的地理学习习惯,掌握地理学习策略,发展学生搜集和处理地理信息的能力,分析问题和解决问题的能力,创设一个活跃的、宽容的地理课堂氛围，等等。

地理教师作为合作者的角色有多层涵义，包括与学生的合作，与其他教师的合作，与家长及社会人员的合作等。由于地理学科跨科学和社会两个领域，和其他学科的联系很紧密，地理学科的教育任务只靠地理教师难以完成，地理教师要和其他学科教师加强合作，才能完成地理教学任务。

与学生合作时，地理教师应努力创设各种不同的学习情境。当学生在自主观察、实验或讨论时，教师须积极观察学生的表现、认真听取学生的想法，随时掌握课堂中的各种情况，和学生主动交流，成为学习者中的一员。地理教师还可以为学生建立开放的地理课堂，如学校的地理园、博物馆、天文台等都可以成为学习场所。通过学习场地的变更，地理教师较容易以平等合作的方式进入到学生中间。

（三）地理课程资源的开发者

过去较长的一段时间内，教师被认为是被动的课程接受者和实施者。在新一轮基础教育课程改革中，课程政策发生了重大转变，将实施国家、地方和学校三级课程，教师从课程的被动接受者、实施者角色转变为课程资源的开发者，这就为教师的专业发展提供了有利的空间和广阔的舞台。

地理教师在地理课程资源开发中，可以在一定范围内对课程进行深入加工，参与选择、利用教材，针对本校的实际情况增减相关的辅助资料，利用学校及其周围社区的课程资源等。地理教师须结合学校的实际和学生的需求，充分利用学校已有的地理课程资源。教师应鼓励和指导学生组织兴趣小组，开展野外观察、社会调查等活动，指导学生编辑地理小报、板报，布置地理橱窗，引导学生利用学校广播、校园网传播自编的地理节目等。在课程资源开发过程中，提倡校际间实行地理课程资源的共建和共享，形成学校、社会、家庭密切联系的教育资源与信息共享的开放性课程系统。

自主开发校本课程是教师能够全程参与的课程开发的形式之一。校本课程开发中，可以采取地理教师个人独立完成或与他人合作完成的方式。校本课程开发要从课程性质、课程价值、课程目标等方面进行充分的论证。因为是校本课程，所以地理教师要考虑本校学生的实际，根据学生的学习特点和教师专长来编制课程内容。

（四）地理教学的研究者

地理教师在教学中积累的丰富经验和发现的问题，是开展科研活动良好的基础。另外，地理教师最主要的活动场所是教室和校园，从实验研究的角度看，教室和校园是教育活动的理想实验室，教师可以通过一个教育研究过程来解决课堂中遇到的问题，这使得教师拥有了研究的机会。

地理教师开展教学科研可以提高地理教学水平。通过深入研究，揭示教学规律，就会提高教学质量。通过教学科研了解学生的学习心理，可以优化地理教学方法，促进地理教学改革。教学科研也对地理课程改革有推动作用。教师工作在教学第一线，可以获得第一手鲜活的教学实践资料。教师的观察记录、教学文本和实验记录可以作为教学理论研究的基本素材。

二、地理教师的知识结构

现代地理教师的知识结构可以分为本体性知识、条件性知识、实践性知识和素养性知识四个方面。

（一）地理教师本体性知识

地理教师本体性知识是指教师所具有的特定的地理学科知识。具备扎实而宽广的本体性知识是地理教师搞好地理教学工作的基础。

1.本体性知识的内容

学段不同，地理教师的本体性知识同样会有不同。对于中学地理教师而言，应具备的本体性知识包括：自然地理知识、人文地理知识、区域地理知识、地图以及地理信息技术知识等。

自然地理知识包括地球概论以及综合自然地理学、地貌学、气象气候学、水文地理学、植物地理学、土壤地理学等分支学科的基础知识。要求掌握各自然地理要素的结构、特征、成因、变化发展规律；自然地理要素间的相互关系，物质循环和能量转化的动态过程；自然地理环境的整体特征和地域分异规律；各区域综合或某一方面自然地理特征的分析、比较，自然条件和自然资源的评价；受人类干扰、控制的人为环境的变化特点、发展趋势、存在的问题、合理利用的途径和整治措施等。既要掌握尽可能多的地理事实，又要掌握地理规律、地理原理。

人文地理知识包括政治地理学、经济地理学、社会地理学、文化地理学、人口地理学、聚落地理学等分支学科的基础知识。既要认识到自然环境对人文事物、现象分布、扩散和变化的制约作用，又要认识到社会、经济、文化和政治等因素，尤其是生产方式和社会经济制度对人文事物、现象所起到的十分重要的作用；既要掌握人地关系的基本理论，也要掌握尽可能多的相关地理事实。

区域地理知识包括世界地理知识、分区和分国地理知识、乡土地理知识、区域地理环境与人类活动、区域可持续发展以及区域差异知识等。重点是这些区域的人地关系——地理环境对人的影响和人对地理环境的适应、利用、改造，以及区域差异的分析比较、区域自然条件和资源的评价。中学地理教师不可能对世界的和中国的各种尺度区域的地理环境特征、结构、成因、发展变化都详细掌握，其关键是掌握区域地理的研究方法，能对占有资料的各地理区域进行分析、评述。

地图知识主要包括地图投影、地图上的方向、比例尺、图例和注记，以及等高线地形图、分层设色地形图和地形剖面图、影像地图和电子地图等基础知识。"地图是地理学的第二语言"，既要学会读图、用图，又要学会绘图。

地理信息技术知识指3S（RS、GPS、GIS）技术及其进展方面的知识。既要掌握它们的基本概念、基本原理和基本用途，又要掌握GIS软件的基本操作步骤、普通GPS接收器的使用方法和遥感地图的判读技巧。

除此之外,地理教师的本体性知识还包括现代地理学与相邻学科交叉和渗透而产生的新知识。地理学科中出现的新的分支领域、新的研究方法和手段、新的思维方式等,都将启迪地理教师进一步深化地理课程改革、地理教学方法改革。

2.本体性知识的获取途径

通过各门地理专业课程的学习,掌握学科的知识体系和知识内容及地理学的研究方法;通过有关讲座,了解地理科学前沿研究动态;阅读地理专业文献,与专家、教师和同学交流以及通过网络自主学习。

(二)地理教师条件性知识

地理教师条件性知识是指教师的教育学、心理学和地理课程与教学论方面的知识。教师的条件性知识能够对教师的本体性知识起到支撑的作用,是地理教师知识结构的重要组成部分。地理教学过程就是地理教师如何运用条件性知识把本体性知识转化为学生可理解知识的过程。在此过程中,地理教师应用教育学和心理学等方面的科学规律,对本体性知识进行重组和表征,使学生能够顺利地进行同化和顺应,建立自身的内在知识体系。

1.条件性知识的内容

作为一名地理教师,至少应当熟悉和掌握以下理论知识。

(1)应当熟悉和掌握普通教育学的基本理论。通过教育理论的学习,能够使地理教师比较系统地认识教育的本质、教育的目的、教育的一般原则,掌握教育的基本规律、教学环节、教学方法以及主要的教育理论与教育实践问题,从而使教师能够在地理教学中自觉地运用这些知识,根据教学内容、学生实际来选择切实有效的教学方法和手段,以达到最优的教学效果,并借助于普通教育学理论指导,拓宽地理教学改革的思路。

(2)应当熟悉和掌握心理学的基本理论。地理教师要调动学生思维,积极开展教与学的双边活动,就离不开对学生心理特征的认识和了解,离不开对学生个性差异及其特点的认识。心理学系统地研究人的心理机制、感觉、记忆、思维活动,以及动机、情感和心理差异等心理发展规律,揭示不同年龄阶段学生的心理特征及其学习和创造活动的心理过程。地理教师如果能够很好地掌握心理学的基本理论,并在教学中运用这些理论,细心观察学生的心理状况,熟悉学生心理的共同特性和个性差异,就能够大大加强教学的针对性,减少盲目性,在达到教学基本要求的基础上,充分照顾和发展学生的个性,提高学生学习地理的兴趣与能力。

(3)应当熟悉和掌握地理课程论的基本理论。地理课程论是关于地理本体性知识如何组织成适合学生学习,并便于实施与评价的理论。地理课程论主要包括地理课程的涵义、制约地理课程的因素、地理课程的类型、地理课程设置、地理课程标准、地理课程的设计、实施与评价等内容。

(4)应当熟练掌握地理教学论的基本理论。地理教学论是学科教育学的重要组成部分,它研究中学地理教学系统的特征和规律,其基本理论对中学地理教师具有直接的指导作用,其内容主要包括地理教学目标、地理教材的结构、地理教材分析、地理教学方法、地理教学设计、地理学习论、地理教学环境与教学评价等。掌握地理教学论的基本理论,有助于地理教师掌握分析地理教材的方法,了解中学地理教材的智能结构,有助于地理教师掌握和了解地理教学过程的基本环节和规律,较快地提高自己的地理教学水平。

2.条件性知识的获取途径

地理教师条件性知识的获取途径很多,第一是相关课程的学习,如教育学、教育心理学、地理教学论等;第二是可以通过听讲座等形式接受一般教育学、心理学理论的熏陶,关注教育改革、课程改革的发展,关注新的教育理念的实施等;第三是积极开展教学研究,注意把条件性知识学习与地理教学实践相结合,有效地提高学习效果。

(三)地理教师实践性知识

地理教师的实践性知识是指地理教师真正认同的、并在其教育教学实践中实际使用和表现出来的对教育教学的认识,也就是在实施有目的的地理教学行为过程中所具有的教学情景知识和解决问题的知识。地理教师的实践性知识是地理教师专业发展的主要知识基础,在地理教育工作中发挥着不可替代的作用。

1.实践性知识的内容

地理教师的教育信念,是积累于地理教师个人头脑中的价值观念,通常作为一种无意识的经验假设支配着教师的行为,具体表现为教师对教育教学过程中一些问题的理解。

地理教师的自我认知,包括自我概念、同我和评价,教学效能感,对自我调节的认识等,这主要体现在教师是否了解自己的性格、气质、各方面的特点以及教学风格,能否从错误中学习,并及时调整自己的态度和行为。

地理教师的人际知识,包括对学生的感知和了解、热情和激情。表现在是否关注学生,能够有效地与学生交流,是否愿意帮助学生,是否有一种想要了解周围世界的渴求并以之感染学生等。教师在与学生交往时会身体力行的表达自己对某些人际交往原则的理解。地理教师的人际知识还表现在课堂管理中,包括对学生群体动力的把握、班级管理惯例及教室的布置等方面。

地理教师的情景知识,主要通过教师的教学机智反映出来。教学机智是教师在教学过程中,为适应教学的需要创造性地运用心理学原理和教学规律,灵活自如地驾驭课堂教学进程的一种随机应变的能力。教学机智不是一种简单的感觉或无意识的行为,而是教师直觉、灵感、顿悟和想象力的即兴发挥。

地理教师的策略性知识,主要是指地理教师在教学活动中表现出来的对理论性知识的理解和把握,主要基于教师个人的经验和思考。这一类知识是在对本体性知识和条件性知识把握的基础上,将其应用到实际的地理教学过程中的具体策略、对地理学科及教学目标的了解和理解、对课程内容和教学方式的选择和安排、对地理教学活动的规划和实施、对地理教学方法和技术的采用等。

地理教师的批判反思知识,主要表现在地理教师日常行动中。地理教师的反思是一种实践取向的反思。通过自我反思,地理教师可以不断发现教育教学工作中的不足,调整教育实践的方法与策略,使自己的教学工作健康发展。

2.实践性知识的获取途径

地理教师的实践性知识主要是在地理教学实践过程中不断学习和积累获得的,也可以通过指导或观摩其他教师的教学工作而获得。

(四)地理教师素养性知识

地理教师的素养性知识是指除了地理学科知识之外教师需要了解和掌握的有关自然科学和人文社会科学的知识,以及熟练运用工具性学科的知识。素养性知识是其他知识学习的基石,也是地理教师作为教师的先决条件。

1.素养性知识的内容

地理教师的素养性知识具体表现在以下几个方面:

(1)地理科学知识涉及广泛的自然科学知识,如地形地貌的形成、气候的影响因素等,这些地理知识必然与物理、化学、生物、天文学等科学知识产生直接的联系,如地转偏向力、气压梯度力与风向、海水等问题涉及物理学知识、生态系统和食物链等问题也涉及生物学知识等,因此教师必须掌握相应的自然科学知识。

(2)地理科学知识也包含广泛的人文社会科学知识,如文化地理学、经济地理学和政治地理学等,这些地理知识与历史学、社会学、政治学、经济学等也会产生直接的联系,因此地理教师必须掌握相应的人文社会科学知识。

(3)地理科学知识的学习必须用到很多工具性知识,如在学习过程中必须进行广泛的交流,因此必须掌握扎实的语文学科知识;在学习比例尺、等高线、社会经济要素的统计等知识的过程中必须用到很多数学知识;在进行地理理性知识的教学中需要进行一定的逻辑推理,因此必须掌握一定的逻辑知识;等等。

除此之外,地理教师还应当掌握现代科学和技术的一般常识、一定的人际交往知识以及美学方面的知识,这对于地理教师的教育教学工作也是十分必要的。

2.素养性知识的获取途径

素养性知识仅仅依靠学校的课程学习是远远不够的,是一个逐步积累的过程,需要终身学习,要积极拓展各种学习渠道。

地理教师的知识结构组成包括本体性知识、条件性知识、实践性知识和素养性知识,其中素养性知识是其他知识获取的基础,本体性知识是地理教学活动的实施对象,条件性知识是进行地理教学活动过程的理论支撑,实践性知识对地理教学活动起实践性指导作用。教师为有效地传递本体性知识,就需要结合教育对象对学科知识作出符合教育科学和心理科学原则的解释,以便被教学对象很好地接受和理解,条件性知识对本体性知识的传授起到理论支撑作用。教师的实践性知识对本体性知识的传授起到一个实践性的指导作用,可以解决教学过程中处理问题的方式方法。因此,这四个方面的知识构成地理教师完整的知识结构,缺一不可。

三、地理教师的能力结构

地理教师能力结构包括与地理学科有关的能力、地理教学设计能力、地理教学实施能力和地理教学评价能力。

（一）与地理学科有关的能力

地理教师首先要具备基本的与地理学科有关的能力，主要包括以下六个方面的内容：

（1）地理认知能力，主要指对地理事物观察、认识、记忆等方面的能力。包括使用地图、地理数据、地理图表及景观图的能力，对地理描述、地理文献的理解能力，对地理事实及地名的记忆能力，等等。

（2）地理推理能力，主要指在掌握地理材料的基础上，运用地理规律及理论的能力。包括确定与概括地理特征的能力，综合分析区域特征的能力，比较区域差异的能力及解释地理成因的能力和地理过程分析预测能力。

（3）地理空间思维能力，主要指以空间位置关系分析地理事物的思维能力。包括理解空间分布规律的能力，判断地理位置的准确性等能力。

（4）地理应用能力，主要指参与地理实践活动的能力。包括地理口头表述能力，地理书面表述能力，绘制地图、图表能力，运用地理知识控制自己行为的能力。

（5）地理创新能力，主要指运用地理知识从事创造性活动的能力。包括对指定地区的地理环境进行评价的能力，对地区资源配置提出合理化建议、能够对一定地域的区域规划提出意见等能力。

（6）地理信息加工能力，主要指提出地理问题、搜集整理地理信息的能力，分析地理信息的能力，处理地理信息能力等。

（二）地理教学设计能力

地理教学设计能力，是指教师在课前根据地理课程标准、教材和学生特点，对地理内容进行组织加工，并选择恰当的教学方法，设计年度、单元和课时教学计划，以取得最佳教学效果的能力。地理教学设计能力主要表现在以下四个方面：

1. 分析学生特点，优化组合教学内容

教师应该能够了解学生的学习基础、目前的学习动机和可接受的程度，能够区分不同层次或不同类型学生的情况，并能将学生进行恰当的分组。此外，教师还要根据学生的实际情况，对课程内容进行最恰当组合。一般说来，课程内容的组织是按照学科知识的结构与学生发展的一般水平来完成的。

2. 制定恰当的教学目标

教学目标是教学的方向，正确的课堂教学目标是教学成功的基本条件。地理教师要具备设计教学目标的能力。关于地理教学目标的设计，本书第五章已有详细论述，这里不再赘述。

3.选择教学方法

要完成预定的教学目标，必须借助具体而有效的教学方法，因此，教学方法的选择是教学设计中的核心部分。关于地理教学方法优化选择，本书第四章有专门论述，这里从略。

4.预测课堂情形变化

教师要具有预测地理课堂情形变化的能力。在教学设计中，一方面要根据学生特点，预先规划安排教学内容与教学步骤；另一方面必须预测设计与安排的情形可能会产生的一些影响，并预先考虑一些应急措施与手段。在教学设计过程中，对意外情况的预测常常是地理教师所忽视的，然而这恰恰是影响教育教学质量及效果的重要方面。地理教师在课前就需对课堂教学情形及其变化进行充分的估计与预测，并为可能出现的情节设计出对策。预测课堂情形变化能力的培养在很大程度上依赖于地理教师对教学实践的反思，以发现问题，积累经验。

要使教学过程能够顺利且流畅地开展，并取得最佳的效果，地理教师在教学设计的过程中必须从多方面预测课堂情形变化。

5.地理教学文本设计

地理教学文本主要有地理教案、地理学案和说课讲稿。设计和编写地理教学文本是地理教师必须具备的基本能力。关于地理教学文本设计，本书第六章有具体阐述。

（三）地理教学实施能力

1.地理教学语言表达能力

地理教师教学语言为普通话，教学时要做到吐字清晰、声音洪亮、语速快慢适中、节奏合理，语言表达逻辑性强，地理术语运用科学、规范。详见第八章教学技能相关内容。

2.地理板书能力

板书可以使知识系统化，能提纲挈领地展示教学内容的结构和层次。即使在信息技术快速发展的今天，板书仍然是教学内容呈现的重要手段。地理板书的设计要遵循科学性和系统性原则，文字简练准确，层次清楚，字迹工整规范，版面合理，布局美观。详见第八章教学技能相关部分内容。

3.绘制地理板图和板画的能力

在地理教学中，板图和板画能形象地展示地图、地理事物、地理现象及其演变过程。因此，地理教师应熟练掌握板图和板画的基本能力，并能够熟练地与其他教学手段配合使用。教师应能快速、准确地默绘各种地理略图、绘制常见的地理事物和现象的板画、地理统计图表和联系图表，并能根据教学内容的需要设计有特色的板图板画。

4.制作、搜集教具的能力

地理教师应能根据教学需求和学校条件设计制作各种地理教具和学具，以及组织指导学生制作地理模型、绘制地图等，并且能够注意搜集地理教学所需的挂图、模型、标本、实验器材等。

5.开展地理实验的能力

地理教师要具备开展地理演示实验和指导学生进行实验的能力。地理实验是地理教学的重要组成部分，实验水平是教师动手能力和创造力的体现。

6.使用现代化教学手段的能力

在信息化时代，地理教师应能充分运用计算机等现代化的教学手段。一方面，教师要能够制作符合自己教学设计思路的课件，通过计算机进行多媒体教学；另一方面，教师要能够通过网络获取相关的教学资源，使教学内容贴近学生的生活。地理教师应能通过地理教育论坛等互动平台，与不同地区的同行们交流信息。教师还应能通过网络为学生搭建学习平台，把教学资料制成网页便于学生浏览。

（四）地理教学评价能力

地理教学评价能力主要指教师开展学生学业评价和同行间互评与自评的能力。具体包括科学编制学生学业评价工具，有效实施诊断性评价、形成性评价和总结性评价，同行间专业素养发展的互评，以及自我反思等。关于地理教学评价，本书第九章有具体阐述。

第二节 地理教师资格考试和获取

一、考试性质和报考要求

教师资格是国家对专门从事教育教学工作人员的基本要求，是公民获得教师职位、从事教师工作的前提条件。教师资格考试是在教育系统逐步实行教师准入制度的要求设置的一项考试。自2015年全面改革后，国考教师资格证考试由国家统一命题，统一制定考试大纲，面向对象也不再局限于非师范生，而是所有要取得教师资格证的人员都需要通过考试才可以（包括师范生）。师范毕业生不再直接认定教师资格。

报考要求：报考初级中学文化课教师资格，高级中学文化课教师资格，应当具备大学本科及以上学历。普通高等学校在校三年级以上学生，可凭学校出具的在校学习证明，在就读院校所在地报考。

二、考试方式与获得途径

教师资格证每年有两次报考机会。教师资格考试需要全国统考，包括笔试和面试两个部分。教师资格考试命题依据考试标准和考试大纲，主要考查申请人从事教师职业应具备的职业道德、心理素养和教育教学能力。突出专业导向、能力导向和实践导向。教育部考试中心根据中学教师资格考试标准，制定各科考试大纲。中学教师资格考试大纲规定了考试内容和要求、试卷结构、题型示例等，是考生学习和考试命题的依据。教育部考试中心负责教师资格考试的笔试和面试命题，建立试题库，为各省试点提供试题。

笔试每年3月和11月各一次，主要考查教育理念、职业道德、法律法规等基本知识；教育教学、学生指导和班级管理的基本知识；拟任教学科领域的基本知识，教学设计实施评价的知识和方法，运用所学知识分析和解决教育教学实际问题的能力。笔试考试分三个科目：综合素质、教育知识与能力、学科知识与能力。题型分为选择题和非选择题。其中，非选择题包括简答题、论述题、解答题、材料分析题、课例点评题、诊断题、辨析题、教学设计题、活动设计题。如初中教师资格考试中的《地理学科知识与能力》试卷结构：从题型看，单项选题占总分33%，非选择题占67%；从模块来看，地理学科知识与运用占44%（单项选择和材料分析题），教学知识与运用占21%（简答题和材料分析题），教学设计占35%（简答题、材料分析题和教学设计题）。笔试单科成绩两年有效。

教师资格证的面试时间是每年的5月和12月各一次，主要考查考生的职业认知、心理素质、仪表仪态等教师基本素养和教学设计、教学实施、教学评价等教学基本技能，包括抽题、备课（活动设计）、回答规定问题、试讲（演示）、答辩（陈述）、评分等环节。面试实行考官主考制度，考官由高校专家、中学优秀教师、教研机构专家等组成，考官须经过省级或以上教育考试机构统一培训后持证上岗。评审组由3名考官组成。一般面试时间约10分钟，分为说课和考官提问两部分。面试成绩为合格或不合格。面试开始前有10分钟准备时间，说课部分是以讲课的形式将题目内容讲出来，讲之前回答两个问题，讲之后回答两个问题，主要强调情景教学。关于考官提问部分，可能会涉及说课内容，但主要是关于教育教学发展动态、政治思想理论或者关于考生个人的。

教师资格证考试笔试的合格线由国家规定，而面试成绩合格线由市教委规定。笔试和面试均合格者由教育部考试中心颁发教师资格考试合格证明，有效期为3年。获得《中小学教师资格考试合格证明》不等同于获得教师资格，该证明只是申请认定教师资格的必备条件之一。申请人在合格证明有效期内，向当地教育行政部门申请认定相应的教师资格。

三、中学教师资格考试内容

中学教师资格考试内容分初中教师和高中教师两个部分。

（一）初中教师

初中教师资格考试内容分为3个领域（一级指标），具体见表10-1。

表10-1　初中教师资格考试内容

一级指标	二级指标	三级指标
职业道德与素养	职业理念	1.了解国家实施素质教育的基本要求，能正确分析和评判教育现象。 2.了解初中教育阶段对学生发展的意义，能客观公正地对待学生，促进学生全面发展。 3.了解教师专业发展的要求，具有终身学习与自主发展的意识
	职业规范	1.了解国家主要的教育法律法规，能分析评价教育教学实践中的法律问题。 2.了解教师职业道德规范，能分析评价教育教学实践中的道德规范问题。 3.了解教师职业道德行为要求，能做到爱岗敬业、爱国守法、关爱学生、教书育人、为人师表、终身学习

续表

一级指标	二级指标	三级指标
职业道德与素养	基本素养	1.掌握一定的自然和人文社会科学知识，具有较好的文化修养。 2.掌握一定的艺术鉴赏知识，具有一定的审美能力。 3.具有阅读理解能力、语言与文字表达能力、交流沟通能力、信息获取与处理能力
教育知识与应用	教育基础	1.掌握教育理论的基本知识，能运用教育的基本原理和方法，分析和解决初中教育教学实践中的问题。 2.掌握初中教育规律与学生特点的相关知识，能分析、处理教育教学中的问题。 3.了解基础教育课程改革的动态和发展情况，能分析和指导教育教学。 4.了解教育教学研究的基本理论和方法，能对教育教学实践的问题进行初步研究
	学生指导	1.了解学生思想品德发展的规律和个性特征，能有针对性地开展德育工作。 2.了解初中生身体、情感发展的特性和差异性，掌握心理辅导的基本方法。 3.了解初中生学习心理发展的特点和规律，能指导学生选择不同的学习方法进行积极有效的学习
	班级管理	1.了解班级管理的一般原理和方法，能做好班级的日常管理工作。 2.了解学习环境、课外活动的组织和管理知识，能组织学生开展丰富多彩的课外活动。 3.了解人际沟通的方法，能主动与同事、学生、家长、社区等进行交流
教学知识与能力	学科知识	1.掌握拟任教学科的基础知识、基本理论，了解学科发展的历史、现状和趋势，能在教学中正确运用学科知识。 2.掌握拟任教学科义务教育课程标准7～9学段的教学内容和要求，能用以指导自己教学。 3.掌握学科教学论的理论知识，能指导学科教学活动
	教学设计	1.了解分析学生学习需求的基本方法，能根据学生已有的知识水平和学习经验，准确说明所选内容与学生已学知识的联系。 2.了解学习内容的选择与分析学生的基本方法，能根据学生的认知特征和课程标准的要求确定教学目标、教学重点和难点。 3.掌握教案设计的要求、方法和技巧，能恰当地描述教学目标，选择适当的教学方法，合理安排教学过程和教学内容，在规定的时间内完成所选教学内容的教案设计
	教学实施	1.了解教学情境创设、学习动力激发与培养的方法，能有效地将学生引入学习活动。 2.掌握指导学生学习的方法和策略，能依据学科特点和学生的认知特征，恰当地运用教学方法，帮助学生有效学习。 3.掌握教学组织的形式和策略，能在教学活动中调动学生的主动性，组织探究性教学与研究性学习。 4.了解课堂总结的方法，能适时地对教学内容进行归纳、总结，条理清晰、重点突出，合理布置作业。 5.能运用现代教育技术进行教学
	教学评价	1.了解教学评价的知识与方法，具有正确的评价观，能对学生的学习活动进行评价。 2.了解教学反思的基本方法和策略，能对自己的教学过程进行反思，提出改进的思路

（二）高中教师

高中教师资格考试内容也分为3个领域，具体内容见表10-2。

表10-2 高中教师资格考试内容

一级指标	二级指标	三级指标
职业道德与素养	职业理念	1.了解国家实施素质教育的基本要求，能正确分析和评判教育现象。 2.了解高中教育阶段对学生发展的意义，能客观公正地对待学生，促进学生全面发展。 3.了解教师专业发展的要求，具有终身学习与自主发展的意识
	职业规范	1.了解国家主要的教育法律法规，能分析评价教育教学实践中的法律问题。 2.了解教师职业道德规范，能分析评价教育教学实践中的道德规范问题。 3.了解教师职业道德行为要求，能做到爱岗敬业、爱国守法、关爱学生、教书育人、为人师表、终身学习
	基本素养	1.掌握一定的自然和人文社会科学知识，具有较好的文化修养。 2.掌握一定的艺术鉴赏知识，具有一定的审美能力。 3.具有阅读理解能力、语言与文字表达能力、交流沟通能力、信息获取和处理能力
教育知识与应用	教育基础	1.掌握教育理论的基本知识，能运用教育的基本原理和方法，分析和解决高中教育教学实践中的问题。 2.掌握高中教育规律与学生特点的相关知识，能分析、处理教育教学中的问题。 3.了解基础教育课程改革的动态和发展情况，能分析和指导教育教学。 4.了解教育教学研究的基本理论和方法，能用以分析和研究教育教学实践问题
	学生指导	1.了解学生思想品德发展的规律和个性特征，能有针对性地开展德育工作。 2.了解高中生身体、情感发展的特性和差异性，掌握心理辅导的基本方法。 3.了解高中生的学习心理发展的特点和规律，能指导学生选择不同的学习方法进行积极有效的学习
	班级管理	1.了解班级管理的一般原理和方法，能做好班级的日常管理工作。 2.了解学习环境、课外活动的组织和管理知识，能组织学生开展丰富多彩的课外活动。 3.了解人际沟通的方法，能主动与同事、学生、家长、社区等进行交流
教学知识与能力	学科知识	1.掌握拟任教学科的基础知识、基本理论，了解学科发展的历史、现状和趋势，能在高中教学中融会贯通地运用学科知识。 2.熟悉拟任教学科普通高中课程标准的教学内容和要求，能用以指导自己教学。 3.掌握学科教学论的理论知识，能指导学科教学活动
	教学设计	1.了解分析学生学习需求的基本方法，能根据学生已有的知识水平和学习经验，准确说明所选内容与学生已学知识的联系。 2.掌握学习内容的选择与分析学生的基本方法，能根据学生的认知特征和课程标准的要求确定教学目标、教学重点和难点。 3.掌握教案设计的要求、方法和技巧，能恰当地描述教学目标，选择适当的教学方法，合理安排教学过程和教学内容，在规定的时间内完成所选教学内容的教案设计

续表

一级指标	二级指标	三级指标
教学知识与能力	教学实施	1.了解教学情境创设、学习动力激发与培养的方法，能有效地将学生引入学习活动。 2.掌握指导学生学习的方法和策略，能依据学科特点和学生的认知特征，恰当地运用教学方法，帮助学生有效学习。 3.掌握教学组织的形式和策略，能在教学活动中调动学生的主动性，组织探究性教学与研究性学习。 4.了解课堂总结的方法，能适时地对教学内容进行归纳、总结，条理清楚、重点突出，合理布置作业。 5.能运用现代教育技术进行教学
	教学评价	1.了解教学评价知识与方法，具有正确的评价观，能对学生的学习活动进行评价。 2.了解教学反思的基本方法和策略，能对自己的教学过程进行反思，提出改进的思路

四、初中地理教师资格考试《地理学科知识与能力》要求

（一）考试目标

1.地理科学知识与运用能力

（1）了解地理科学的特点。

（2）掌握地理科学的基础知识、基本技能、基本方法和基础理论。

（3）运用空间思维等地理科学的方法观察、分析和解决地理问题。

2.地理教学知识与运用能力

（1）了解初中地理课程的性质、地位、理念、设计思路和主要内容。

（2）掌握地理教学的基础知识、基本技能和常用方法。

（3）会初步运用地理教学的基本理论分析、解决地理教学的实际问题。

3.地理教学设计能力

（1）了解初中学生地理学习需求和已有学习经验。

（2）掌握地理教学设计的基本环节。

（3）能够结合具体的课题进行地理教学设计。

（二）考试内容模块与要求

1.地理科学知识与运用

（1）理解地理科学的基本概念；熟悉主要的地理过程；掌握组成地理环境的基本要素以及相互之间的关系；熟悉中国和世界的地理概况。

（2）掌握运用地图和其他地理图像、绘制地理图表等基本技能；熟悉地理实验和野外观察、社会调查等地理实践活动的过程和方法。

（3）掌握地理科学的基本思想和学科特点；了解人地关系的发展历程、现状与趋势；会运用地理科学一般方法解释、分析和解决地理问题。

2.教学知识与运用

（1）熟悉初中地理课程在学校课程体系中的地位和特点；熟悉初中地理课程设置和设计思路；掌握初中地理课程的基本理念和培养目标。

（2）掌握地理教学的基本特点；熟悉地理教材的结构和使用方法；掌握地理教学方法的特点和使用条件；掌握地理教学基本技能的作用和要求；掌握地球仪、地理图册、投影仪、多媒体、网络等多种媒体的基本用途和使用方法；掌握形成性评价、终结性评价等教学评价的基本方式和作用。

（3）熟悉地理教学的基本理论；能够结合具体的教学内容和教学条件，分析和解决教学目标设计、地理教材使用、地理教学方法优化、地理教学媒体选用、地理教学评价等方面的实际问题。

（4）熟悉《义务教育地理课程标准（2011年版）》。

3.教学设计

（1）确定教学目标。①了解一般初中学生的地理学习基础和需求。②依据义务教育阶段地理课程标准。③完整、规范、具体地表述课时目标。

（2）分析教学内容。①确立适当的教学重点。②恰当分析教学内容的知识结构。

（3）选择教学方法和教学媒体。①关注优化教学方法。②合理组合教学方法。③恰当选择教学媒体。

（4）设计教学过程。①设计明确的教师活动。②设计合理的学生活动。③设计恰当的测评题目。

（5）形成完整的教案。①掌握教案的基本形式。②掌握教案必备的组成要素。

（三）题型示例

1.单项选择题

（1）形成我国东部地区冬季气温分布特点的主要原因是（　　）。

A．太阳辐射差异　　　　　　B．距海远近不同

C．地势高低差异　　　　　　D．下垫面性质差异

2.简答题

（1）举例说出地图在初中地理教学中的作用。

（2）有人说"初中区域地理教学应该要求学生多记地名。"你是否赞成这种说法？为什么？

3.材料分析题

阅读下面初中课堂教学导入片段，回答问题。

某地理教师在讲述地球上的五带时，这样导入新课：

"同学们，上节课，我介绍了不同经度地点上的时刻不同，各个时区的区时不同。这一节课要讲不同纬度地带的气候不同。通过本课的学习，我们将会了解地球上有哪五

带、五带是怎么划分的、为什么这样划分、五带各有什么特点、为什么有这些特点，为以后学习世界的气候打好基础。"

问题：

（1）请就这堂课的导入方式予以评述。

（2）地理课的导入应该注意哪些方面的问题？

4.教学设计题

阅读下面图文资料，回答问题。

材料一："义务教育阶段地理课程标准的内容要求是："运用地图指出北方地区、南方地区、西北地区、青藏地区四大地理单元的范围，比较它们的自然地理差异。"

材料二："北方地区与南方地区的比较"图（略）

问题：

（1）写出"北方地区和南方地区在地形、气候、植被类型等方面的自然地理差异"教学设计中的教学目标、教学方法和教学过程。

（2）说明教学目标设计意图。

第三节　地理教师的专业发展

一、地理教师专业化

（一）教师专业化的含义

教师专业化是指教师具有自己独特的职业要求和职业条件，有专门的培养制度和管理制度。教师专业发展是一个持续不断的过程，教育专业化是一个发展的概念，既是一种状态，也是不断深化的过程。教师专业化既包括学科专业性，也包括教育专业性，国家对教师任职既有规定的学历标准，也有必要的教育知识、教育能力和职业道德的要求；国家有教师培养的专门机构、专业的教育内容和措施；国家有对教师资格和教师教育机构的认定制度和管理。

（二）地理教师专业化的基本要求

地理教师专业化就是把地理教育教学工作作为一种专门职业。地理教师专业化有利于提高他们的专业素质，保证地理教育教学质量。地理教师专业化有利于提高地理教师的社会地位，吸引优秀人才进入到地理教师队伍中来。地理教师专业化有利于地理教师教育的一体化、制度化和规范化。如地理教师在职培训的目标促进他们从知识型向能力型、从经验型向研究型、从教书型向专家型转化。

地理教师专业化的基本要求主要表现在以下几个方面：

（1）地理教师必须是专业教师。教师专业化首先是对教师专门职业的认定，这种职业要求教师经过严格的、持续的学习获得并保持专门的知识和特别的技术，同时获得相应的资格认定，未经过地理教师专业训练的人不具备地理教师资格。

（2）地理教师要重视自身素质的发展。地理教师为了获得地理教育的成功，必须重视提高自身的专业素质，地理教师素质提高的专业化方向主要体现在加强地理学科本体性知识和条件性知识的学习，努力提高地理教学方法和技能，促进价值观和态度的学习。

（3）地理教师要树立终身学习的思想。教师的专业成长是职前教育、新任教师培训和继续教育一体化的过程，地理教师为了不断适应教育改革与教育发展的新标准和新要求，就一定要树立终身学习思想，努力抓住各种机会不断学习，使自己在职业生涯的各个阶段都能保持较高的专业水平。

二、地理教师专业发展的一般规律

（一）地理教师专业发展的基本理念

1.学生为本

尊重学生的人格，尊重学生学习的主体地位，增强学生的主体意识，核心是以学生发展为本，实现学生全体发展、全面发展、均衡发展、自觉发展，在实现共性目标的前提下，突显学生的个性发展，要实现学生潜能的最大限度发挥。

2.师德为先

热爱中学教育事业，具有职业理想，践行社会主义核心价值体系，履行教师职业道德规范。关爱中学生，尊重中学生人格，富有爱心、责任心、耐心和细心；为人师表，教书育人，自尊自律，以人格魅力和学识魅力教育感染中学生，做中学生健康成长的指导者和引路人。

3.能力为重

把学科知识、教育理论与教育实践相结合，突出教书育人的实践能力；研究中学生，遵循中学生成长规律，提升教育教学专业化水平；坚持实践、反思、再实践、再反思，不断提高专业能力。

4.终身学习

学习先进中学教育理论，了解国内外中学教育改革与发展的经验和做法；向书本学习，向他人学习，在实践中学习，优化知识结构，提高文化素养；具有终身学习与持续发展的意识和能力，做终身学习的典范。

（二）地理教师专业发展的基本内容

《中学教师专业标准》中设置了三个"维度"，即专业理念与师德、专业知识、专业能力。每个"维度"下又设若干"领域"。每个"领域"中又提出了若干"基本要求"，见表10-3。

表10-3 中学教师专业标准基本内容

维度	领域	基本要求
专业理念与师德	(一)职业理解与认识	1.贯彻党和国家教育方针政策,遵守教育法律法规。 2.理解中学教育工作的意义,热爱中学教育事业,具有职业理想和敬业精神。 3.认同中学教师的专业性和独特性,注重自身专业发展。 4.具有良好职业道德修养,为人师表。 5.具有团队合作精神,积极开展协作与交流
	(二)对学生的态度与行为	6.关爱学生,重视学生身心健康发展,保护学生生命安全。 7.尊重学生独立人格,维护学生合法权益,平等对待每一个学生。不讽刺、挖苦、歧视学生,不体罚或变相体罚学生。 8.尊重个体差异,主动了解和满足学生的不同需要。 9.信任学生,积极创造条件促进学生的自主发展
	(三)教育教学的态度与行为	10.树立育人为本、德育为先的理念,将学生的知识学习、能力发展与品德养成相结合,重视学生的全面发展。 11.尊重教育规律和学生身心发展规律,为每一个学生提供适合的教育。 12.激发学生的求知欲和好奇心,培养学生的学习兴趣和爱好,营造自由探索、勇于创新的氛围。 13.引导学生自主学习、自强自立,培养良好的思维习惯和适应社会的能力
	(四)个人修养与行为	14.富有爱心、责任心、耐心和细心。 15.乐观向上、热情开朗、有亲和力。 16.善于自我调节情绪,保持平和心态。 17.勤于学习,不断进取。 18.衣着整洁得体,语言规范健康,举止文明礼貌
专业知识	(五)教育知识	19.掌握中学教育的基本原理和主要方法。 20.掌握班集体建设与班级管理的策略与方法。 21.了解中学生身心发展的一般规律与特点。 22.了解中学生世界观、人生观、价值观形成的过程及其教育方法。 23.了解中学生思维能力与创新能力发展的过程与特点。 24.了解中学生群体文化特点与行为方式
	(六)学科知识	25.理解所教学科的知识体系、基本思想与方法。 26.掌握所教学科内容的基本知识、基本原理与技能。 27.了解所教学科与其他学科的联系。 28.了解所教学科与社会实践的联系
	(七)学科教学	29.掌握所教学科的课程标准。 30.掌握所教学科课程资源开发的主要方法与策略。 31.了解中学生在学习具体学科内容时的认知特点。 32.掌握针对具体学科内容进行教学的方法与策略
	(八)通识性知识	33.具有相应的自然科学和人文社会科学知识。 34.了解中国教育的基本情况。 35.具有相应的艺术欣赏与表现知识。 36.具有适应教育内容、教学手段和方法的现代化的信息技术知识
专业能力	(九)教学设计	37.科学设计教学目标和教学计划。 38.合理利用教学资源和方法设计教学过程。 39.引导和帮助学生设计个性化的学习计划
	(十)教学实施	40.营造良好的学习环境与氛围,激发与保护学生的学习兴趣。 41.通过启发式、探究式、讨论式、参与式等多种方式,有效实施教学。 42.有效调控教学过程。 43.引发学生独立思考和主动探究,发展学生创新能力。 44.将现代教育技术手段渗透应用到教学中

续表

维度	领域	基本要求
	（十一）班级管理与教育活动	45.建立良好的师生关系，帮助学生建立良好的同伴关系。 46.注重结合学科教学进行育人活动。 47.根据学生世界观、人生观、价值观形成的特点，有针对性地组织开展德育活动。 48.针对学生青春期生理和心理发展特点，有针对性组织开展有益身心健康发展的教育活动。 49.指导学生理想、心理、学业等多方面的发展。 50.有效管理和开展班级活动。 51.妥善应对突发事件
	（十二）教育教学评价	52.利用评价工具，掌握多元评价方法，多视角、全过程评价学生发展。 53.引导学生进行自我评价。 54.自我评价教育教学效果，及时调整和改进教育教学工作
	（十三）沟通与合作	55.了解学生，平等地与学生进行沟通交流。 56.与同事合作交流，分享经验和资源，共同发展。 57.与家长进行有效沟通合作，共同促进中学生发展。 58.协助学校与社区建立合作互助的良好关系
	（十四）反思与发展	59.主动收集分析相关信息，不断进行反思，改进教育教学工作。 60.针对教育教学工作中的现实需要与问题，进行探索和研究。 61.制定专业发展规划，不断提高自身专业素质

（三）地理教师专业发展的一般规律

教师专业发展具有一定的规律。这种规律主要表现为发展的阶段性。关于教师发展的阶段划分，国内外不同学者有不同的意见。一般认为，教师专业发展（自任职开始）分为五个阶段。

第一阶段：新手阶段。自进入教师行列的1～2年时间。在这一段时间里，这些教育新手处于被动适应时期。他们拥有的学科专业知识虽然比任教学科丰富，但是其体系并非与所教教科书体系完全相同，因此，在学科专业知识方面，此时的新手们处于调整、组合时期，在教育教学专业知识方面，他们几乎是空白。大学所学的教育学、心理学知识均属于理论性的。这些理论性（学术性）知识对复杂的教学实践的指导价值几乎是零。在社会学知识方面，这些年轻教师也是刚被"社会化"的新手。他们需要学会与老教师相处。部分刚参加工作的教师，由于适应新环境或者抗挫折能力较差，或者对教师工作缺少应有的认识，其适应性相对较差。因此，其适应的时间也相应地延长。

第二阶段：入门阶段。这一时期一般需要1～2年。其主要特征有三个。第一，在学科专业知识上已经形成了与所教内容相一致的知识体系。第二，具备了初步的教育教学知识，能处理日常教学问题。第三，能按教学常规，完成教学任务。

第三阶段：胜任阶段。这一时期一般需要2～3年。其主要特征有三个。第一，初步积累了教学经验，其教学属于经验型教学，即能根据已经积累的处理教学案例的经验处理即时出现的各种教学问题。第二，能独立完成教学设计。第三，初步建立具有自己特色的教学风格。第四，具有较高的教学艺术水平和教师魅力，其课堂教学比较受学生欢迎。

第四阶段：熟练阶段。一般经过5～6年左右的努力，年轻教师在素质水平上，向着熟练化、深广化方向发展，地理专业化水平不断提高；在素质项目上，向着全面化和整体化方面发展；在素质倾向性上，由注重地理教师教的方面向注重学生学的方面转变；在地理教育教学水平和成果上，是工作自动化、工作效率高、能够比较自如地处理各种各样的问题。具体表现在六个方面。第一，具有较高的教育教学智慧，能轻松处理各种突发事件。第二，能初步开展教学研究（包括课程研究），能对自己的教学工作进行反思，并写出具有较高水平的教学论文。第三，能开展教学改革与实验，构建自己的教学策略和教学模式，教学效果良好。第四，能指导学生开展课外活动和研究性学习。第五，能独立开发课程资源，开设校本课程。第六，能胜任班主任工作。

第五阶段：成熟阶段。经过熟练阶段1～2年的努力，至第7～8年，即可进入成熟阶段。至此，年轻的教师即可成为专家型教师。其主要特征有四个。第一，能掌握一般的教育教学理论，并能将教学实践与教学理论相结合，为自己的教学改革与实践找到理论根据。第二，独立开展教学研究与课题研究。第三，能与他人对教学中的问题进行交流，并指导他人教学。第四，具有较强的教学改革意识和能力，掌握学科教学前沿研究成果，并开展相关教学改革与实验。

三、地理教师专业发展模式与途径

（一）教师专业发展模式

教师专业发展模式指教师专业发展的指导思想、策略、方法与途径、评价等的综合性结构。

1. 理智型教师专业发展模式

该模式强调一个优秀教师最重要的是要拥有知识。一是学科知识，二是教育知识。具备丰富的知识，是教师成为一个优秀的教师的前提。目前，许多培训部门基于这一认识，在开展教师教育或教学培训中，更倾向于向参训人员传递专业知识。

2. 实践—反思型教师专业发展模式

该模式强调教学实践在教师专业发展中的意义，有以下三个主要观点。①教师专业发展的动力在于教师自身的认识，而不是外界的刺激。该模式倡导者认为，教师专业发展的根本原因是通过教学反思，促进对教学实践活动的深刻理解，形成内在的意义建构，而不在于获取外在的知识。②强调实践在教师专业发展中的作用。认为教师只有通过实践，才能知道自己需要什么，才能学习、补充什么。同时，他们认为，只有在实践中检验学到的知识，才能知道什么知识是有用的，什么是没用的；同样，也只有在实践之后，才知道哪些做法是对的，是有效的，哪些做法是无效的。③教学研究实践是教师专业发展的有效途径。研究实践的方式多种多样，例如，写日志、博客、课后反思、构想、文献分析等。与同事或同行进行交流（包括面对面交流、网络交流等）也是一种有效的途径。

3.合作型教师专业发展模式

该模式的倡导者认为,教师个体专业发展是建立在教师全体发展的基础之上的。教师专业知识的发展和专业能力的提高,不仅需要自己的努力,也需要他人(同事、校外专家等)的帮助。他人的帮助,一是指他人的指点与指导;二是通过听课、参与教学研究活动,学习他人的教学经验。因此,该模式的倡导者,极力倡导学校教研文化,认为学校的文化气氛直接影响着教师专业发展。

4.学习、实践、研究三位一体模式

该模式倡导者认为,教师专业发展是一个综合性问题,是多种因素相互作用的结果,因此,他们认为,自主学习、积极实践,以及教学研究是专业发展必不可少的三驾马车。其中,主动学习与自我反思是内力,是基础,实践与同伴帮助、专家指点与引领是关键,教学研究是后备的持续动力保障。

随着社会对高质量教育教学需求的不断增强,教师专业发展的质量也在不断提高。教师专业发展已经成为广大教师必须面对的一个现实问题。随着教师专业发展研究的不断深入,一些新的教师专业发展模式也必将不断出现。我们要改变传统基于培训的专业发展模式为基于发展的专业发展模式,改变基于外在动力的专业发展模式为基于内在动力的专业发展模式,改变基于理论性知识的专业发展模式为基于实践性知识与技能的专业发展模式,改变基于个体的专业发展模式为基于全体的专业发展模式。

(二)教师专业发展的基本途径

概括各种教师专业发展模式,其共性特点是教师必须与时俱进,不断学习。目前,实现教师专业发展的主要学习形式有8种。

1.积极参与各级各类教师培训

目前,教师教育培训,往往以专家讲座为主。教育教学理论分为学术性教学理论与实践性教学理论。教师在听学术性报告时,要尽可能将理论与自己的教学实践联系起来,目前,部分教师没能把专家报告中所谈到的学术性理论与自己的教学实践结合起来,因而认为专家的理论不能指导自己的教学实践,是"无效"的。

2.积极观摩他人教学

观摩他人教学能受到许多启发。这些启发既包括他人的教学经验,也包括他人教学经验不足所带来的教学教训。观摩他人教学,既要学习他人好的一面,又要用批判的态度找出其不足,并设想自己的处理方案。

3.积极邀请他人指导,同事互助指导

有计划地邀请专家型教师听课指导是教师实现专业发展的重要方式。

4.积极开展课题研究

课题研究是教育科学研究的重要内容之一。积极申报各级各类课题,争取手头始终有研究的课题。通过课题研究,一方面提高自己的研究能力和研究水平,另一方面争取取得更多的成果,为参与更多的研究活动打下基础。要积极开展基于学校的问题研究。

通过解决学校面临的主要问题，进一步提高教学质量。

5.认真读书学习

读书是最有效的学习方式之一。读书，包括阅读纸质著作、文章，也包括阅读电子材料。浏览他人的教育教学博客也是读书学习的重要内容。

6.积极开展教学行为研究

教学是一项专业性活动。教学活动中存在许多问题。为解决这些问题所进行的研究，可统称为行动研究。行动研究是一种参与性研究，即研究者就是实践者。行动研究也是一种反思性研究，即研究的内容是针对行动中存在的问题而开展的。教学研究是教师专业发展的有效途径。教学研究不仅可以提高教学水平，而且还能满足自我存在。从这个角度上看，教学服务在满足学生学习与发展需求的同时，也满足了教师自我价值实现的需要。

7.积极开展叙事式研究

叙事式研究是指以叙事的方式开展的研究。叙事研究通过观察教育教学过程中的真实现象，追寻教师教育教学的足迹，发现和揭示教育教学事件中所反映（或存在）的教育教学思想、规律或价值。叙事式研究直接面对教学现实，即时性地解决现实问题。

8.积极开展教学反思

教学反思是教师专业发展所必需的手段。教学反思是指通过对以往教学实践进行回顾、评价、批判，并进行修正，形成新的体系。教学反思的形式是多样的。我们最常见的就是教后反思。上完一节课，就及时分析这一课的成败，要找出优点和缺点。发扬优点，改正缺点。教后反思的结果要及时地记录在专门的教学反思记录本。

思考与实践题

1.简要说明地理教师专业发展的主要途径。
2.地理教师专业发展的一般规律是什么？
3.选择一位中学地理教师，研究他（她）的专业发展历程，探究其专业发展的规律与特点。

参考文献

[1] 课程教材研究所. 20世纪中国中小学课程标准. 教学大纲汇编：地理卷[M]. 北京：人民教育出版社，2001.

[2] 杨尧. 中国近现代中小学地理教育史[M]. 西安：陕西人民教育出版社，1991.

[3] 曹琦. 中学地理教学法[M]. 北京：高等教育出版社，1989.

[4] 陈澄. 地理教学论[M]. 上海：上海教育出版社，1999.

[5] 杨新. 地理教学论[M]. 长沙：湖南师范大学出版社，2000.

[6] 卞鸿翔，李晴. 地理教学论[M]. 南宁：广西教育出版社，2001.

[7] 夏志芳. 地理课程与教学论[M]. 杭州：浙江教育出版社，2003.

[8] 顾明远. 教育大辞典[M]. 上海：上海教育出版社，1998.

[9] 白文新，袁书琪. 地理教学论[M]. 西安：陕西师范大学出版社，2003.

[10] 王民. 地理新课程教学论[M]. 北京：高等教育出版社，2003.

[11] 陈澄. 新编地理教学论[M]. 上海：华东师范大学出版社，2006.

[12] 李家清. 新理念地理教学论[M]. 2版. 北京：北京大学出版社，2013.

[13] 曾玮，等. 地理教学论[M]. 北京：科学出版社，2014.

[14] 袁孝亭. 地理课程与教学论[M]. 2版. 长春：东北师范大学出版社，2020.

[15] 陈亚颦. 现代地理教学论[M]. 北京：科学出版社，2007.

[16] 段玉山. 中学地理课程与教学[M]. 上海：华东师范大学出版社，2018.

[17] 段玉山. 地理新课程研究性学习[M]. 北京：高等教育出版社，2003.

[18] 段玉山. 地理新课程课堂教学技能[M]. 北京：高等教育出版社，2003.

[19] 钟启泉，崔允漷，张华. 为了中华民族的复兴为了每位学生的发展：基础教育课程改革纲要（试行）解读[M]. 上海：华东师范大学出版社，2001.

[20] 袁孝亭，王向东. 新课程理念与初中地理课程改革[M]. 长春：东北师范大学出版社，2002.

[21] 人民教育出版社，课程教材研究所，地理课程教材研究开发中心. 地理：1[M]. 北京：人民教育出版社，2004.

[22] 王民. 地理：2[M]. 北京：中国地图出版社，2004.

[23] 陈澄，樊杰. 全日制义务教育地理课程标准（实验稿）解读[M]. 武汉：湖北教育出版社，2002.

[24] 地理课程标准研制组. 普通高中地理课程标准（实验稿）解读[M]. 南京：江苏教育出版社，2004.

[25] 教育部基础教育司，教育部师范教育司. 普通高中新课程教师研修手册：地理课程标准研修[M]. 北京：高等教育出版社，2004.

[26] 王树声. 中学地理教材教法[M]. 北京：高等教育出版社，1995.

[27] 袁书琪. 地理教育学[M]. 北京：高等教育出版社，2001.

[28] 杨新. 新编地理教学论[M]. 北京：科学出版社，2010.

[29] 陈澄，夏志芳. 地理学习论与学习指导[M]. 上海：华东师范大学出版社，2001.

[30] 白文新. 中学地理教材研究与教学设计[M]. 西安：陕西师范大学出版，2011.

[31] 钟启泉，汪霞，王文静. 课程与教学论[M]. 上海：华东师范大学出版社，2008.

[32] 张红娟. "人类活动对区域地理环境的影响"教学设计[J]. 中学地理教学参考，2012(8)：46-48.

[33] 王晨光. "产业转移——以昆山为例"教学设计[J]. 地理教学，2012(1):25-28.

[34] 齐露明. "沟壑纵横的特殊地形区——黄土高原"导学案[J]. 中学地理教学参考，2008(6):30-31.

[35] 王民，仲小敏. 地理教学论[M]. 2版. 北京：高等教育出版社，2010.

[36] 郑金洲. 说课的变革[M]. 北京：教育科学出版社，2007.

[37] 李兴良，马爱玲. 教学智慧的生成与表达：说课的原理与方法[M]. 北京：教育科学出版社，2006.

[38] 王小棉. 论教师隐性教育观念的更新[J]. 教育研究，2003(8):88-92.

[39] 张娟妙. 初中地理优秀教师说课经典案例[M]. 长春：吉林大学出版社，2009.

[40] 孟宪恺. 微格教学基本教程[M]. 北京：北京师范大学出版社，1992.

[41] 郭友. 新课程下的教师教学技能与培训[M]. 北京：首都师范大学出版社，2010.

[42] 陈澄. 地理课堂教学技能训练[M]. 上海：华东师范大学出版社，2001.

[43] 宋济平. 简易地理教学板图、板画、板书基本功系列[M]. 北京：高等教育出版社，1991.

[44] 曾浩然. 中学地理实践活动[M]. 北京：北京教育出版社，1996.

[45] 王静爱. 乡土地理教学研究[M]. 北京：北京师范大学出版社，2001.

[46] 段玉山. 地理新课程测量评价[M]. 北京：高等教育出版社，2003.

[47] 褚亚平，等. 地理学科教育学[M]. 北京：首都师范大学出版社，1998.

[48] 常华锋，朱莉. 生本教学研究[M]. 北京：首都师范大学出版社，2011.

[49] 常华锋. 高中地理新课程教学设计[M]. 济南：山东教育出版社，2007.

[50] 连榕. 教师专业发展[M]. 北京：高等教育出版社，2007.

[51] 王斌华. 发展性教师评价制度[M]. 上海：华东师范大学出版社，1998.